V&R

PIETISMUS UND NEUZEIT

EIN JAHRBUCH ZUR GESCHICHTE DES NEUEREN PROTESTANTISMUS

Im Auftrag der Historischen Kommission
zur Erforschung des Pietismus
herausgegeben von
Martin Brecht, Rudolf Dellsperger, Ulrich Gäbler, Hartmut Lehmann,
Hans Schneider, Udo Sträter und Johannes Wallmann

Band 33 – 2007

VANDENHOECK & RUPRECHT

Anschriften der Autorinnen und Autoren
Prof. em. Dr. Friedrich de Boor, Domplatz 3, 06108 Halle/Saale • Prof. Dr. Mariano Delgado, Université Fribourg, Mittlere und Neuere Kirchengeschichte, Miséricorde, CH-1700 Fribourg • Dr. Johannes Demandt, Freie Evangelische Gemeinde Düsseldorf, Bendemannstr. 16, 40210 Düsseldorf • Dr. Andreas Deppermann, Heinrichstr. 55, 46284 Dorsten-Holsterhausen • Dr. Kai Dose, Humperdinckstr. 76, 55543 Bad Kreuznach • Dr. Frauke Geyken, Georg-August-Universität Göttingen, Philosophische Fakultät, Seminar für Mittlere und Neuere Geschichte, Platz der Göttinger Sieben 5, 37073 Göttingen • Prof. Dr. Dr. Christa Habrich, Marburgerstr. 261, 35396 Gießen • Susanne Hoffmann, M. A., Institut für Geschichte der Medizin der Robert Bosch Stiftung, Straußweg 17, 70184 Stuttgart • Cornelia Hopf, Universitäts- und Forschungsbibliothek Erfurt/Gotha, Forschungsbibliothek Gotha, Handschriftenabteilung, Schloss Friedenstein, PF 10 01 30, 99867 Gotha • Dr. Zsuzsa Font, Joszef-Attila-Universität Szeged, Lehrstuhl für Ältere ungarische Literatur, Egyetem u. 2, H-6725 Szeged • Prof. Dr. Berit H. Johnsen, University of Oslo, Department of Special Needs Education, P. O. Box 1140 Blindern, N-0318 Oslo • Prof. Dr. Robert Jütte, Institut für Geschichte der Medizin der Robert Bosch Stiftung, Straußweg 17, 70184 Stuttgart • Jan van de Kampe, M. A., Ambachtstraat 3bis, NL-3512 ER Utrecht • Dr. Brigitte Klosterberg, Studienzentrum August Hermann Francke, Archiv und Bibliothek der Franckeschen Stiftungen zu Halle, Franckeplatz 1, Haus 24, 06110 Halle/Saale • Dr. Sebastian Kranich, Martin-Luther-Universität Halle-Wittenberg, Theologische Fakultät, Franckeplatz 1, Haus 30, 06110 Halle/Saale • Prof. em. Dr. Dr. h. c. Hartmut Lehmann, Caprivistr. 6, 24105 Kiel • Dr. Thomas Müller-Bahlke, Franckesche Stiftungen zu Halle, Franckeplatz 1, Haus 37, 06110 Halle/Saale • Dr. Guntram Philipp, Farnweg 15, 51503 Rösrath • Jessika Piechocki, Martin-Luther-Universität Halle-Wittenberg, Erziehungswissenschaftliche Fakultät, Institut für Pädagogik, Franckeplatz 1, Haus 7, 06110 Halle/Saale • Dr. Karl Wilhelm Rennstich, Lerchenstr. 17, 72762 Reutlingen • Prof. Dr. Martin Sallmann, Universität Basel, Theologisches Seminar, Nadelberg 10, CH-4051 Basel • Angela Strauß, M. A., Tuchmacherstr. 7, 14482 Potsdam • Magdolna Veres, M. A., Joszef-Attila-Universität Szeged, Lehrstuhl für Ältere ungarische Literatur, Egyetem u. 2, H-6725 Szeged • Dr. Peter Vogt, Zinzendorfplatz 2, 02906 Niesky • Prof. em. Dr. Dr. h. c. Johannes Wallmann, Oranienburgerstr. 22, 10178 Berlin • Prof. em. Dr. Hermann Wellenreuther, Markelstr. 33, 37085 Göttingen

ISBN 978-3-525-55905-5
ISSN 0172-6943

Internet: www.v-r.de

Printed in Germany.
Satz: Satzspiegel, Bachstr. 16, 37176 Nörten-Hardenberg.
Druck und Bindearbeit: Hubert & Co., Robert-Bosch-Breite 6, 37079 Göttingen.
Gedruckt auf alterungsbeständigem Papier.

Vorwort

Der diesjährige Band weist zwei inhaltliche Schwerpunkte auf: zum einen handelt es sich um die Beiträge von Cornelia Hopf, Britta Klosterberg und Magdolna Veres, die auf Vorträge im Rahmen des Workshops „Friedrich Breckling (1629–1711). Zwischen Spiritualismus, Pietismus und Dissens", am 9. Juni 2006 ausgerichtet vom Forschungszentrum Gotha für kultur- und sozialwissenschaftliche Studien der Universität Erfurt, zurückgehen; zum andern um diejenigen von Frauke Geyken, Hartmut Lehmann und Hermann Wellenreuther mit den einleitenden Bemerkungen von Thomas Müller-Bahlke, die sich einem wissenschaftlichen Symposium am 19. Juni 2006, „Atlantische Mission und religiöse Netzwerke", verdanken, das anlässlich des 65. Geburtstages von Hermann Wellenreuther in den Franckeschen Stiftungen zu Halle ausgerichtet worden ist.

Dazu gesellen sich Aufsätze und Miszellen, die u. a. ‚klassische' Fragen aus der Pietismusforschung behandeln, wie die deutschsprachigen Übersetzungen englischer Erbauungsliteratur und deren Bedeutung für den lutherischen und den reformierten Pietismus, den Einfluss des hallischen Pietismus auf die Ausbildung pädagogischer Konzepte im Königreich Dänemark zur Zeit Christians VI. oder die Frage der Multikulturalität und der religiösen Toleranz am Beispiel eines Muslim bei den Herrnhutern.

Die im Vorwort von Band 32 angekündigte Umstellung in der Herausgeberschaft dieses Jahrbuchs wird mit dem Band 34 (2008) vollzogen und dem Titelblatt zu entnehmen sein. Als von der Historischen Kommission zur Erforschung des Pietismus auf ihrer letzten Sitzung vorgestellte und bestätigte neue Mitherausgeber werden dann der Historiker Manfred Jakubowski-Tiessen (Göttingen), der Kirchenhistoriker Fred van Lieburg (Amsterdam), die germanistische Literaturwissenschaftlerin Anne Lagny (Lille) und der Kirchenhistoriker Jonathan Strom (Atlanta) ihres Amtes walten, allesamt ausgewiesene Pietismusforscher, deren Mitarbeit die Interdisziplinarität und Internationalität des Herausgeberkreises und der Pietismusforschung erhält und bestätigt. Ihnen sei jetzt schon an dieser Stelle für ihr Engagement gedankt.

Für vielfache Unterstützung danken wir Shirley Brückner, M. A., und stud. theol. et phil. Benjamin Berthold.

Für die Herausgeber: *Udo Sträter*

Inhalt

Miszellen

Rezensionen

Bibliographie

Register

Beiträge

Jan van de Kamp

Johannes Deusing Bremensis

Die Bedeutung zweier Übersetzer für den reformierten und den lutherischen Pietismus in Deutschland im 17. Jahrhundert[1]

1.

Johannes Deusing[2] aus Bremen erschien in der Forschungsliteratur bis jetzt immer nur am Rande als Übersetzer englischer und niederländischer pietistischer Schriften. In diesem Aufsatz wird „seine" Bedeutung als Übersetzer für den reformierten und den lutherischen Pietismus in Deutschland im 17. Jahrhundert eingehender untersucht.

Die Wege der Forschung nehmen ihren Ausgang von zwei Artikeln in zwei regionalen Gelehrtenlexika. In einem 1818 erschienenen *Lexikon über Bremer Gelehrte*[3] berichtet Heinrich Wilhelm Rotermund über einen „Johannes Düsing" (1644–1673), Prediger an der Bremer St. Pauli-Kirche (1671–1673), der eine Schrift des niederländischen Pietisten Dionysius Spranckhuysen (1587–1650) übersetzt habe: *Balsaam Für eine Kranke Seele.*[4] Die von Friedrich Wilhelm Strieder verfasste *Grundlage zu einer*

---

[1] Dieser Aufsatz ist eine Bearbeitung meiner Masterarbeit im Rahmen des Germanistikstudiums an der Universiteit Utrecht. Diese Arbeit wird im Laufe des Jahres über die „Bibliografie van het gereformeerd Piëtisme in Nederland tot circa 1800" (BPN) verfügbar sein (http://www.ssnr.nl/site/pagina.php?pagina_id=11). Im Vergleich mit der Masterarbeit sind in diesem Aufsatz aber neue Quellen und Kenntnisse aus der Forschungsliteratur verarbeitet worden. Ich danke meinem Zweitgutachter Prof. Dr. W.J. op't Hof (Theologie, Vrije Universiteit, Amsterdam) für seine kritische Lektüre der vorletzten Fassung dieses Aufsatzes sowie für seinen Kommentar.

[2] Sowohl Vor- als auch Nachname schwanken in den Quellen und in der Forschungsliteratur. Man begegnet: Johann und Johannes; Duysing, Düsing, und Deusing. Da in der Forschungsliteratur durchaus von „Johannes Deusing" die Rede ist, wird hier dieser Name benutzt.

[3] Vgl. *Heinrich Wilhelm Rotermund*: Lexikon aller Gelehrten die seit der Reformation in Bremen gelebt haben, nebst Nachrichten von gebohrnen Bremern, die in andern Ländern Ehrenstellen bekleiden. 1. Teil. Bremen 1818, 109.

[4] *Dionysius Spranckhuysen*: Balsaam Für eine Kranke Seele Schon vor einiger Zeit durch Dionysium Spranckhuysen/Diener des Wortes Gottes zu Delft aus R. L. Trost des geängsteten Gewissens/ zusammen gezogen/ Nun aber den Frommen zum Trost/ und den eitelen und sicheren zur Warnung in Teutscher Sprach herfür gegeben/ Und durch eine Ansprach an den Leser zur Seelen=Genesung weiter bereitet/ Durch Joh. Duysing/ Pred. Zu St. Pauli in Bre-

hessischen Gelehrten- und Schriftsteller-Geschichte enthält einen Artikel über einen „Johannes Deusing", einen „Bremer von Geburt", 1666 Lehrmeister der Söhne des hessischen Landgrafen Wilhelm VI., Philipp und Georg, 1678 „Regierungskanzley=Sekretarius", 1683 Rat und Archivar in Kassel, der „unter den Namensbuchstaben J. D. B. (d. i. Johannes Deusing Bremensis.)" eine Reihe von Übersetzungen angefertigt habe.[5]

Dass diese zwei Lexikonartikel auf zwei Übersetzer hinzuweisen scheinen, ist von der Forschung bis jetzt nicht einbezogen worden, was mit einem Referat des Forschungsstandes illustriert werden soll. Dabei dient „JD1" als Bezeichnung des von Rotermund beschriebenen „Düsings" und „JD2" als Bezeichnung von „Johannes Deusing" aus Strieders Lexikon.

1908 weist Wilhelm Goeters auf einen „J(ohannes) D(eusing aus Bremen)" hin, den Übersetzer dreier Schriften von Willem Teellinck (1579–1629): *Soliloquium*, *Das newe Jerusalem* und *Die Klage Pauli.* Alle drei Übersetzungen erschienen 1693 in Kassel. Dieser „JD" wird von Goeters als einer der jungen Anhänger Theodor Undereyks (1635–1693), Vater des deutschen reformierten Pietismus und ab 1670 bis 1693 Pastor primarius der Bremer St. Martini-Kirche, betrachtet. Deusing habe seine Übersetzungen wohl auf Undereyks Anregung hin verfasst.[6] Siebzig Jahre später folgt Johannes Wallmann in einer Fußnote Goeters: die Übersetzungen der drei Teellinckschen Schriften habe „Johannes Deusing aus Bremen" auf Anregung Undereycks erstellt.[7] 1979 berichtet Heiner Fau-

---

men/ Bremen/ Gedruckt bey Herman Brauer/ des löbl. Gymnasii Buchtr. Anno 1673. Eine Gesamtliste der Übersetzungen und Drucke findet sich in Abschnitt 4.

[5] Vgl. *Friedrich Wilhelm Strieder*: Grundlage zu einer hessischen Gelehrten- und Schriftsteller-Geschichte. Bd. 3. Göttingen 1783, 9 f. Strieder verzeichnet die folgenden vierzehn Titel, die in originaler Schreibweise wiedergegeben werden: Wilh. Teeling, Soliloquium (Cassel 1671, 1693); ders., neues Jerusalem (Cassel 1672, 1693); Rich. Baxter, wahre Bekehrung (Cassel 1673); Wilh. Guthry, grosses Interesse eines Christen (Cassel 1674); ders., grosses Interesse eines christl. Kaufmanns (Cassel 1674); Rich. Sibs, Selbststreit der Seelen (Cassel 1675); Rob. Bolton, Haußbuch von Noach göttl. Wandel (Ffr. A. M. 1676); Rich. Baxter, letzte Arbeit auf dem Todtbette (Cassel 1683); ders., Ruhe der Heiligen (Cassel 1684); ders., Hausbuch der Armen (Marb. 1684); ders., ein Heiliger oder ein Vieh (Hanau 1685); ders., Creutzigung der Welt (Ffr. A. M. 1685); ders., göttl. Leben (Frf. A. M. 1685); Wilh. Teeling, Klage Pauli (Cassel 1698). Strieder erwähnt hier alle in Abschnitt 4 aufgeführten Übersetzungen von JD2, abgesehen von Robert Boltons Der Probir-Stein des Gewissens (Frf. A. M. 1676), Olfert Dappers Beschreibung des Keyserthums Sina oder Taising (Amsterdam 1676), Wouter Schoutens Ost-Indische Reyse (Amsterdam 1676) und Richard Baxters Ausgesonderte Schrifften (Bremen 1697), die in Bibliothekskatalogen wohl aufgenommen sind. Auch verzeichnet er nicht immer die erste Auflage. Strieder irrt sich, wenn er dem Buch Grosses Interesse eines christl. Kaufmanns (Cassel 1674) eine Schrift William Guthries zugrunde legt.

[6] Vgl. *Wilhelm Goeters*: Art. „Under=Eyck". In: Realencyklopädie für protestantische Theologie und Kirche. Hg. v. *D. Albert Hauck*. 3., verb. u. vermehrte Aufl. Bd. 20. Leipzig 1908, 233.

[7] Vgl. *Johannes Wallmann*: Labadismus und Pietismus. Die Einflüsse des niederländischen Pietismus auf die Entstehung des Pietismus in Deutschland. In: Pietismus und Reveil. Referate

lenbach von einem „Johannes Düsing", den Undereyk aus dem Kreis der in Bremen Studierenden für sich gewonnen habe. Er entlehnt diese Daten aus Goeters' Lexikonartikel sowie der Matrikel des Bremer Gymnasium Illustre. Es handelt sich um den „Hilfsprediger an St. Martini", ebenfalls „Pfarrer an St. Pauli, Bremer Neustadt", also um JD1.[8]

Mit Hinweis auf Strieder identifiziert Barbara Hollenbenders-Schmitter 1989 in ihrer Dissertation über Teellincks *Soliloquium* den Kasseler Deusing (JD2) als dessen Übersetzer.[9] Johann Friedrich Gerhard Goeters verbindet im Jahre 1993 einen Johannes Düsing mit Undereyks Hauptwerk *Christi Braut unter den Töchtern zu Laodicea* (Hanau 1670). Als außerordentlicher Hofprediger der Landgräfin Hedwig Sophie in Kassel hatte Undereyk die Wahl zwischen einer Stelle als Hofprediger der Tochter der Landgräfin, der Königin Charlotte Amelie von Dänemark, und einem Ruf als Pastor primarius an der Altbremer Pfarrkirche St. Martini. Undereyk zog den Ruf nach Bremen vor. Goeters weist unter Bezug auf Strieder darauf hin, dass Johannes Düsing die Verbindungen zu Bremen geknüpft haben dürfte, der als Prinzenerzieher in Kassel wirkte und dort seit 1671 eine Reihe von Übersetzungen von Schriften Teellincks, Baxters und anderer erscheinen ließ, Autoren also, die Undereyk 1670 in seinem Hauptwerk zitiert hatte.[10]

Willem J. op't Hof vermischt JD1 und JD2, indem er mit Hinweis auf Johann F. G. Goeters die Übersetzungen der Schriften Teellincks (*Soliloquium*, *Das newe Jerusalem*, *Die Klage Pauli*) Johann Deusing zuschreibt, einem hohen Beamten in Kassel (JD2), der daneben englische pietistische Werke ins Deutsche übersetzt habe, und – hier verweist Op't Hof auf Faulenbach, der auf den Bremer Prediger (JD1) hinweist – ein intimer Freund Undereyks gewesen sei.[11] An anderen Stellen geht Op't Hof da-

---

der internationalen Tagung: Der Pietismus in den Niederlanden und seine internationale Beziehungen Zeist 18.–22. Juni 1974. Hg. v. *Johannes van den Berg* u. *Johannes Pieter van Dooren*. Leiden 1978, 149 Anm. 42.

[8] Vgl. *Heiner Faulenbach*: Die Anfänge des Pietismus bei den Reformierten in Deutschland. In: Pietismus und Neuzeit 4, 1979, 213. Dass die Bekanntschaft zwischen Undereyk und JD1 schon während der Studienzeit von JD1 am Bremer Gymnasium Illustre entstand, ist unwahrscheinlich, da JD1 wahrscheinlich 1661 bis 1664 dort studierte und Undereyk erst 1670 nach Bremen kam, vgl. Abschnitt 2.

[9] Vgl. *Barbara Hollenbenders-Schmitter*: Willem Teellinck: Soliloquium, mystisches Gebet im Zeitalter des Barock. Eine Analyse. Köln 1989, 267 Anm. 3.

[10] Vgl. *Johann Friedrich Gerhard Goeters*: Der reformierte Pietismus in Deutschland 1650–1690. In: Geschichte des Pietismus. Bd. 1: Der Pietismus vom siebzehnten bis zum frühen achtzehnten Jahrhundert. Hg. v. *Martin Brecht*. Göttingen 1993, 249. Iken weist aber darauf hin, dass der Ruf der St. Martinikirche durch eine dringende Empfehlung dreier Kaufleute entstanden ist, die Undereyk in Kassel gehört hatten, vgl. *J. Friedrich Iken*: Joachim Neander. Sein Leben und seine Lieder. Bremen 1880, 64. Andererseits brauchen diese zwei Linien einander nicht auszuschließen.

[11] Vgl. *Willem Jan op't Hof*: Bibliografische lijst van de geschriften van Willem Teellinck.

von aus, dass *ein* Johann Deusing sowohl eine Schrift Spranckhuysens als auch drei Schriften Teellincks und einige andere englischer Puritaner übersetzt hat.[12]

Fazit dieses Forschungsreferats ist, dass bisher kein Forscher die divergierenden Wege der beiden Lexikonartikel bemerkt hat. Dass es sich um *zwei* gleichnamige, aus Bremen gebürtige Übersetzer handelt,[13] ist erst von dem Verfasser dieses Aufsatzes entdeckt worden. Entweder hatte man bislang angenommen, es handele sich um einen Bremer *oder* um einen Kasseler Johannes Deusing.[14]

2.

Die Biographie von JD1 lässt sich gut ermitteln.[15] Die meisten Daten bietet das *Leidtragende Klag= und Ehren=Gedächtnüß*, das anlässlich seines Todes „von Inbenambten" abgefasst wurde. Es wäre möglich, dass damit Undereyk gemeint ist, da der Beziehung zwischen ihm und JD1 in dem Dokument viel Aufmerksamkeit gewidmet wird. Wahrscheinlicher ist aber – wegen des Plurals, dass das Dokument von mehreren, im Text erwähnten Personen verfasst worden ist. JD1 wurde am 8. Februar 1644 als Sohn von „Johan Duysing", einem vornehmen, aus Kopenhagen[16]

Rotterdam 1993, 23; vgl. *ders.*: Willem Teellinck in het licht zijner geschriften (49): *Het Nieuvve Ierusalem*. In: DNR 28, 2004, 2, 135.

12 Vgl. *Willem Jan op't Hof*: Die Nähere Reformation und der niederländische reformierte Pietismus und ihr Verhältnis zum deutschen Pietismus. In: Nederlands archief voor kerkgeschiedenis 78, 1998, 181; *ders.*: De internationale invloed van het puritanisme. In: *Willem van 't Spijker, Roelof Bisschop, Willem Jan op't Hof*: Het puritanisme: geschiedenis, theologie en invloed. Zoetermeer 2001, 350–352.

13 Genealogische Forschung wäre notwendig, um zu bestimmen ob JD1 und JD2 Verwandte sind. Bemerkenswert ist, dass ein „J. D.B" ein Gedicht auf den Tod von JD1 verfasst hat. Jener könnte JD2 sein. S. Abschnitt 2.

14 Diese Vermischung findet sich auch in den Bibliographien wie *Jan van der Haar*: Internationale ökumenische Beziehungen im 17. und 18. Jahrhundert. Bibliographie von aus dem Englischen, Niederländischen und Französischen ins Deutsche übersetzten theologischen Büchern von (1600–1800). Ederveen 1997 u. *Edgar C. McKenzie*: A Catalog of British Devotional and Religious Books in German Translation from the Reformation to 1750. Berlin 1997, sowie in den Bibliothekskatalogen.

15 Vgl. für die Biographie im Allgemeinen: Leidtragendes Klag= und Ehren=Gedächtnüß Des Weiland Wol Ehrwürdigen/ Hoch=Wohl= und in GOtt Gelahrten Herrn/ Herrn Johannis Duysings/ Gewesenen ordentlich=beruffenen getrewen Dieners JEsu Christi in der Gemeine zu S. Pauli in Bremen. Auffgesetzet von Inbenambten. Bremen 1673. Dieses Dokument wird in der Staats- und Universitätsbibliothek Bremen (SUUB) aufbewahrt (Signatur: CS V-21). Eine Fotokopie ist mir von deren Mitarbeiter Herrn Dr. Thomas Elsmann zugeschickt worden, wofür ich ihm an dieser Stelle herzlich danken möchte.

16 S. StAB 8/1, „Zur Bremischen Pfarrergeschichte". Es handelt sich um Erfassungsbogen aus der Sammlung „Bremer Pastoren" in der Familiengeschichtlichen Sammlung StAB 8/1 des Staatsarchivs Bremen, der mir von Herrn Dr. Konrad Elmshäuser dankenswerterweise zuge-

herkommenden Bremer Kaufmann,[17] und „Fr. Konigunda Oelrichs" in Bremen geboren. Von seinen Eltern ist er „in aller Gottesfurcht auferzogen" worden. Mit Fleiß und Vergnügen widmete er sich den freien Künsten, weshalb er mit besonderem Ruhm „ad lectiones publicas" zugelassen wurde, also zum Bremer Gymnasium Illustre,[18] wo er von 1661 bis 1664 studierte. Aus den so genannten *Catalogis dominorum studiosorum illustris Gymnasii Bremensis* (kurz: *Censurae*), in denen die besuchten Vorlesungen aufgezeichnet wurden,[19] geht hervor, dass JD1 Vorlesungen in Theologie und Philosophie besucht hat.[20] Daneben hat er auch Philologie studiert.[21]

Mit „guten Testimoniis seines Wohlverhaltens" begab er sich 1665 zum Theologiestudium an die Universität Marburg,[22] wo er zwei Jahre blieb.[23] Aufgrund seiner Begabung bekam er Gelegenheit, bei Sebastian Zobel, Geheimrat in der Landgrafschaft Hessen-Kassel und damals Abgesandter zum Reichstag, Legationsprediger zu werden. JD1 nahm dieses Angebot an, und bald darauf fand an der Marburger theologischen Fakultät seine glänzende Examination als „Candidatus Ministerii" statt, präsidiert von den berühmten Professoren Curtius, Heinius und Stannarius. In Kassel wurde er ordiniert, mit Zobel reiste er nach Regensburg und stand dort der reformierten Gemeinde vor.[24] Nachdem er mit Zobel nach

---

schickt wurde. Bei Herrn Drs. Frans Thorissen, Mitarbeiter der UB Utrecht und Germanist, bedanke ich mich für die Entzifferung der handgeschriebenen Teile des Bogens.

[17] Vgl. „Rector et professores P. Illustri Scholae Bremensis Benevolo Lectori S." (SUUB CS V-21): „cive ac mercatore non è postremis". Ich danke dem angehenden Theologen Johan Mouthaan für seine Hilfe bei der Übersetzung dieses lateinischen Textes.

[18] Das Gymnasium Illustre in Bremen war eine akademische Bildungsanstalt, die jedoch nicht über das Recht auf Verleihung akademischer Grade verfügte, vgl. *Willem Janse*: Grenzeloos gereformeerd: theologie aan het Bremer Gymnasium Illustre (1528–1810). Amsterdam 2004. Die Literatur zu dieser Bildungsanstalt verzeichnet *Thomas Elsmann*: Humanismus, Schule, Buchdruck und Antikenrezeption: Anmerkungen zur Bremer Entwicklung bis 1648. In: Stadt und Literatur im deutschen Sprachraum der frühen Neuzeit. Hg. v. *Klaus Garber* [u. a.]. Bd. 1. Tübingen 1998, 215 f. Anm. 70.

[19] Vgl. dazu: Die Matrikel des Gymnasium Illustre zu Bremen 1610–1810. Bearb. v. *Thomas Otto Achelis* u. *Adolf Börtzler*. Bremen 1968, XVIII, XX. Die Censurae werden in der Staats- und Universitätsbibliothek Bremen aufbewahrt (Signatur: Brem.a.383–384).

[20] S. Matrikel [s. Anm. 19], 136. Am 25.04.1661 ließ JD1 sich immatrikulieren, es heißt dort: „Joh[anne]s Düsing Brem[ensis]" mit dem biographischen Zusatz „Past[or] novae urbis".

[21] Vgl. „Rector et professores P. Illustri Scholae Bremensis Benevolo Lectori S.": „Hac ipsa ingenii foecunditate, assiduitate ac docilitate subvectus tantos fecit in philosophicis, bonis literis ipsaque Theologia progresssus".

[22] Am 19. Dezember 1665 ließ „Johannes Düisingh Bremensis Saxo" sich dort immatrikulieren, s. Catalogi studiosorum Marpurgensium cum annalibus coniuncti series recentior: 1653–1830. Hg. v. *Theodorus Birt*. Nendeln/Liechtenstein 1980 [ND d. Ausg. Marburg 1903–14], 66.

[23] Vgl. „Rector et professores P. Illustri Scholae Bremensis Benevolo Lectori S." [s. Anm. 17]: „in academia *Marpurgensi* biennio".

[24] Dem lateinischen Text zufolge ist der Regensburger Aufenthalt vor dem Examen und der

Kassel zurückgekehrt war, traf er den dorthin berufenen Theodor Undereyk. Dieses Treffen hatte eine bleibende Freundschaft auf Grundlage ihrer beider Begeisterung für die Erbauung zur Folge, wie dem „Gedächtnüß" zu entnehmen ist:

> An dessen [Undereyks, d. Vf.] Weiß und Wesen hat Er [JD1, d. Vf.] seinem Urtheil nach/ so viel in Christo liebwerthes und seiner Kirchen erbäuliches gespüret/ daß er neben andern Freunden denselbigen darauff alsobald hertzlich lieb gewonnen: also daß auch dahero beyde Gemüter eines Sinnes in dem HErren geworden/sich in heiliger Freundschaft (die auch der Todt selbst/ der den Leib zwar von der Seelen/ diese Freundschaft aber/weil dieselbige einen ewigwerenden Grund hat/ nicht auflösen kan) vereiniget/ in einerley Hertzen und Wesen demselbigen ihres beyden Principalen in Erbauung seiner Kirchen nicht als irdisch sondern Himlisch gesinnte/ das ist/ mit GOtt ergebener Aufrichtigk. und Verleugnung aller Weltlichen Angelegenheit/ tapfer/ beständig und getrost/ nach der Maß seiner Gnaden ins künftige weiter zu dienen.

Vor seiner Antrittspredigt an St. Martini in Bremen (1670) musste Undereyk eine Reise in die Niederlande machen, auf der JD1 ihm begleitete, damit er „der Gelegenheit und erbäulichen Ordnungen aller fürnehmen und wohlbestellten Gemeinen erkündigen möchte". Folge dieser Reise war, dass JD1 auch eine Reise nach England beabsichtigte, die aber nicht ausgeführt wurde. Nach seiner Ankunft in Bremen am 11. Juli 1670 wurde ihm am 11. August von den Baumeistern der St. Martini-Kirche der Dienst der Frühpredigten angetragen. Damit wurde er Hilfsprediger unter Undereyk. Zwei Monate später, am 25. Oktober, trat er – vielleicht wegen der geringen Besoldung des Frühpredigeramts – zusätzlich eine Stelle als Lehrer (Präceptor) der dritten Klasse an der Bremer Lateinschule, dem Pädagogium, an.[25] Ein Jahr später berief die St. Pauli-Gemeinde ihn auf die seit dem Tod des Vorgängers Daniel Laelius vakante Stelle, die er am 8. Oktober 1671 antrat. Am 2. Oktober 1671 hielt JD1 eine Probepredigt über 1Kön 19,5–8. Am 8. Oktober wurde er angestellt.[26] Seine Amtszeit dauerte nur 18 Monate.[27] Vermutlich ist die Wirksamkeit von JD1 in der St. Pauli-Gemeinde jedoch nachhaltig gewesen, weil der Pietismus dort festen Fuß gefasst hat. Im Jahre

---

Ordination zu datieren: „à Serenissima Hassiae Principe viro Magnifico atque Nobilissimo, *Dn. Sebastiano* Zobel/intimae admissionis consiliario & *Ratisbonam* ad comitia Imperii legato, facto praevio examine atque ordinatione legitima, *a sacris* constitueretur. Reduce Dn.Legato in aulam Casselanum *ipse* unà rediit", vgl. „Rector et professores P. Illustri Scholae Bremensis Benevolo Lectori S." [s. Anm. 17].

[25] S. StAB 8/1, 2. Abschnitt. Dem Bremer Pfarrerbuch (hg. v. *Hartwig Ammann*. Bd. 2: Die Pastoren, biographische Angaben. Bremen 1996, 54) zufolge war JD1 ab dem 11.08. bis zum 30.09. Hilfsprediger an St. Martini.

[26] S. StAB 8/1, 2. Abschnitt.

[27] Vgl. „Rector et professores P. Illustri Scholae Bremensis Benevolo Lectori S." [s. Anm. 17]: „sic hocce ministerio suo post XVIII. mensium militatam bonam militiam defunctus est".

1708 kam der Pietist und Anhänger Friedrich Adolf Lampes (1683–1729), Georg Ludwig Treviranus, nach St. Pauli, wo er für ein halbes Jahrhundert bis zum Jahre 1757 im Sinne des Pietismus gearbeitet hat. In der Erweckungsbewegung Bremens im 19. Jahrhundert hat die St. Pauli-Gemeinde eine erwähnenswerte Rolle gespielt.[28]

Am 15. Mai 1672 heiratete JD1 die Witwe seines Vorgängers an St. Pauli, Wübbeke Stubbeman. Die Ehe blieb kinderlos.[29] Am 6. September riss ihm eine Ader an der Lunge.[30] JD1 konnte gerettet werden und nahm sein Amt wieder auf. Vor seiner Erkrankung hatte er mit der Übersetzung der Spranckhuysen-Schrift begonnen, die er nach seiner Gesundung vollendete. Der Übersetzung stellt JD1 eine Vorrede voran, die mit 120 Seiten länger als die Übersetzung (103 Seiten) ist. Für die Länge entschuldigt JD1 sich u. a. mit der Tatsache, dass er krankheitsbedingt lange Zeit seiner Gemeinde nicht hatte zureden können.[31] Die Anfälle („paroxismi") kamen aber wieder,[32] bis JD1 am 3. Juni zwischen sieben und acht Uhr morgens starb. Er wurde in der St. Pauli-Kirche begraben.[33]

Gedichte auf den Tod Deusings wurden verfasst von Ernst Wilhelm Buchfelder, Zacharia Caulius,[34] Henr. Zobel, Simarus Suhling, Folchardus Minneman, Albertus Holle, Herm. Zobel,[35] J. V. H., L. R. B.,[36] J.D. B., Conradus Wigeman, Georgius Felgentreff,[37] Nicolaus Hausmann,[38] B. K.,[39] und Wilhelm Bernhard Brand. Buchfelder war ein Be-

---

[28] Vgl. *Gottfried Mai*: Die niederdeutsche Reformbewegung. Ursprünge und Verlauf des Pietismus in Bremen bis zur Mitte des 18. Jahrhunderts. Bremen 1979, 119.

[29] Vgl. Bremer Pfarrerbuch [s. Anm. 25], 54.

[30] Wahrscheinlich ist damit Hämoptoe gemeint: das Abhusten von reinem Blut, das vor allem bei Lungenkrankheiten auftritt. Für diesen Hinweis danke ich der angehenden Medizinerin Alinda Vos.

[31] Vgl. *Spranckhuysen*, Balsaam [s. Anm. 4], Bl.)(2r, ******4r, ******4v.

[32] Dem lateinischen Text zufolge verlor er am 04.05. soviel Blut, dass ihm die meisten Kräfte vergingen: „soliditatis illius quadam larvâ, semotâ sanguinem adeò, copiosum nupero die IV. Maji exspuit,ut omni succo exhaustus", vgl. „Rector et professores P. Illustri Scholae Bremensis Benevolo Lectori S." [s. Anm. 17].

[33] „Corpus ejus exsangue ad S.Paulum hodie humandum erit", vgl. „Rector et professores P. Illustri Scholae Bremensis Benevolo Lectori S." [s. Anm. 17].

[34] „Admodum Reverendi Viri D. JOHANNIS DUISINGII [. . .]" (SUUB CS V-21).

[35] „Ecclesia lacrymans seu Epicedia in obitum praematurum & luctuosissimum, sed caelo maturum Viri Admodum reverendi, Clarißimi Doctißimique DN. JOHANNIS DUISINGII [. . .]" (SUUB CS V-21).

[36] „LESSUS In Beatum & praematuram obitum VIRI Plurimum Reverendi, Clarissimi & Doctissimi D. JOHANNIS DUISINGII [. . .]." (SUUB CS V-21)

[37] „Hertzseuffzende Ehren=Gedächtniß/ Welche Bey den frühzeitigen/ob wohl höchstsäligen Absterben Des weyland WolEhrwürdigen/ GroßAchtbahren und Hochgelahrten Herrn JOHANNIS Düsings [. . .]" (SUUB CS V-21).

[38] „Christliche Kriegs= und Siegsbetrachtung in Frag und Antwort aus der 2.Timoth.IV.7.8" (SUUB CS V-21).

[39] „Hertzlich gemeindte Klage Der höchstbetrübten Fr. Wittiwen/ und die hierüber einkommende Antwort unseres liebwehrtesten Heylandes JESU CHRISTI/ Uber Das zwar Hochsee-

kannter Undereyks, arbeitete lange Zeit als Prediger in Emden und gilt als „zweiter namhafter Pietist der reformierten Kirche Ostfrieslands".[40]

Rotermund zufolge hat JD1 die erwähnte Schrift Spranckhuysens übersetzt. Daneben habe er ein lateinisches Gedicht auf den Tod des Doktors und Senators Dittmar Leusmann verfasst, das der Autor dieses Aufsatzes nicht hat finden können.[41] Allerdings hat JD1 1664 ein Gedicht auf den Tod einer Freundin, Anna Elisabeth Formanoir (geb. 1641), die Frau Lubert Formanoirs (1634–1696), damals Advokat in Bremen,[42] geschrieben, das ihre Tugendhaftigkeit und Gottseligkeit preist. Das Gedicht enthält auch eine für den Pietismus typische Klage über den Zustand der Frömmigkeit:[43]

Dan sieh es ist fast gantz von uns hinweg gewichen
Die alte Redligkeit/ es ist zugleich verschlichen
  Die wahre Gottesfurcht/ die Zucht und Ehrbarkeit/
  Die Nahmen haben wir/die sache selbst ist weit

In der Biographie von JD1 fällt die Verbindung zu Theodor Undereyk auf – die in der Forschung bisher wohl geahnt, aber nicht belegt wurde –, mit dem JD1 sich für die Erbauung der Kirche begeisterte. Neben dem auf Anna Elisabeth Formanoir verfassten Gedicht bietet auch die Vorrede zu Spranckhuysens *Balsaam* für den reformierten Pietismus charakteristische Merkmale.[44] So betont JD1 den elenden Zustand der Kirche, wehrt sich gegen katholische ‚Restbestände' in der Kirche, und zwar gegen die Gabe des Abendmahls an kranke und sterbende Laien, teilt die Gemeinde in Wiedergeborene und Nichtwiedergeborene, trennt zwischen Scheinchristen oder Heuchlern und wahren Christen, betont die Lebensheiligung, analysiert die innere Erfahrung der Seele, zuweilen auf psychologische Weise, fordert zu einem intensiveren Kontakt zwischen Prediger und Gemeindegliedern auf und relativiert die Wertschätzung des irdischen Lebens.[45]

Dass JD1 mit dem reformiert-pietistischen Schrifttum bekannt gewesen sein muss, geht aus einem Hinweis auf eine in Bremen erschienene

---

lige/ doch frühzeitige Absterben/ Des Weyland WohlEhrwürdigen/ Großachtbahrn und Hochgelahrten Herrn/ Herrn JOHANNIS DUISINGH [. . .]." (SUUB CS V-21)

40 Vgl. *Mai*, Die niederdeutsche Reformbewegung [s. Anm. 28], 123 f.

41 Vgl. *Rotermund*, Lexikon aller Gelehrten [s. Anm. 3], 109.

42 Vgl. ebd., 127.

43 Die Schrift enthält neben dem Gedicht von JD1 noch andere von Bernhard Speckhan (Geheimrat), Alard Schmedes (Bremen) und Johann Friedrich Zierenberg (1614–1667, Stadtvogt). Es ist ein auf Lateinisch geschriebenes Epitaphium von Heinrich Meier beigegeben. Vgl. die Beschreibung auf der Website von H.TH. Wenner Antiquariat in Osnabrück: http://www.buchweb.com/anti/artikel/wenner225.html (Artikel: B31750). Herr Guido Wenner hat mir freundlicherweise Digitalaufnahmen des Gedichts von JD1 zugeschickt.

44 Vgl. *Willem Jan op't Hof*: Het gereformeerd piëtisme. Houten 2005, 84–94.

45 Vgl. *Spranckhuysen*, Balsaam [s. Anm. 4], Bl. *1r–******4v.

Übersetzung der Schrift *De Wegh des Troostes* (1662)[46] des niederländischen Pietisten Guiljelmus Saldenus (1627–1694) hervor.[47] JD1s Begeisterung für pietistische Erbauungsliteratur ging so weit, dass er beabsichtigte, selbst eine Schrift wie die Spranckhuysens vorzulegen, wie er am Ende der Vorrede zu seiner Übersetzung berichtet.[48] Ob er damit angefangen hat, und wenn ja, ob die Schrift zustande gekommen ist, ist nicht bekannt. Auf jeden Fall lässt sich die Übersetzung nicht in Form einer Veröffentlichung finden. Wohl bestätigt die am Ende der Vorrede erwähnte Absicht noch einmal, dass JD1 weitgehend vom reformierten Pietismus beeinflusst worden ist.

3.

Über den gleichnamigen, auch aus Bremen gebürtigen, aber beruflich in Hessen-Kassel tätigen JD2 ist weit weniger bekannt.[49] Die einzigen bis jetzt bekannten Daten vermittelt Strieder. Das Geburtsjahr ist unbekannt. Am 9. April 1657 hat JD2 sich am Bremer Gymnasium Illustre für ein Jurastudium immatrikuliert.[50] 1666 wurde er Lehrmeister der beiden Prinzen des hessischen Landgrafen Wilhelm VI.,[51] Philipp und Georg. Am 16. Februar 1678 bekam er die Stelle eines „Regierungskanzley=Sekretarius". Am 22. Mai 1683 wurde JD2 Rat und Archivar in Kassel. Auch das Todesjahr ist unbekannt. Der *terminus post quem* muss 1685 sein, als *Das Göttliche Leben* und *Die Creutzigung der Welt Durch das Creutz Christi* (beide Übersetzungen von Schriften Baxters) erschienen, der *terminus ante quem* 1697, als die Kompilation von Baxters *Ausgesonderten Schrifften* erschien, wahrscheinlich eine postume Veröffentlichung, da

---

46 Es handelt sich um Der Vor alle buszfertige Christen geöffnete Weg des Trostes, Unter dem Titul des Fallenden und auffstehenden Christen (Bremen 1672). Der zweite Teil ist von Johann Christoph Noltenius übersetzt worden, vgl. *Gijsbert van den End*: Guiljelmus Saldenus (1627–1694: een praktisch en irenisch theoloog uit de Nadere Reformatie. Leiden ²1991, 263.

47 „Wenn man Trost braucht, soll man seine Zuflucht zu den reich vorhandenen Trostschriften neben der Bibel nehmen." Darauf folgt der Hinweis auf Saldenus' Schrift. Vgl. *Spranckhuysen,* Balsaam [s. Anm. 4], Bl. *** 3v–***4r.

48 „Gibt mir der gütige Gott Leben und bessere Gesundheit und seine Gnade / hoffe ich mit ehesten in einem Tractätlein vom Leben und Wachstum eines Christen/ mit Euch / meine wehrte Freunde/von denen zuvorberührten und andern Dingen weiter zu handlen." Vgl. *Spranckhuysen*, Balsaam [s. Anm. 4], Bl.******4v.

49 Vgl. für die folgenden Absätze *Strieder*, Grundlage zu einer hessischen Gelehrten- und Schriftsteller-Geschichte [s. Anm. 5], 9 f.

50 S. Matrikel [s. Anm. 19], 119. JD2 ist als Nr. 36 verzeichnet: „Joh[anne]s Düsing Br[emensis]", zusätzlich wird er als „Secretar[ius] Cassell" bezeichnet. In der Anmerkung zu den Censurae wird darauf hingewiesen, dass er rechtswissenschaftliche Vorlesungen besucht hat.

51 Vgl. zu Wilhelm VI.: *Wilhelm Grotefend*: Art. „Wilhelm VI., Landgraf von Hessen". In: ADB 43, 1898, 54–60.

zwischen diesen beiden Jahren keine weiteren Übersetzungen von JD2 publiziert worden sind. Obwohl später in Hessen ansässig, hat JD2 immer eine Verbindung zu Bremen gehalten. So sind die Widmungen zum *Newen Jerusalem* und zu der *Klage Pauli* von Teellinck (beide 1672), vielleicht auch die Übersetzung selbst, von JD2 in Bremen verfasst worden,[52] während die Widmung zum *Soliloquium* (1671) in Kassel entstanden ist.[53] *Soliloquium* ist der St. Martini-Gemeinde in Bremen,[54] *Das newe Jerusalem* und *Die Klage Pauli* sind der Bremerin Elisa Meyer, geborene Hake, gewidmet, der Frau Heinrich Meiers,[55] der sich als Bürgermeister um deren Status als freie Stadt bemüht hat. JD2 spielt darauf in seiner Widmung an: „Vortrefflichen JCti. Auch bey der Käyserlichen Freyen und des H. Römischen Reichs=Stadt Bremen hochverdienten Aeltisten und p.t. praesidierenden Bürgermeisters zc."[56] *Das grosse INTERESSE eines Gewissenhafften Kauffmans* (1674) ist Hanauer, Frankfurter und Kasseler Kaufleuten und Hanauer Bürgermeistern gewidmet,[57] Guthries *Das grosse INTERESSE eines Auffrichtigen Christen* (1674) der Gräfin der Pfalz und Landgräfin von Hessen Charlotte und der Prinzessin Elisabeth, Landgräfin von Hessen,[58] und Baxters *Eines Glaubigen Letzte Arbeit auff dem Tod=Bette* (1683) der Prinzessin Elisabeth.[59] Die meisten Übersetzungen von JD2 sind in Hessen verlegt oder gedruckt worden.[60] Grund für die Widmungen an die St. Martini-Gemeinde in Bremen sowie an reisende Kaufleute war wahrscheinlich, dass JD2 auf diese Weise die Übersetzungen über die Grenzen Hessens hinaus zu verbreiten versuchte.

JD2 hat „unter den Namensbuchstaben J.D.B. (d. i. Johannes Deusing Bremensis.)"[61] zwanzig Übersetzungen angefertigt und ein Werk aus Fragmenten verschiedener englischer Bücher kompiliert.[62] Für seine Tätigkeit als Übersetzer pietistischer Schriften ist es interessant, dass eine Beziehung

---

52 Vgl. Willem *Teellinck*: Das newe Jerusalem. Kassel 1672, 26: „Bremen den 22. August 1671".

53 Vgl. *Willem Teellinck*: Soliloquium. Kassel 1676, Bl. b7r: „Cassel den 3. April 1671".

54 „Allen Gottliebenden Freunden der Gemeine zu St. Martini. In Bremen. Wünsche ich mit gehöriger Ehrerbietunge Gnade/ Heyl und Friede von Christo Jesu unserm Herrn", vgl. *Teellinck*, Soliloquium [s. Anm. 53], Bl. A1v.

55 Vgl. *Rotermund*, Lexikon aller Gelehrten [s. Anm. 3] II, 30.

56 Vgl. *Teellinck*, Jerusalem [s. Anm. 52], Bl. A5r.

57 Vgl. Das grosse Interesse eines gewissenhafften Kauffmans. Kassel 1674, Bl. A1v.

58 Vgl. *William Guthrie*: Das grosse Interesse eines auffrichtigen Christen. Kassel 1674, Bl. A2v.

59 Vgl. *Richard Baxter*: Eines Glaubigen Letzte Arbeit auff dem Tod=Bette. Kassel 1683, Bl. []2r.

60 Siehe Abschnitt 4.

61 Dies stimmt nicht genau, weil JD2 auch zuweilen das B weglässt.

62 Vgl. *Strieder*, Grundlage zu einer hessischen Gelehrten- und Schriftsteller-Geschichte [s. Anm. 5], 10. Neben diesen „sichern geschriebenen Privatnachrichten" weiß Strieder nichts über JD2 zu berichten.

zu dem Juristen Philipp Erberfeld, Übersetzer von fünf Werken von Saldenus und von Teellincks *Nootwendigh Vertoogh* (1627), zu vermuten ist.[63] Wahrscheinlich hat Erberfeld sich am selben Tag wie JD2 am Gymnasium Illustre in Bremen immatrikulieren lassen. Erberfeld (1639–1709) wurde in Bremen als Sohn des Apothekers Henricus Erberfeld geboren und am 20. April 1668 in Franeker an der Juristischen Fakultät promoviert.[64] In der Matrikel wird ein „Philipp[us] Erberfeldt Clivo Vesaliens[is]" verzeichnet. Wie JD2 hat er Jura studiert.[65] Der Erberfeld aus der Bremer Matrikel und der Übersetzer Erberfeld sind wahrscheinlich identisch, da es in dem *Album Promotorum Franekerensis* unter den Immatrikulierten des 20. April 1668 heißt: „Philippus Erberfeldt, Vesalia-Clivensis".[66] Übrigens gab es auch zwischen Erberfeld und Theodor Undereyk eine Verbindung, wie Van den End nachgewiesen hat.[67] Inwiefern Erberfeld und JD2 einander gekannt und ob sie einander zur Übersetzung pietistischer Werke angeregt haben, muss untersucht werden.

Wahrscheinlich hat sich JD2 in pietistischen Kreisen bewegt. Die erwähnte Widmung in *Dem grossen INTERESSE eines Gewissenhafften Kauffmans* an Hanauer, Frankfurter und Kasseler Kaufleute und Hanauer Bürgermeister ist ein Indiz dafür. Mit zwei von ihnen hatte der radikale lutherische Pietist Johann Jakob Schütz (1640–1690)[68] Beziehungen: mit dem aus Rotterdam gebürtigen Hanauer Kaufmann Jakob van de Walle (1631–ca. 1694), der einer von Schütz' engsten Vertrauten und ebenfalls ein guter Freund Speners war, sowie mit Daniel Behaghel (1625–1698).[69] Schütz und die beiden Kaufleute, die auch führende Persönlichkeiten der Deutsch-Reformierten Gemeinde in Frankfurt waren, unterhielten nicht nur geschäftliche, sondern auch religiöse Beziehungen. In diesem Zusammenhang fasziniert, dass Van de Walle und Behaghel als Mittelsmänner zwischen Schütz und dem damals in Köln ansässigen Philipp Erberfeld auftraten.[70] Verbindet man die Tatsache, dass die beiden Kauf-

---

63 Vgl. *Van den End*, Guiljelmus Saldenus [s. Anm. 46], 262–265. Die Übersetzung der Teellinckschen Schrift ist nie veröffentlicht worden.

64 Vgl. ebd., 264; *Rotermund*, Lexikon aller Gelehrten [s. Anm. 3], „Anhang von Bremern welche auswärts Ehrenstellen bekleidet haben", XXXII.

65 S. Matrikel [s. Anm. 19], 119: Erberfeld ist als Nr. 44 verzeichnet.

66 Vgl. Album Promotorum Academiae Franekerensis Anno (1591–1811). Bearb. v. *Theodorus Josephus Meijer*. Franeker 1972, 44.

67 Vgl. *Van den End*, Guiljelmus Saldenus [s. Anm. 46], 264.

68 Vgl. *Andreas Deppermann*: Johann Jakob Schütz und die Anfänge des Pietismus. Tübingen 2002.

69 In der Widmung der Übersetzung sind die Schreibweisen: „Daniel Behagel" und „Jacobus von der Walt", vgl. Das grosse Interesse eines gewissenhafften Kauffmans [s. Anm. 57], A1v. Wahrscheinlich ist mit dem letzten Namen aber Van de Walle gemeint, da Van de Walle und Behaghel Schwager waren und auch geschäftlich eng zusammenarbeiteten, vgl. *Deppermann*, Johann Jakob Schütz [s. Anm. 68], 150–152.

70 Vgl. für diese Daten *Deppermann*, Johann Jakob Schütz [s. Anm. 68], 143, 150–153.

leute Kontakte mit anderen Pietisten hatten, mit dem Indiz der Widmung, dass sie wahrscheinlich auch mit JD2 in Verbindung standen, so lässt sich vermuten, dass auch JD2 zu diesem pietistischen Kreis gehört hat. Eine Verbindung hat es vielleicht ebenfalls zwischen JD2 und dem pfälzischen Hof gegeben, wo die schon genannten Charlotte und Elisabeth von der Pfalz, beide Landgräfinnen von Hessen, über „eine außerlesene theurschatzbare Bibliothec der besten Englischen Autoren" verfügten.[71] Beide hatten großes Interesse an pietistischen Schriften in französischer oder deutscher Übersetzung.[72]

Zeigen die Verbindungen des lutherischen Pietisten Schütz mit reformierten Pietisten, dass Pietisten innerhalb des Protestantismus konfessionelle Grenzen überschritten, so legt die Beziehung zwischen JD2 und Elisabeth dar, dass Pietisten auch die Grenzen des Protestantismus überschritten. Elisabeth war durch ihre Ehe mit dem Herzog Philipp von Orleans 1671 von der reformierten Konfession zum Katholizismus übergetreten. Sie begegnete jedem Glauben mit Toleranz und war zugleich bestrebt, ihrem eigenen reformierten Glauben fortzuleben. Sie ging mit dem französischen König in die Messe und benutzte zugleich lutherische Erbauungsbücher.[73]

Die Verbindungen von JD2 verdienen eine Untersuchung, um herauszufinden, ob es eine Zusammenarbeit zwischen JD2 und Van de Walle, Behaghel, Charlotte und Elisabeth von der Pfalz und anderen Pietisten gegeben hat, die bei seiner Übersetzungstätigkeit eine Rolle gespielt haben könnte. Das gleiche gilt für JD1. Bei der Aufdeckung der pietistischen Bekannten von JD1 und JD2 soll auch der Frage nachgegangen werden, ob es interkonfessionelle Kontakte gab.

Ein Indiz für die guten theologischen Kenntnisse des studierten Juristen JD2 ist, dass er wahrscheinlich des Hebräischen mächtig war, wie aus der Widmung zu *Dem grossen INTERESSE eines Gewissenhafften Kauffmans* hervorgeht, wo er bei einer Bibelstelle auf das Wort des hebräischen Urtextes zurückgreift.[74] Er kennt die lateinischen Begriffe für die bösen

[71] So die beiden kurpfälzischen Pfarrer Martin Floccenius und Paul Würtz in ihrer Herausgabe von Peter von Streithagens Übersetzung von John Cottons (1584–1652) *Weg des Lebens*, zit. n. *Udo Sträter*: Sonthom, Bayly, Dyke und Hall. Studien zur Rezeption der englischen Erbauungsliteratur in Deutschland im 17. Jahrhundert. Tübingen 1987, 40 f. Der vollständige Name von Elisabeth ist Elisabeth Charlotte, vgl. *Kugler*: Art. „Elisabeth Charlotte". In: ADB 6, 1877, 28–34.

[72] Vgl. *Sträter*, Sonthom [s. Anm. 71], 41.

[73] Vgl. *Kugler*, Art. „Elisabeth Charlotte" [s. Anm. 71], 29, 31 f.

[74] Vgl. Das grosse Interesse eines gewissenhafften Kauffmans [s. Anm. 57], Bl. A3r: „Die Kinder der Welt machen aber nicht das Reich Gottes, sondern das Irdische zu ihrem höchsten Zweck. Ihr täglich Geschwätz ist nicht à Polo & Coelo, das ist vom Himmel; sondern/ à Solo & Coeno, das ist/ von der Erde. Ihr Element is die Erde. [. . .] Geld und Gold ist unter andern Wollüsten Ihr Kephet, Psal. 1:2. das ist/ Ihre höchste und eintzige Lust ja/ eine solche Lust und Freude/ wie das Hebreische Stam-Wort bedeutet".

Elemente im verdorbenen Herzen und führt sie in der Vorrede zu seiner Übersetzung von Sibbes' *Seelen Selbst=Streit* auf.[75] Auch in den englischen puritanischen Schriften kannte er sich gut aus, wie die Kompilation *Das grosse INTERESSE eines Gewissenhafften Kauffmans* deutlich macht. Weitere Indizien sind in verschiedenen Vorreden: So beginnt er die zum *Soliloquium* mit einem Zitat von William Perkins (1558–1602),[76] in der Vorrede zu Guthries Schrift zitiert er einen englischen Prediger,[77] und im Vorwort zu Sibbes' Schrift weist er die Leser auf ein Werk von John Abernaty (gest. 1639) hin.[78]

Dass JD2 weitgehend vom reformierten Pietismus beeinflusst worden ist, zeigt pietistisches Gedankengut in seinen Vorreden. In der Widmung zum *Soliloquium* fordert er zur Selbstprüfung auf und beschreibt die Dynamik des geistlichen Lebens: die Verlassenheit von Gott und die glückliche Empfindung seiner Anwesenheit. Daneben arbeitet er den Unterscheid zwischen wahren Gläubigen und Zeitgläubigen heraus und beschreibt den Prozess der Wiedergeburt.[79] In der Vorrede ermahnt er wiederum zur Selbstprüfung und stellt erneut die Wiedergeburt dar.[80] In den von ihm zur Vorlage hinzugefügten Gebeten begegnet man ebenfalls pietistischen Elementen: Im zweiten Gebet wird die Nichtigkeit des Irdischen im Vergleich mit dem Himmlischen betont. In den anderen Gebeten wird implizit die Notwendigkeit der Lebensheiligung hervorgehoben, indem der Beter sein Verlangen nach einem heiligeren Leben ausdrückt und Gott um Gnade dazu bittet.[81] In einem der Gebete begegnet

---

[75] Vgl. *Richard Sibbes*: Der Seelen Selbst=Streit. Kassel 1675, Bl. *3v: „Nebst diesen/ hat die Seele Ihre morbosidiopatheticos, Matth. 5:19. und lympatheticos, connexos, successives, disjunctos, compositos, potentiales, actuales, internos, externos, antecendentes, consequentes, universales, particulares, continuentes, conjunctos, implicitos, welche die Menschen aller gesunden Vernunfft in götlichen Dingen/ berauben/ und Sie in unvernünfftige Creaturen gleichsam verwandeln."

[76] Vgl. *Teellinck*, Soliloquium 1676 [s. Anm. 53], Bl. A2r. Auf dieses Zitat wird in diesem Abschnitt noch zurückzukommen sein. Das Zitat von Perkins hat er vermutlich aus Undereyks Christi Braut (1670) übernommen (s. am Ende dieses Abschnitts), das andere Zitat und den Hinweis vielleicht auch. JD2 kann die Kenntnisse der englischen Puritaner also auch auf diese Weise erworben haben.

[77] Vgl. *Guthrie*, Das grosse Interesse eines auffrichtigen Christen [s. Anm. 58], Bl. A4v–A5r: „Es ist teufflisch/ zu sündigen/ ohne Versuchung; es ist aber ein wenig besser/ alß teuflisch/ durch eine geringe Anreitzung/ sich zur Sünde bewegen lassen/ sagt ein gotsförchtiger Englischer Prediger."

[78] Vgl. ebd., Bl. *5v: „Johannis Abrenethij Seelen Artzney". Es handelt sich um eine Übersetzung der Schrift A Christian and Heavenly Treatise Concerning Physick for the Soul Very Necessary for All That Would Enjoy True Soundness of Mind and Peace of Conscience (London 1615). Übersetzungen erschienen 1634, 1663, 1664 und 1711, s. *McKenzie,* A Catalog [s. Anm. 14], S. 19 Nr. 59–62.

[79] Vgl. *Teellinck*, Soliloquium 1676 [s. Anm. 53], Bl. A2r–B7r.

[80] Vgl. ebd., Bl. B7v–B11v.

[81] Vgl. ebd., 203–231.

er als Repräsentant der reformierten Christen.[82] In der Vorrede zu Guthries Schrift betont JD2, dass man durch die Heiligung des Lebens zeige, der Gnade Gottes in Christo teilhaftig zu sein.[83] In der Vorrede zum *Grossen INTERESSE eines Gewissenhafften Kauffmans* hebt er den Gegensatz zwischen Weltlichen und Gläubigen hervor, relativiert stark das irdische Leben zugunsten des Himmels und fordert zur Heiligung des Lebens auf.[84] In der Vorrede zur Übersetzung von Sibbes' Werk gibt er eine gründliche psychologische Analyse der geistlichen Traurigkeit bei jungen Christen.[85]

Mit zwanzig Übersetzungen und dem aus fremdsprachigen Fragmenten kompilierten *Grossen Interesse eines Gewissenhafften Kauffmans* gehört JD2 zu den in quantitativer Hinsicht bedeutendsten Übersetzern englischer pietistischer Schriften in der zweiten Hälfte des 17. Jahrhunderts. Lässt man die Kompilation außer Betrachtung, steht der reformierte Prediger Johann Christoph Salbach (um 1637–1706) mit sechzehn Übersetzungen[86] an erster Stelle und JD2 zusammen mit Johann Lange (um 1673–1695)[87] an zweiter Stelle, mit jeweils zwölf Übersetzungen.[88]

Unter den Übersetzungen von JD2 sind die acht Übersetzungen von Baxters Schriften auffallend. Da der Band *Ausgesonderte Schrifften* (Bremen 1697) fünf Schriften Baxters enthält, die im Englischen nicht zusammen veröffentlicht wurden, handelt es sich eigentlich um zwölf Übersetzungen.[89] Von Baxters Gesamtwerk sind 26 Schriften ins Deutsche übersetzt; JD2 hat also fast die Hälfte davon übersetzt. Für Deutschland hat er deshalb wahrscheinlich eine bedeutende Rolle bei der Verbreitung der baxterschen Schriften gespielt, die sonst hauptsächlich von Schweizer Übersetzern und Verlegern vertrieben wurden.[90] Verschiedentlich war JD2 der erste Übersetzer einer Schrift Baxters: *Die wahre Bekehrung* (Kassel 1673), das dritte Erbauungsbuch und das vierte Buch Baxters, das ins Deutsche übersetzt wurde, *Eines Gläubigen letzte Arbeit*

---

[82] Vgl. *Teellinck*, Soliloquium 1676 [s. Anm. 53], 225.
[83] Vgl. *Guthrie*, Das grosse Interesse eines auffrichtigen Christen [s. Anm. 58], Bl. A2v- A7v.
[84] Vgl. Das grosse Interesse eines gewissenhafften Kauffmans [s. Anm. 57], Bl. A2r-A7v.
[85] Vgl. *Sibbes*, Der Seelen Selbst=Streit [s. Anm. 75], Bl. *2r–*6r.
[86] S. *McKenzie*, A Catalog [s. Anm. 14], 508 (General Index with Entry Numbers). Nur diejenigen Nummern aus der Bibliographie sind gezählt worden, bei denen die Übersetzer erwähnt werden. Neuauflagen sind hinausgelassen. Vgl. *Op't Hof*, De internationale invloed van het puritanisme [s. Anm. 12], 350.
[87] S. *McKenzie*, A Catalog [s. Anm. 14], 506.
[88] Op't Hof stellt nach Salbach und Lange Henning und Balthasar Koch an dritter Stelle. Auffallenderweise erwähnt er JD2 nicht, vgl. *Op't Hof*, De internationale invloed van het puritanisme [s. Anm. 12], 350.
[89] JD2 übertrifft Lange wahrscheinlich nicht, da auch Lange eine Kompilation übersetzt hat: Thomas Watsons *Geistreiche Predigten und Schrifften* (Frankfurt/Main 1698), s. *McKenzie*, A Catalog [s. Anm. 14], 416 Nr. 1706.
[90] Vgl. *Sträter*, Sonthom [s. Anm. 71], 13.

auf dem Tod-Bette (Kassel 1683), *Das Göttliche Leben* (Teil 2: Kassel 1684; als Ganzes Hanau 1685), *Die Ewige Ruhe der Heiligen* (Kassel 1684), *Die Creutzigung der Welt durch das Creutz Christi* (Hanau 1685), *Ein Heiliger oder ein Vieh* (Hanau 1685), *Die rechte Arth und Weise / wodurch man zum beständigen und wolgegründeten Frieden und Ruhe des Gewissen / wie auch zum geistlichen Trost gelangen könne* (in: *Ausgesonderte Schrifften*. Bremen 1697), *Ein Heiliger oder ein Heuchler* (in: *Ausgesonderte Schrifften*) und *Der Narren Glückseligkeit* (in: *Ausgesonderte Schrifften*).

Wirklich erfolgreich sind die Übersetzungen wohl nicht gewesen, und nur einige wurden neu aufgelegt: *Die Wahre Bekehrung* wurde zweimal gedruckt, ebenso *Die Creutzigung*, und *Ein Heiliger oder ein Vieh* dreimal. Ein Jahr nach der Übersetzung durch JD2 erschienen zwei andere Übersetzungen des *Poor Man's Family Book* (London 1674). Diesen zwei Übersetzungen lag nicht wie derjenigen von JD2 eine niederländische Übersetzung, sondern das englische Original zugrunde.[91] Undereyk empfiehlt in seinem *Närrischen Atheist* (Bremen 1689) die Übersetzung von Anton Brunsen (Berlin 1685) und nicht diejenige von JD2, die er wahrscheinlich kannte. Die Übersetzungen von JD2 hatten wohl nur solange ihren Wert, bis eine Übersetzung aus dem Englischen erschien.[92]

Andererseits gilt JD2 für fünf Schriften von Baxter als der einzige Übersetzer bis 1750: *Eines Glaubigen Letzte Arbeit auff dem Tod=Bette* (1683), *Das Göttliche Leben* (1685), *Ein Heiliger oder ein Vieh* (1685), *Die rechte Arth und Weise/ wodurch man zum beständigen und wolgegründeten Frieden und Ruhe des Gewissens/ wie auch zum geistlichen Trost gelangen könne* (1697, in: *Ausgesonderte Schrifften*), sowie *Der Närren Glückseligkeit* (in: *Ausgesonderte Schrifften*). Dasselbe gilt für Guthries *Das grosse Interesse eines Auffrichtigen Christen* (1674), für Sibbes' *Der Seelen Selbst=Streit* (1675) und die beiden Übersetzungen der Schriften Boltons (1676).[93]

JD2 gilt weiterhin als *der* deutsche Übersetzer von Willem Teellincks Schriften: *Soliloquium* (1671), *Das newe Jerusalem* (1672), *Die Klage Pauli* (1672) sind die einzigen Schriften Teellinks, die im 17. und 18. Jahrhundert ins Deutsche übersetzt worden sind.[94] Da *Soliloquium* viermal gedruckt wurde (1671, 1676, 1693, 1702) und *Das newe Jerusalem* und *Die Klage Pauli* zweimal (1672, 1693/1698) sind sie ziemlich erfolgreich gewesen.

---

[91] Vgl. *Sträter*, Sonthom [s. Anm. 71], 30 f.

[92] Vgl. für die obigen Absätze *McKenzie*, A Catalog [s. Anm. 14], 51–70; *Edgar C. McKenzie*: British Devotional Literature and the Rise of German Pietism. St. Andrews 1984, vol. I, 231–233; *Sträter*, Sonthom [s. Anm. 71], 16 f. Bei McKenzie spürt man, dass er aufgrund von einigen negativen zeitgenössischen Beurteilungen der Übersetzungen von JD2 die Veröffentlichung neuer Übersetzungen der geringen Qualität der Übersetzungen von JD2 zuschreibt. Ob dieses Urteil zutrifft, wird in Abschnitt 5 besprochen, wo die Qualität der Übersetzungen von JD2 beurteilt wird.

[93] S. *McKenzie*, A Catalog [s. Anm. 14].

[94] S. *Van der Haar*, Internationale ökumenische Beziehungen [s. Anm. 14], 182f. S. Abschnitt 4.

Festzuhalten ist, dass durch die starke Nachfrage in der Zeit von 1660 bis 1690 die Übersetzungen von JD2 – auch wenn ihre Qualität zweit- oder drittklassig gewesen ist – gewiss ihre Abnehmer gefunden und eine beträchtliche Wirkung ausgeübt haben. Allerdings gehörten sie nicht zu den prägenden Übersetzungen, wie „Sonthom", Lewis Baylys (um 1575–1631) *The Practise of Pietie* (²1612), Daniel Dykes *The Mystery of Self-Deceiving* (1614) und Joseph Halls (1574–1656) *A Treatise of Repentance* (1616), sowie die Übertragungen von Baxters *Treatise of Self-Denyall* (1660) und *A Call to the Unconverted to Turn and Live* (⁵1652).[95]

Als Anreger zur Übersetzungsarbeit ist wahrscheinlich Theodor Undereyk zu sehen.[96] Dieser vollendete während seiner Tätigkeit als Prediger am Kasseler Hof (1668–1670) der Landgräfin Hedwig Sophie 1670 seine erste Schrift *Christi Braut unter den Töchtern zu Laodicea* (Hanau 1670). Hedwig Sophie hatte 1649 den Landgrafen Wilhelm VI., den Dienstherrn von JD2, geheiratet. Nach dem Tod ihres Gemahls im Jahre 1663 regierte sie bis 1677 als Vormund ihrer minderjährigen Söhne, Philipp und Georg, Schüler von JD2.[97] Da sowohl Undereyk als auch JD2 oft im Kreis von Hedwig Sophie verkehrten, ist es sehr gut möglich, dass sie sich kennen gelernt haben.

Diese Vermutung wird durch eine Analyse von *Christi Braut* bestätigt. In diesem Hauptwerk Undereyks – ein Plädoyer für ein enthaltsames und frommes Alltagsleben, das u. a. Zitate aus englischen und niederländischen pietistischen Werken enthält[98] – zitiert er 16mal[99] aus Boltons *Noachs Wandelinge voor den Heere*, also aus der niederländischen Übersetzung,[100] und einmal aus der darin aufgenommenen biographischen Skizze

---

95 Vgl. *Sträter*, Sonthom [s. Anm. 71], 18, s. *McKenzie*, A Catalog [s. Anm. 14].

96 J. F. G. Goeters hat schon auf diese Möglichkeit hingewiesen, vgl. Abschnitt 1. Es könnte auch eine (un)mittelbare Beziehung zu Baxter gegeben haben, da letzterer Beziehungen zu dem pietistisch eingestellten Hofprediger in Offenbach, Konrad Brößke, hatte, vgl. *Faulenbach*, Die Anfänge des Pietismus [s. Anm. 8], 219 Anm. 205. Der deutsche Pietist Anton Horneck machte in England Karriere und bewirkte einen Austausch zwischen dem Pietismus in England und Deutschland, vgl. ebd., 220 Anm. 206; *Sträter*, Sonthom [s. Anm. 71], 19.

97 Vgl. *Do-Hong Jou*: Theodor Undereyk und die Anfänge des reformierten Pietismus. Bochum 1994, 161 f.; *Goeters*, Der reformierte Pietismus in Deutschland 1650–1690 [s. Anm. 10], 248 f.

98 Vgl. *Jou*, Theodor Undereyk [s. Anm. 97], 177, 184.

99 *Theodor Undereyk:* Christi Braut, Unter den Töchtern zu Laodicæa, Das ist, Ein hochnötiger Tractat In diesen letzten Tagen. Darinnen Die lebendige Krafft deß seeligmachenden Glaubens von allen Schmach-Reden, der in dieser Zeit [. . .] gereinigt und verthädiget wird. In Drey Theil: Deren Der I. die unfehlbare Kennzeichen, II. die verschiedenen Hindernüssen III. die darzu nöthige Mittel in sich verfasset/ Von Theodor VnderEyck, Predigern zu Cassel. Hanau 1670, Teil I: 19, 37, 128, 167 f.; Teil 2: 30 f., 40, 59, 79, 119; Teil III: 18–20, 101, 128–130, 156–158, 179 f., 197 f., 305–307.

100 Dass Undereyck eine niederländische Übersetzung benutzt hat, stellt sich heraus in Christi Braut [s. Anm. 99] II, 79, 119; und in III, 101, 128, 156, 179, 197 u. 305, wo er einen niederländischen Titel erwähnt.

von Edward Bagschawe.[101] Dieses Buch ist von JD2 übersetzt worden und erschien 1676 unter dem Titel *Noahs Göttlicher Wandel*. Andere von JD2 übersetzte Schriften, aus denen Undereyk in *Christi Braut* zitiert, sind Richard Baxters *The saints everlasting rest*,[102] *The Right Method for a Settled peace of Conscience and spiritual comfort*[103] und sein *Crucifying of the world by the Cross of Christ*[104] sowie Teellincks *Soliloquium*.[105]

Dass JD2 durch Undereyks *Christi Braut* zur Übersetzung von Boltons *Some Generall Directions for a Comfortable Walking with God* (London 1625) und der anderen obigen Schriften angeregt worden ist, ist sehr wahrscheinlich. Dafür gibt es noch drei Indizien in den Übersetzungen selbst. Erstens paraphrasiert er in der Vorrede zu Teellincks *Soliloquium* das Motto aus Undereyks *Christi Braut*:

> Es seynd nachdenkliche/ und zum theil erschreckliche doch wahrhafftige Worte/ welche der Geistreiche Englische Prediger Perscins in seinem ersten Buch uber die erste Epistel Johannis schreibet: Daß es nemblich der allergrösseste gewissens Punct sey/ der jemahls könne fürgestellet werden/ woran der Mensch erkennen soll/ daß er ein Kind Gottes sey.[106]

In seiner Vorrede auf *Das gewisse Interesse eines Gewissenhafften Kauffmans* schreibt er: „Die Persianer sagen: Mundus Cadaver est, & sequentes eum, Canes, das ist/ die Welt ist das Aaß/ und welche derselben nachlaufen/ seynd Hunde."[107] Möglicherweise hat JD2 auch diesen Spruch von Undereyk entlehnt, der ihn aus einer Schrift des niederländischen Pietisten Simon Oomius (1630–1706) zitiert: „Die Persianer haben auch diesen Spruch: [...] Die Welt ist ein todtes Aas/ und seynd alle Hunde/ die sie begehren."[108] Drittens ist die Übersetzung vom *Soliloquium*, die zum ersten Mal 1671 erschien, der Bremer St. Martini-Gemeinde gewidmet,[109] wo Undereyk seit 1670 Prediger war.

Die Verbindungen zwischen Undereyk und JD1, sowie zwischen Un-

---

101 Vgl. *Undereyck*, Christi Braut [s. Anm. 99] III, 244–246.
102 Vgl. ebd. I, 84 f.; III, 409,437.
103 Vgl. ebd. I, 84 f.; III, 409, 437.
104 Vgl. ebd. III, 24, 71–74.
105 Vgl. ebd. II, 58.
106 *Teellinck*, Soliloquium 1676 [s. Anm. 53], Bl. A2r. Bei Undereyk heißt es auf dem Titelblatt: „Perkins Tom. 1 über die 1. Epist. Joh. Es ist der allergrössest Gewissens=Fall/ der jemahls kan fürgestellet werden/ woran der Mensch erkennen sol/ daß er ein Kind GOttes sey" (*Undereyck*, Christi Braut [s. Anm. 99], Bl.)(1r).
107 Das grosse Interesse eines gewissenhafften Kauffmans [s. Anm. 57], Bl. A5v.
108 *Undereyck*, Christi Braut [s. Anm. 99] III, 340. Das Zitat stammt aus „Oom. Turckd.Afd.11.p. 169", womit Undereyck wohl auf Het geopende en wederleyde Muhammedisdom of Turckdom (Amsterdam 1663) hinweist, vgl. *Jan van der Haar*: Schatkamer van de gereformeerde theologie in Nederland (c. 1600–c.1800): bibliografisch onderzoek. Veenendaal 1987, 342 Nr. 21.
109 Vgl. *Teellinck*, Soliloquium 1676 [s. Anm. 53], Bl. A1v.

dereyk und JD2 legen die Vermutung nahe, dass Undereyk als Wegbereiter für die Übersetzungsarbeit von JD1 und JD2 gedient hat. Gleiches gilt wahrscheinlich auch für die Übersetzungsarbeit Philipp Erberfelds. In Undereyks *Christi Braut* fallen nämlich die vielen Zitate aus Saldenus' *Weg des Levens* (1657) auf: 16mal übernimmt Undereyk eine Stelle aus dieser Schrift.[110] Zweimal zitiert er aus Teellinks *Nootwendigh Vertoogh.*[111] Beide Schriften sind von Philipp Erberfeld übersetzt worden: *Der Weg des Lebens* erschien 1667,[112] die nie veröffentlichte Teellinck-Übersetzung ist wahrscheinlich um 1675 entstanden, da Erberfeld in der Vorrede zu einer Übersetzung aus diesem Jahr schreibt, auf der Suche nach einem Verleger zu sein.[113] Vermutlich hat Undereyk also durch *Christi Braut* einen Nährboden für Übersetzungen pietistischer Schriften geschaffen und zielgerichtet bestimmte Personen, wahrscheinlich JD1, JD2 und Erberfeld, vielleicht noch andere, zur Übersetzung niederländischer und englischer pietistischer Schriften angeregt, um so zur Verbreitung des Pietismus in Deutschland beizutragen.[114]

Fragt man nach den Gründen, die JD1 und JD2 zur Übersetzung pietistischer Schriften geführt haben, so ist auch zu fragen, warum sie nicht selbst pietistische Werke verfasst haben. Dass sie auf ausländische reformierte Schriften zurückgegriffen haben, lässt sich aus der Situation in den reformierten Territorien Deutschlands im 17. Jahrhundert erklären. Übersetzungen hatten die Aufgabe, dem Mangel an Schriften von deutschen reformierten Pietisten abzuhelfen. Im 17. Jahrhundert überwog in Deutschland die lutherische Erbauungsliteratur, bis ab den 1670er Jahren mit Undereyk und später mit Gerhard Tersteegen eine eigene reformierte Erbauungsliteratur entstand.[115] In diesem Zusammenhang hatte JD2 wahrscheinlich die Absicht, ein thematisch breit gefächertes Angebot auf den deutschsprachigen Markt zu bringen: Wiedergeburt (*Soliloquium*, Guthrie), Heiligung (*Jerusalem*, *Pauli*, *Noah*, *Göttliches Leben*, *Vieh*, *Leben des Glaubens*), Bekehrung (*Bekehrung*), Glauben (*Leben des Glaubens*), Gewissensprüfung (*Probir=Stein*, *Heuchler*), Weltverleugnung (*Creutzigung*, *Glückseligkeit*), Sterbensvorbereitung (*Tod=Bette*, *Hausbuch*), ewiges Leben (*Ruhe*),

110 Vgl. *Van den End*, Guiljelmus Saldenus [s. Anm. 46], 266.

111 Vgl. *Undereyck*, Christi Braut [s. Anm. 99] III, 272–280, 307–314.

112 Christi Braut erschien erst 1670, also drei Jahre nach Dem Weg des Lebens. Diese Tatsache schließt aber nicht aus, dass Erberfeld von Undereyk schon früher über Christi Braut erfahren oder diese Schrift sogar eingesehen hat.

113 Vgl. *Van den End*, Guiljelmus Saldenus [s. Anm. 46], 264–266.

114 S. Anm. 67.

115 Vgl. *Sträter*, Sonthom [s. Anm. 71], 40–42. Andererseits muss darauf hingewiesen werden, dass Übersetzungsarbeit auch zu selbstständiger literarischer Produktion führen konnte. So hatte JD1 nach der Produktion seiner Übersetzung der Spranckhuysenschen Schrift die Absicht, selbst eine Schrift zu verfassen.

Anfechtungen (Sibbes, *Frieden*), Praxis des christlichen Lebens (*Hausbuch*, *Auskauffung*) und sogar spezifischer: im Beruf (*Kauffmans*).

Neben dem Mangel an reformierten pietistischen Schriften in Deutschland und dem Argument der thematischen Variation gab es weitere Gründe, die zu Übersetzungen geführt haben und die sich in den Vorreden finden. JD1 schreibt, dass er *Balsaam* auf Bitte und Empfehlung des Bremer Ratsherren Lubert Formanoir ins Deutsche übersetzt habe.[116] Obwohl JD1 nicht darauf hinweist, hat bei der Entstehung dieser Übersetzung vielleicht auch die gemeinsame Reise mit Undereyk in die Niederlande eine Rolle gespielt, wobei er Spranckhuysens Werk kennen gelernt haben könnte.

JD2 hat Teellincks *Soliloquium* auf Bitten und Empfehlungen von einigen des Niederländischen unkundigen Frommen ins Deutsche übersetzt.[117] Aus Sibbes' Werk hatte er für seine eigene Seele so viel Trost geschöpft, dass er sich entschloss, es „zu allgemeiner Erbauung" zu übersetzen.[118] Schließlich ist für Baxters *Ausgesonderten Schrifften* noch auf eine Tendenz auf dem Buchmarkt zu verweisen: Die Kompilation entstand zu einer Zeit der Bemühungen um eine Ordnung und Katalogisierung englischer pietistischer Schriften in den beiden Dekaden vor und nach 1700.[119]

4.

In der folgenden Tabelle werden die den jeweiligen Titelblättern entnommenen Daten zu den Übersetzungen und eventuellen Neuauflagen übersichtlich dargestellt:

JD1

	Sigel	**Autor**	**Kurztitel**	**Erscheinungsjahr**	**Verlag**	**Drucker**
1	Balsaam	Dionysius Spranckhuysen	Balsaam Für eine Kranke Seele	1673	–	Hermann Brauer, Bremen

[116] Vgl. *Spranckhuysen*, Balsaam [s. Anm. 1], Bl.)(3v, *1r.
[117] Vgl. *Teellinck*, Soliloquium 1676 [s. Anm. 53], Bl. B8r.
[118] *Sibbes*, Der Seelen Selbst=Streit [s. Anm. 75], Bl. *5r.
[119] Vgl. *Sträter*, Sonthom [s. Anm. 71], 21.

JD2

	Sigel	Autor	Kurztitel	Erscheinungsjahr	Verlag	Drucker
1a	Soliloquium	Willem Teellinck (1579–1629)	SOLILOQUIUM	1671	Elias Francken, Kassel	Salomon Schadewitz, Kassel
1b	Soliloquium	Willem Teellinck	SOLILOQUIUM	1676	Elias Francken, Göttingen	–
1c	Soliloquium	Willem Teellinck	SOLILOQUIUM	1693	Jost Heinrich Dresser, Kassel	–
1d	Soliloquium	Willem Teellinck	Christliche Hertzens=Gedancken	1702	Christoph Andreas Zeitler (oder: Zeidler), Halle	–
2a	Jerusalem	Willem Teellinck	Das newe Jerusalem	1672	Elias Francken, Kassel	Salomon Schadewitz, Kassel
2b	Jerusalem	Willem Teellinck	Das Newe Jerusalem, (Die Klage Pauli: 1698, Drucker: Heinrich Harmes, Kassel)	1693	Jost Heinrich Dresser, Kassel	–
4a	Bekehrung	Richard Baxter (1615–1691)	Die Wahre Bekehrung	1673	Elias Francken, Kassel	–
4b	Bekehrung	Richard Baxter	Die wahre Bekehrung	1680	Elias Francken, Kassel	–
5	Guthrie	William Guthrie (1620–1665)	Das grosse *INTERESSE* eines Auffrichtigen Christen	1674	Elias Francken, Kassel	Friedrich Hertzog, Kassel
6a	Kauffmans	–	Das grosse *INTERESSE* eines Gewissenhafften Kauffmans	1674	Elias Francken, Kassel	–

	Sigel	Autor	Kurztitel	Erscheinungsjahr	Verlag	Drucker
6b	Kauffmans	–	Das grosse INTERESSE eines Gewissenhafften Kauffmanns	1706	Tob. Dehrling, Jena	–
7	Sibbes	Richard Sibbes (1577–1635)	Der Seelen Selbst=Streit	1675	Gerhard Henckel, Kassel	–
8	Probir=Stein	Robert Bolton (1572–1631)	Der Probir=Stein Des Gewissens	1676	Jakob Gottfried Seyler, Frankfurt am Main	–
9a	Noah	Robert Bolton	NOAHS Göttlicher Wandel	1676	Jakob Gottfried Seyler, Frankfurt am Main	–
9b	Noah	Robert Bolton	NOAHS Göttlicher Wandel	1678	Jakob Gottfried Seyler, Frankfurt am Main	–
9c	Noah	Robert Bolton	NOAHS Göttlicher Wandel	1691	Gottlieb Heinrich Grentz, Hannover und Wolfenbüttel	–
10	Dapper	Olfert Dapper	BESCHREIBUNG des KEYSERTHUMS SINA oder TAISING	1676	Jacob van Meurs, Amsterdam	–
11	Schouten	Wouter Schouten	Ost-Indische REyse	1676	Jacob van Meurs, Amsterdam; Joannes van Sommern, Amsterdam	–

	Sigel	Autor	Kurztitel	Erscheinungsjahr	Verlag	Drucker
12	Tod=Bette	Richard Baxter	Eines Glaubigen Letzte Arbeit auff dem Tod=Bette	1683	Salomon Kürßner, Kassel	–
13	Hausbuch	Richard Baxter	Das Hausbuch der Armen	1684	–	Johann Heinrich Stock, Marburg
14	Beschreibung	Richard Baxter	Die Beschreibung Der Ursachen und der Belohnung Eines Mit GOtt wandelnden Glaubigen	1684	–	–
15	Ruhe	Richard Baxter	Die Ewige Ruhe Der Heiligen	1684	Salomon Kürßner, Kassel	–
16	Wandel	Richard Baxter	Eines Christen Wandel mit Gott	1684	–	–
17	Göttliche Leben	Richard Baxter	Das Göttliche Leben	1685	Karl Scheffer, Hanau	–
18a	Creutzigung	Richard Baxter	Die Creutzigung der Welt durch das Creutz Christi	1685	Karl Scheffer, Hanau	–
18b	Creutzigung	Richard Baxter	Die Creutzigung der Welt durch das Creutz Christi	1685	Johann David Zunner, Frankfurt am Main	
19a	Vieh	Richard Baxter	Ein Heiliger oder Ein Vieh	1685	Karl Scheffer, Hanau	–
19b	Vieh	Richard Baxter	Ein Heiliger oder Ein Vieh	1685	Johann David Zunner, Frankfurt am Main	Johann Dietrich Friedgen, Frankfurt am Main

	Sigel	Autor	Kurztitel	Erscheinungsjahr	Verlag	Drucker
19c	Vieh	Richard Baxter	Ein Heiliger oder Ein Vieh	1716	Johann Bernhard Hartung, Frankfurt am Main	–
20	Ausgesonderte Schrifften	Richard Baxter	Ausgesonderte Schrifften	1697	Philipp Gottfried Saurmann, Bremen	–
20-I	Arth und Weise	Richard Baxter	Die rechte Arth und Weise	1697	Philipp Gottfried Saurmann, Bremen	–
20-II	Leben des Glaubens	Richard Baxter	Das Leben des Glaubens	1697	Philipp Gottfried Saurmann, Bremen	–
20-III	Heuchler	Richard Baxter	Ein Heiliger/ oder ein Heuchler	1697	Philipp Gottfried Saurmann, Bremen	–
20-IV	Glückseligkeit	Richard Baxter	Der Narren Glückseligkeit	1697	Philipp Gottfried Saurmann, Bremen	–
20-V	Auskauffung	Richard Baxter	Die Auskauffung der Zeit	1697	Philipp Gottfried Saurmann, Bremen	–

Lässt man Nr. 14 und Nr. 16 weg, die zu Nr. 17 gehören, beläuft sich die Gesamtzahl der Auflagen auf 32, davon 30 pietistische Werke. Um der Frage nachzugehen, ob die Auflagenzahl der Übersetzungen von JD2 höher ist als die von Johann Christoph Salbach oder Johann Lange, müssten deren Neuauflagen ermittelt werden, wofür ihre Übersetzungen zu Rate zu ziehen sind, da aus den Bibliographien oft nicht hervorgeht, wer der Übersetzer einer Neuauflage gewesen ist.

5.

Einige Jahrzehnte nach Erscheinen der *Ausgesonderten Schrifften* (1697) behauptete Adam Bernd, dass „J. D." nicht hätte übersetzen sollen. Weder Englisch noch Deutsch habe er gut beherrscht, und den philosophischen und theologischen Darlegungen in Baxters Schriften sei er nicht gewachsen gewesen.[120] Auch Michael Lilienthal, Herausgeber der *Theologischen Bibliothec* und des *Biblischen Archivarius*, beklagte die Unverständlichkeit der Übersetzung von Baxters *Ein Heiliger oder ein Vieh* und bemerkte zynisch, dies sei das Schicksal von Baxters Schriften, wenn sie in die Hände von „I. D." fielen.[121] Johann Georg Pritius schrieb 1700, dass mit Ausnahme von Baxters *Verleugnung sein selbst* und dessen *Hausbuch*,[122]

> die übrigen [Schriften Baxters, d. Vf.] ins gemein so verdrießlich und unverständlich übersetztet worden [sind] / dass man gar keinen rechten Verstand daraus fassen kann. Und ist versichert Schade / daß das schöne Buch von der Ruhe der Heiligen / nicht aus einer bessern Verdolmetschung soll gelesen werden [. . .].[123]

Die Übersetzungen von JD2 stießen also schon kurz nach seinem Tod auf Kritik. Sträter nimmt diese zeitgenössischen Zeugnisse ernst und bringt die angeblich geringe Qualität der Übersetzungen mit dem unkontrollierten Wettlauf um englische Texte in den Jahren 1660 bis 1690 in Zusammenhang.[124] Auch McKenzie hält die von ihm zitierten Äußerungen für glaubwürdig.[125] Im Unterschied zum Verfasser haben beide jedoch die Kritik nicht anhand von Übersetzungsstichproben geprüft. Dazu wurde das Verfahren von JD1 und JD2 in syntaktisch-grammatischer, semantischer und pragmatischer Hinsicht untersucht.[126] Dem Übersetzungsvergleich an den Schriften Teellincks, Boltons *Probir=Stein* und fünf Schriften Baxters (*Die wahre Bekehrung*, *Das Hausbuch*, *Ein Heiliger oder Ein Vieh*, *Die rechte Arth und Weise*, *Ein Heiliger oder Ein Heuchler*) ist jeweils ein kurzes Fragment von etwa einer Seite zugrunde gelegt.

---

120 Vgl. *Adam Bernd*: Einleitung zur Christlichen Sitten-Lehre und Anleitung zur wahren Gottseeligkeit. Leipzig 1733, 296 f., zit. n. *McKenzie*, British Devotional Literature [s. Anm. 92], 232.

121 Vgl. *Michael Lilienthal*: Fortgesetzte theologische Bibliothec. Königsberg 1744, 564–565, zit. n. *McKenzie*, British Devotional Literature [s. Anm. 92], 232.

122 Pritius meint wahrscheinlich nicht die Übersetzung von JD2, sondern die eines anderen Übersetzers, vgl. *McKenzie*, British Devotional Literature [s. Anm. 92], 231–233.

123 Vgl. *Sträter*, Sonthom [s. Anm. 71], 17. Im letzten Fall handelt es sich um eine Übersetzung von JD2, da 1700 nur noch eine deutsche Übersetzung dieser Schrift vorhanden war, und zwar von JD2, s. *McKenzie*, A Catalog [s. Anm. 14], 66 f.

124 Vgl. *Sträter*, Sonthom [s. Anm. 71], 17.

125 Vgl. *McKenzie*, British Devotional Literature [s. Anm. 92], 231–233.

126 Als Hilfsmittel wurde benutzt: *Andrew Chesterman*: Vertaalstrategieën: een classificatie. In: Denken over vertalen. Tekstboek vertaalwetenschap. Hg. v. *Ton Naaijkens* [u. a.]. O. O. 2004, 243–262.

Dem Vergleich voran geht eine Recherche zu der jeweiligen Vorlage der Übersetzung, wobei gefragt wurde, ob es sich bei den Übersetzungen um Primär- oder Sekundärübersetzungen handelt. Für eine Übersetzung von Baxters *Hausbuch* war schon festgestellt worden, dass JD2 eine niederländische Übersetzung als Vorlage benutzt hatte. Auch wenn die Vorlage auf dem Titelblatt der Übersetzung nicht erwähnt oder wenn dort behauptet wird, unmittelbar aus dem Englischen übersetzt zu haben, ist es möglich, dass eine niederländische Übersetzung als Vorlage gedient hat. Deshalb wird hier der Aufforderung Sträters gefolgt, „sämtliche andere Übersetzungen von Johann Deusing" zu überprüfen.[127]

Als Rahmen für die Behandlung der Übersetzungsstrategie im Einzelnen werden zunächst die theoretischen Ansätze zur „Kunst" des Übersetzens im 17. Jahrhundert dargelegt. Dabei wird diskutiert, inwiefern Übersetzer pietistischer Erbauungsliteratur sich dem anschließen konnten und angeschlossen haben. Zum Schluss werden die Übersetzungsstrategien von JD1 und JD2 besprochen, und es wird die Qualität der Übersetzungen von JD2 gewürdigt.[128]

Im Hinblick auf die Übersetzung pietistischer Schriften im 17. Jahrhundert kann man sich fragen, inwiefern deren Übersetzer sich am literarischen Übersetzen von Epik orientiert haben. Haben sie sich überhaupt Gedanken gemacht, ob ihre Übersetzungen im literarischen Sinne gelungen sind, ganz zu schweigen davon, ob sie mittels einer kreativen Auseinandersetzung mit ihrer Vorlage neben theologischen und seelsorgerlichen auch literarisch-ästhetische Interessen verfolgten?

---

127 *Sträter*, Sonthom [s. Anm. 71], 30 f. Anm. 46. Um die niederländischen Übersetzungen ausfindig zu machen, ist *Jan van der Haar*: From Abbadie to Young: a bibliographie of English, most puritan works, translated i/t Dutch language. Veenendaal 1980, sowie der niederländischen Online-Katalog Picarta benutzt worden. Insofern diese in den niederländischen Bibliotheken vorhanden waren, ist immer diejenige niederländische Übersetzung herangezogen, die im Vergleich mit den anderen Auflagen am kürzesten vor der Erscheinung der deutschen Übersetzung erschien.

128 Die Schriften von Walter Schouten und Olfert Dapper wurden keinem Übersetzungsvergleich unterzogen, da sie keine pietistischen Schriften sind. Es ist merkwürdig, dass JD2 in Bibliothekskatalogen als Übersetzer dieser Schriften betrachtet wird, da er weiterhin nur pietistische Schriften übersetzt hat. Andererseits ist es nicht auszuschließen, dass JD2 diese Schriften ins Deutsche übersetzt hat, da bei dem Amsterdamer Drucker Joannes van Someren, der die deutsche Übersetzung der Schrift Walter Schoutens gedruckt hat, englische pietistische Schriften erschienen sind, vgl. *M. M. Kleerkoper, Wilhelmus Petrus van Stockum jr.*: De boekhandel te Amsterdam voornamelijk in de 17e eeuw. Biographische en geschiekundige Aantekeningen. Eerste deel. 's-Gravenhage 1914–1916, 743; *Adrianus Marinus Ledeboer*: De boekdrukkers, boekverkoopers en uitgevers in Noord-Nederland sedert de uitvinding van de boekdrukkunst tot den aanvang der negentiende eeuw. Deventer 1872, 85; *Jean-Dominique Mellot, Elisabeth Queval, Antoine Monaque*: Répertoire d'imprimeurs/libraires (vers 1500-vers 1810). [Paris] 2004, 542. Van Someren hat außerdem die von JD2 als Vorlage benutzte niederländische Übersetzung von Baxters Treatise on conversion drucken lassen: *Richard Baxter*: Het nootwendigh middel der behoudenis. Amsterdam 1669.

Bemerkenswerterweise haben sich diese beiden Interessen nicht immer ausgeschlossen. So hat Joseph Hall alten Themen neue Gattungen und einen neuen Stil erschlossen. Mitglieder und Freunde der Fruchtbringenden Gesellschaft, unter ihnen vor allem der Nürnberger Kreis um Georg Philipp Harsdörffer (1607–1658) und Johann Michael Dilherr (1604–1669), haben sich in offenen oder versteckten Übersetzungen mit Halls Innovationen auseinandergesetzt.[129] Einige der bekanntesten deutschen Schriftsteller des Barock haben entweder englische pietistische Schriften empfohlen oder selbst übersetzt: Johann Michael Moscherosch, Philipp von Zesen, Christian Hoffmann von Hoffmannswaldau, Harsdörffer und Andreas Gryphius. Alle hatten ein Interesse an den neuen religiösen Tendenzen in England.[130] Es scheint also nicht unberechtigt, zu fragen, inwiefern JD1 und JD2 sich den theoretischen Ansätzen des literarischen Übersetzens im 17. Jahrhunderts, die nun kurz vorgestellt werden sollen, angeschlossen haben.

Das literarische Übersetzen wurde im 17. Jahrhundert von deutschen Sprachtheoretikern, vor allem von Harsdörffer, als eine Kunst verstanden, die der Schüler über verschiedene Stufen der Nachahmung der Vorbilder beherrschen lernen sollte.[131] Die *imitatio* sollte zur Herausbildung einer eigenen Meisterschaft führen. Innerhalb der *imitatio* wurden folgende drei Stufen unterschieden:

1. *interpretatio:* Das wörtliche Übersetzen, das als eine qualitativ minderwertige Art der Nachahmung verstanden wurde: „wie die Knaben in den Schulen", wie Harsdörffer formulierte.[132]
2. *imitatio:* Das sinngemäße Übersetzen, das man als eine gleichwertige Art der Nachahmung betrachtete. Bei dieser selbstständigen Wiedergabe sollte vor allem der Sinn der Vorlage beachtet werden, um die Form brauchte der Übersetzer sich weniger zu kümmern.
3. *aemulatio:* Das freie Übersetzen, bei dem der Übersetzer das Vorbild übertraf. Bei dieser Stufe fand eine produktive Auseinandersetzung mit dem Original statt. Die Übersetzung sollte sich auf die Zielsprache richten, um den Inhalt für das Publikum zu erklären.

Nach Harsdörffer sollten poetische Werke ausschließlich frei übersetzt (*aemulatio*) werden, was zu einer besseren Verständlichkeit führen würde.

---

[129] Vgl. *Sträter*, Sonthom [s. Anm. 71], 10, 90–101.

[130] Vgl. *McKenzie*, British Devotional Literature [s. Anm. 92], 76 f.

[131] Vgl. für die folgenden Absätze: *Peter Burke*: Ik vertaal, dus ik ben. Vertalers en vertalingen in vroegmodern Europa. Amsterdam 2005, 23–26; *Frederick M. Rener*: Interpretatio: language and translation from Cicero to Tytler. Amsterdam 1989, 293–313; *Stina Rahel Schwarzenbach*: Stratonica und Demetrius. Zwei Barockromane Italienisch und Deutsch. Bern etc. 2002, 131–146; *dies.*: De vertaler als auteur in zeventiende-eeuws perspectief. (Noch unveröffentlichter Aufsatz [Vierde congres Literatuur en Geschiedenis: Wie is de auteur? 24./25.11.2005, Faculteit der Geesteswetenschappen, Universiteit van Amsterdam]).

[132] Vgl. *Schwarzenbach*, Stratonica und Demetrius [s. Anm. 131], 142.

Für literarische Übersetzungen im 17. Jahrhundert galt nämlich das Prinzip der *perspecuitatis*: Der Leser sollte in der Übersetzung die gleiche Klarheit wie im Original vorfinden. Eine Übersetzung wurde als ein neues Original betrachtet, eine im kommunikativen Sinn und mit Blick auf die Zielsprache verbesserte Version des Originals. Die Arbeit des Übersetzers war dementsprechend derjenigen eines Dichters ebenbürtig und unterlag denselben rhetorischen und poetologischen Grundsätzen.

Um dem Anspruch der *perspecuitas* gerecht zu werden, hatte der Übersetzer die Freiheit, Sachen hinzuzufügen (*additio*) oder wegzulassen (*omissio*), unter der Bedingung, dass die Bedeutung des Originals erhalten blieb und die Übersetzung an Verständlichkeit gewann. Realien, Bezeichnungen für Phänomene oder Begriffe, die für ein bestimmtes Land oder Kulturgebiet spezifisch waren und anderswo kein oder höchstens teilweise ein Äquivalent hatten,[133] oder Sachen, die dem Übersetzer zufolge bedeutungslos waren, durften dem kulturellen Umfeld des Zielpublikums adaptiert oder weggelassen werden. Die Übersetzer beabsichtigten also eine Integration des Originals in die Zielkultur.

Ist es möglich, dass auch JD1 und JD2 in ihren Übersetzungen das Prinzip der *aemulatio* angewandt haben? Sträter kommt zu folgendem Ergebnis: „Übersetzer des 17. Jahrhunderts haben sich dem Wortlaut ihrer Vorlagen durchweg nicht sonderlich verpflichtet gefühlt." In deutschen Übersetzungen pietistischer Erbauungsliteratur im 17. Jahrhundert stößt man auf Paraphrasen, Kommentare, Erläuterungen, Änderungen von Zitaten, Veränderungen aus dogmatischen Gründen, kulturelle Filterungen, Auslassungen und Zusätze.[134] Daneben wurden Schriften manchmal in einer Schrift verarbeitet oder verdeckt zu einer Übersetzung hinzugefügt.[135] Die Frage nach der Anwendung der *aemulatio* ist in diesem Zusammenhang wichtig, da auf diese Weise der Beitrag von JD1 und JD2 als Bearbeiter fremdsprachiger Texte zum deutschen pietistischen Schrifttum bemessen werden kann.

Da es sich hauptsächlich um Übersetzungen theologischer Bücher handelt, ist besonders relevant, ob von der calvinistischen Orthodoxie abweichende theologische Gedanken des Originals in den Zieltext übernommen oder weggelassen, verändert oder ergänzt worden sind. Es besteht auch die Möglichkeit, dass der Übersetzer in einer Vorrede theologische Ideen des Autors des Originals anprangert, kommentiert oder akzentuiert. Auch sind Beigaben, z. B. in Form einer eigenen Schrift, möglich. Schließlich besteht die Möglichkeit, dass das Übersetzen den Übersetzer zu einer eigenen Schrift über dieselbe Thematik anregt. Derartige Verfahrensweisen er-

---

133 Vgl. *Diederik Grit*: De vertaling van realia. In: Denken over vertalen [s. Anm. 126], 279.

134 Vgl. *Sträter*, Sonthom [s. Anm. 71], 47–49.

135 Vgl. für die Verfahren in der Übersetzung von Baylys Praxis Pietatis und Halls The Arte of Divine Meditation vgl. ebd., 81–83, 90–101.

scheinen nicht nur bei interkonfessionellen,[136] sondern auch bei intrakonfessionellen Bearbeitungen: Es gibt Fälle, in denen reformierte Übersetzer ihre reformierten Vorlagen überarbeitet haben.[137]

Wahrscheinlich gehen alle Übersetzungen englischer Schriften von JD2 auf niederländische Vorlagen zurück. Die Kenntnis der englischen Sprache war während des 17. Jahrhunderts in Deutschland noch wenig verbreitet. Als bekannt wurde, dass in Holland englische pietistische Schriften in niederländischer Sprache leicht greifbar waren, benutzten viele deutsche Übersetzer englischer pietistischer Schriften, unter ihnen JD2, niederländische Übersetzungen als Vorlagen.[138]

Von den meisten Übersetzungen konnte von dem Verfasser dieses Aufsatzes mit großer Wahrscheinlichkeit festgestellt werden, dass sie ebenso wie Baxters *Hausbuch* Sekundärübersetzungen von niederländischen Vorlagen sind. Folgende Indizien wurden entdeckt:

- Zu der Bibelstelle, die Baxters *Wahrer Bekehrung* (1673) zugrunde liegt, werden erklärend zwei Wörter aus der niederländischen „Statenvertaling" der Bibel in Klammern hinzugefügt.[139]
- Wilhelm Guthries *Dass grosse Interesse eines Auffrichtigen Christen* (1674) enthält einen „Scheide=Brieff/ welchen ein bekehrter Mensch seinen begangenen angenehmen Sünden gibt".[140] Diesen von Wilhelm Teellinck verfassten Brief gibt es auch in der niederländischen Übersetzung.[141]

---

[136] Edmund Bunnys (1540–1619) The Exercise of a christian life (1594) wurde von dem reformierten englischen Kaufmann Emanuel T(h)omson ins Deutsche übersetzt, und erschien zum ersten Mal 1612 in Frankfurt als Emanuel Sonthoms Güldenes Kleinod der Kinder Gottes. Thomson hat sich dabei um eine getreue Wiedergabe seiner Vorlage bemüht. 1632 erschien das Güldene Kleinod in lutherischer überarbeiteter Form in Lüneburg mit einem von dem lutherischen Bearbeiter selbst verfassten Dritten Teil als Beigabe. Vgl. für die interessante Vorgeschichte dieses Buches *Sträter*, Sonthom [s. Anm. 71], 60–76.

[137] So der Niederländer Jacobus Koelman (1631–1695), der in der Vorrede zu seiner Übersetzung einer Schrift des Amerikaners Thomas Hookers (1586–1647) bestimmte Ansichten dieses Theologen kommentiert vgl. *Op't Hof*, De internationale invloed van het puritanisme [s. Anm. 12], 339, sowie der Niederländer Alexander Comrie (1706–1774), der die Übersetzung einer Schrift des Engländers Edward Fisher an einigen Stellen bearbeitet hat, vgl. *Edward Fisher*: Het merg van het Evangelie. Kampen 2000, 8.

[138] Vgl. *Sträter*, Sonthom [s. Anm. 71], 17, 25.

[139] „Es sey denn/ daß ihr Euch umbkehret (Euch verendert) und werdet wie die Kinder/ so werdet Ihr nicht ins Himmelreich kommen, Bekehrung", 1. Die niederländische Übersetzung hat: „Indien ghy u niet verandert, en wordt gelijck de Kinderkens, soo sult ghy in't Koninckrijck der Hemelen geensins ingaen" (*Richard Baxter*: Het nootwendigh middel der behoudenis. Amsterdam 1669, 1). Im englischen Original heißt es: „Except ye be Converted, and become as little Children, ye shall not enter into the Kingdom of Heaven" (*Richard Baxter*: A treatise on conversion. London 1657, 1).

[140] *Guthrie*, Das grosse Interesse eines auffrichtigen Christen [s. Anm. 58], 331–335.

[141] S. *Willem Guthry*: Des Christens Groot Interest, OFTE Het Zalig Deel aan Christus. Vlissingen 1672, 189–192: „FORMULIER Van een Scheydt – Brief, Die een Bekeerde Ziel geeft

- In Boltons *Noahs Göttlicher Wandel* (1676) ist die Vorrede von Julius Aysonius Huisinga, Übersetzer der niederländischen Fassung, übernommen worden.[142] Dies geschieht aber verdeckt, da der Name Huisingas nicht erwähnt wird. Am Ende der Vorrede heißt es schlicht: „Ubersetzer".[143] Dem Titelblatt zufolge hat JD2 das Werk aus dem Englischen übersetzt,[144] aber Titelblättern soll man nicht unbedingt Glauben schenken.
- In Baxters *Ein Heiliger oder ein Heuchler* (1697) findet sich eine Stelle, die vermuten lässt, dass der niederländische Übersetzer noch seine Nationalität hinzugefügt hat und JD2 seine ebenso:

NL: je mooght hem alsoo dra doen geloen dat hy geen Engelsman, Hollander &c. en is/ als datje hem soud wijs maken dat hy geen Christen en was[145]

DU: Ihr würdet ihn leichter glauben machen/ er sey kein Engeländer/ Holländer oder *Hochteutscher/* etc. als daß ihr ihm wollet weiß machen/ er sey kein Christ[146]

Bei fünf anderen Übersetzungen war ein Vergleich eines Ausschnitts aus dem englischen Original mit der niederländischen und deutschen Übersetzung ein Indiz dafür, dass der deutschen Übersetzung die niederländische zugrunde liegt. Dies trifft für Sibbes' *Der Seelen Selb=Streit*, für Boltons *Der Probir=Stein des Gewissens*, Baxters *Die Ewige Ruhe Der Heiligen* sowie für dessen *Das Leben des Glaubens* zu. Bei Baxters *Ein Heiliger oder Ein Vieh* machen es die Übereinstimmungen zwischen den Inhaltsverzeichnissen wahrscheinlich, dass die niederländische der deutschen Übersetzung zugrunde gelegen hat.[147] Obwohl das Titelblatt von Baxters

Aan de ZONDEN, Welcke sy te vooren ghedaan heft; Wel eer in ingestelt van Mr. WILLEM TEELINGH."

142 *Robert Bolton*: SOMMIGE Generale Aenwijsingen; Tot een troostelijcke WANDELINGE MET GODT. Utrecht 1654, Bl. **5r–***3v. Auf Bl. ***3v heißt es: „V.E. L. Vrient en Broeder in Christo Iesu. JULIUS AYSONIUS HUISINGA., Predicant tot Lexmondt."

143 *Robert Bolton*: NOAHS Göttlicher Wandel. Frankfurt/Main 1676, Bl.)()(4r. In beiden Übersetzungen findet sich auch eine kurz gefasste Biographie Boltons, die auf einer ausführlicheren Fassung von Edward Bagschawe beruht. Die kürzere Fassung ist von Huisinga angefertigt worden, wie in der niederländischen Übersetzung vermerkt wird, vgl. *Bolton*, SOMMIGE Generale Aenwijsingen [s. Anm. 144], Bl. ***8v; in der deutschen Fassung wird dies aber verdeckt, und scheint es sogar als sei Bagschawe derjenige, der eine ausführliche Biographie zu einer Kurzfassung bearbeitet hat: „Aus der weitläuffigen Beschreibung des Lebens und Todes/ nicht weniger/ aus obbemelten Authoris Leich=Predigt/ sind gegenwertige Personalia, herausgezogen durch Herrn Bagschawe" (s. *Bolton*, Noah, *** Bl.)()(8v).

144 Vgl. ebd., Bl.)(1r: „Nunmehr aber aus dem Engelländischen ins Hochteutsche übersetzet".

145 *Richard Baxter*: HEYLIGH of HUYCHELAER, Dat is: Een korte verhandeling over de woorden van den Apostel Jacobus, Cap I. 26. Amsterdam 1682, 76.

146 *Richard Baxter*: Ein Heiliger/ oder ein Heuchler. Bremen 1697, 63.

147 Das englische Inhaltsverzeichnis unterscheidet sich von den beiden darin, dass die einzelnen Bemerkungen („Obs.") aufgelistet werden. In den beiden anderen Fassungen werden nur die

Ausgesonderten Schrifften implizit behauptet, die Kompilation folge der vierten Auflage einer englischen Vorlage – „Sämtlich in Engelländischer Sprache geschrieben/ und nun aus dem vierten verbesserten und vermehrten Druck ins Teutsche übersetztet von J. D.“[148] – ist *Die rechte Arth und Weise*, die erste Schrift der Kompilation, wahrscheinlich eine Sekundärübersetzung einer niederländischen Vorlage. Wenn man nämlich die niederländische Übersetzung (1684) zu Rate zieht, stellt sich heraus, dass deren Vorlage die vierte Auflage des englischen Originals war.[149] Die Aussage auf dem Titelblatt trifft also nur für den ersten Bestandteil der Kompilation in indirektem Sinne zu. Ein Textvergleich bestätigt die Annahme, dass der deutschen die niederländische Übersetzung zugrunde liegt. Auch für *Der Narren Glückseligheit* hat wahrscheinlich eine niederländische Übersetzung als Vorlage gedient, weil letztere zusammen mit *HEYLIGH of HUYCHELAER* erschienen ist.[150] Von der deutschen Übersetzung dieser Schrift wurde schon annehmbar gemacht, dass sie auf einer niederländischen Übersetzung basiert. Von vier Schriften Baxters konnte die Vorlage nicht festgestellt werden: *Eines Glaubigen Letzte Arbeit auff dem Tod=Bette*, *Das Göttliche Leben*, *Die Creutzigung der Welt Durch das Creutz Christi*, sowie *Die Auskauffung der Zeit* (in: *Ausgesonderte Schrifften*). Anzunehmen ist, dass auch diesen Übertragungen eine – unbekannte – niederländische Übersetzung voraus liegt, da es unwahrscheinlich ist, dass JD2 ab etwa 1683 vereinzelt und nicht konsequent englische Vorlagen benutzt haben soll.

Nach Sträters Schätzung liegt gut der Hälfte der deutschen Übersetzungen englischer pietistischer Schriften im 17. Jahrhundert eine niederländische Vorlage zugrunde. W. J. op't Hof zufolge ist diese Schätzung viel zu hoch. Andererseits gibt es Daten, die Sträter Recht geben. Zwölf

---

Hauptüberschriften aufgeführt. S. *Richard Baxter*: A SAINT OR A BRUTE. The Certain Necessity and Excellency of Holiness, &c. London 1662, Bl. (a 2) v; *Richard Baxter*: EEN HEILIG Of een BEEST, Dat is Een verhandeling van de rampsalige staat der Onheilige/ in te leven zonder God en de Heiligheit. Amsterdam 1684, Bl. Nn8v; *Baxter*, Vieh, Bl. d6r.

148 *Richard Baxter*: Ausgesonderte Schrifften. Bremen 1697, §1r. McKenzie weist in seiner Bibliographie übrigens darauf hin, dass es eine solche Kompilation im Englischen nicht gegeben hat, vgl. *McKenzie*, A Catalog [s. Anm. 14], 62.

149 *Richard Baxter*: De Rechte MANIERE Van DOEN, Om aan een vaste welgegronde VREDE ofte GERUSTHEYT der CONSCIENTIE Ende geestelijke TROOST te geraken. In XXXII. BESTIERINGEN. Ten dienst van een onruste Vriend beschreven: Ende Uytgegeven/ DOOR RICHARD BAXTER, Leeraar der Kerke tot Kederminster in Worcestershire, Ende nu na de vierde verbeterde en vermeerderde Engelsche Druck/ Vertaalt DOOR NATHANAEL KNOWLES. Prediker tot Anloo. Leeuwarden 1684, Bl. *2r.

150 *Richard Baxter*: HEYLIGH of HUYCHELAER, Dat is: Een korte verhandeling over de woorden van den Apostel Jacobus, Cap I. 26. In't Engels gepredikt/ voor verscheyde Leden van't eerwaerdige Huys der Gemeente/ in Abby Kerk, tot West-munster. Met der DWASEN VOORSPOET, *Over Prov.* 1. *vs.* 32. 33. Gepredickt in Covengarden, DOOR Mr. RICHARD BAXTER. En nu om des selfs nuttigheyt in 't Neerlants vertaelt. Amsterdam 1682, Bl. *1 r.

deutsche Übersetzer englischer pietistischer Schriften haben eine niederländische Vorlage benutzt, unter ihnen Johann Christoph Salbach, Johann Lange und Henning und Gerhard Koch. Sträter hat aufgezeigt, dass auch JD2 für eine Übersetzung, und zwar für Baxters *Hausbuch*, eine niederländische Quelle benutzt hat. Es ist aber noch nicht bewiesen, dass für alle Übertragungen der zwölf Übersetzer niederländische Vorlagen gedient haben. Sollte das der Fall sein, beliefe sich die Gesamtzahl auf 51. Im 17. Jahrhundert erschienen ungefähr 160 englische pietistische Schriften in deutscher Sprache. Op't Hof ist vorsichtiger als Sträter und schätzt, dass es sich um ein Drittel bis die Hälfte des Ganzen handelt.[151] Da in dieser Untersuchung mit Wahrscheinlichkeit nachgewiesen ist, dass JD2 alle seine Übersetzungen englischer Schriften aus dem Niederländischen übertragen hat, scheint Op't Hofs Schätzung berechtigt.

Vergleicht man die verschiedenen von JD2 verfassten Übersetzungen mit deren Vorlagen, so ergibt sich ein ambivalentes Ergebnis im Vergleich mit seinen Aussagen in der Vorrede zum *Soliloquium*. Betrachtet er dort Inhalt und Stil von pietistischen Schriften als unvereinbar, erlaubt er sich in seinen Übersetzungen zuweilen kreative Ersetzungen. JD2 hat also *sinngemäß* übersetzt. Obwohl er nah an seiner Vorlage bleibt, geht er freier mit ihr um als JD1, der wörtlich übersetzt hat. JD2 hat also gemäß der *imitatio* übersetzt, JD1 im Sinne der *interpretatio*.

JD2 hat den Inhalt seiner Vorlagen in eigener Formulierung wiedergegeben. An einigen Stellen ist er adaptierend vorgegangen. Die Gebete in *Soliloquium*[152] sind vielleicht im Sinne der *aemulatio* hinzugefügte Gebete. Aus dem Titelblatt wird nämlich nicht klar ersichtlich, dass es sich um eine Beigabe des Übersetzers handelt.[153] Ebenfalls erscheinen in *Noahs Göttlicher Wandel* als integrale Bestandteile dieses neuen Textes eine Vorrede sowie eine kurz gefasste Biographie Boltons, die beide vom niederländischen Übersetzer stammen. In Baxters *Hausbuch* hat JD2 einige Gebete aus der niederländischen Vorlage nicht übernommen und die Namen einiger Gebete sowie deren Reihenfolge verändert.[154] *Das grosse INTERESSE eines Gewissenhafften Kauffmans* ist im Ganzen eine Form von *aemulatio*, da es selbstständig aus verschiedenen Quellen zu einem

---

[151] Vgl. *Op't Hof*, Die Nähere Reformation und der niederländische reformierte Pietismus [s. Anm. 12], 180 sowie Anm. 61; *ders.*, De internationale invloed van het puritanisme [s. Anm. 12], 350 f.

[152] Vgl. *Teellinck*, Soliloquium 1676 [s. Anm. 53], 203–231.

[153] „SOLILOQVIUM oder Betrachtung Eines Sünders welche er in der Angst seiner Wiedergeburt gehabt/ Dienlich zur beforderung der Bekehrung von den tödtlichen Wercken zu dem lebendigen Gott/wie auch zum Trost wider alle weltliche Betrübnüsse/ nebenst etzlichen gottseligen Gebeten/und Betrachtungen über das Leyden Jesu Christi" (*Teellinck*, Soliloquium 1676 [s. Anm. 53], Bl. A1r).

[154] Vgl. *Richard Baxter:* Hausbuch. O. O. 1684, 617–623.

neuen Text verarbeitet ist. Jedoch geht JD2 nicht so weit, den Anschein zu erwecken, das Buch selbst geschrieben zu haben.

Die Freiheit, der JD2 sich beim Übersetzen bediente, war jedoch beschränkt. In fünf Fällen (*Das newe Jerusalem*,[155] *Das grosse Interesse eines Auffrichtigen Christen*,[156] *Ein Heiliger oder Ein Vieh*,[157] *Ein Heiliger oder Ein Heuchler*,[158] *Der Närren Glückseligkeit*[159]) hat er ein in seiner Vorlage jeweils enthaltenes Gedicht nicht übersetzt. Daneben hat er landesspezifische Elemente nur zuweilen durch Alternativen ersetzt: Er hat den ursprünglich fremdsprachigen Text also nur in beschränktem Maß in die neue kulturelle Umwelt integriert. Ob JD2 die theologischen Gedanken in seinen Vorlagen immer ungeändert übernommen hat, ist ebenfalls einer näheren Untersuchung wert, zumal der niederländische Pietist und Übersetzer Johannes Koelman Baxters Orthodoxie wiederholt in Zweifel gezogen hat.[160] Insgesamt hat JD2 einen größeren Beitrag für das deutsche reformierte pietistische Schrifttum geliefert als JD1, da JD2 Texte selbst bearbeitet und JD1 nur eine Vorrede hinzugefügt hat.

Wie schon erwähnt, sind die Übersetzungen von JD2 bereits kurz nach ihrer Veröffentlichung kritisiert worden. Zwar ist aus dem Übersetzungsvergleich hervorgegangen, dass er einige Male seine Vorlage nicht richtig, im Allgemeinen aber so gut verstanden hat, dass er den Inhalt in eigener Formulierung wiedergeben und zuweilen sogar explizieren konnte. Möglicherweise haben die Kritiker das *Hausbuch* und *Die Ewige Ruhe Der Heiligen* in der Übersetzung von JD2 mit anderen Übersetzungen derselben Schriften verglichen, für die das englische Original als Vorlage gedient hatte, während die niederländische Vorlage für JD2 nicht gerade meisterhaft war. Um zusätzliche, möglicherweise ideologisch motivierte Gründe für die Kritik zu erfahren, sollte nach weiteren Hinweisen auf die Übersetzungen von JD1 und JD2 gesucht werden,

---

155 Vgl. *Willem Teellinck*: 't Nieuwe Ierusalem vertoont in een t'samenspreeckinghe tusschen Christum ende Mariam sittende aen syn voeten: waer bij gevoeght is De clachte Pauli over syn natuerlycke verdorvenheyt met de middel om vande macht der selver verlost te werden voorgestelt in twee predicatien/ beyde door Will. Telinck. Dordrecht 1645, Bl. A4v.

156 Vgl. *Guthry*, Des Christens Groot Interest [s. Anm. 141], Bl. *8v.

157 Vgl. *Richard Baxter*: EEN HEILIG Of een BEEST, Dat is Een verhandeling van de rampsalige staat der Onheilige/ in te leven zonder God en de Heiligheit. Amsterdam 1684, Bl. *1r–*4v.

158 Vgl. *Richard Baxter*: HEYLIGH of HUYCHELAER, Dat is: Een korte verhandeling over de woorden van den Apostel Jacobus, Cap I. 26. In't Engels gepredikt/ voor verscheyde Leden van't eerwaerdige Huys der Gemeente/ in Abby Kerk, tot West-munster. Met der DWASEN VOORSPOET, *Over Prov.* 1. *vs*. 32. 33. Gepredickt in Covengarden, DOOR Mr. RICHARD BAXTER. En nu om des selfs nuttigheyt in 't Neerlants vertaelt. Amsterdam 1682, Bl. *7r–*10v.

159 Vgl. *Baxter*, HEYLIGH of HUYCHELAER [s. Anm. 158], 3–6.

160 Vgl. *Johannes van den Berg:* Die Frömmigkeitsbestrebungen in den Niederlanden. In: Geschichte des Pietismus [s. Anm. 10], 77.

z. B. in Übersetzungen von anderen Autoren oder in zeitgenössischen kommentierten Bibliographien zu englischen theologischen Schriften.

6.

Die Jahre 1660 bis 1690 werden von Udo Sträter im Blick auf deutsche Übersetzungen englischer pietistischer Schriften als „Zeit der Massenübersetzungen" bezeichnet.[161] Gerade in diese Zeit ist die bisher von der Forschung vernachlässigte Übersetzungsarbeit des „Johannes Deusing Bremensis" zu datieren, bei dem es sich um zwei Personen handelt, die pietistische Schriften ins Deutsche übersetzt haben. Die Frage nach der Bedeutung, die JD1 und JD2 für den reformierten und für den lutherischen Pietismus in Deutschland hatten, lässt sich jetzt annäherungsweise beantworten.

Aus statistischer Perspektive ist die Bedeutung der Übersetzungsarbeit von JD1 (mit einer Übersetzung und einem Druck) und JD2 gering gewesen. Im Vergleich mit seinem Namensbruder hat die Arbeit von JD2 größere Bedeutung. Er hat zwölf englische und zwei niederländische pietistische Schriften ins Deutsche übersetzt und ein Werk aus Fragmenten englischer pietistischer Bücher zusammengestellt und somit fünfzehn pietistische Schriften in deutscher Sprache vorgelegt. Zahlenmäßig steht er zusammen mit dem Übersetzer Johann Lange an zweiter Stelle. Wirklich erfolgreich scheinen die Übersetzungen von JD2 aber nicht gewesen zu sein, denn nur einige wurden neu aufgelegt: *Die Wahre Bekehrung* zweimal, ebenso *Die Creutzigung*, *Ein Heiliger oder ein Vieh* drei- und *Soliloquium* viermal. Zudem haben – wie im genannten Fall von Baxters *Hausbuch* – JD2 Übersetzungen wohl nur solange bestanden, bis eine auf das englische Original zurückgehende Übersetzung erschien.

Zur Relativierung dieses negativen Eindrucks sei erstens darauf hingewiesen, dass JD2 fast die Hälfte der ins Deutsche übertragenen Schriften Baxters übersetzt hat und, wie bereits erwähnt, somit für Deutschland eine bedeutende Rolle bei der sonst von Schweizer Übersetzern und Verlagen dominierten Verbreitung der Baxterschen Schriften gespielt hat. Zweitens war JD2 einige Male der erste Übersetzer einer Schrift Baxters. Drittens war er nicht nur stark auf Baxter, sondern auch auf Teellinck orientiert. Er gilt als *der* deutsche Übersetzer von Willem Teellincks Schriften. Da das *Soliloquium* viermal gedruckt wurde (1671, 1676, 1693, 1702) und *Das newe Jerusalem* und *Die Klage Pauli* zweimal (1672, 1693/1698), sind seine Teellinck-Übersetzungen recht erfolgreich gewesen. Mag ihre Qualität auch minderwertig gewesen sein, die

[161] *Sträter*, Sonthom [s. Anm. 71], 11.

meisten Übersetzungen von JD2, die in der Periode der Massenübersetzungen erschienen, haben Abnehmer gefunden und in die Breite gewirkt.

Mit Blick auf die Bearbeitung ihrer Vorlagen hat JD1 den geringsten Beitrag zum deutschen reformierten Schrifttum geliefert, da er den Text wörtlich (*interpretatio*) übersetzt hat. JD2 hat in einigen Fällen die Stufe der *aemulatio* erreicht. Er hat dieses Prinzip jedoch nicht konsequent angewendet und bleibt gewöhnlich auf der Stufe der *imitatio*.

Die Biographien von JD1 und JD2 bedürfen weiterer Untersuchung, um ihre Bedeutung für die Verbreitung des Pietismus aus England und den Niederlanden in Deutschland zu präzisieren. Neben Archivrecherchen zu Kontakten zu pietistischen Kreisen sind bibliometrische Vergleiche mit der Übertragungsarbeit anderer deutscher Übersetzer pietistischer Schriften notwendig, um JD2s Leistung für die Verbreitung des Pietismus näher bestimmen zu können.

Eine wichtige Entdeckung ist es aber schon, dass der Vater des deutschen reformierten Pietismus, Undereyk, offensichtlich eine wichtige Rolle als Anreger für JD1, JD2 und Philipp Erberfeld gespielt hat, die noch besser dokumentiert werden sollte. Undereyk, der einige Zeit zum Studium der Theologie in den Niederlanden verbracht und während seiner *peregrinatio academica* auch Holland besucht hatte,[162] hat zusammen mit JD1 um 1670 eine Reise in pietistisch-reformierte Gemeinden in Holland gemacht. Die Frage, wie JD2 seine Kenntnisse des Niederländischen erworben hat, ist noch unbeantwortet. Jedenfalls sind die Reise von JD1 in die Niederlande sowie die Vermutung, dass JD2 statt aus dem Englischen aus dem Niederländischen übersetzt hat, ein Indiz für eine enge Verbindung zwischen dem deutschen und niederländischen reformierten Pietismus.

Ob und in welchem Maß die Übersetzungen der reformierten Pietisten JD1 und JD2 auch von lutherischen Pietisten gelesen wurden und inwiefern der reformierte Pietismus auf diese Weise den deutschen lutherischen Pietismus beeinflusst hat, ist ebenfalls noch weitgehend unklar. Ein Indiz für eine Einflussnahme mag das Faktum sein, dass von Baxters *Die Creutzigung der Welt* sowie von *Ein Heiliger oder Ein Vieh* jeweils eine Auflage bei dem lutherischen Verlag Zunner, Speners Hauptverleger und einem engen Kompagnon von Johann Jakob Schütz, erschienen ist.[163]

---

[162] Vgl. *Jou*, Theodor Undereyk [s. Anm. 97], 80–127. Leider ist zu dem Utrechter und Leidener Studienaufenthalt Undereyks noch keine Archivforschung betrieben worden, vgl. ebd., 80 f., 113; *Andreas Mühling:* Theodor Undereyk en de invloed van de Nadere Reformatie op het Duitse gereformeerde Piëtisme. In: DNR 29, 2005, 1, 34.

[163] Vgl. Abschnitt 4. Über Zunner vgl. *Josef Benzing*: Die deutschen Verleger des 16. und 17. Jahrhunderts. Eine Neubearbeitung. In: Archiv für Geschichte des Buchwesens 18, 1977,

JD1 und JD2 gehören nicht zu den Übersetzern von hohen literarischen Qualitäten, die es unter den deutschen Übersetzern pietistischer Schriften wohl gab, wie z. B. Martin von Kempen (1642–1683), „Der Erkohrne unter den Fruchtbringenden Palmgenossen",[164] Johann Christoph Salbach,[165] der Kammermusiker Christof Andreas Volprecht[166] und der Kandidat in der Medizin Johannes Lange.[167]

Fazit dieser Studie zu „Johannes Deusing Bremensis" ist, dass interdisziplinäre Forschung aus (kirchen-)historischer, buchwissenschaftlicher und übersetzungswissenschaftlicher Perspektive dringend erwünscht ist,[168] um die Rolle der Übersetzung als Instrument der Verbreitung des englischen und niederländischen Pietismus[169] nach Deutschland stärker zu erhellen. Dabei stellt sich die Frage, über welche Wege der reformierte Pietismus aus dem angelsächsischen Raum und aus den Niederlanden nach Deutschland gefunden, inwiefern er Einfluss auf die Entstehung des deutschen Pietismus genommen hat und ob dabei konfessionelle Grenzen überschritten wurden.[170]

5/6, 1311 [Separatabdruck]; *ders.*, Die Buchdrucker des 16. und 17. Jahrhunderts im deutschen Sprachgebiet. 2., verb. u. erg. Aufl. Wiesbaden 1982, 135, 269; *Deppermann*, Schütz [s. Anm. 68], 336 f.; *Sträter*, Sonthom [s. Anm. 71], 11.

164 Vgl. *Sträter*, Sonthom [s. Anm. 71], 13; vgl. ebd., 16, 48.

165 Vgl. ebd., 15 f., 40, 42, 100 f., 110.

166 Vgl. ebd., 16.

167 Vgl. ebd., 16.

168 In übersetzungsgeschichtlichen Arbeiten wird den deutschen Übersetzungen pietistischer Erbauungsliteratur im siebzehnten und achtzehnten Jahrhundert zu Unrecht kaum einige Aufmerksamkeit gewidmet. Dabei ist zu bedenken, dass Übersetzungen aus dem Englischen in Europa im achtzehnten Jahrhundert ein allgemeines Phänomen geworden waren. Übersetzungen pietistischer Schriften bildeten ein wichtiges Segment dieses Übersetzungsflusses. Die Popularität der englischen pietistischen Erbauungsliteratur in Deutschland im 17. und 18. Jahrhundert, geht auch daraus hervor, dass wenig ursprünglich lutherische Schriften öfter gedruckt wurden. Aus diesem Grund sollten in den übersetzungswissenschaftlichen Handbüchern die Ergebnisse der Forschung nach der Übersetzung pietistischer Schriften integriert werden.

169 Über die Produktion, Distribution, und Konsumption niederländischer pietistischer Schriften in deutscher Sprache ist noch ganz wenig bekannt, vgl. *Op't Hof*, Die Nähere Reformation und der niederländische reformierte Pietismus [s. Anm. 12], 181–183.

170 Forschungsergebnisse, die auf interkonfessionelle Beeinflussung, starke inhaltliche Übereinstimmungen, gegenseitige Verbindungen und Einflüsse zwischen den Gestalten des Pietismus in den unterschiedlichen Nationen hinweisen, plädieren für eine integrale Konzeption des Pietismus. Die nationalen Gestalten des Pietismus sollen als Partizipanten einer internationalen pietistischen Bewegung mit einer breiten geographischen Verbreitung und einem langen historischen Lauf verstanden werden, vgl. *Op't Hof*, Het gereformeerd piëtisme. [s. Anm. 44], 15–23, 36 f., 113; für die Verbreitung und Geschichte des Pietismus in West-, Mittel- und Nordeuropa und Amerika ebd., 36–89.

Cornelia Hopf

Handschriftliche Brecklingiana in der Forschungsbibliothek Gotha

Laut Paul Raabe ist die Forschungsbibliothek Gotha „nach Berlin und München neben der Herzog-August-Bibliothek Wolfenbüttel die bedeutendste Bibliothek historischer Bestände des 16. bis 18. Jahrhunderts in Deutschland“.[1] Dies verdankt sie dem Sammeleifer ihres Gründers, Herzog Ernst des Frommen von Sachsen-Gotha (1601–1675), der ihm folgenden Regenten sowie den in der Bibliothek wirkenden Bibliothekaren.

An herausragender Stelle steht hier Ernst Salomon Cyprian (1673–1745), neben Erdmann Neumeister (1671–1756) und Valentin Ernst Löscher (1673–1749) der Hauptvertreter der späten Lutherischen Orthodoxie.[2] Nach dem Studium der Medizin und Theologie in Leipzig und Jena folgte er nach einjährigem Extraordinariat in der philosophischen Fakultät Helmstedt im Jahre 1700 dem Ruf als Direktor und Professor an das Collegium Casimirianum Coburg und 1713 als Kirchenrat und Assessor des Oberkonsistoriums nach Gotha. Neben seinen theologischen Verpflichtungen, der Prinzenerziehung, Teilnahme an Visitationen in ausgewählten Fällen und weiteren Aufgaben gehörte auch die Aufsicht über die Bibliothek am Hofe zu seinem Betätigungsfeld.[3] Bereits ein Jahr später erschien mit dem von ihm verfassten Handschriftenkatalog der erste gedruckte Nachweis zu den Handschriften der Herzoglichen Bibliothek Gotha.[4] Unter seiner Leitung entwickelte sich die Bibliothek aus einem Objekt fürstlicher Liebhaberei zu einer wissenschaftlichen Anstalt. 1723 wurde Cyprian das Direktorat des herzoglichen Münzkabinetts und ein Jahr später die Mitaufsicht über das Geheime Archiv übertragen, um nur einige Ämter, die herzoglichen Sammlungen in Gotha betreffend, zu nennen. Als Gelehrter stellte er

---

[1] *Paul Raabe*: Blaubuch. Kulturelle Leuchttürme in Brandenburg, Mecklenburg-Vorpommern, Sachsen, Sachsen-Anhalt und Thüringen. Mit einem Anhang: Kulturelle Gedächtnisorte. Berlin 2006, 222 f.

[2] Vgl. *Wolf-Friedrich Schäufele:* Art. „Cyprian, Ernst Salomon“. In: RGG[4] 2, 1999, 507.

[3] Vgl. die herzogliche Instruktion zu seinem Dienstantritt, ThSTA Gotha, Oberkonsistorium, Generalia, Loc. 9, Nr. 13.

[4] *Ernst Salomon Cyprian*: Catalogus codicum Manuscriptorum Bibliothecae Gothanae. Leipzig 1714.

sich den theologischen Fragen seiner Zeit, sei es im Kampf gegen die innerprotestantischen Unionsbestrebungen Christoph Matthäus Pfaffs, die Auseinandersetzung mit der *Kirchen- und Ketzerhistorie* Gottfried Arnolds oder die Verteidigung des Luthertums. Dazu sammelte er Quellen zur Reformationsgeschichte und zum mystischen Spiritualismus und publizierte diese in Editionen, die teilweise bis heute noch nicht ersetzt sind. Durch gezielte Käufe, weit greifende Verhandlungen und geschickten Tausch konnte Cyprian vielfältige Neuerwerbungen tätigen und einen großen Bestand an Handschriften zusammentragen, für welche die Gothaer Bibliothek weit über die Grenzen Deutschlands hinaus bekannt ist.

Eine seiner Bezugsquellen war der 1680 in Osnabrück geborene Johann Gerhard Meuschen, der in den Jahren 1707 bis 1716 als Prediger an der lutherischen Kirche in Den Haag und von 1723 bis zu seinem Tod 1743 als Generalsuperintendent und Theologieprofessor am Gymnasium in Coburg wirkte.[5] Er war selbst im Besitz eines Teils des Nachlasses von Friedrich Breckling (1629–1711), einer Schlüsselfigur des radikalen Spiritualismus des späten 17. Jahrhunderts. In seiner Schleswiger Heimat war Breckling wegen abweichender Lehrmeinung und scharfer Kirchenkritik mit der lutherischen Geistlichkeit in Konflikt geraten und floh nach Amsterdam. Nach den Jahren 1660 bis 1668 als Pfarrer in Zwolle lebte er dann zunächst in Amsterdam (1672–1680) und bis zu seinem Tod in Den Haag, wo er vermutlich Meuschen kennen lernte. Meuschen bot seine Brecklingiana zum einen Herzog Friedrich II. von Sachsen-Gotha-Altenburg (1676–1732) für dessen Hofbibliothek an, andere Teile schenkte er Cyprian für dessen private Büchersammlung. Cyprian hatte also sowohl dienstlich als auch privat mit dem Breckling-Nachlass zu tun, wie der umfangreiche Schriftwechsel bezeugt.[6]

Mit Schreiben vom 31. März 1724[7] bot Meuschen dem Herzog neben drei mittelalterlichen lateinischen Handschriften[8] an erster Position vier Faszikel an: zunächst in zwei Faszikeln die Korrespondenz von 64 Gelehrten mit Marcus Meibom, als dann „viel Brieffe und Piecen nachfolgender Fanaticorum und Gelehrten",[9] darunter Ludwig Friedrich Gifftheil, Abraham von Franckenberg, Quirinus Kuhlmann, Tobias Schneu-

---

5 Vgl. *J. Franck:* Art. „Meuschen, Johann Gerhard". In: ADB 21, 1885, 538 f.

6 Chart. A 413, Bl. 1r, 3r Meuschen an Herzog Friedrich II.; mehrere Briefe von Meuschen an Cyprian in der Cyprian-Korrespondenz, besonders Chart. A 432, Bl. 193r–196v sowie ThSTA Gotha, Geheimes Archiv XX VI Nr. 151.

7 Chart. A 413, Bl. 1r, 3r.

8 Heute: Chart. B 225, Chart. B 226 und Chart. B 228; vgl. *Elisabeth Wunderle*: Katalog der mittelalterlichen lateinischen Papierhandschriften. Aus den Sammlungen der Herzog von Sachsen-Coburg und Gotha'schen Stiftung für Kunst und Wissenschaft. Wiesbaden 2002, 267 f., 273–275, 277 f.

9 Chart. A 413, Bl. 1r.

ber sowie ein Brief Johann Arndts und drei Schreiben der Gräfin Elisabeth von der Pfalz, gewesene Äbtissin zu Herford, einer Gönnerin Brecklings. Vier Jahre später teilte er Cyprian mit, dass er die Materialien auf Wunsch des verstorbenen Professors Francke ins dortige Waisenhaus geben sollte, aber verschiedene Bedenken gehabt habe. „Es ist diese collection wegen ihrer vielen Seltenheit und verborgenheit viel schätzbahrer, alß man glauben möchte, und werden diese Brieffe über 100 jahre noch höher geschätzt werden, alß derer itzo mit geld aufzuwegend und zu bezahlend Reformatorum."[10] Am 3. Juni 1728 schickte er die Materialien, die alsdann zu einem Band zusammengebunden wurden, an Ernst Salomon Cyprian nach Gotha.[11]

Wenige Tage später informierte Meuschen den Bibliothekar, dass er

> von Brecklingio noch einige wenige hauptrare von mir dem publico durch den Druck zu publicirende Manuskripta in Händen habe, alß 1. Catalogum theodidactorum et testium veritatis inter Lutheranos, 2. Catalogum haereticorum oder KezerHistorie dieser Zeiten und 3. seine ephemeridas oder Diarium, darinnen alle jahre vom 20. seines alters an biß ad annum emortualem 1711 er alles, was in Re Literaria, in Natura u. politica hauptsächlich zugetragen samt den Todesfällen Hoher und Gelehrter, auch viel deren Schriften hab aufgezeichnet. [...] Die 2 ersten sende hierbey; wenn ja Serenissimus solten daran ein Gefallen haben, so will sie aus devotion selbig überlassen, wenn ich es nur, da es brauchen möchte, kann wieder communiciret bekommen ad vitam Brecklingii summe sane notabilem scribendam, dazu das letztere Manuskript, nehmlich das Diarium noch aufheben muß. Gedachte zwei Manuskripte werden [...] ein extraordinaires Licht in der Kirchen- u. Kezerhistorie unserer Zeit geben. [...] Mag. Böhm in London hat sehr ehmahls bey mir um dießes Manuskript für die Bibliotheque der Königin Anna angehalten; ich habe aber ungeachtet aller Versprechungen, Bedenken getragen, es ihm zu geben.[12]

Herzog Friedrich II. schien an den beiden überlassenen Handschriften nicht das erhoffte Gefallen gefunden zu haben, doch sein Bibliothekar Cyprian dafür um so mehr: Alle drei Manuskripte, ergänzt u. a. um Briefe Gerhard von Mastrichts und anderer an Friedrich Breckling, gelangten – zu einem Band vereint[13] – mit dem Nachlass Ernst Salomon Cyprians in die Herzogliche Bibliothek.[14]

---

[10] Meuschen an Cyprian, Coburg, 02.04.1728 (Chart. A 432, Bl. 193r–v).

[11] Ders., 03.06.1728 (Chart. A 432, Bl. 195r). Der Band erhielt die Signatur Chart. A 413.

[12] Ders., 12.06.1728 (Chart. A 432, Bl. 196r–v).

[13] Chart. A 310; das Diarium umfasst allerdings nicht die Jahre 1649–1711, sondern 1629–1704 und sollte noch mehrer Hundert Jahre einer Edition harren: *Friedrich Breckling:* Autobiographie. Ein frühneuzeitliches Ego-Dokument im Spannungsfeld von Spiritualismus, radikalem Pietismus und Theosophie. Hg. u. komm. v. *Johann Anselm Steiger.* Tübingen 2005.

[14] Vgl. *Maria Mitscherling:* Der Nachlaß Ernst Salomon Cyprians in der Forschungs- und Landesbibliothek Gotha. In: Ernst Salomon Cyprian (1673–1745) zwischen Orthodoxie, Pie-

Die im Jahre 1733 auf ca. 8.000 Bände geschätzte Gelehrtenbibliothek des Gothaer Bibliothekars und Theologen wurde von der Herzoglichen Bibliothek weder übernommen noch erworben werden, sondern wurde gemäß Testament versteigert. Per Legat hatte Cyprian bestimmt, dass die Hofbibliothek neben vier Drucken und seinem Porträt seine ca. 11.500 Briefe umfassende Korrespondenz in 26 Foliobänden sowie zwei weitere Handschriften erhielt.[15] Seine übrigen Bücher und Handschriften, die nicht im Katalog erfasst waren, legierte er seinem Neffen, dem Nachmittagsprediger in Genf und späteren Pfarrer in Schönau vor dem Walde, Georg Caspar Brehm (1713–1782).[16] Als sechsjähriger Halbwaise geworden, ersetzte Cyprian ihm die Vaterstelle und sorgte für dessen Erziehung und Ausbildung. Ursprünglich hatte der Bibliothekar ihm seine Korrespondenz vererben wollen, die er aber nun für die Herzogliche Bibliothek vorgesehen hatte. So sollten alle verbleibenden Bücher auf den Erben übergehen. Wie umfangreich dieses Erbe war und woraus es bestand, ist nur zum Teil bekannt: 70 Handschriften bot Brehm im Jahre 1767 Herzog Friedrich III. von Sachsen-Gotha-Altenburg (1699–1772) an.[17] Der Numismatiker Julius Carl Schläger, der als Cyprians Nachfolger nun der Herzoglichen Bibliothek vorstand, sprach sich für den Erwerb aus. Die vom Herzog bewilligte Summe von 120 Reichstalern musste zur Hälfte vom Bibliotheksetat bestritten werden.[18] Heute gehören die Manuskripte zum Bestand der Forschungsbibliothek und des Thüringischen Staatsarchivs Gotha. Dabei handelte es sich um einige mittelalterliche Handschriften, reformationsgeschichtliche Werke, Briefe von Gelehrten des 16. bis 18. Jahrhunderts und die acht Bände, welche Cyprian unter dem Titel *Apparatus ad historiam ecclesiasticam novam* zusammengestellt hatte. Insbesondere Letztere enthalten eine Vielfalt pietistischer Schriften, denn Cyprian wollte kennen, was er bekämpfte. Auf diese Weise wurde die Bibliothek des Friedensteins zu einer der reichsten Sammlungen zur Frühgeschichte jener Erneuerungsbewegung des Protestantismus, welche wesentlich zur Entwicklung von moderner Individualität und persönlichem Glauben beitrug.

Unter diesen Handschriften befinden sich die meisten der zum Breckling-Nachlass gehörenden Manuskripte der Forschungsbibliothek. Neben dem bereits erwähnten Sammelband, der auch Brecklings Diarium

---

tismus und Frühaufklärung. Vorträge des internationalen Kolloquiums vom 14. bis 16. September 1995 in der Forschungs- und Landesbibliothek Gotha, Schloss Friedenstein. Hg. v. *Ernst Koch* u. *Johannes Wallmann*. Gotha 1996, 233–247.

[15] Chart. A 1380, Bl. 17v, 33 f.; zu den einzelnen Bänden vgl. *Mitscherling*, Der Nachlaß Ernst Salomon Cyprians [s. Anm. 14], 242 Anm. 18.

[16] Vgl. Thüringer Pfarrerbuch. Hg. v. d. Gesellschaft für Thüringische Kirchengeschichte. Bd. 1: Herzogtum Gotha. Bearb. v. *Bernhard Möller* [u. a.]. Neustadt/Aisch 1995, 178.

[17] Chart. A 297, Bl. IIr–IIIv.

[18] ThSTA Gotha, Geheimes Archiv XX VI Nr. 97.

enthält, gelangten auf diesem Wege weitere Breckling-Handschriften in die Bibliothek auf dem Friedenstein: ein 459 Seiten umfassender Band mit Abschriften überwiegend von Briefen Brecklings an August Hermann Francke und „epistolae aliorum fanaticorum“[19] sowie zwei als „Meditamenta“ bezeichnete Bände,[20] die Cyprian im Jahre 1727 von Meuschen geschenkt bekam. In ihnen stellte Breckling 1702 neben einem alphabetischen Index der Pietisten mit verschiedenen Verzeichnissen, Kalender- und Stammbuchauszüge und Notizen zu theologischen Büchern zusammen sowie im zweiten Band u. a. Auslegungen von Bibelstellen, seine Schrift von Zustand und Beschreibung der Kirche und ihres Abfalls aus Gottfried Arnolds *Kirchen- und Ketzerhistorie* bis zu einem Bericht über Geistererscheinungen und Betrachtungen über das 1000jährige Reich. Der bereits erwähnte mehrbändige handschriftliche Apparat zur neueren Kirchengeschichte enthält im ersten Band neben anderen, auch Brecklingschen, autographen Pietistica Exzerpte aus elf Briefen Brecklings an August Hermann Francke und Petrus Kalkberner. Sie wurden nicht von den Originalen, sondern von den Kopien, die der Philadelphier Johann Dithmar herstellte, genommen.[21] Ein mit *Varia Theologica* betitelter Band dieser Provenienz enthält im zweiten Teil unter „Fanatica“ Friedrich Brecklings Kataloge von Wahrheitszeugen.[22]

Vermutlich auch durch die Vermittlung Johann Gerhard Meuschens gelangte ein Band mit 200 originalschriftlichen Briefen an Friedrich Breckling und 16 Schreiben aus seiner Feder in die Handschriftensammlung.[23]

Ein von Cyprian abgefasster Band *Belehrung von der Arnoldischen Ketzerhistorie* enthält im zweiten Teil, in dem „der Ketzerhistorie Unglaubwürdigkeit und Partheylichkeit überhaupt erwiesen wird“, Auszüge aus Briefen Brecklings, Johann Heinrich Majus’ d. Ä., Buddeus’ und anderer, bei denen zu prüfen wäre, ob deren Originale in der Sammlung vorhanden sind.[24]

Unter den *Acta quaedam in causa Chiliasmi cum Gregorio Laurentio Seidenbechero* befinden sich fünf Briefe Seidenbechers an Friedrich Breckling aus den Jahren 1660 bis 1662, die für die Anschauungen der beiden wichtig sind.[25]

---

[19] Chart. B 195.

[20] Chart. B 962, Chart. B 963.

[21] Apparatus ad historiam ecclesiasticam novam: Chart. A 297–304, hier besonders Chart. A 297, 415 ff.

[22] Chart. A 306, 111–237: Catalogus Theodidactorum et Testium Veritatis inter Nos; Testes Veritatis et Autores optimi ex Mennonitis; Catalogus Gottseeliger Frauens=Personen; Catalogus Haereticorum.

[23] Chart. B 198, vgl. http://hans.uni-erfurt.de/hans/index.htm.

[24] Chart. A 1358, Bl. 4113 ff.

[25] Chart. A 291, S. 187–198.

Cyprian hatte eine von ihm zusammengetragene Autographensammlung mit deutschen und lateinischen Briefen meist berühmter Theologen aus dem 16. und vom Ende des 17. Jahrhunderts kurz vor seinem Tod dem Gothaer Gymnasium Ernestinum übereignet. Der Band enthält auch einen Brief Speners an Breckling, in dem der Schreiber den Vorwurf der Heterodoxie und des Separatismus für die pietistische Bewegung in Frankfurt zurückweist.[26] Als im Jahre 1946 die Bibliothek des Gymnasiums ihre angestammte Heimstatt verlassen musste, fand mit ihr auch diese Handschrift in der Bibliothek auf dem Friedenstein eine neue Bleibe.

Die Forschungsbibliothek Gotha verfügt somit über einen umfangreichen Teil des Nachlasses Friedrich Brecklings. Zusammen mit den Franckeschen Stiftungen, die die persönliche Bibliothek Brecklings beherbergen, ist sie die zentrale Anlaufstelle der Breckling-Forschung.

Das imposante Korrespondentennetzwerk macht den Nachlass zu einer einzigartigen Quelle für die Erschließung mystischen Denkens um 1700. Viele der Schriften sind nicht ediert. Von den 271 als gedruckt nachgewiesenen Briefen der Breckling-Korrespondenz[27] sind in Gotha ungefähr 31 % vorhanden.

Als ausführlichstes Erschließungsmittel gilt bisher immer noch das Verzeichnis von Gertraud Zaepernick, die außer den erforderlichen Stammdaten – Verfasser, Titel, bei Briefen Jahreszahlen und gelegentlich den Ort – oft auch regestartige Ausführungen zu den Inhalten der Manuskripte und Briefe bietet.[28] Die Forschungsbibliothek Gotha erschließt ihre neuzeitlichen Handschriften, Autographen und Nachlässe in einer Allegro-Datenbank. Dazu wurden zunächst die Altkatalogisate der im 19. Jahrhundert erschlossenen Briefe der frühen Neuzeit (ohne Normierung oder Kontrolle der Namensansetzungen, Signaturen oder Blattzählung) konvertiert. Ein Teil der Korrespondenz Brecklings (215 Briefe) mit ihren Stammdaten ist so bereits recherchierbar.[29] Die fortführende und tiefer gehende Erschließung ist aber ein dringendes Desiderat.

---

[26] Gym. 5, Bl. 72r–74r; vgl. http://hans.uni-erfurt.de/hans/index.htm.

[27] Verzeichnis der gedruckten Briefe deutscher Autoren des 17. Jahrhunderts. Teil 2: Drucke zwischen 1751 und 1980. Bearb. v. *Thomas Bürger*. Bd. A–F. Wiesbaden 2002, 169–175.

[28] *Gertraud Zaepernick*: Verzeichnis der Handschriftenbestände pietistischer, spiritualistischer und separatistischer Autoren des 17. und 18. Jahrhunderts in der Landesbibliothek Gotha, sowie in anderen Handschriftensammlungen und Archiven in Gotha und Erfurt. [Halle/Saale] [ca. zw. 1965 u. 1968].

[29] http://hans.uni-erfurt.de/hans/index.htm; erfasst ist bisher die Breckling-Korrespondenz aus den Bänden Chart. B 198, Gym. 5 und teilweise aus Chart. A 310 und Chart. A 413.

Brigitte Klosterberg

Provenienz und Autorschaft

Die Quellen von, zu und über Friedrich Breckling in Bibliothek und Archiv der Franckeschen Stiftungen

Mit „Provenienz und Autorschaft" habe ich etwas hochtrabend meinen Vortrag über die Quellen von, zu und über Friedrich Breckling in Bibliothek und Archiv der Franckeschen Stiftungen betitelt und damit anzudeuten versucht, dass es darin weniger um die Briefe und Büchertitel Brecklings als vielmehr um die Handschriften und Bücher aus seinem Besitz in den Beständen der Franckeschen Stiftungen gehen wird. Nachdem ich auf dem I. Internationen Pietismuskongress in Halle 2001 erstmals über die Büchersammlung Friedrich Brecklings in der Bibliothek des Halleschen Waisenhauses gesprochen habe und dieser Vortrag 2005 veröffentlicht worden ist,[1] freut es mich sehr, dass ich relativ zeitnah dazu mit Ihrer freundlichen Einladung zu dem Workshop „Friedrich Breckling (1629–1711). Zwischen Spiritualismus, Pietismus und Dissens"[2] eine Resonanz erhalten habe. Als Hüterin der Schätze in Archiv und Bibliothek der Franckeschen Stiftungen sehe ich meine Aufgabe darin, der Forschung vorzustellen, welche Bestände und welche Quellen für die Erforschung Brecklings relevant sind bzw. relevant sein könnten. Damit bereite ich lediglich ein Fundament für weitergehende Forschungen vor. Nichtsdestotrotz ist die Beschäftigung mit der Überlieferung konstitutiv für das Verständnis der Person und des Werkes Brecklings. Sein weit gespanntes Korrespondenznetz ist legendär.[3] Seine systematische Bearbeitung steckt – wie es im Ankündigungstext zu diesem Workshop heißt

---

[1] *Brigitte Klosterberg*: Libri Brecklingici. Bücher aus dem Besitz Friedrich Brecklings in der Bibliothek des Halleschen Waisenhauses. In: Interdisziplinäre Pietismusforschungen. Beiträge zum Ersten Internationalen Kongress für Pietismusforschung 2001. Hg. v. *Udo Sträter* [u. a.]. Tübingen 2005, 871–881.

[2] Der Workshop wurde organisiert vom dem Forschungszentrum Gotha für kultur- und sozialwissenschaftliche Studien der Universität Erfurt und fand am 9. Juni 2006 im Schloss Friedenstein in Gotha statt.

[3] *Martin Brecht*: Die deutschen Spiritualisten des 17. Jahrhunderts. In: Geschichte des Pietismus. Bd. 1: Der Pietismus vom siebzehnten bis zum frühen achtzehnten Jahrhundert. Hg. v. *dems*. Göttingen 1993, 205–240, hier 229; vgl. auch *Jonathan Strom:* The Problem of Conventicles in Early German Pietism. In: The Convenant Quarterly 61, 2003, 3–16, bes. 10–11.

– „erst in den Anfängen". Die Bestände in Gotha und Halle bilden eine Art Nukleus für eine solche systematische Erschließung. Und jede weitere Erforschung der Überlieferung und der Quellen liefert neue Interpretationsmöglichkeiten. So können nach der Veröffentlichung der Autobiographie Brecklings durch Johann Anselm Steiger[4] die von mir begonnenen Studien zu der Büchersendung Brecklings an das Hallesche Waisenhaus von 1703 insofern ergänzt werden, als die personellen Netzwerke, in denen sich Breckling bewegte, im Spiegel seines Buchbesitzes beleuchtet werden können, weil etliche Bücher durch Geschenk und Tausch mit ihm bekannten und in seiner Autobiographie erwähnten Personen in seinen Besitz gelangt sein dürften.

Bevor ich mich aber zum zweiten Mal in einem Vortrag der Büchersammlung Brecklings zuwende, möchte ich erst einmal darstellen, welche Drucke und Handschriften des Autors Friedrich Breckling in den Beständen der Franckeschen Stiftungen aufbewahrt werden.

Die Schriften und Traktate Brecklings sind fast vollständig in der Bibliothek der Franckeschen Stiftungen vorhanden. Das Schriftenverzeichnis in dem Anhang der von Johann Anselm Steiger edierten Autobiographie Brecklings umfasst neben der Autobiographie selbst 42 Schriften, die durch die Bibliographien Gerhard Dünnhaupts und John Bruckners[5] ergänzt werden. Von diesen 42 Titeln sind nur sechs Titel nicht im Hauptbestand der Bibliothek der Franckeschen Stiftungen vorhanden, und ein weiterer Titel liegt lediglich in holländischer Sprache vor. 19 Titel sind sogar drei- oder viermal vorhanden. Es gibt in der Bibliothek mehrere Sammelbände, die sich ausschließlich oder fast ausschließlich aus Traktaten Brecklings zusammensetzen. Leider weisen diese Bände keine Provenienzeinträge auf. Hinzu kommt ein Sammelband aus der Bibliothek des Halleschen Theologen August Tholuck (1799–1877), eines Vertreters der Erweckungsbewegung, dessen Bibliothek seit 1993 als Depositum in den Franckeschen Stiftungen aufbewahrt wird.[6] Dieser Band enthält sieben Einzelschriften Brecklings,[7] darunter drei, die nicht im Hauptbestand der Waisenhaus-Bibliothek vorhanden sind, so dass lediglich drei Schriften Brecklings, die bei Steiger nachgewiesen sind, nicht in der Bibliothek der Franckeschen Stiftungen eingesehen werden können.[8] Der genannte Titel in holländischer

---

[4] *Friedrich Breckling:* Autobiographie. Ein frühneuzeitliches Ego-Dokument im Spannungsfeld von Spiritualismus, radikalem Pietismus und Theosophie. Hg. u. komm. v. *Johann Anselm Steiger*. Tübingen 2005.

[5] *Gerhard Dünnhaupt*: Personalbibliographien zu den Drucken des Barock. Teil 2. Stuttgart ²1990; *John Bruckner*: A bibliographical Catalogue of seventeenth-century German Books published in Holland. Den Haag, Paris 1971.

[6] *Brigitte Klosterberg*: Die Bibliothek August Tholucks. In: PuN 27, 2001, 147–164.

[7] BFSt: THOL:XV C 33 (BFSt = Bibliothek der Franckeschen Stiftungen).

[8] Es sind die Schriften Ankündigung des Rach-tages und Gerichts Gottes (1660) – diese Schrift ist auf Mikrofilm in der Bibliothek vorhanden –, Anticalovivs (1688), Modus Catechi-

Sprache gehört zu den drei Schriften Brecklings, die im Inventar der 1703 nach Halle gesandten Bücher aufgelistet sind.[9] Es handelt sich um eine Übersetzung des 1661 auf Deutsch erschienen Drucks

Biblia. Sive verbum Diaboli ad suos Ministros, Apostolos & successores in Mundo. DJe Unheilige Schrifft und Sendbrieff [. . .] Lucifers. O. O. 1661,

der auf Holländisch 1663 in Zwolle erschienen ist:

Frederick Brecklingh: Biblia Sive verbum Diaboli ad suos Apostolos in Mundo. Dat is: De onheylige Schrift en Sendt-brief Lucifers, des Godts deser Werelt [. . .]. Tot Zwoll, Anno 1663.
BFSt: 184 B 20 (4)

Im Bestand der Bibliothek befindet sich ein weiterer Titel Brecklings auf Holländisch,

In den Name Jesu! Proeve Der hedensdaeghs alsoo ghenoemde Quakers/ Collegianten/ Socinianen/ Zwickersche/ Felgenhouwersche ende aller andere Gheesten. Of deselve uyt Godt zijn ofte niet. Ghestelt door Fredericum Brecklingium. t'Amsterdam, By Zacharias Webber [. . .]. Anno 1661.
BFSt: 184 B 20 (5)

der 1661 publiziert wurde und vier Jahre später auf Deutsch gedruckt worden ist:

Im Namen Jesu. Prüffung der heutigen Quacker / Collegianten /Socinianer/ Zwickerschen/ Felgenhaurischen und aller andern Geister/ Ob sie aus Gott sind oder nicht/ Gestellet durch Fridericum Brecklingium [. . .]. Gedruckt im 1665. Jahr.
BFSt: 24 H 14 (3)

Es wäre zu überprüfen, ob es noch weitere Werke Brecklings gibt, die in holländischer Sprache erschienen sind. Über die Liste der Schriften Brecklings hinaus, die in der Edition seiner Autobiographie angegeben sind, sind in der Bibliographie Dünnhaupts noch zeitgenössische Sammelausgaben[10] und weitere Einzelveröffentlichungen verzeichnet,[11] die

---

zandi (1662).

[9] AFSt/H G 1 (AFSt = Archiv der Franckeschen Stiftungen).

[10] Friderici Brecklings unterschiedliche Schrifften/ Die allgemeine Noth dieser Zeit betreffende/ Wie davon ein Verzeichniß auf folgender Seiten dieses ersten Blats zu finden/ Hiebevor schon zwar vor etlichen Jahren aufgesetzet/ nunmehr aber erst zum Druck befordert. Anno 1675. BFSt: 12 G 19 (1); *Dünnhaupt* [s. Anm. 5], Personalbibliographie, Breckling Nr. 1, 760; vgl. AFSt/H G 1; [*anonym*:] Ausgang aus Babel/ und Eingang zu Gott durch Christum im Geist. O. O. O. J. [Amsterdam 1683]. BFSt: 24 F 6 (6); 57 G 19 (3); *Dünnhaupt,* Breckling Nr. 2, 760.

[11] *Fridericus Brecklingius*: In Nomine Jesu. Das Ewige Evangelium/ Von der Gewißheit der Seeligkeit aller bußfertigen und gläubigen Kinder Gottes/ in Christo Jesu [. . .]. O. O. Selbstverlag; Amsterdam: Cunradus, 1660. BFSt: 24 H 14; *Dünnhaupt* [s. Anm. 5], Personalbibliographie, Breckling Nr. 8, 763; *Bruckner*, Catalogue [s. Anm. 5], Nr. 272, 232–233; [*anonym*:]

in der Bibliothek der Franckeschen Stiftungen aufbewahrt werden, wie beispielsweise das 1666 in Zwolle gedruckte Traktat *Synagoga Satanae*, das auch in einer zeitgenössischen Abschrift im Archiv der Franckeschen Stiftungen vorhanden ist.[12] Darüber hinaus befinden sich in der Bibliothek der Franckeschen Stiftungen Titel Brecklings, die ich bis jetzt in keinem Schriftenverzeichnis Brecklings nachweisen konnte. Dazu zählt eine in Gießen gedruckte theologische Dissertation unter dem Vorsitz des Theologieprofessors und Gießener Superintendenten Peter Haberkorn (1604–1676), den Breckling in seiner Autobiographie in einer Aufzählung von Personen zum Jahr 1652 nennt.[13]

Dissertatio Theologica De Unione Fidelium Cum Capite Christo [. . .] Quam Deo Duce In Illustri Giessena, Sub Praesidio Dn. Petri Haberkornii, [. . .] Publice ventilationi subjicit, Fridericus Brecklingius Flensburgo [. . .].
Gießen: Chemlin, 1653.
BFSt: 25 D 4 (9)

Diese theologische Dissertation Brecklings ist in einem Sammelband der Bibliothek der Franckeschen Stiftungen hinter einer philosophischen Disputation Brecklings unter dem Vorsitz des Giessener Professors für Logik und Metaphysik, Caspar Ebel, eingebunden.[14] Die philosophische Disputation fand im Februar, die theologische im März 1653 in Gießen statt. In der Bibliographie Dünnhaupts ist nur die philosophische Disputation verzeichnet.[15] Weder in den Bibliographien von Dünnhaupt noch von Bruckner habe ich folgenden Titel gefunden, der mehrmals in der Bibliothek der Franckeschen Stiftungen, aber auch im Bestand der Universitäts- und Landesbibliothek Halle vorhanden ist:

I. N. R. I. Krieg und Sieg des ewigen Wortes Gottes/ wieder und über aller Menschen und Sectenworte [. . .]. O. O. O. J. [Amsterdam 1682?]. BFSt: 24 F 6 (13); 75 G 9 (21), *Dünnhaupt*, Breckling Nr. 42, 779; *Bruckner*, Nr. 519, 450.

12 *Friedrich Breckling*: Synagoga Satanae. Satans-Schule/ Darin den heutigen deutschen Academien ihre Antichristliche Verkehrtheit Phariseische Heucheley und Epicurische Greuel iederman zur Warnung vor Augen gestellet werden [. . .]. O. O. [Amsterdam] 1666. Jahr. BFSt: 38 C 14 (9); *Dünnhaupt* [s. Anm. 5], Personalbibliographie, Breckling Nr. 34, 776; Synagoga Satanae darin den heutigen Deutschen Academien ihre Antichristliche Verkehrtheit, Phariseische Heucheley und Epicurische Greuel jederman zur Warnung vor Augen gestellet werden [. . .]. In der eile auffgesetzet durch Fredericum Brecklingium Evanglischen Prediger in Zwoll. Ms. AFSt/H D 121 (67). In der Bibliographie Dünnhaupts (Breckling Nr. F 3, 786) sind auch sog. Fehlzitate aufgeführt, z. B. *Friedrich Breckling*: Europeisches Garaus Oder Das letzte erschreckliche Gericht [. . .]. Amsterdam, Frankfurt/Main: Heinrich Betkius 1675. BFSt: 13 G 21 (6).

13 *Breckling*, Autobiographie [s. Anm. 4], 17 mit Anm. 211.

14 *Caspar Ebel* [Praeses], *Friedrich Breckling* [Resp.]: Ex philosophia conclusiones nobiliores [. . .]. Die 5. Februar. Gießen: Chemlin 1653. BFSt: 25 D 4 (8).

15 *Dünnhaupt* [s. Anm. 5], Personalbibliographie, Breckling Nr. 4, 761.

Fredericus Brecklingius:
Gottes Ehre und Lehre wieder aller Menschen Thun und Lügen gerettet. Vis Veritatis Fidei & Verbi Dei Resurgens [. . .].
O. O. O. J.
BFSt: 57 G 19 (7); 24 F 6 (13); 75 G 9 (20)

Diese Schrift hat kein eigenes Titelblatt. Möglicherweise wurde sie mit anderen Schriften Brecklings zusammen herausgegeben. Das müsste noch genau untersucht werden.[16] Von Friedrich Breckling dürfte auch die anonym, in Görlitz gedruckte Schrift

Ankündigung des Gerichtes Gottes an das Heutige über alle vorige mehr dan Greuliche und Schreckliche Thier/ Behemoth und Leviathan, welches bißher mit seinen Zehen Hörnern/ Schuppen/ Zänen und allen Untergliedern alles gefressen/ zerstossen/ zertreten und zermalmet.
[Görlitz: 1666]
BFSt: 13 G 26 (1); 12 G 19 (9)

stammen, die in Friedrich Liebhabers *Städte Wecker*[17] enthalten ist. Über dieses Werk heißt es im *Catalogus testium veritatis post Lutherum*, der in Gottfried Arnolds (1666–1714) *Kirchen- und Ketzerhistorie* integriert ist:

Friedrich Liebhabers Städtewecker/ neben meiner ankündigung des gerichts an die heutige thiere Behemoth und Leviathan, im geistlichen und weltlichen stande/ ist durch M. Amersbach/ und zu Görlitz anno 1666 gedruckt. Und wie ein Buchdrucker zu Nürnberg meine Reginam pecuniam, die doch offenbahr in allen ständen herrschet/ zu Nürnberg nachdrucken wollen/ hat man ihn ins gefängniß gesetzet [. . .].[18]

Dieser Titel befindet sich in der Liste mit den Büchern Brecklings, die 1703 nach Halle gesandt worden sind, freilich ohne Breckling als Autor auszuweisen.[19] Diese Beispiele zeigen, dass das Corpus der Schriften und

---

[16] Ebenfalls kein Titelblatt hat das Traktat *Summa dicendorum*. Auch hier ist der Name Friedrich Brecklings am Ende des 16-seitigen Traktats verzeichnet. Summa dicendorum. O. O. O. J. [Amsterdam 1683]. BFSt: 57 G 19 (2); 24 F 6 (2); 75 G 9 (19); *Bruckner* [s. Anm. 5], Catalogue Nr. 522, 453.

[17] *Friedrich Liebhaber*: Städte Wecker Oder Aufmunterung zur wahren Hertzens Busse/ und einem rechtschaffenen Christlichen Leben/ Das ist: Ein Antwort-Schreiben/ an einen Rathsverwandten in einer vornehmen Stadt/ Jetzoaber allen andern/ kleinen und grossen Städten zu diesen sorgfältigen beschwerlichen Zeiten/ hochnöhtig und nützlich zu lesen [. . .]. Görlitz 1666. BFSt: 13 G 26; 12 G 19 (9).

[18] *Gottfried Arnold*: Unpartheyische Kirchen- und Ketzer Historie vom Anfang des Neuen Testaments biss auff das Jahr Christi 1688. Theil 4. Sect. 3. Num. 18. Frankfurt/Main: Fritsch 1700, 760–780. Im sog. Catalogus testium veritatis (im Folgenden abgekürzt CTV) werden 163 Männer und 17 Frauen als Wahrheitszeugen aufgelistet. Friedrich Liebhaber ist die Nr. 140 auf dieser Liste.

[19] Dort heißt es: „Friedr: Liebhabers Städte-Wecker oder Aufmunterung zur wahren Buße Görlitz 1666; Ankündigung des Gerichtes Gottes an den Heutigen Behemot und Leviath". AFSt/H G 1.

Traktate Brecklings recht umfangreich ist und man durchaus noch auf Titel stoßen kann, die Breckling zuzuweisen sind.

Während die Schriften Brecklings in großer Zahl und fast vollständig in der Bibliothek der Franckeschen Stiftungen vorhanden sind, ist der Umfang der im Stiftungsarchiv aufbewahrten Korrespondenz mit 18 Briefen im Vergleich zu den in Gotha vorhandenen 215 Briefen recht bescheiden. Allerdings gehörten bis in das 19. Jahrhundert 36 weitere Briefe zum Bestand des Archivs, die heute im so genannten Francke-Nachlass der Staatsbibliothek zu Berlin, einer ausgedehnten Quellensammlung zur Geschichte des Halleschen Pietismus, die im Rahmen eines von der Deutschen Forschungsgemeinschaft geförderten Projekts in den Jahren 2000 bis 2001 erschlossen und als Datenbank über die Homepage der Franckeschen Stiftungen recherchierbar ist, aufbewahrt werden.[20] Von diesen insgesamt 54 Briefen sind 25 Briefe vor 1698, dem Jahr, in dem der Briefwechsel zwischen Breckling und August Hermann Francke einsetzte,[21] datiert, d. h. sie dürften wahrscheinlich von Breckling selbst wie die vielen Bücher aus seinem Besitz dem Halleschen Waisenhaus übergeben worden sein. Zu den Briefpartnern aus der frühen Zeit gehörte Theophil Spitzel (1639–1691). Abschriften der Briefe Brecklings an ihn aus den Jahren 1681 bis 1689 finden sich in einem Briefkonvolut im Hauptarchiv.[22] Die frühen Korrespondenzen Brecklings im Berliner Francke-Nachlass konzentrieren sich auf den knappen Zeitraum von 1662 bis 1664 und enthalten u. a. drei Briefe an Johann Friedrich Münster († 1666), der Sekretär Ludwig Friedrich Gifftheils (1595–1661) und seit 1661 Mitarbeiter Brecklings war,[23] neun Briefe an Gottfried vom Berge (†1688), einen Advokaten in Kleve, der Breckling 1664 besucht hat[24], einen Brief an Gottfried Friedeborn (geb. 1612), der mit Johann Georg Gichtel (1638–1710) in Kontakt war und mit diesem von Breckling 1664 ordiniert worden ist,[25] und einen Brief von 1663 an seinen Neffen Hermann Jungius (1608/09–1678), über den Breckling Kontakt zu Philipp Jakob Spener (1635–1708) knüpfen sollte.[26] Aus dem

---

[20] *Jürgen Gröschl*: Kooperative Erschließungsprojekte im Archiv der Franckeschen Stiftungen am Beispiel des Berliner Francke-Nachlasses und der Handschriften zur Dänisch-Halleschen Mission. In: Aus evangelischen Archiven 45, 2005, 90–101. Adresse der Datenbank: http://192.124.243.55/cgi-bin/nachlass.pl.

[21] Nach Theodor Wotschke stand Francke seit 1697 mit Breckling im Briefwechsel. *Theodor Wotschke:* Der märkische Freundeskreis Brecklings [1. Teil]. In: Jahrbuch für brandenburgische Kirchengeschichte 23, 1928, 134–203, hier 167–168 Anm. 56. Auf welche Quelle sich Wotschke beruft, ist zu überprüfen.

[22] AFSt/H K 44a: B. 108–117.

[23] *Breckling*, Autobiographie [s. Anm. 4], 24–26, 31. Biographie zu Münster ebd. 24 Anm. 281.

[24] Ebd., 29, 61.

[25] Ebd., 29.

[26] Der Name von Jungius ist ermittelt. Ebd., 20, 31, 35–36, 48.

Zeitraum von 1698 bis 1711 sind im Hauptarchiv zwölf und im Francke-Nachlass 17 Briefe überliefert, die vor allem an August Hermann Francke und Personen aus dem Umkreis des Halleschen Waisenhauses gerichtet sind, darunter zwei Originalbriefe an den Freiherrn Carl Hildebrand von Canstein (1667–1719), einen der maßgeblichen Förderer des Halleschen Waisenhauses.[27] Darüber hinaus befinden sich im Hauptarchiv Abschriften von einigen Werken Brecklings, [28] theologische Exzerpte auf Latein, Deutsch und Holländisch von der Hand Brecklings, die einmal identifiziert werden müssten,[29] und eine Handschrift mit einem Werk des Vaters von Breckling, Johannes Breckling, aus dem Jahr 1650, die auf Veranlassung Brecklings nach Halle gekommen sein dürften.[30]

Der Kontakt mit dem Halleschen Waisenhaus begann jedenfalls Ende des 17. Jahrhunderts, wie der Autobiographie Brecklings zu entnehmen ist. Dort heißt es zum Jahr 1698: „In diesem Jahr haben uns besuchet Georg Heinrich Neubaur auß Hall, Steinhammer, Breithaupt et M Francke Litteris."[31] Im Jahr 1697 reiste Georg Heinrich Neubauer (1666–1726) im Auftrag August Hermann Franckes nach Holland, um Informationen über Waisenhäuser und Armenfürsorge einzuholen. Über die Reise existiert im Archiv der Franckeschen Stiftungen nur ein Fragment, in dem es vorrangig um die Sammlung von Spendengeldern für die Finanzierung des geplanten Waisenhauses in Halle geht. Offensichtlich besuchte Neubauer aber auch Personen wie Breckling, die für Francke von Interesse waren. Zeitgleich mit dem Besuch Neubauers setzte der Briefwechsel zwischen Francke und Breckling ein. Aus der Autobiographie Brecklings geht hervor, dass nach Neubauer noch weitere Personen, die in den Umkreis des Halleschen Waisenhauses gehörten, auf ihren Holland-Reisen Breckling aufsuchten. Dazu zählten Justus Samuel Schar-

---

[27] AFSt/H F 14: Bl. 479–482.

[28] Die Schrift Synagoga Satanae [s. Anm. 12] und die Schrift Von Information der Jugend: AFSt/H D 93: 92. Vgl. Brief von Friedrich Breckling an August Hermann Francke. O. O. [1702?]. Berlin, Staatsbibliothek – Stiftung Preußischer Kulturbesitz: Nachlass A. H. Francke 7/7: 33.

[29] AFSt/H B 19.

[30] *Johannes Breckling*: Tractatulus contra Impugnatores Institiae Dei essentialis tanquam ad salutem minimè necessariae in quo vera sententia confirmatur & falsa diluitur. Ms. AFSt/H B 42a. Auf dem Titelblatt steht, geschrieben von Friedrich Breckling: „Per M. Johannem Brecklingium Pastorem Handewittensem. Pro defensione Paradisi ejus reserati et Praefationis in Psalmos Ponitentiales scriptus et Pastoribus sub D. Stephano Klotzio traditus, ut cessent impugnare quod non intelligunt. Anno 1650."

[31] *Breckling*, Autobiographie [s. Anm. 4], 81. Gemeint sind Georg Heinrich Neubauer (1666–1726), einer der engsten Mitarbeiter August Hermann Franckes, ein gewisser Johann Steinhammer, zu dessen Biographie Steiger nichts Näheres ermitteln konnte (ebd., 78 Anm. 853), und Joachim Justus Breithaupt (1658–1732), ein pietistischer Theologe und Kollege Franckes an der Theologischen Fakultät in Halle.

schmidt (1664–1724) und Peter Müller († 1748), die später in Russland tätig waren, Justus Falckner (1672–1724), der Pfarrer in New York wurde, und Anton Wilhelm Böhme (1673–1722), der von Halle aus als Hofprediger nach England ging.[32] Mit dem Besuch Neubauers in Holland 1698 begann der Handschriften- und Büchertransfer von Den Haag nach Halle. Gleich nach dem Besuch Neubauers schrieb Breckling an Francke:

> Ich habe H. Neubaur etzliche testimonia veritatis theils pura theils in pura adhuc mitgegeben umb mit bey Ihnen in ihrer Bibliothec niederzulegen, die, wenn ihr Wort wird erfüllet werden, mehr werden geachtet werden, als itzund. Hier in Holland achten sie die Manuscripta, und solche die nach ihrem Sinn sind sehr hoch, und haben daher zu Leiden des Isaaci Vossii[33] alte Bibliothec wohl für 34.000 Gulden gekauft, weil darin varia MSScta philologica und auch sup[er] N. Testam. von Paracelso gefunden werden sollen, wie Morhof[34] in Polyhistore bezeugt, u. von Marquardus Gude,[35] der auch so viel MScta colligiret hatte. Ich mochte den guten Neubaur nicht mit unnützer Bürde und unnöthigen Büchern beschweren, die man draußen beßer kauff haben kan, als die fracht sich belauff, u. die hier mehr als in Deutschland kosten, wenn sie in Deutschland gedrucket sind.[36]

Danach listet Breckling einige Titel auf, die er Neubauer für die Bibliothek in Halle mitgegeben hat. Dazu zählen eine hebräische Bibel, gedruckt in Amsterdam 1679,[37] eine Ausgabe von *De divisione naturae libri 5* des Johannes Scotus Eriugena (810–877) in der Oxforder Ausgabe von 1681,[38] die *Epistola mundiversalis* des Florian Beb, gedruckt in Leiden 1695,[39] und Werke zur Chronologie in französischer Sprache „[...] umb ein horologiam u. chronologiam universalem totius Microcosmi et Macrocosmi für ihr Paedagogium aufzurichten, dazu auch D. Horchii sein A u. O. oder Zeit-Register ihnen dienen kan."[40] Hier zeigt sich das Interesse Brecklings am Wirken Franckes für die Jugend, wie seine Schrift *Von Information der Jugend,* die in Halle in einer Abschrift existiert,[41] beweist. Danach kommt Breckling auf den wichtigsten Teil der Dokumen-

---

32 *Breckling*, Autobiographie [s. Anm. 4], 88–89, 93; vgl. *Arno Sames:* Anton Wilhelm Böhme (1673–1722). Studien zum ökumenischen Denken und Handeln eines halleschen Pietisten. Göttingen 1990.

33 Isaac Vossius (1618–1689).

34 Daniel Georg Morhof (1639–1691).

35 Marquard Gude (1635–1689), Archäologe und bedeutender Sammler.

36 AFSt/H D 93: 62–64, hier 63.

37 BFSt: 14 C 13.

38 BFSt: 160 A 7.

39 *Florian Beb*: Epistola mundiversalis. Leiden: Schoute 1695. BFSt: 61 D 21 (11).

40 *Heinrich Horch*: Das A und das O oder Zeitrechnung der gantzen H. Schrifft [...]. Leipzig: Fritsch 1697. BFSt: 1 F 10 (3).

41 S. Anm. 28.

te zu sprechen, die er Neubauer anvertraut hat: „Die anderen Zeugnisse sind von Gifftheilen, Pantel Trappen, Lorentz Grammendorff u. anderen Zeugen des nun ankommenden großen Gerichts u. Rach-Tages Gottes über die Heiden [. . .]“,[42] auf die noch näher eingegangen werden wird.

Im Gegenzug erhielt Breckling Schriften aus Halle, wahrscheinlich Traktate Franckes und Breithaupts.[43] Mit der Zeit dürfte dann der Entschluss Brecklings gewachsen sein, große Teile seiner Bibliothek dem Halleschen Waisenhaus zu übergeben. In seiner Autobiographie schreibt Breckling lapidar zum Jahr 1703: „Zwey Kisten mit büchern nach Hall gesand mit Laur. Vinne. Noch eine Kiste mit Ludolphi“.[44] Laurens van der Vinne (1658–1729),[45] ein Mitglied der Täufergemeinde in Haarlem, war der Mittelsmann Franckes in den Niederlanden. Von ihm sind drei Briefe an Francke aus dem Jahr 1703 im Berliner Francke-Nachlass überliefert, die den Büchertransport logistisch vorbereiten.[46] Ein weiterer Transport erfolgte offensichtlich über den dem Halleschen Waisenhaus verbundenen Diplomaten Heinrich Wilhelm Ludolf (1655–1712). In einem Brief Brecklings an Francke vom 01.8.1703 ist ebenfalls von zwei Lieferungen in insgesamt drei Kisten die Rede.[47] Dafür überwies Francke Breckling eine Summe von 24 Florin, wie eine Rechnung vom September 1703, die im Schreibkalender Franckes eingelegt ist, beweist.[48] Diese Bücher wurden 1704/05 in den ersten Katalog der Bibliothek des Waisenhauses eingetragen, der weniger als Katalog denn als Bücherinventar anzusehen ist, weil darin die Bücher nach Provenienzen verzeichnet und die so genannten

---

[42] AFSt/H D 93 : 64.

[43] Brief von Friedrich Breckling an Georg Heinrich Neubauer. Den Haag, den 23. September 1698. AFSt/H D 93 : 64–69.

[44] *Breckling*, Autobiographie [s. Anm. 4], 96–97.

[45] Zu seiner Biographie vgl. ebd., 96 Anm. 1041.

[46] Briefe von Laurens van der Vinne an August Hermann Francke aus Den Haag vom 02.03.1703, 30.03.1703, 27.04.1703. Berlin, Staatsbibliothek – Preußischer Kulturbesitz: Nachlass A. H. Fancke 7/7: 5–7.

[47] Zitiert nach der Anmerkung 1042 in *Breckling*, Autobiographie [s. Anm. 4], 97; vgl. auch *Wotschke*, Märkischer Freundeskreis [s. Anm. 21], 135–136; *Theodor Wotschke:* Friedrich Brecklings niederrheinischer Freundeskreis. In: Monatshefte für rheinische Kirchengeschichte 21, 1927, 3–21, hier 3 Anm. 1: Brief Brecklings vom 01.08.1703: „H. M. Francke hat mir geschrieben, daß er zwei große Kisten mit meinen und vieler anderern Zeugen der Wahrheit Manuskripten, Zeugnissen und Kollektaneen wohl zu Halle empfangen und zum gemeinen Nutzen der armen Studenten und Kinder gebrauchen will, welches mich sehr erfreut, daß ich solche Zeugen an ihnen finde, die zum gemeinen Nutzen mit fortarbeiten und unsere saure Arbeit nach unserem Tode fortsetzen wollen. Daher ich ihnen noch eine große Kiste mit eingebundenen Büchern übersandt, darunter wohl zwanzig Kommentare über die Apokalypse, Joachimi Abbatis, Jacobi Brocardi und anderer seltene Schriften und habe verheißen, daß ihnen meine übrigen Bücher zu gleichem Ende vor oder nach meinem Tode sollen zugesandt werden, welches mich mehr freut als einige Gabe, die Gott mir gegeben, um also nicht vergebens gearbeitet zu haben.“

[48] AFSt/W II/–/3h; *Klosterberg*, Libri Brecklingici [s. Anm. 1], 873.

Libri Brecklingici gemeinsam aufgelistet sind.[49] Während 1704/05 201 Bücher nach Formaten und Fächern aufgeführt sind, folgen unter dem Datum von 1709 noch 290 weitere Titel, die offensichtlich später von Holland nach Halle gekommen sind. Weitere Quellenzeugnisse von einer Büchersendung um 1709 konnten bis jetzt noch nicht ermittelt werden.

Es ist schon erstaunlich, dass Breckling die von ihm hoch geschätzten Manuskripte von Ludwig Friedrich Gifftheil, den er bezeichnenderweise an erster Stelle der Wahrheitszeugen im *Catalogus testium veritatis* aufführt,[50] bei seinem ersten persönlichen Kontakt mit einem Angehörigen des Halleschen Waisenhauses der Bibliothek der von Francke begründeten sozial-pädagogischen Anstalten übergab und diesen Dokumenten aus seiner Sicht eine dauerhafte Aufbewahrung sicherte. Breckling hatte diese Schriften testamentarisch von Joachim Betke (1601–1663) erhalten.[51] Sie sind unter der Signatur AFSt/H B 17a–b im Archiv der Franckeschen Stiftungen verzeichnet. Es handelt sich um 221 Schriftstücke, vor allem theologische Flugschriften und Sendbriefe im Original oder in Abschrift aus den Jahren 1638 bis 1644 sowie zahlreiche Drucke, darunter auch Einblattdrucke.[52] Von Ludwig Friedrich Gifftheil,[53] der von sich behauptete, bei der Erscheinung des Kometen im Jahr 1618 von Gott erweckt worden zu sein, liegen 59 Dokumente vor, darunter 17 gedruckte Traktate und Sendschreiben, in denen er das Endgericht Gottes ankündigte. Die Schriften Gifftheils sind teils im Original teils in Kopien von Johann Friedrich Münster, seinem langjährigen Sekretär, oder von dem Österreicher Johannes Permeier (1597–1644) überliefert. Möglicherweise sind einige Schriften nicht nur über das Testament Betkes, sondern auch über Münster, der sich seit 1661 bei Breckling aufhielt, in die Hand Brecklings geraten. Breckling selbst hatte Gifftheil 1656 persönlich kennen gelernt.[54] Darüber hinaus befinden sich in dem Konvolut Schriftstücke weiterer im *Catalogus testium veritatis* an vorderster Stelle aufgeführten Wahrheitszeugen, nämlich von Lorenz Grammendorf (ca.

[49] AFSt/H G 1; *Klosterberg*, Libri Brecklingici [s. Anm. 1], 872.

[50] CTV [s. Anm. 18], Nr. 1

[51] *Breckling*, Autobiographie [s. Anm. 4], 30; *Wotschke*, Märkischer Freundeskreis [s. Anm. 21], 136–140.

[52] Vgl. die Beschreibung in *Karl Weiske:* Mitteilungen über die Handschriftensammlung der Hauptbibliothek der Franckeschen Stiftungen zu Halle a. d. S. Halle 1903, 18.

[53] Zu Ludwig Friedrich Gifftheil und seinen Anhängern vgl. *Brecht*, Die deutschen Spiritualisten [s. Anm. 3], 218–221. Zum Inhalt der Handschriften vgl. *[Ernst] Eylenstein*: Ludwig Friedrich Gifftheil. Zum mystischen Separatismus des 17. Jahrhunderts in Deutschland. In: ZKG 41, N. F. 4, 1922, 1–61, hier 1–5. Dass Breckling die Manuskripte Gifftheils bekommen hat, erwähnt *F[ritz] Friedrich*: Konventikel in Württemberg von der Reformationszeit bis zum Edikt von 1743]. In: BWKG 49, 1949, 99–154, hier 144; *Klosterberg*, Libri Brecklingici [s. Anm. 1], 871 mit Anm. 12.

[54] *Breckling*, Autobiographie [s. Anm. 4], 21.

1575–1650) und Pantel Trappe (†1638), beides Anhänger Gifftheils, die 1637 in (Berlin) Cölln zusammen mit Joachim Betke als Weigelianer verfolgt worden sind, sowie von Johannes Permeier, der Gifftheil und dem Berliner Kreis nahe stand.[55]

Unter den an Permeier gerichteten Briefen sind drei Originalbriefe von dem schwäbischen Theologen Johann Valentin Andreae (1586–1654) in den Jahren 1642 bis 1644 ausgestellt worden. Auch die diesen Konvoluten folgende Handschrift H B 18 enthält eine Abhandlung über den Teufel mit Belegstellen aus Gifftheils Schriften und dürfte aus dem Besitz Brecklings stammen. Allein die in den Konvoluten vorhandenen 27 Druckschriften dürften für die Forschung auf Grund ihrer Seltenheit von Interesse sein: 60 % der Drucke sind jedenfalls bis heute nicht im Karlsruher Virtuellen Katalog (KVK) nachgewiesen. Weitere Drucke dieser Autoren befinden sich in einem Sammelband der Bibliothek mit 100 Traktaten, Sendschreiben und Einblattdrucken, darunter zahlreichen anonym veröffentlichte Schriften, die eindeutig Gifftheil (46 Drucke) und Grammendorf (11 Drucke) zuzuschreiben sind.[56] Da Breckling auf einem Traktat mit eigener Hand den Namen Gifftheils und auf sieben Traktaten den Namen Grammendorfs ergänzt hat, sind die Schriften eindeutig seiner Provenienz zuzuordnen.[57] Wahrscheinlich sind diese Drucke auch schon 1698 mit den handschriftlichen Konvoluten nach Halle gekommen, weil in dem Inventar von 1703 diese Schriften nicht aufgelistet sind. Es ist davon auszugehen, dass sie erst in Halle zu einem Sammelband zusammengebunden worden sind.[58] Diese Drucke und Handschriften spiegeln insgesamt ein personelles Netzwerk wider, durch das Brecklings Denken maßgeblich beeinflusst worden ist.

Die von ihm im ersten Jahrzehnt des 18. Jahrhunderts an die Bibliothek des Halleschen Waisenhauses versandten Bücher aus seinem Besitz reflektieren hingegen nicht nur die geistigen Interessen Brecklings, son-

[55] CTV [s. Anm. 18], Nr. 2 = Lorenz Grammendorf; Nr. 3 = Pantel Trappe; Nr. 7 = Johann Friedrich Münster; Nr. 130 = Johannes Permeier. Vgl. *Brecht*, Die deutschen Spiritualisten [s. Anm. 3], 219–220.

[56] BFSt: 61 D 21. Der Sammelband enthält auch zwei Drucke von Pantel Trappe.

[57] Unter den Druck „Felsisches Stein-Geschreye An alle Gottlose Priesterschafft" aus dem Jahr 1656 notiert er nicht nur den Namen Grammendorfs, sondern auch dass von der Schrift „nur dieß einige Exemplar mehr übrig" sei. BFSt: 61 D 21 (4).

[58] Dafür spricht, dass zwei Drucke im Inventar aufgelistet sind und also erst 1703 nach Halle kamen. Es handelt sich um folgende Schriften: *George Fox:* DIVINA ac COELESTIS SALUTATIO Ad omnes Tenero seu Contrito corde CHRISTIANOS, Regnum scilicet Dei Justitiamque ejus quaerentes [. . .]. London: Northcott, 1690. BFSt: 61 D 21 [8]. [*Lorenz Grammendorf:*] CLASSICUM SACRUM. AD. HEROES DAVIDICOS. Das ist AUffmunterung und ernste Ermahnung/ an alle wahre und geengste Christen/ und Christliche Streitter/ sich an diesem grossen Tage Gottes des Allmechtigen wol zurüsten/ zu wachen/ und wieder die Feinde Gottes eyferig zustreitten. O. O. [16]33. BFSt: 61 D 21 [15].

dern auch die Personenkreise, in denen er sich bewegte. In dem Inventar der *Libri Brecklingici* sind 495 Titel aufgelistet.[59] Es handelt sich primär, nämlich zu 70 %, um Drucke des 17. Jahrhunderts, vor allem zur Theologie (63,4 %).[60] Die Verteilung nach Sprachen ergibt 49 % lateinisch-, 39 % holländisch- und 10 % deutschsprachige Drucke. Es ist zu vermuten, dass Breckling mehr deutschsprachige Drucke besessen hat, aber primär Bücher nach Halle sandte, die in Deutschland schwer oder gegen einen hohen Preis zu beschaffen waren.[61] Von den holländischsprachigen Drucken sind bis zum heutigen Zeitpunkt nur 30 % im KVK nachgewiesen. Dazu zählen Übersetzungen von Klassikern in das Holländische, wie beispielsweise Francis Bacons *New Atlantis*. Fächerübergreifend überwiegt die kleinformatige Gebrauchsliteratur im Oktav- und Duodez-Format, die Breckling entweder preiswert gekauft oder im Austausch zu seinen Traktaten erworben haben mag.[62] Es fällt schwer, eine inhaltliche Ordnung in der Sammlung Brecklings zu erkennen, weil Drucke von seinen akademischen Lehrern, von seinen Freunden und Weggefährten sowie von den oft zitierten Vorbildern weitgehend fehlen. Nach Drucken Johannes Taulers (um 1300–1361), Jakob Böhmes (1575–1624) oder Paracelsus' (1493–1541) sucht man ebenso vergeblich wie nach den Schriften Christian Hoburgs (1607–1675) oder Joachim Betkes (1601–1663).[63] Das Interesse Brecklings an der Mystik, an prophetisch-chiliastischen Ideen und den radikalen Vertretern der Reformation ist durchaus auszumachen, obwohl Vertreter der Gegenreformation in seiner Sammlung keineswegs fehlen und Breckling vorurteilsfrei und im Sinne der religiösen Toleranz Bücher gesammelt und aufbewahrt hat.[64]

Fragt man nach dem „Sitz im Leben" der Bibliothek Brecklings, so mögen die Kontakte und Begegnungen Brecklings Aufschluss über das Zustandekommen zumindest eines Teiles seiner Büchersammlung geben. Eine hervorragende Quelle dazu bietet seine Autobiographie.

In dieser berichtet Breckling, wie er mit dem Studium der Theologie begonnen hat: Bei seinem Studienaufenthalt in Hamburg 1654 habe er die dortige Bibliothek besucht und Schriften Taulers, Betkes und Ho-

---

59 *Klosterberg*, Libri Brecklingici [s. Anm. 1], 875. Von den 495 Titeln konnten 31 Titel bis jetzt bibliographisch nicht nachgewiesen werden und sind 51 Drucke nicht mehr in der Bibliothek der Franckeschen Stiftungen vorhanden.

60 28,5 % philosophische Drucke und 7 % medizinische Drucke, s. *Klosterberg*, Libri Brecklingici [s. Anm. 1], 877.

61 Vgl. Brief Brecklings an Francke von 1698, s. Anm. 36.

62 202 Drucke liegen im Oktav- und 107 Drucke im Duodez-Format vor.

63 *Dietrich Blaufuß:* Art. „Breckling, Friedrich". In: TRE 7, 1981, 150–153, hier 150; *Caspar C. G. Visser, M. L. van Wijngaarden:* Art. „Breckling, Friedrich". In: Biografisch Lexicon voor de Geschiedenis van het Nederlandse Protestantisme 4, 1998, 51–55, hier 52; *Brecht*, Die deutschen Spiritualisten [s. Anm. 3], 221f.; *Klosterberg*, Libri Brecklingici [s. Anm. 1], 878.

64 *Klosterberg,* Libri Brecklingici [s. Anm. 1], 879–881.

burgs gelesen.[65] Dann habe er eine Reise durch Deutschland unternommen und an namhaften Universitäten Professoren gehört. Von einigen dieser Professoren finden sich Bücher in seiner Bibliothek, so von dem Wittenberger Professor für Ethik Michael Wendler (1610–1671), dessen Vorlesungen Breckling 1651 in Wittenberg hörte,[66] und von den Theologieprofessoren Johann Konrad Dannhauer (1603–1666), dem Lehrer Philipp Jakob Speners, und Sebastian Schmidt (1617–1696), die er beide 1655 in Straßburg kennen lernte.[67]

In den Niederlanden kam Breckling mit verschiedenen Personen in Kontakt, die auf Grund ihrer spiritualistischen, chiliastischen Ansichten in Konflikt mit der Obrigkeit gerieten. Dazu zählten Johannes Rothe (1628–1702) und Quirinus Kuhlmann (1651–1689),[68] von denen jeweils ein Buchtitel in der Bibliothek Brecklings vorhanden ist, nämlich Rothes anonymes, in Amsterdam erschienenes Werk *Een Nieuwe Hemel en Aerde. Het Nieuwe Jerusalem* und Kuhlmanns *Berlinische Kühl-Jubel.*[69] Von Rothe berichtet Breckling in seiner Autobiographie, dass er eine Schar von Jüngern 1674 um sich geschart und Amsterdam verlassen habe,[70] um ein fünftes Weltreich zu begründen. Kuhlmann, der nach der Lektüre Jakob Böhmes und Johannes Rothes zum chiliastischen Propheten geworden war, besuchte Breckling 1674, 1679 und 1680.[71] Während sich Breckling zunächst mit ihm befreundete, wurde er mit der Zeit zum scharfen Kritiker Kuhlmanns. Zu den selbst ernannten Propheten, die Kontakt mit Breckling suchten, gehörte auch der Däne Oliger Paulli (1644–1714). In seiner Autobiographie berichtet Breckling von einem gewissen Paulus Pilgrim – damit ist wohl Oliger Paulli gemeint –, der ihn 1703 besucht habe.[72] Von ihm besaß er neun Trak-

---

[65] *Breckling*, Autobiographie [s. Anm. 4], 18; *Wotschke*, Märkischer Freundeskreis [s. Anm. 21], 139–140 Anm. 9.

[66] *Michael Wendeler:* PHILOSOPHIA PRACTICA, hoc est, ETHICA, POLITICA ATQUE OECONOMICA NOMICA [...]. Wittenberg: Röhner 1645. BFSt: 170 E 20.

[67] *Breckling*, Autobiographie [s. Anm. 4], 19; *Johann Conrad Dannhauer*: Christeis sive drama sacrum [...]. Straßburg: Mülbius 1646. Der Titel ist in der Bibliothek der Franckschen Stiftungen nicht mehr vorhanden; *Sebastian Schmidt*: TRACTATVS DE IMAGINE DEI IN HOMINE ANTE LAPSVM Considerato [...]. Straßburg: Nagel 1659. BFSt: 16 D 8 (6).

[68] *Brecht*, Die deutschen Spiritualisten [s. Anm. 3], 233.

[69] [*Johannes Rothe*:] EEN NIEUWE HEMEL en AERDE. Het Nieuwe Jerusalem. De Weder-oprechtinge aller dingen, volgens (Actor. 3.21.) De Koningk MELCHIZEDECK, (Gen: 14.18. Hebr: 7.1.) De Baniere (of) Standaert Godts, De Werelt voorgestelt tot een heylige opmerckinge. Een Voorloopende Tydinge van't volgende Nieuws voor ISRAEL. Amsterdam O.J. BFSt: 78 D 14 [1]; *Quirinus Kuhlmann*: Zwei Erklährte Berlinische Kühl-Jubel von der Vereinigung des Luther- und Calvinusthumes an Seine Churf. Durchlauchtigkeit zu Brandenburg. Amsterdam: Selbstverlag; Leiden: Haes 1688. Dieser Titel ist in der Bibliothek der Franckeschen Stiftungen nicht mehr nachzuweisen.

[70] *Breckling*, Autobiographie [s. Anm. 4], 42 f.

[71] Ebd., 41, 48, 51.

[72] Ebd., 95.

tate und damit die meisten Titel von einem Autor, die in dem Inventar der Waisenhaus-Bibliothek aufgelistet sind.[73] Oliger Paulli predigte in Amsterdam, trat als König eines neuen Israel auf und verfasste um 1700 zahlreiche Pamphlete. 1701 wurde er in Amsterdam zu zwölf Jahren Arbeitshaus verurteilt, bald darauf aber entlassen und kehrte 1706 in seine Heimatstadt Kopenhagen zurück.[74] Wahrscheinlich hat sich Breckling deshalb schon 1703 von den Schriften Paullis getrennt und diese nach Halle gegeben.

Breckling hatte regen Kontakt zu Pfarrern und anderen theologisch versierten Personen, die sich dauernd oder vorübergehend in den Niederlanden aufhielten. Auch wenn die Aussagen über diese Begegnungen in der Autobiographie knapp ausfallen, scheint in einigen Fällen immerhin ein Kontakt zustande gekommen zu sein, der zum Austausch von Literatur führte. So schreibt Breckling 1692 lapidar „Cogniti [. . .] Germanus cum Colero."[75] Er lernte 1692 den Deutschen Johannes Colerus (1647–1707) kennen, der seit 1679 in Amsterdam lebte, und einen gewissen Moses Germanus, der eigentlich Johann Peter Späth (1642/45–1700) hieß und ein Schützling Gottlieb Spizels war, später zum Judentum konvertierte und unter dem Namen Moses Germanus in Amsterdam lebte.[76] Von Johannes Colerus besaß Breckling ein in Gouda gedrucktes Traktat *Vroome en Dankbaare Toehoorders MEMORIE-BOEKJE* aus dem Jahr 1695[77] und von Moses Germanus eine kleine 16-seitige Schrift aus dem Jahr 1701 mit dem Titel

> DE BEEKER DER SWYMELINGE, In de handen der Antimillinairischen, en andere Gewaende Christenen en Mahometanen; Aldermeest door Aenleydinge van den Spreuck 1 Cor. 16: 22. Indien ymant den Heere Jesum niet liesen heest / die zy een Anathema. MARANATHA. Van de welken zy den waaren Sin by den Stoel Mosis te verneemen hebben, Aangetoont door MOSES GERMAN, Jood. Mat. 23: 2, 3. Marc. 12: 32, 33. Joh. 4: 22–25. Amsterdam: Boterenbroot 1701.
> BFSt: 183 A 3 (3)

---

[73] *Oliger Paulli:* Den Seer Groten Dagh Jizreels Hos. 1.9, tot 12. Rabbi Mosche Bar Maimon en Den Apostel St. Paulus, Der Joden en Heidenen Leeraers vereenight [. . .]. Amsterdam: Selbstverlag 1698. BFSt: 183 A 2; *ders.:* Behemots Nasen Ring, Das ist, Die jetzige Theologie, geleget zu den Fussen der Juden: wylen diese Jesum den gekruycigten als Davids Soon und Herren, nun ahnfangen rechtsinnig zu verkundigen [. . .]. Amsterdam: Smets 1701. BFSt: 183 A 3 [2]; u. a. Werke von Oliger Paulli in der Bibliothek der Franckeschen Stiftungen.

[74] *Breckling*, Autobiographie [s. Anm. 4], 95 mit Anm. 1028, dort weitere Literaturhinweise; vgl. auch BFSt: Porträtsammlung A 1680.

[75] Ebd., 69.

[76] Ebd., 69 f. mit den Anm. 763 f.

[77] *Johannes Colerus*: Vroome en Dankbaare Toehoorders MEMORIE-BOEKJE, Aangaande Leer, Leeven en Sterven Harer in God ontslapene Leeraaren [. . .]. Gouda: Cloppenburg 1695. BFSt: 42 E 10 [6].

Mit einem gewissen Willem Everwyn kam Breckling 1675 in Kontakt.[78] Dessen kleine Schrift *Kristelyke Rykdom*[79] kam 23 Jahre später heraus und gelangte in den Besitz Brecklings. Von dem Amsterdamer Pfarrer Gwalterus Boudaan, von dem Breckling vermeldete, dass er 1684 verstarb,[80] und dem Nendorper Pfarrer Peter Dittelbach (†nach 1700), der zu den Labadisten übertrat und Breckling 1698 besuchte,[81] besaß Breckling ebenfalls kleine und heute selten nachweisbare Traktate in seiner Büchersammlung.[82] Darüber hinaus gelangten Bücher von Pfarrern, die von weit her kamen und die Niederlanden bereisten, in seine Bibliothek. Beispielsweise notierte er unter dem Datum 1675 „M Joh Pikkerus und Ihn sind die Kongikßberger mit uns bekandt geworden".[83] Neun Jahre später war der Bruder Johann Pickers, Friedrich Picker, bei Breckling zu Besuch.[84] Mit Johann Picker (ca. 1640–1693), Prorektor der Domschule in Königsberg und ab 1681 Rektor des Gymnasiums in Insterburg, unterhielt Breckling einen regen Briefverkehr. Von ihm besaß Breckling einen Band mit Predigten, die 1684 in Danzig publiziert worden sind,[85] und von Friedrich Picker eine medizinische Disputation, die 1686 in Harderwijk gedruckt wurde.[86] Friedrich Picker studierte also in den Niederlanden und hatte wohl deshalb Kontakt zu Breckling aufnehmen können. Überhaupt war Breckling mit einigen Ärzten bekannt, deren Schriften in seine Büchersammlung gelangten, nämlich mit einem gewissen Bondewyn Assuerus, einem Arzt aus Wesel, der Breckling auf einer Rundreise in Holland 1679 begleitete,[87] und mit dem Königsberger

---

[78] *Breckling*, Autobiographie [s. Anm. 4], 43–44.

[79] *W[illem] Everwyn*: KRISTELYKE RYKDOM. Waar in volgens de Goddelyke Schriftuur, overeenkomstig met de redelyke wille keuren, des H: Euangeliums, middagklaar getoont, en duidelik aangewezen wort, de Zegenryke staat van't ware, overvalste KRISTENDOM [...]. Delft: Kloeting 1698. BFSt: 42 E 10 [10].

[80] *Breckling*, Autobiographie [s. Anm. 4], 56.

[81] Ebd., 81.

[82] [*Gwalterus Boudaan*:] Eens christens hoogste goed in leven, en in sterven. Ontworpen in een predicatie. N. A:A:D:O:B:G. Amsterdam: Boekholt 1684. BFSt nicht nachweisbar; *Peter Dittelbach*: CLAVIS ERRANS OF DE VERDRAAYDE SLEUTEL, Zynde een eenvoudigh en oprecht verhaal van de Procedure, gehouden by het Synodus van Noord-Hollandt, tot Alkmaar 1698. In de Twistsake van PETRUS DITTELBACH, Bedienaar des Evangeliums. Ter nedergestelt in 3 BRIEVEN [...]. Amsterdam: van Damme o. J. BFSt: 44 E 12 [13].

[83] *Breckling*, Autobiographie [s. Anm. 4], 43.

[84] Ebd., 55–56.

[85] Johannes Picker: JESUS! Drey Christliche Predigten/ Von der Wahren Gottseligkeit; Der Außfegung des Alten Sauer-Teiges/ durch den offentlichen Kirchen-bann/ und Ablegung des sündlichen Lebens; Und denn von Der andern oder Neuen Zungen aller wahrhaftig-Gläubigen und geheyligten Kinder Gottes/ Anno 1682. und 1683 [...]. Danzig: Waesberge 1684. BFSt: 77 E 6 [30].

[86] *Johannes Meyer* (Praeses)/*Fridericus Pi[c]ker* (Resp.): DISPUTATIO MEDICA INAUGURALIS DE CALCULO RENUM [...]. Harderwijk: Sas 1686. BFSt: 90 B 3.

[87] *Breckling*, Autobiographie [s. Anm. 4], 49. *Bondewyn Assuerus*: DISPUTATIO MEDICA

Arzt Daniel Christoph Becker (1658–1691), der ab 1680 mit Breckling in Verbindung stand.[88]

Die Autobiographie und die Inventarliste aus Halle ergänzen sich also in einigen Fällen und mögen Anhaltspunkte bieten, wie ein Buch in den Besitz Brecklings gekommen ist. Einiges bleibt dennoch unklar. Wer war beispielsweise ein gewisser Peter Lange, dessen Tod Breckling für das Jahr 1696 vermeldet und von dem ein Buch mit dem Titel *Aesopus Christianus*, gedruckt in Utrecht 1687, in Brecklings Bibliothek existierte?[89] Im Gelehrtenlexikon von Christian Gottlieb Jöcher wird ein Däne gleichen Namens erwähnt, der mehrere Bücher in den Niederlanden veröffentlichte.[90] Unklar bleibt auch, inwieweit sich Breckling mit dem Werk des Groninger Professors Jacob Alting (1618–1679) beschäftigte. In seiner Autobiographie schreibt er, er habe 1684 Werke „Henr. Altings" Korrektur gelesen.[91] Ob damit Jacob Alting und seine *Opera omnia theologia* gemeint sind,[92] ist nur zu vermuten. Fest steht, dass das Werk in der Bibliothek der Franckeschen Stiftungen vorhanden, allerdings keineswegs auszumachen ist, ob es über die Büchersendung Brecklings in die Bibliothek gekommen ist. Das Buch Altings, das im Inventar gelistet ist, konnte bis jetzt noch nicht identifiziert werden: „Jacob: Altingij Script Apologet: sine tit: Sonitus aridorum ossium Ezech: XXXVII. 7. Anno 1666. nicht gantz. Elenchus quaestionum praecipuarum de progressus Evangelij ac statu Ecclesiarum orthod: in Oriento."[93] Sicherlich könnte man nach anderen Kriterien und Personenkreisen die Bücherliste Brecklings befragen. So kann der von Breckling verfasste *Catalogus testium veritatis post Lutherum* in Gottfried Arnolds *Kirchen- und Ketzerhistorie* Anhaltspunkte für die Anlage seiner Büchersammlung bieten.[94] Als Breckling 1703 bzw. 1709 Bücher nach Halle schickte, trennte er sich nur von einem Teil seiner Bibliothek. Wahrscheinlich fanden nach seinem Tod oder auch früher Bücher aus seinem Besitz den Weg von Holland nach Halle, weil in weiteren Büchern aus der Bibliothek der Franckeschen

---

INAUGURALIS DE OPIO, EJUSQUE USU IN MEDICINA [...]. Duisburg: Sas 1681. BFSt: 90 B 9.

88 *Breckling*, Autobiographie [s. Anm. 4], 51–53, 55, 57, 67. *Daniel Christophorus Becker* (Resp.): Disputatio medica inauguralis, de respiratione [...]. Utrecht: Ribbius 1684. BFSt nicht nachgewiesen.

89 *Breckling*, Autobiographie [s. Anm. 4], 77; *Petrus de Lange*: AESOPUS CHRISTIANUS, Dat ist/ CXXXVI. Heylige BEDENKINGEN, Van dingen die de Menschen dagelijks voorkomen [...]. Utrecht: Poolsum 1687. BFSt: 183 B 12.

90 *Christian Gottlieb Jöcher*: Allgemeines Gelehrten-Lexikon. Erg.-Bd. 3. [Delmenhorst 1810]. ND Hildesheim [u. a.] 1998, 1237.

91 *Breckling*, Autobiographie [s. Anm. 4], 57.

92 *Jacob Alting*: Opera omnia theologia. Hg. v. *Balthasar Bekker*. Amsterdam: Borstius 1685–87. BFSt: 13 C 8–12.

93 AFSt/H G 1.

94 *Klosterberg*, Libri Brecklingici [s. Anm. 1], 878 f.

Stiftungen, die nicht im Bücherinventar eingetragen sind, Notizen von der Hand Brecklings vorhanden sind.[95]

Die Übersicht über die Bestände in den Franckeschen Stiftungen, die zum Autor und Possessor Breckling Bezug haben, hat gezeigt, dass sowohl zu den geistigen Interessen als auch zu den personellen Netzwerken, die für das Wirken Brecklings konstitutiv waren, noch zahlreiche Untersuchungen und Studien auf gegenwärtige und künftige Forscher und Forscherinnen warten.[96]

---

[95] Vgl. zum Beispiel den Provenienzeintrag von Breckling in dem Druck: Wterste wille Van een Moeder Aen haer toekommende Kint. Toe-geeygent aende volmaeckste Huys-moeder. Amsterdam: Walschaer 1642. BFSt: 184 B 20 (13); vgl. *Klosterberg*, Libri Brecklingici [s. Anm. 1], 879 Anm. 33. Im Rahmen des DFG-Projekts „Rekonstruktion, Katalogisierung und Provenienzverzeichnung von Pietistenbibliotheken", das im Januar 2007 im Studienzentrum August Hermann Francke begonnen hat, werden die Bücher aus dem Besitz Friedrich Brecklings in den Gemeinsamen Verbundkatalog (GVK) katalogisiert.

[96] Im Bestand der Universitäts- und Forschungsbibliothek Erfurt/Gotha, Forschungsbibliothek Gotha, befinden sich zahlreiche Briefe von und an Friedrich Breckling, darunter auch solche, die die Schriften und Bücher, die nach Halle gekommen sind, betreffen. Vgl. dazu folgendes, in Maschinenschrift vorliegendes Verzeichnis: *Gertraud Zaepernick*: Verzeichnis der Handschriftenbestände pietistischer, spiritualistischer und separatistischer Autoren des 17. und 18. Jahrhunderts in der Landesbibliothek Gotha sowie in anderen Handschriftensammlungen und Archiven in Gotha und Erfurt, bes. 64, 70.

MAGDOLNA VERES

Johann Amos Comenius und Friedrich Breckling als „Rufende Stimme aus Mitternacht"*

Die mit den Erfolgen der Protestanten im Dreißigjährigen Krieg verbundenen und auf die Einheit und innere Erneuerung der protestantischen Staaten und Kirchen zielenden chiliastischen Erwartungen waren nach dem Westfälischen Frieden nicht verschwunden. Wie es im Buch Daniel heißt, glaubten die Verkünder dieser Erwartungen, sie lebten am Ende des sechsten Jahrtausends, ein Glaube, der sich durch den seit der Reformation währenden Krieg gegen den Papst – als Antichristen – noch verstärkt hatte. Die etablierten protestantischen Kirchen glaubten zwar nicht an die Ankunft des Tausendjährigen Reiches Christi auf Erden,[1] denjenigen aber, die mit dem Zustand ihrer Kirche nicht zufrieden waren und sie erneuern wollten, lieferte diese Vorstellung eine Argumentationsgrundlage:

> Nun ihr Antichristen und untreue Haußhalter, wir kommen von unsers Gottes wegen zu euch, und forderen die Früchte des Weinbergs und Rechnung von eurem Haußhalten. Was habet ihr bißher gethan und genutzet? Thut Rechnung von eurem Haußhalten. Wo nicht, so will unser Herr das Ampt von euch nehmen, und andern seinen Weingarten außthun, die fleißiger in seinem Dienst und nutzen machen. [. . .] Ihr werdet aber durch die Art des Zorns Gottes mit viel grösserm Ernst, als vormahls die Juden, außgehauen [. . .] welches wir euch in dem Namen des Herrn ankündigen. Resipiscite clamat tota Scriptura.[2]

---

* Die Sammlung und das Aufarbeiten der Quellen für diesen Aufsatz in der Forschungsbibliothek Gotha wurden durch das Herzog-Ernst-Stipendium der Fritz-Thyssen-Stiftung ermöglicht. Eine frühere Version des Aufsatzes wurde auf dem Friedrich Breckling-Workshop am 9. Juni 2006 in Gotha vorgetragen. Der Katalog der ausgezeichneten Berliner Forscherin *Gertraud Zaepernick*: Verzeichnis der Handschriftenbestände pietistischer, spiritualistischer und separatistischer Autoren des 17. und 18. Jahrhunderts in der Landesbibliothek Gotha sowie in anderen Handschriftensammlungen und Archiven in Gotha und Erfurt [Halle, ca. 1965, masch.] war mir bei der Vorbereitung und der Forschungsarbeit eine große Hilfe. Herrn Ulrich Schäfer, dem bibliographischen Berater der Deutschen Comenius-Gesellschaft, bin ich für seine hilfreichen Anregungen zu Dank verpflichtet.

1 Vgl. den Artikel XVII. der Augsburger und den Artikel XI. der Helvetischen Konfession.

2 *Friedrich Breckling:* Im Namen Jesu, zur Ehre Gottes. Ruffende Stimme aus Mitternacht, in dieser Mitternacht. An Ihre Königl. Maj. in Dänemarck, und alle Könige, Chur, Fürsten und

In der erstmals im Jahre 1661[3] *Im Namen Jesu, zur Ehre Gottes* veröffentlichten Schrift *Ruffende Stimme aus Mitternacht* fordert der Autor, Friedrich Breckling,[4] die Bekehrung, den Ausgang aus Babel und die Reform des Christentums von denjenigen, die seinerzeit dafür die Verantwortung trugen. In erster Linie wandte er sich an die Kirchen, dann an die Schulen und das „Regiment". Damit meinte er vor allem die in den Sechzigerjahren des 17. Jahrhunderts noch starken protestantischen Mächte, wie Dänemark und England. Der in der spiritualistischen Literatur bewanderte Breckling holte sich das Vorbild für seine Arbeit aus England[5] und benutzte die Rhetorik der Propheten, die im Namen Gottes reden. So kann die „Rufende Stimme aus Mitternacht" als eine Metapher für die Erweckungstätigkeit Brecklings angesehen werden. Andere Metaphern für sein Anliegen sind die Posaune[6] und das Hahnenge-

---

Obrigkeiten nach Mitternacht. Darinnen mit dem Hanengeschrey von Abend Sonnenklar bewiesen wird, l. Daß unser heutiges Christenthumb ein pur lawter Antichristenthumb. 2. Daß die heutige Antichristische Prediger daran, wie auch an allen Sünden und Straffen unter uns, die fürnemste Schuld und Vrsach. 3. Daß es unmöglich, auff solche Weise auffzurichten, wie wir es anfangen, sondern je länger je ärger wird. 4. Daß dennoch ein richtiger Weg sey, darnach es leicht und herrlich könne auffgerichtet werden. 5. Daß alle heutige falsche und Antichristische Wege erst müssen erkant und verlassen werden, soll solcher Weg Christi erwehlet und eingegangen seyn. Zur Auffweckung, Versamlung und Außgang der Kinder Gottes aus diesem Babel, Sodom und Egypten./ Im Namen der übrigen Bekenner, Zeugen und Jünger Christi außgesandt durch Fridericum Brecklingium, aus Holstein, Predigern bey der Evangelischen Gemeine in Zwoll. O. O. O. J. [1697?], 77–79. Vgl. VD17 39:147267F.

[3] Vgl. *John Bruckner:* A Bibliographical Catalogue of 17th Century German Books Published in Holland. Anglica Germanica 13. The Hague, 1971, Nr. 290.

[4] Der im Jahre 1629 in Handewitt bei Flensburg geborene Friedrich Breckling wurde nach langen Studienjahren 1657 Feldprediger bei den königlich-dänischen Truppen. 1659 und 1660 war er – als Gehilfe seines Vaters – Prediger in Handewitt. Wegen des seinerzeit veröffentlichten Pamphlets „gegen die aus seiner Sicht geistlose lutherische ‚Mauerkirche'" unter dem Titel Speculum Pastorum (Amsterdam 1660) wurde Breckling seines Amtes enthoben und eingesperrt. Nach seiner Flucht gelangte er über Hamburg ins niederländische Zwolle, wo er sich von 1660 bis 1667 als Pfarrer betätigte, bis ihm auch hier wieder gekündigt wurde. Er „privatisierte fortan zunächst in Zwolle, von 1672 an in Amsterdam und später (1690 bis zu seinem Tod 1711) in Den Haag" (vgl. *Friedrich Breckling*: Autobiographie. Hg. u. komm. v. *Johann Anselm Steiger.* Tübingen, 2005, 132 f.)

[5] „[. . .] ein so teurer Zeuge Gottes in Engeland von Gott aufgewecket, der fast einerley mit mir [. . .] in seinen Gallicantu und künftigen Gallicinio an den König daselbst übergeben [. . .] welches [Zeugnis] er auch mit seinem Tod versiegelt [. . .] So hab ich den Kern, Safft und Krafft des Gallicantus allhier zusammen gezogen, und nach der Gabe Gottes etwas weiter erkläret, gescharffet und befästiget." (*Breckling*, Rufende Stimme [s. Anm. 2]), [Allgemeine Vorrede]. Das zitierte Werk ist möglicherweise identisch mit: *Richard Lanceter*: Gallicantus, seu Praecursor Gallicinii primus. London 1660, das im Jahr darauf in Amsterdam auch auf Niederländisch veröffentlicht wurde. Richard Lanceter (1604–1647) war Schuldirektor in Moulton in der Grafschaft Norfolk.

[6] Der Klang – die „Stimme" – der Posaune oder des Schofars ist ein Symbol für Gott, er begleitet die Erscheinung Gottes auf dem Berg Sinai, als der Bund mit dem auserwählten Volk besiegelt wird (Ex 19,16), er kündigt den Tag des Zornes an (Zeph 1,16 und Sach 9,14), und

schrei, wodurch „viele ander in dieser Mitternacht erwecket werden, einerley mit uns zu schreyen. Denn wenn ein Han anfänget, so wachen alle andere auf, darumb wachet auch, und wecket mit euch auf aus dem heutigen Schlaff der Sicherheit".[7] Er spielt aber noch weiter mit der Metapher. Die Mitternacht deutet bei ihm auch auf die Finsternis Satans hin, aus der es sich zu befreien gilt:

> Daß die heutige Geist- Lieb- Krafft- Creutz und Leb-lose Lehrer und Prediger [. . .] unmüglich Christi Jünger, Diener, Nachfolger, [. . .] seyn können: Sondern vielmehr durch ihre fleischliche Sicherheit von Gott abgefallen, und Antichristen, blinde Leiter, falsche Propheten, Satans Apostel, Miedlinge, Frembde, Diebe, Wölfe, Mörder, tumm Saltz, Feinde des Creutzes Christi, Bauchdiener, Schriftgelehrten und untreue Haußhalter seyn.[8]

In diesem und in weiteren Werken Brecklings wird dem Bösen in der Person Satans eine negative, aber dennoch wichtige Rolle zugeschrieben: Es dient als Ausgangspunkt für den Auszug aus der babylonischen Finsternis. Johann Amos Comenius[9] dagegen betont das Gute und stellt es in seiner Darstellung nahezu stets in den Vordergrund, um die Grundlage für die Überwindung des Bösen zu benennen. Breckling äußert sich in der *Rufenden Stimme* als Prophet und als Zeuge für den Auszug aus der babylonischen Finsternis. Für ihn war der Auszug aus Babel ein Zeichen für das kommende Millennium. Daher verfolgte und sammelte er die Spekulationen über das Ende der Welt, das mit Hilfe der Kometen und der großen Planetenkonstellationen berechnet wurde. Er zählte sogar einige Propheten und ihre Prophetien in seiner Liste „testes veritatis"[10] auf, die später in Gottfried Arnolds *Unpartheyischer Kirchen- und Ketzer-Historie* veröffentlicht wurde. Im Gegensatz zu Comenius aber förderte Breckling die Veröffentlichung der Prophezeiungen nicht, auch wenn er an der Veröffentlichung spiritualistischer Werke beteiligt war.

Drittens deutet Breckling die Mitternacht als Himmelsrichtung und wendet sich damit an die protestantischen Staaten des Nordens: „Auch ihr Könige von Mitternacht habt noch große Verheißung, dass Gottes

---

die sieben englischen Posaunen der Zerstörung verkünden das Ende der Zeiten (Apk 8,12). Auch versammelt die Posaune die Verstorbenen zum Jüngsten Gericht (Mt 24,31).

7 *Breckling*, Rufende Stimme [s. Anm. 2], [Allgemeine Vorrede].

8 Ebd., 1.

9 Johann Amos Comenius (1592–1670) war ein Geistlicher der nach der Schlacht am Weißen Berg aus Böhmen vertriebenen Böhmischen Brüder, seit 1632 war er ihr Bischof. Neben dem Dienst an seinen Brüdern stellte Comenius seine diplomatischen Beziehungen und sein didaktisch-pansophisches Werk in den Dienst der Verbesserung der Welt, um dem herankommenden Jüngsten Gericht und dem zuvor erwarteten glücklichen Tausendjährigen Reich den Weg zu bereiten.

10 Friderici Brecklingii, Holsati, meditamenta αυτόγραφα, dono data á δ. Meiischen, Sup. Gen. Coburgersa, Ern. Sal. Cypriano. An. 1727. Volumen. I. Forschungsbibliothek Gotha (FBG) Chart. B962.

Geist mit seinem Wort bey Euch im Lande gegen Mitternacht wohnen und ruhen wolle, möchtet ihr es nur erkennen."[11] Diese Verheißung spricht Dänemark und England eine wichtige Rolle bei dem „herzunahende[n] Schreckliche[n] Gericht Gottes" zu, das laut Breckling frühestens nach 1674 eintreten wird,[12] „davon alle Propheten von Enoch her biß auff uns geprediget und Gott und so viel Exempel zur Warnung von Anfang her vor Augen gestellet, einerley mit mir von dem heutigen Abfall zeugen".[13]

Eine ähnliche prophetische Rolle schreibt Breckling sich selbst in seinem 1663 veröffentlichten *Mysterium Babylonis et Sionis*[14] zu. Das den Apostel Petrus an seine Schuld gemahnende Hahnengeschrei wurde wiederum zur bestimmenden Metapher von Brecklings Arbeit:

> Ich muß meine Stimme [...] erheben und posaunen; ob noch einige in diesem Mitternächtigen Abbel [Babel] möchten auffgewecket werden zu wachen, beten, und an solchen Hahnen-geschrey zu mercken, dass die Zeit und Stunde da ist, da Christus unser Bräutigamb, zu unser Erlösung, und zum Gericht [...] erscheinen wird.[15]

---

[11] *Breckling*, Rufende Stimme [s. Anm. 2], 74. Auch in den von Johann Amos Comenius veröffentlichten Prophetien ist von einem „Löwen von Mitternacht" die Rede. Vgl. *Carlos Gilly:* Der ‚Löwe von Mitternacht', der ‚Adler' und der ‚Endchrist': Die politische, religiöse und chiliastische Publizistik in den Flugschriften, illustrierten Flugblättern und Volksliedern des Dreissigjährigen Krieges. In: Rosenkreuz als europäisches Phänomen im 17. Jahrhundert. Hg. v. d. Bibliotheca Philosophica Hermetica. Amsterdam 2002, 234–268.

[12] *Breckling*, Rufende Stimme [s. Anm. 2], 6 f.: „Weil jedermann mit Gottes Wort bekennen muß, dass ein allgemeiner Abfall von Gott, Christo, dem Glauben und der ersten Kirchen zu dem Satan, Fleisch, Welt und Antichrist kommen müste, darunter die Christenheit, nach ihrer eigenen Rechnung 1260. Jahr bleiben sollte, wovon zu Lutheri Zeiten ohngefähr 1100. Jahr verflossen, sind also von der Zeit noch fast 160. übrig, biß die rechte Kirche Gottes aus der Wüsten hervorkommen, und durch gäntzliche Vertilgung des durch Lutherum offenbahrten grossen Antichristen soll errettet werden. 2. Thess. 2, I. Tim. 4. Apoc. 12."

[13] Ebd., 14.

[14] In Nomine Jesu. Mysterium Babylonis & Sionis. End-urtheil über Babel, und Stimme vom Himmel, Gehet aus von Babel. Darinnen Sonnen-klar bewiesen wird, daß die heutige falsche Christenheit nach ihrem Abfall von Gott in allen Secten, Ständen, Reichen, und örtern nicht mehr Christi Himmelreich, sondern des Satans Babel und Höllenreich sey, und daß daher all ihr Gottesdienst, Thun und Wesen nicht Apostolisch, sondern Antichristisch und Babylonisch sey. Sampt den Ursachen, warumb ein jeder Christ auß solcher Babel des Satans außgehen muß, wofern er sonst seine Seele retten, und nicht mit Babel in ihren Sünden und straffen untergehen wil. Und dem Schlüssel der Erkäntniß, dadurch das heutige falsche Evangelium der Antichristen in Babel von dem rechten Creutz-wort Christi in Sion könne unterschieden werden. Ist daß ander Theil der Stimme auß Mitternacht, oder daß ander Hanen-geschrey, darinnen als in der Summa dicendorum der Inhalt meiner vorigen Schriften kürtzlich verfasset, zu der Phariseer Uberzeugung, der Blinden Augen-salbe, und Petri Aufweckung, über der gantzen Welt außgeruffen./ Durch Fridericum Brecklingium, aus Holstein, Predigern bey der Evangelischen Gemein in Zwoll. Gedruckt im Jahr 1663. O. O. [Amsterdam]. Vgl. *Bruckner*, A Bibliographical Catalogue [s. Anm. 3], Nr. 322; vgl. auch VD17 3:600261C.

[15] *Breckling*, Mysterium Babylonis et Sionis [s. Anm. 14], Vorrede und Dedication.

Offenbar verwendet Breckling auch in dieser Schrift den gleichen Wortschatz und die gleiche Rhetorik. Er fasst hier einige seiner früheren Schriften „zu ewrem Trost, Auffweckung und Außgang auß Babel“ zusammen.[16] Der Autor definiert die Christenheit seiner Zeit als eine falsche, als Antichristenheit, und fordert deren Abkehr von den Sünden: „Denn was nicht Sion ist, das ist Babel: was nicht von Oben herab auß Gott wiedergebohren ist, das stehet in der alten Gebuhrt unter dem Satan. Was nicht aus dem Himmel ist, das ist aus dem Abgrund.“[17] Es gilt also, das Falsche vom Richtigen zu unterscheiden und zu trennen, dazu möchte er mit seiner Schrift einen Schlüssel liefern. Er ruft zur Bekehrung und zur Umkehr von dem breiten Weg der Hölle auf, weil man nur, wenn man diesen verlässt, anfangen kann, Christus zu folgen. Brecklings Erweckungstätigkeit zeigt sich in seinem chiliastischen Sendungsbewusstsein: Er ruft – angesichts des näher kommenden Gerichts Gottes – die Lutheraner zur Besserung auf, um den zu bekehrenden Katholiken, Türken, Juden und Heiden ein Beispiel zu geben[18] und eine friedliche Einheit vorzubereiten. Allerdings beginnt bei Breckling der Aufbau dieser Einheit mit der Anfeindung der Andersgesinnten, wenn auch sie zu seiner Lutherischen Kirche gehören. So liegt für ihn eine große Verantwortung bei den Predigern:

> [...] die Predigstüle nach ihme [Martin Luther] mit unnützen schädlichen Predigern werden bestellet werden; ja dass auch endlich in den Häusern wenig Glaube mehr seyn wird. Davon besehe man die Vorrede Lutheri über Daniel, mein Speculum Pastorum, und J. A. Comenii Letzte Posaune über Deutschland. [...] so seyd ihr [Lutheraner] heut fast alle Antichristen, und ärger als die Papisten; die es so machen wie es dem Teuffel gefält, nach Lutheri Zeugniß. Gott kennet die Seinen die eben hier auß mercken, daß es heut die letzte Stunde ist 1 Joh.2.[19]

Nach Breckling sind also die grundlegenden Erweckungsschriften zum Jüngsten Gericht neben Luthers und seiner eigenen Schrift bei Comenius zu suchen. Von Luther zieht Breckling einen Kommentar zum Propheten Daniel mit seinen apokalyptischen Visionen heran. Aus seinen eigenen Werken führt er den Pastorenspiegel an, der durch Christian Hoburgs[20] Werk *Spiegel der Misbräuche beym Predig-Ampt* beeinflusst wurde. Dieses

---

16 *Breckling*, Mysterium Babylonis et Sionis [s. Anm. 14], Vorrede und Dedication.

17 Ebd., 10.

18 Ebd., 15: „Bleibet also warhafftig, dass die heutige Secten ins gemein ein viel ärger, unbußfertiger, sicherer und verstockter Babel für Gott seyn, als die Papisten, Türcken, Juden und Heiden.“

19 Ebd., 18.

20 Christian Hoburg (1605–1675), deutscher Spiritualist. Vgl. *Martin Brecht:* Die deutschen Spiritualisten des 17. Jahrhunderts. In: Geschichte des Pietismus. Bd. 1: Der Pietismus vom siebzehnten bis zum frühen achtzehnten Jahrhundert. Hg. v. *dems.* Göttingen 1993, 205–240, hier 223–228.

Werk von Christian Hoburg war seinerzeit für den kirchenkritischen Ton bestimmend.[21] Wie gut Breckling informiert war, wird auch daraus ersichtlich, dass er in seinem 1663 veröffentlichten *Mysterium Babylonis et Sionis* eine erst im gleichen Jahr veröffentlichte politische Propagandaschrift von Comenius erwähnt. Dies ist umso bemerkenswerter, als Breckling sonst, wenn er – selten – Comenius zitiert, sich vor allem auf dessen theologische und pädagogisch-pansophische Werke bezieht.[22]

Dass Breckling hier selbst diese anonym („von einem heimlich seufzenden Jeremia J. C.") veröffentlichte Flugschrift, die *Letzte Posaun,* als Werk des Comenius aufführt, ist ein Hinweis auf die Autorenschaft, die bisweilen fälschlicherweise Breckling selbst zugeschrieben wurde.[23] Daneben erleuchtet sie auch die spärlich dokumentierte Beziehung zwischen Breckling und Comenius. Breckling, der zu jener Zeit der Mittelpunkt eines regen Netzwerkes von anderen Spiritualisten und Nichtorthodoxen war, erwähnt Comenius in seiner *Autobiographie* mit keinem Wort.[24] In der handschriftlichen Fassung eines seiner Beiträge zu Gottfried Arnolds *Unpartheyischer Kirchen- und Ketzer-Historie* allerdings berichtete er, Comenius

---

21 Ähnlich wie Christian Hoburg in seinem Werk Spiegel der Misbräuche beym Predig-Ampt (1644) zieht Breckling in seinem Speculum Pastorum (1660) und in seinem Traktat Synagoga Satanae (1666) die Amtsträger der lutherischen Kirche zur Verantwortung. Hoburg sieht Breckling deshalb als seinen Schüler an: „Es hat aber diese Mißbräuche wie in einem Spiegel ihnen Elias Praetorius, und nach ihm der Junge Timotheus, F. Breckling, deutlich und ordentlich vorgehalten." Und an anderer Stelle: „[...] davon hat der grosse Eyfferer Elias Praetorius ein eigen Buch geschrieben, genant Spiegel der Mißbräuche bey dem Evangelischen Predigampt, und nach ihm der eyfferende Eyferer, der junge Thimotheus F. Breckling, ein Büchlein Speculum Pastorum Evangelicorum" (C. H. L. P.J. G. [*Christian Hoburg:*] Regenspurgischer Heerholdt. Außruffend an die alda bey ihrem Ober-Häupt versamlete Reichs-Glieder I. Woher dieser Türcken-Krieg antstanden. II. Wie er nach dem Willen Gottes zustillen. III. Was endlich, da er nicht gestillet, zuerwarten. Nebenst beygefügtem Extract etlicher wunderlichen Newen Offenbahrungen, angehende diesen Türcken-Krieg. Abgefertiget Gegen das bevorstehende grosse Gericht des Herrn Zebaoth Zu erwecken die Eingeschlaffene, Zu ermuntern die Wackeren, Zu überzeugen die Unbußfertigen, Von C. H. L. P.J. G. Jm Jahr Christi, 1664. O. O. [Amsterdam], 33, 83).

22 In seinen „meditamenta αυτόγραφα" zählt Breckling das „Oculus Fidei Comenii et Raym[undus] de Sabunde" unter den „libri commendandi" auf (FBG Chart. B962. 142r). Unter den zeitgenössischen Büchern listet Breckling noch die folgenden Werke von Comenius auf: „contra Maresium, – de zelo –, Unum necessarium, via lucis investig. Metaphysica, Diatyposis Pansophiae, Didactica" (FBG Chart. B962. 143r). Auch in seinen gedruckten Schriften bezieht sich Breckling auf diese Werke von Comenius.

23 Vgl. *Gerhard Dünnhaupt*: Personalbibliographien zu den Drucken des Barock. Tl. 2. Stuttgart ^{2}1990, 786. Anlässlich des großen Türkenvormarsches im Jahre 1683 erschien eine neue, kommentierte Ausgabe der Letzten Posaun. Es gibt Hinweise darauf, dass Friedrich Breckling der Herausgeber und Kommentator dieser Ausgabe war. Belegt ist dies bisher freilich nicht.

24 *Breckling*, Autobiographie [s. Anm. 4]. Diese Erstausgabe basiert auf der Handschrift FBG Chart. A310. 6–17. Unter den in die Forschungsbibliothek Gotha gelangten Handschriften Brecklings gibt es noch weitere unedierte autobiographische Aufzeichnungen. Vgl. Anm. 22 und 25.

habe ihm zu einer regelmäßigen Unterstützung durch den Amsterdamer Kaufmann Louis de Geer verholfen.[25] Einen weiteren Beitrag zu ihrem Kontakt stellt Brecklings einzig erhalten gebliebener Brief an Comenius um 1663 dar, ein „Memoriale“, in dem er ihn auffordert, sein Buch *Janua sive Introductiorum in Biblia Sacra* zu revidieren.[26] Das ist alles, was über die Verbindung zwischen Comenius und Breckling bisher bekannt ist. Deshalb habe ich versucht, Berührungspunkte und eine gegenseitige Beeinflussung der beiden in ihren Werken zu finden.

Comenius führt in der *Letzten Posaun* Brecklings *Speculum Pastorum* als eine der maßgeblichen und fruchtbringenden Schriften auf: „Woran aber soll man die Rechtschaffene erkennen? An ihren Früchten, sagt Christus, (*Videatur Hemingii Pastor, Breklingii Speculum Pastorum, et similia*).“[27] Comenius, der für den Titel seines Werkes auch die chiliastische Metapher der Posaune wählt, wendet sich mit seiner Flugschrift an den Reichstag in Regensburg, der sich versammelt hatte, um der drohenden Türkengefahr entgegenzutreten. Der Autor spricht hier in der Rolle des „heimlich seufzenden Jeremia“ zu den Fürsten und den anderen Ständen, um ihr Verantwortungsgefühl zu wecken.[28] Denn der schon seit Anfang 1663 tagende Reichstag befasste sich kaum mit der Türkenfrage, dafür umso mehr mit der Politik des Kaisers. Inzwischen aber zog das osmanische Heer bereits erfolgreich gegen Neuhäusel.[29] Dieser Vormarsch der Tür-

---

[25] Über Comenius schreibt Breckling u. a.: „Sein großer Gutthäter u[nd] mein nicht geringer Patron Ludov[icus] Geer, mit dem Er mich bekandt gemachet hat ihm dem Comenio alle Jahr 1300 Holländische Gülden zu s[eines] Hauses Unterhaldtung in Amsterdam gegeben.“ (FBG Chart. A306. 143 f.) Ähnlich berichtet darüber *L*[aust] *J*[evsen] *Moltesen*: Fredrik Brekling. Et bidrag til pietismens udviklings historie. København 1893, 57.

[26] Korrespondence Jana Amosa Komenského. Hg. v. Jan *Kvačala*. Nová sbírka. v Praze, 1898. 286 CCXL. Das erwähnte Comenius-Werk: Janua sive Introductiorum in Biblia Sacra gelangte mit dem Büchernachlass von Friedrich Breckling in die Bibliothek der Franckeschen Stiftungen in Halle (heutige Signatur: 14 F 1). Dieses Exemplar (aus dem Jahr 1685) wurde von Breckling mit Randbemerkungen verseht. Auch der nächste Brief in dem Kvačala-Band, CCXLI., wurde Breckling zugeschrieben, obwohl er von einem nicht identifizierten J. R. unterzeichnet ist. Vgl. *J. A. Comenius:* Clamores Eliae. Hg. v. *Julie Nováková*. Kastellaun/Hunsrück 1977, 20.

[27] *Johann Amos Comenius:* Letzte Posaun über Deutschland die in verdammliche Sicherheit versunkene Welt vom Sündenschlaf aufzuwecken, und dadurch entweder der nu aufs neue herbeiwälzenden Sündflut zu entgehen, oder ja die Seele vor ewigem Untergang zu retten. Von einem heimlich seufzenden Jeremia J. C. an die sämtliche in dem deutschen Jerusalem, Regensburg, versammlete Chur- und Fürsten, ja alle Reichsstände und Städte gesandt. Im Jahr Christi 1664. In: Dílo Jana Amose Komenského = Johannis Amos Comenii Opera Omnia. 13. Hg. v. *Oldřich Říha* [u. a.] Praha 1974, 112.

[28] „Als erstlich frage ich euch bitterlich, o hohe Häupter! Zu was Ende ihr euch versammlet habt? [. . .] Ist es aber warhaftig darum geschehen, daß ihr euch wegen der bevorstehenden großen Gefahr ernstlich zu beratschlagen zusammengetan gehabt [. . .]“ (*Comenius*, Letzte Posaun [s. Anm. 27], 104).

[29] Die drei Festungen entlang der Donau: Raab (Győr), Komorn (Komárom) und Neuhäusel (Érsekújvár) gehörten zu den wichtigsten vorgeschobenen Verteidigungslinien gegen den Vormarsch der Türken auf Wien.

ken erregte in ganz Europa ein großes Echo und erweckte in der Bevölkerung große Furcht. Die *Letzte Posaun* gehört zu den aus diesem Anlass verfassten Schriften, wie das bereits erwähnte, 1664 veröffentlichte, Werk von Christian Hoburg, der *Regenspurgische Heerholdt*. Deshalb ist es interessant, dass Breckling eben die *Letzte Posaun* von Comenius mit seinem *Speculum Pastorum* und dem Luther-Kommentar zu Daniel in eine Reihe stellt. Jedoch gilt zu beachten, dass Comenius in der *Letzten Posaun* die Türkengefahr und den allgemeinen Verfall der Kirche als ein Zeichen des näher kommenden Gerichtes Gottes darstellt. Somit äußert sich Comenius in einem sehr viel konkreteren Fall als Breckling, auch wenn das allgemeine Ziel der Bekehrung und Verbesserung in beiden Werken im Mittelpunkt steht. Ähnlich ist auch bei beiden Autoren der chiliastische Charakter, den sie den von ihnen angenommenen prophetischen Rollen geben. Sie glauben, durch eine rechtzeitige Bekehrung und Buße könnten Gottes Zorn und Strafe abgewehrt und die Seelen vor dem Untergang gerettet werden:

> Solches nenne ich [. . .] Letzte Posaun über Deutschland, weil Gott in der Offenbarung Johannis die letzte Plagen über die letzte Böse Welt durch sieben Posaunen ausblasen lassen; und aber ohne Zweifel itzunder die letzten Zeiten sind, darinnen allerlei Plagen des ergrimmten Gottes also über uns gehäufet sind, daß es mit uns aufs höchste und äußerste kommen ist, und fast unmöglich etwas anders, als die letzte Ruin zu gewarten: darum muß es die Letzte Posaun heißen, zum Schrecken denen, die sonst nicht aufwachen wollen.[30]

Comenius setzt – wie Jeremia – mit seinen Klagen bei den „Schriftgelehrten" an und macht ihnen zum Vorwurf, dass trotz der Erfindung des Buchdrucks und der Bibelübersetzung Gottes Wort in Deutschland kaum verbreitet und befolgt werde. Die Geistlichen der Amtskirchen behinderten vielmehr diejenigen, die Gottes Wort und offenbarten Willen vernähmen und ihr Leben danach richteten. Zur Legitimation zählt Comenius dann die „treuen Boten Gottes" auf: „Bernhardus, Waldus, Wicleffus, Hussus, Taulerus, Erasmus, Lutherus, Arndt, Prätorius, Baumannus, und sonst innumeri testes veritatis."[31] Eine heterogene Liste, die den ökumenischen Charakter von Comenius' Denken verdeutlicht. Also liegt die Schuld in erster Linie bei den „Priester[n] und Lehrer[n], da sie in ihrem Amt nachlässig und im Leben ärgerlich, das blinde Volk nicht anders als blinde Leiter hinter sich geführet".[32] Comenius zeichnet in der *Letzten Posaun* ein tragisches Bild der Lage in Deutschland, das er durch

---

[30] *Comenius*, Letzte Posaun [s. Anm. 27], 101.

[31] Ebd., 117. Prätorius und Baumannus waren Pseudonyme von Christian Hoburg.

[32] Ebd., 111. Comenius zitiert dann dieselbe Stelle von Luther, die oben auch aus dem Mysterium Babylonis von Breckling wiedergegeben wurde, nämlich: „Und Tomo 6 Jen. p. 225. Die Predigtstühle werden nach ihm mit unnützen schädlichen Predigern bestellet werden." (Ebd., 112; vgl. dazu Anm. 19)

die in den Text eingeflochtenen alttestamentlichen Analogien noch verstärkt. Dementsprechend nennt er Regensburg „das deutsche Jerusalem" und den Türken, der „wider die Christenheit mit aller Macht rüstet", den „grausamen stolzen Nebukadnezar".[33] Neben den drohenden Türken als äußerem Feind sind aber die Verfolgung der Gerechten und die Abtrünnigkeit von der Augsburger Konfession im Innern ein schrecklicheres Omen für Deutschland, sollte es sich nicht bekehren. Denn sonst „wird sie auch der Löwe, der aus der Wald kommet, zureißen, und der Wolf aus der Wüsten wird sie verderben".[34] Comenius setzt seine Argumentation mit der Aufzählung von Wunderzeichen und himmlischen Erscheinungen fort,[35] und zieht zwei aktuelle Visionen des Prager Schneiders Stephan Melisch über den Helden aus Mitternacht als Belege heran. Er schließt sein Traktat, indem er seine Leser der Gnade Gottes versichert:

> [. . .] also kann man bei dem grundgütigen Gott gnade finden, daß er entweder unsere Feinde mit uns zufriedenmacht, Prov. 16,7, oder ihren Hochmut stürtzet als des stolzen Sanheribs, 2 Reg. 19,35, oder ja durch seine Langmütigkeit die Strafen verlängert, daß sie nicht zu unser Zeit kommen müssen.[36]

Obwohl durch diesen Schluss das vorher angekündigte und mit vielen Beispielen geschilderte sich nähernde Gericht relativiert wird, ist der Aufruf zur Bekehrung und Verbesserung ein bleibendes Grundmotiv des Werkes. Es ist jedoch problematisch, zu entscheiden, ob Comenius die Metapher der Posaune bloß als eine bekannte rhetorische Figur einsetzt oder ob er als überzeugter Chiliast dadurch seiner Prophezeiung ein besonderes Gewicht geben will. Es wurde aber zumindest so gedeutet, das zeigt die Auswahl, die Breckling trifft, wenn er die genannten Werke von Luther, Comenius und sich selbst, die zu verschiedenen Anlässen verfasst wurden, als zusammengehörig ansieht und sie so in einen als chiliastisch interpretierten Zusammenhang stellt.

Während aus den Schriften von Breckling zu erkennen ist, dass ihm die Konfrontation mit seiner abtrünnigen lutherischen Kirche und der Kontakt mit den Gerechten und Auserwählten wichtiger zu sein scheint,

---

[33] *Comenius*, Letzte Posaun [s. Anm. 27], 102.

[34] Ebd., 119. Zum auf Jer 5,6 zurückgehenden Bild vom Löwen aus Mitternacht vgl. Anm. 11.

[35] „Hierauf folget nun auch ferner den 22. Oktober 1663 die Zusammenkunft der beiden großen obern Planeten, Saturni und Jupiters, ingleichen die Wunderzeichen an der Sonnen, so den 29., 30. November zu Freiberg in Meißen und dero umliegenden Orten gesehen worden, welches uns Christen billich zur Buße bewegen sollte. Aber ach Jammer und Elend!" (Ebd., 126) Der Bericht über diese Ereignisse ist zum ersten Mal in einer der Ausgaben aus dem Jahr 1664 enthalten. Ähnlich berichtet Breckling: „Jst der Turcken krieg angegangen und neuheusel eingenommen. Conjunctio [saturnus] et [juppiter] in sagittario." (*Breckling*, Autobiographie [s. Anm. 4], 28)

[36] *Comenius*, Letzte Posaun [s. Anm. 27], 138.

arbeitet Comenius mit seinen Mitteln auf die Einheit der Christen und auf die Ausbreitung des Friedens und der Pansophie auf der Erde, oder zumindest in Europa, hin. Wohl deshalb veröffentlichte er auch früher erschienene Prophetien, die den Niedergang des Papsttums und der Habsburger verkündeten (auch wenn sie bis zu diesem Zeitpunkt noch nicht in Erfüllung gegangen waren), zwischen 1663 und 1665 erneut auf Deutsch und Lateinisch – 1664 erschien sogar eine Übersetzung ins Englische –, also in denselben Jahren, in denen er durch seine mehrfach gedruckte Flugschrift an den Reichstag, die *Letzte Posaun,* in gewisser Hinsicht an der Seite der Habsburger gegen die Türken agitierte. Allerdings wollte er auch die Bekehrung der Türken fördern und er überwachte sogar eine in diesem Jahr begonnenen Übersetzung der Bibel ins Türkische.[37]

Nach meinem augenblicklichen Kenntnisstand erschienen in den Jahren 1663 und 1664 sieben Ausgaben der Schrift *Letzte Posaun Über Deutschlandt, Die in Verdammliche Sicherheit versunckene Welt vom Sünden-Schlaff auffzuwecken.*[38] Die Vielzahl dieser Drucke – vier im Jahre 1663 und drei 1664, wobei es sich bei einigen um Raubdrucke handeln dürfte – deutet auf das große Interesse hin, das diese Schrift mit ihrem Anliegen erregte. Die Türkenfrage und der Zustand Ungarns wurden in diesen Jahren zum führenden Thema in den Zeitungen des Deutschen Reiches. Die wichtigsten Fragen waren die mögliche Kapitulation der nicht zum osmanischen Reich gehörenden Teile Ungarns[39] und die nicht ausreichende Anzahl der Soldaten des Reiches. Als eine der Reaktionen auf dieses Problem wurde der kroatische Ban Graf Miklós Zrínyi 1663 zum Oberhauptmann der ungarischen Truppen ernannt. Der Feldherr und Dichter Zrínyi erregte europaweit mit seinen Talenten großes Aufsehen. Er hatte in früheren Jahren, als noch Friedensverhandlungen liefen, seine Burgen an der Südgrenze, dem heutigen Kroatien, gefestigt. Die Frage der Glaubensfreiheit und der Unabhängigkeit der ungarischen Stände stellte er hinter die Lösung der Türkengefahr, deren Lösung er gegen die defensive Politik der Habsburger durch einen Offensivkrieg betrieb. Comenius berichtet detailliert in einem seiner Briefe über den Feldzug von

---

[37] Vgl. *Milada Blekastad*: Comenius. Versuch eines Umrisses von Leben, Werk und Schicksal des Jan Amos Komensky. Oslo, Praha 1969, 631 f. sowie *S. Katalin Németh:* Zwei Propagandisten der politischen Ziele von Comenius: Johann Jakob Redinger und Christian Hoburg. In: Comenius und der Weltfriede – Comenius and World Peace. Hg. v. *Werner Korthaase* [u. a.]. Berlin 2005, 613–632.

[38] Ein detaillierter Vergleich der verschiedenen Ausgaben ist noch in Ausarbeitung.

[39] Mehrere Komitate in Nordungarn dachten wegen der große Hungersnot und der Pest an Kapitulation. Vgl. dazu: Relation welchergestalt Fürst Abafi in Siebenbürgen die noch-übrige Hungarische Spanschafften in Türkische Protection beruffen, auch zu Caschau einen Landtag angestellet. M. December A 1663. [Budapest, Nationalbibliothek: RNyt App. Hung. (29. j.) No. 878]

Zrínyi im Winter 1664.[40] Will man die prophetisch-chiliastische Tätigkeit von Comenius in diesen Jahren beurteilen, so muss hervorgehoben werden, dass er seinen Bericht über die aktuelle politische Situation in eine Vision von Nikolaus Drabík einbettet. Der Bericht, dessen Empfänger nicht bekannt ist, teilt die 146. Prophezeiung von Drabík über das Fürstenhaus Rákóczi mit.[41]

Diese Prophezeiung bewertet Comenius jetzt anders und gibt ihr im Lichte der vergangenen elf Jahre eine neue Interpretation. So wird der „Comes Zerini" durch seine Heldentaten ein Teil der Heilsgeschichte.[42] Dieser Bericht wurde unter dem Titel *De progressibus Zerinianis adversus Turcas in Hungaria inferiori, et Apafinis adversus Caesareanos in Hungaria Superiore et Transylvania (Anno 1664, in Januario et Februar.) Mediatiuncula ductu Revelationis 146.* zusammen mit weiteren prophetischen Flugschriften an Johann Jakob Redinger geschickt,[43] der als Mitarbeiter von Comenius im Jahre 1664 den Auftrag bekam, diese Schriften in Paris, bei den zu bekehrenden Türken sowie in Siebenbürgen und Oberungarn, der heutigen Slowakei, zu verbreiten. Unter diesen Büchern befand sich auch der oben erwähnte *Regenspurgische Heerholdt* von Christian Hoburg, in dem die Rolle des Löwen aus Mitternacht eindeutig dem Grafen Zrínyi zugeschrieben wird.[44] Allerdings machte der plötzliche Tod des

---

40 Korrespondence [s. Anm. 26], 292 f. CCXLVIII. Kvačala ordnet diese Schrift unter die Briefe ein, es könnte sich allerdings aber auch um die entsprechend den beginnenden Zeilen genannte Flugschrift De progressibus Zerinianis handeln; vgl. Anm. 43.

41 Comenius, der zwischen 1650 und 1655 in Sárospatak in Siebenbürgen am Hof der Fürstenfamilie Rákóczi zu Gast war, hatte diese Einladung wegen des jungen und begabten Sigismund Rákóczi angenommen, dessen Vermählung mit der jüngsten Tochter von Friedrich V. von der Pfalz Comenius selbst in die Wege leitete. Der frühe Tod Sigismund Rákóczis machte seine Erwartungen aber zunichte. Man vergleiche dazu auch die prophetischen Schriften von Comenius, die er an die Familie Rákóczi richtete: Sermo Secretus Nathanis ad Davidem (1651?) und Gentis Felicitas (1659?). Der Seher Nikolaus Drabík, dessen Prophetien von Comenius herausgegeben wurden, sah in dem Fürsten von Siebenbürgen, Georg II. Rákóczi, den möglichen Erretter der Welt und der Protestanten. Als die Prophezeiungen sich nicht erfüllten, erklärte Drabík dies damit, dass der Fürst die Befehle Gottes nicht befolgt habe.

42 „[...] ecce autem patescere incipit jam post annos XI et menses IV [...] Factum imprimis a Comite Zerini, qui mox ab ultimi Rakoci morte (1660) extructa prope Canisam arce nova Zerinyvara, Turcis insidiari, [...] hyemis, [...] Turcas et Tartaros mactavit ad Osecum [...], ubi pontem [...] super Dravum flumen [...] destruxit, ac exussit [...] vim oraculi verificavit" (Korrespondence [s. Anm. 26], 293).

43 „[...] mitto nunc fasci huic inclusa (per Senatorem illum vestrum, quem non vidi) 1. Exemplaria 6 Kotteri Germanici, 2. Totidem Kregelii, 3. Totidem Bedenken von den Visionen, 4. Totidem de progressis Serinianis. 5. Regenspurgischen Herolts den ersten Bogen. Scriptum est Christiani Hoburg mirabile, commoturum totam Germaniam (si audire volet)" (Ebd., 288 CCXLIII: Comenius an Johann Jakob Redinger, 02.04.1664). Einen weiteren Büchertransport beschreibt der Brief von Comenius an Redinger vom 07.05.1664.

44 „[...] der Graf Serini, welcher mit seinem Volck sich für das Vatterland, gegen den Feind für den Riß stellet [...] weil der Graf Serini, der sich jetzo mit seinen leiblichen Waffen, gegen den leiblichen Riß stellet, damit verdienet, daß er von niemand unter euch gelästert, weniger

Grafen auf einer Jagd Ende des Jahres 1664 die mit seiner Person verbundenen Hoffnungen zunichte.

Hinsichtlich der Beziehung zwischen Comenius und Breckling ist noch ein weiteres Traktat von Friedrich Breckling zu erwähnen: In dem *Synagoga Satanae*[45] setzt Breckling seine scharfe Kirchenkritik fort. Unter seinen Aufzeichnungen in *Clamores Eliae* nennt Comenius das Werk als ein Beispiel für die drei Wege der Erleuchtung, die er außerdem in den Werken von Johann Valentin Andreae und Johann Jacob Fabricius angelegt sieht.[46] Er bezieht sich auch in den folgenden Jahren, sogar noch 1670, erneut auf die *Synagoga Satanae*.[47] Comenius stört sich hier daran, dass er von Breckling in der *Synagoga Satanae* als hussitischer Lehrer bezeichnet wird. Er selbst, der an der Einheit der Kirche arbeitete und zu einer Gemeinde gehörte, die sich als Jednota Bratrska, als Brüdergemeine, bezeichnete, verwarf die Einteilung nach Sekten wohl auch deshalb, weil seine eigene Kirche von den etablierten Kirchen abgelehnt und verketzert wurde. Daher fasst er seine Liste der Wahrheitszeugen z. B. in der *Letzten Posaun* auch ohne Benennung der konfessionellen Zugehörigkeit der Personen ab.[48] Seine Meditation schließt mit der Hoffnung, dass einmal alle Kirchen auf der Erde zu seinen Brüdern gehören mögen[49] – im Gegensatz zu Breckling, der, trotz seiner scharfen Kritik, sich immer zu seiner lutherischen Kirche bekannte, und sie für maßgeblich hielt: „[. . .] sonst offenbar ist, wie bisher und noch heut so viel der Reformirten, Englischen und Hussitischen Lehrern und Schribenten einerley mit unß

verspottet wird" wie auch „Die Hewschrecken von Morgen (die Türcken) werden auch Noth leiden, denn ein grosser Vogel (das war der geflügelte Venetianische Löw, jetzo aber Graff Serini) wird unter sie fliegen, und ihnen grossen schaden thuen." (*Hoburg*, Regenspurgischer Heerholdt [s. Anm. 21], 10, 211)

45 *Friedrich Breckling*: Synagoga Satanae. Satans-Schule, Darin den heutigen deutschen Academien ihre Antichristische Verkehrtheit, Phariseische Heucheley und Epicurische Greuel iederman zur Warnung vor Augen gestellet werden: Durch gelegenheit einiger Antichristischen Censuren, welche die Universitäten Jehna, Marpurg, Helmstedt, Rinteln, über Hrn. Henrici Ammersbach Geheimnis der letzten Zeiten, wie auch über des S. Georg. Laurent. Seidenbechers Chiliasmum und über meinen Christum Judicem gestellet, wie solche Censuren wider nach dem Liecht und Recht des Worts Gottes geprüffet censuriret seyn. Zusampt einer angehengten kurtzen Beantwortung der Ehenrettung Rebhans, Jn der Eile auffgesetzet durch Friedrich Brecklingen, Evangelischen Prediger Jn Zwoll, Jm 1666 Jahr. O. O. [Amsterdam]

46 *Comenius*, Clamores Eliae [s. Anm. 26], 46 [25]. Comenius berichtet über Brecklings Werk schon (03.04.1665) vor dessen bisher bekannten Veröffentlichung (1666): „(3. Aprilis 65) [. . .] tres sphaerae nech sou tres viae, purgativa, illuminativa, unitiva. Viz také J. V. Andreae Menippum p. 45. Breckling, Synagoga Satanae Academiae (ted' přišité in 4to). Item Fabricii (in 12°) Hohe und andere Schulen in Deutschland Teufels Synagogen."

47 Ebd., 20 [233a–233j], 135 f. [137a].

48 Vgl. Anm. 31.

49 „A má-lit' (dle Drabíkovi stalých Zjevení) všecka po Světě Cirkev přijíti Řad Jednoty." (*Comenius*, Clamores Eliae [s. Anm. 26], 136 [137a])

von diesem Triumph-Reich Christi auff der Erden Zeugen. Davon besehet Alstedium, Medum, Comenium, Serrarij, scripta."[50]

Was bisher über die Beziehung zwischen Johann Amos Comenius und Friedrich Breckling bekannt und hier aufgeführt ist, stellt sicher nur einen Teil des Geschehens dar. Bei der Untersuchung ihrer Rhetorik habe ich bereits die Schlüsselmetapher der Posaune herausgearbeitet, die ihre parallele chiliastische Erweckungstätigkeit um das Jahr 1664 kennzeichnet. Die weitere Erforschung des Verhältnisses der beiden „Rufenden Stimmen aus Mitternacht" hinsichtlich der Übereinstimmungen und Unterschiede bietet noch ein weites und interessantes Aufgabenfeld für zukünftige Forschungen.

---

50 *Breckling*, Synagoga Satanae [s. Anm. 45], C4r.

Berit H. Johnsen

Ideas Concerning Individual Needs, Obedience to Authority and Education for All

Royal Copenhagen Pietism in the Middle of the Eighteenth Century (and the Everlasting Movements of Ideas)

1. Introduction

The Pietist tradition developed in Halle came to gain considerable influence within as well as outside German speaking parts of Europe. The main aim of this article is to demonstrate how Pietist educational ideas played a major role in the foundation of what today is the Norwegian elementary and lower secondary school. The Nordic pietism was entangled with ideas from earlier and contemporary traditions, and by local conditions as well as influence from abroad. An implicit aim with this presentation is therefore to give examples of connections between pietism and other educational and cultural traditions and ideas within and outside of the court of King Christian VI in Copenhagen.

2. Hallescher Pietismus – an international movement

The Danish historian, Michael Neiiendam[1] describes Pietism as a European movement. Starting with the puritan tradition in England and Scotland, it spread through Holland, into German speaking parts of the Continent, and from there up to Denmark and the Danish Royal Court. The name Pietism is connected to Halle and to its two main spokesmen, Philip Jacob Spener (1635–1705) and August Hermann Francke (1663–1727). At the turn of the seventeenth to the eighteenth century Glaucha at Halle was the centre of an international religious movement with missionary activities in other continents on behalf of German as well as English and Danish interests. As an example the Danish King Frederik IV

[1] *Michael Neiiendam:* Erik Pontoppidan I. Studier og bidrag til pietismens historie. København 1930; *ders.:* Erik Pontoppidan II. Studier og bidrag til pietismens historie. København 1933.

(1671–1730) asked Francke to recommend two good men as missionaries in his East Indian "possessions." This was in 1705.[2]

3. *Royal Copenhagen Pietism*

King Frederick's son, King Christian VI (1699–1746), became a sincere Pietist. However, he also wanted to gather the different religious separatist movements popping up in his reigns under one umbrella and "rule over his Christian subjects," and he looked to the Pietist society developed at Halle as a model. Together with his nearest advisers at his court he developed the Royal Copenhagen Pietism into a firm system of state-pietism through laws and regulations. A law on obligatory confirmation was announced in 1736, followed by legal announcements and regulations concerning elementary education "for all and everybody" in 1739.[3]

In this way Spener's and Francke's pietism came to be of crucial importance in the two so-called twin reigns, Denmark and Norway, and also in other parts of the Copenhagen Kingdom, like in Iceland[4], although to a lesser extent.

---

[2] *Berit H. Johnsen:* Et historisk perspektiv på ideene om en skole for alle (A historical perspective on ideas about a school for all). Oslo 1998/2000; *Neiiendam*, Erik Pontoppidan I [s. Anm. 1]; *Johann Cordt Storjohann:* August Hermann Francke, de Fattiges og Forældreløses Ven og Forsørger. Kristinia 1878.

[3] Forordningen om Skolerne paa Landet i Norge, og hvad Klokkerne og Skoleholderne derfor maa nyde. 1739; *Johannes J. Helgheim:* Allmugeskolen i byane. Oslo 1981; *Johnsen*, Et historik perspektiv [s. Anm. 2]; *Ingrid Markussen:* Til Skaberens Ære, Statens Tjeneste og Vor Egen Nytte. (To the Honour of our Creator, Duty for our State and our Utility). København 1991; *Knut Tveit:* Allmugeskolen på austlandsbygdene 1730–1830. 1.3. Skolens utvikling. Pedagogisk forskningsinstitutt, Universitetet i Oslo 1989; *ders.*: 1731–1741. Den største reformperioden i norsk skolehistorie. In: Skolen 1739–1989. Selskapet for norsk skolehistorie og NKS-Forlaget. Hg. v. *Knut Jordheim.* Oslo 1989, 27–35.

[4] The question is why Iceland did not get the same legal announcements about a school for all and everybody at the same time as Denmark and Norway. When the Danish Pietist, Ludvig Harbo, became bishop in Iceland in 1741, he took with him a translation of the so-called Pontoppidan's Explanation, but this basic study book in pietist religion and social norms never became widely read as in Denmark and especially in Norway. Harbo found that general literacy was usual at the northern part of Iceland, and somewhat less usual in the south of the country. The solution for Iceland at that time was that the responsibility for the education in reading and elementary religion was dedicated to the individual household and the priests. This arrangement was similar to Swedish practice. However, the difficulties approaching Iceland and the Icelandic people in the later part of the eighteenth century caused by plagues and natural disasters put aside all kinds of educational and cultural reforms (*Johnsen*, Et historik perspektiv [s. Anm. 2]; *Neiiendam*, Erik Pontoppidan II [s. Anm. 1]; *Björn Þorsteinsson, Bergsteinn Jónsson*: Íslands Saga til okkar daga (The History of Iceland towards our days). Reykjavík 1991.

The foundation of the "school for all and everybody" was a major educational effort in its time. In the Danish countryside many schools were already founded, and it did not take long until the royal expectations were fulfilled. However, in Norway with its population scattered over long distances far away from the court, it took more than a century before the school had been established as a permanent educational institution all over the country.

Why was the school for all so important? Practically speaking the foundation of the school was a consequence of the already mentioned law concerning confirmation. Knowledge about Lutheran Christian religion and moral was required in order to be accepted for confirmation. The ability to read was a key to this knowledge. In a more general ideological sense, however, literacy was believed to open up for a direct connection between the individual human being and the Deity through the Bible and other authorized religious texts. The literacy project was directly connected to the mother tongue, which was regaining its position as the most important written language after centuries with Latin as the common accepted literary language throughout the Catholic world. The turn towards mother tongue was a process that took several centuries. Within the field of education the great catholic humanist, Ludovicus Vives (1492–1540) appreciated modern languages and stressed the point that children were taught to use their mother tongue correctly. Martin Luther's (1483–1546) translation of the Bible from Latin to German is probably seen as the great break-through for the mother tongue. But it was not until 200 years later, that Pietism contributed to the mass literacy projects focusing on modern national languages, that we have examples of in Halle in Germany and later in Denmark and Norway.[5][6]

However, King Christian's eagerness and wish for control of his subjects were probably not the only reasons for the foundation of the school for all. An underlying secular reason was the emerging need for general literacy connected to major changes in European life style. The feudal agricultural self-sufficiency structure was slowly giving way for a beginning division of labour together with increasing trade and movement of inhabitants to towns and cities. The ability to send and receive written messages was about to be of practical importance for the society as well as the individual. The mentality of enlightenment was emerging, seem-

---

[5] However, Norwegian pupils in the early elementary school did not get the opportunity to read their Explanation and other texts in their mother tongue, as the written language applied there on behalf of the Lutheran church was Danish.

[6] In most of the European countries it took at least another century until mass education free of charge was introduced as a national responsibility.

ingly with a wakening consciousness for the individual and for human equality. The idea about a school for all contained these components. A minimum education should be granted all individuals of the coming generations. It should be equal for girls and boys, free of charge in order to reach to the children of the poor and placed all over the country in order to grant geographical equality. A question is weather children with disabilities leading to special needs for educational support was taken into account when the idea about a school for all was introduced.[7]

5. Erik Pontoppidan and his educational texts

How did emerging ideas about the individual human being manifest themselves in educational texts? In order to answer this question from a point of view of Danish-Norwegian Pietism, the main focus in the following will be on Erik Pontoppidan's (1698–1764) texts. Erik Pontoppidan belonged to the inner circle at the court of King Christian VI. After the king's death he was appointed bishop of Bergen in Norway for nearly ten years, before returning to a position at the University of Copenhagen.

Pontoppidan wrote a number of texts within several different fields, amongst others economics, history and geography, linguistics, politics (!), theology and education. He also wrote a travel novel about the East Asian prince, *Menoza*.[8] Although his main focus was on theology and Pietism, his many-facetted encyclopaedic interests also places him amongst the industrious contributors to the enlightenment, together with his contemporary in Copenhagen, Ludvig Holberg (1684–1754).[9] Pontoppidan's most famous work is within the fields of theology and education. The so-called *Explanation* (1737) was an extended and adapted version of Spener's *Einfältige Erklärung*. This was the first authorised study book in the new school for all, and in Norway it came to be the most and longest

[7] *Ståle Dyrvik*: 1536–1814. In: Grunntrekk i norsk historie. Fra vikingtid til våre dager. Hg. v. *Rolf Danielsen* [u. a.]. Oslo 1991, 108–181; *ders.*: Den lange fredstiden, 1720–1784. Oslo 1995. The Norwegian historian Dyrvik places this epoch within the later part of early modern times, and mentions the autocratic monarchy, pietism and emerging enlightenment ideas as some of its main traits; *Tomas Kroksmark*: Fenomenografisk didaktik. Göteborg 1987; *Johnsen*, Et historisk perspektiv [s. Anm. 2]; Store pedagoger I egne skriifter. Bd. 2: Humanisme, reformasjon, realisme. Hg. v. *Reidar Myhre*. Oslo 1968; *Peter Skautrup*: Det danske sprogs historie. Bd. 3: Fra Holbergs komedier til H. C. Andersen eventyr. København 1953.

[8] *Neiiendam*, Erik Pontoppidan I, II [s. Anm. 1]; *Erik Pontoppidan:* Menoza: en østasiatisk printz, som drog verden omkring og søkte christne, [. . .] (Menoza; An East Asian Prince Travelling around the World Seeking Christians, [. . .]). 3 vol. København 1742–51.

[9] *Michail Bakhtin:* Speech Genres & Other Late Essays. Austin 1986, 44f.; *Johnsen*, Et historisk perspektiv [s. Anm. 2].

used study book in the history of the primary school until our days. Other educational texts written by Pontoppidan are *Hyrdebrev* (*Shepard-letter* 1751), *Kort og Eenfoldig Underviisning for Skoleholderne* (*Short and Simple Instruction for Schoolmasters* 1763) and parts of a major theological work *Collegium Pastorale Practicum* (1757).

6. Ideas about how children learn

Prerequisite to the question whether the educational scholars of the eighteenth century had an eye for the individual child, are questions concerning their ideas about how children learn. Pontoppidan mentions memory and understanding as aspects of learning. In another text he discusses three main traits concerning learning. They are apprehension (*nemme*), memory and evaluation (*judicium*). The ability to memorise is stronger in children, while evaluation develops as the child grows into adulthood, he states. So, Pontoppidan argues that children's learning abilities are qualitatively different from adult learning. He extends his argument to cover differences in concentration, endurance and understanding of concepts.

"One knows that small children are light-minded and not able to behold their thoughts independently so that when the schoolmaster is occupied with one, the other play, talk or sleep."[10]

Therefore it is important to create a joint atmosphere of joy and cheerfulness and not of force, dislike and bondage's fear. The lessons shall not be longer than half an hour at a time, and with intermissions of at least similar length, so that the children can play. Pontoppidan argues that the pupils' motivation and love of work are crucial for the learning quality. He also admits that to hold a conversation with a child is no easy task, having in mind that their understanding of concepts is quite different from adults.[11]

Pontoppidan's texts give the impression that he seeks his arguments from philosophical and educational debates combined with his own earlier experience both as tutor and pupil. Some of the viewpoints Pontoppidan

---

[10] *Erik Pontoppidan*: Kort og eenfoldig Underviisning for Skoleholderne, Om Den Maade, paa hvilken de best kunde lære Børn at læse i Bøger, Saa og Med Barnaktige Ord begynde at tale med dem om GUD og hans Villie til vor Salighed. [Bergen 1748]. København 1763, 3–4 (all translations of quotations to English are on the responsibility of the author of this article).

[11] *Johnsen*, Et historisk perspektiv [s. Anm. 2]; *Erik Pontoppidan:* Sandhed til Gudfrygtighed udi en eenfoldig og efter Mulighed kort, dog tilstrækkelig Forklaring over Sal. Dr. Morten Luthers liden Catechismo, indeholdende alt det, som den, der vil blive salig, har behov at vide og gjøre. Christiansand 1737/54; *ders.:* Dr. Erich Pontoppidans opvækkelige Hyrde-Breve, aarlig til Præsteskabet i Bergens Stift. [1751]. Nyt Oplag. Christiania 1827; *ders.:* Collegium pastorale practicum. [1757]. Oslo 1986; *ders.:* Kort og eenfoldig Underviisning for Skoleholderne [s. Anm. 10].

presents have old roots. We can find ideas about how children learn in Plato's classical work *The Republic*. Much later Thomas Aquinas (1225–1274) states that the seed of knowledge is within the child. Therefore the teacher's duty is to support the pupil in the search for realising the personal possibilities for knowledge, instead of trying to transfer his knowledge to the pupil. Two hundred years later Michel de Montaigne (1533–1592) gives similar advises at the same time as he argues for the importance of assessing the pupil's learning pace and quality of knowledge.

While Montaigne and earlier educational writers built their ideas on experiences as tutors, Tommaso Campanella (1568–1639), Johan Amos Comenius (1592–1670) and August Hermann Francke attached their educational ideas to school- and classroom teaching. And all three based their arguments on what they found to be a God-given right of all children to attend school. The Norwegian educational historian, Myhre, sums up Comenius' view on this. "It was one God who was the father of all. Therefore all were as one. Consequently the education had to include all, without regard to rank or position."[12]

Although Francke refers to a number of educational scholars from both protestant and catholic traditions, several of his ideas are likely to have come from Comenius. Francke may be said to have been the one who realised Comenius' educational thoughts in his grand educational project in Glaucha. Comenius may be seen to have built his philosophy and pedagogy on three pillars; a fundamental Christian view, rationalism and empiricism. During the thirty years of religious wars at the European continent Comenius travelled a lot and met several of his contemporary great scholars. One of them was the French philosopher, René Descartes (1596–1650), who today is seen as "the father of modern rationalism." Another of his contemporary was "the father of modern empiricism," the English philosopher, Francis Bacon (1561–1626). Their thoughts are clearly represented in the educational texts of Comenius. It is reason to believe that Francke was well acquainted with these two different branches of modern epistemology and that he followed the ongoing discussions in his multitudinous studies. Pietist pedagogy was connected to emerging enlightenment ideas. It was in opposition to what was seen as the contemporary rigid, traditional scholastically characterised school for the few. The Pietist scholars developed schools for all with explicit utilitarian and realistic traits.[13]

---

12 *Reidar Myhre:* Pedagogisk idehistorie. Oslo 1970, 164.

13 *Philippe Ariès:* Barndommens historie (Centuries of Childhood). Oslo 1960/1980; August Hermann Francke in: A. H. Francke's Pädagogische Schriften. Hg. v. *Gustav Kramer.* Langensalza 1885; *Johnsen*, Et historisk perspektiv [s. Anm. 2]; *Kroksmark*, Fenomenografisk didaktik [s. Anm. 7]; *Markussen*, Til Skaberens Ære [s. Anm. 3]; *Myhre*, Pedagogisk idehistorie [s. Anm. 11]; *ders.*: Grunnlinjer i pedagogikkens historie. Oslo 1988.

Francke presents a detailed view on the child in his educational texts. Concerning how children learn, he refers to a French educational scholar, Claude Fleury, when he states that they are inferior to adults in two respects namely attention and experience. Neither do children have the same endurance. Concerning understanding, Francke states that it is easier for children to grasp main standpoints than causal connections.[14]

Francke has been criticised for focusing on a painstaking control of the children. Indeed it may seem as if this criticism is somewhat exaggerated. To take an example, it is not correct that he was against all kinds of plays and games, as have been claimed. And he was preoccupied with creating extra moments of joy for the children in his dormitories at Glaucha, like offering cakes and fruits on Saturdays and small gifts in connection with the examination celebrations.[15] However, he saw it as an important component in his spiritual guidance to break down the pupil's wilfulness, as he called it.[16] Based on this view, we may ask whether Francke had a negative view on childhood; if he meant that the nature of the child was evil in origin. In his text on the upbringing of youth to fear of God no such characteristics are given of the child. However, he describes his general view of mankind in the following way. "For the human heart, that by nature is disposed to make a false god of itself, provides ample for the belly and seeks good and lustful days."[17]

It is reason to believe that Francke's pedagogy was coloured by his general view of mankind. Although he did neither consider the child nor the adult to be evil by nature, he seems to have seen it as inclined to turn away from God in its self-centring. However, the child was innocent in its lack of experience with evil. In order to protect the child's innocence, it was important that the adults demonstrated immaculate conduct when children were near. Therefore Francke focuses on how important it is that the adult is a good model for the child and not the opposite. In addition he considers admonition and spiritual guidance to be important educational methods. Francke also states that the child is characterised by some weaknesses that have to be taken into consideration in the education. He mentions concentration, endurance and understanding.

Francke's statements described here may be seen as an example of an understanding of childhood described by Philippe Ariès in his pioneer work on the history of childhood.

---

[14] August Hermann Francke in: Hovedverker i den kristne litteratur. Bd. 8: Fra pietismens tid. Hg. v. *Olav Hagesæther*. Oslo 1969; Francke in: A. H. Francke's Pädagogische Schriften [s. Anm. 13]; Francke in Store pedagoger I egne skriifter II [s. Anm. 7].

[15] *Erich Beyreuther*: Guds levende vitne. August Hermann Francke 1663–1727. Oslo 1957; *Myhre*, Pedagogisk idehistorie [s. Anm. 12].

[16] Francke in: A. H. Francke's Pädagogische Schriften [s. Anm. 13]; Francke in: Store pedagoger I egne skriifter II [s. Anm. 7].

[17] Francke in: Store pedagoger I egne skriifter II [s. Anm. 7].

In the moralists and pedagogues of the seventeenth century, we see this other mentality towards the childhood in formation, the one [...] that inspired all upbringing and education until the 20. century, in the cities as well as the countryside, amongst the middle and the lower classes. The fondness of childhood and its special nature no longer found expression in amusement and "coddling," but in psychological interest and moral solicitude.[18]

Another interpretation of the innocence of childhood rose to the surface at almost the same time and in the very neighbourhood of Francke in Halle. The philosopher Christian Wolff (1679–1754) argued that the human being was by nature clean, strong and in search for the good. The Pietists in Halle understood his standpoint as in direct contradiction to their belief.[19] Thus, two opposite views on mankind and therefore also on the nature of the child developed and confronted each other in Halle.

As may be seen from this description, Pontoppidan presented the child's ability to learn in much the same way as Francke. The consciousness of apprehension, memory and evaluation, concentration, endurance and understanding was classical and may be traced to pedagogues even long before Francke's time, like Vives.[20]

7. *Focus on the individual*

Do all children learn in the same way and at the same pace? A quick look into Plato's *The Republic* tells us that children's different abilities were well known also in the Greek Classicism. Plato suggests that the education should be organised in three different courses, one for philosophers, one for warriors and one for artisans, in accordance with the children's abilities. The Swedish educational historian, Tomas Kroksmark, describes how Christ focused on the individual human being in a quite different way in his teaching.[21] Jesus did not range the persons around him on any scale of marks. His focus was on mediating understanding to another human being. In his book, *Didaskalos,* Kroksmark analyses how Christ's teaching was centred on a set of different approaches that were sensitive to context, content, group and individual.

Already in the *Explanation* Pontoppidan demonstrates that he is well aware of the phenomenon that children have different learning possibilities. He marks several of the 759 sequences with a stroke in the margin. In his short introduction of the book to schoolmasters, he explains that

---

18 *Ariès*, Barndommens historie [s. Anm. 13].

19 *Beyreuther*, Guds levende vitne [s. Anm. 15].

20 Vives in: Store pedagoger I egne skriifter II [s. Anm. 7].

21 *Tomas Kroksmark:* Didaskalos. Undervisningsmetodik vid vår tideräkning början med särkild inriktning mot Jesu undervisningsmetodik. Partille 1994.

these parts of the book should not be requested of those who would not be able to comprehend them, because of lack of abilities or because they were too little present in the school.[22] This may be seen as the first explicit example of what today is called differentiation of content in the Danish and Norwegian primary school.

Catechisation with its sequences of questions and answers between teacher and pupils was a classical approach to teaching in Pontoppidan's days, and his favourite method. However, he points out that it is important to have different expectations in accordance with the pupils' different abilities to comprehend and remember. If a child has difficulties with learning by hart, the schoolmaster has to concentrate on the understanding of the most important parts of the text. Different kinds of questions are fitted to support pupils with different learning abilities. And Pontoppidan goes on with giving concrete examples of how to pose questions to pupils with low abilities and also what kind of questions might challenge pupils who have already reached a high level of understanding.

To teach the children the skills of reading was of outmost importance in this early elementary school. In this connection Pontoppidan advises the schoolmasters to divide the pupils into groups according to their level of skills, and then to use pupils with good reading skills as group leaders. This was a kind of peer tutoring applied in order to support the pupils in accordance with their concrete needs.

Peer tutoring is an ancient teaching approach that has been used in a number of different connections. It got a bad reputation later in history, in the nineteenth century, because of the two British gentlemen, Andrew Bell (1753–1832) and Joseph Lancaster (1778–1838) and their slogan "One schoolmaster and thousand pupils." However, team work, cooperation between pupils and peer tutoring are amongst the celebrated approaches to classroom organisation in today's inclusive classroom.[23]

Were Pontoppidan's ideas about the pupils' individual learning differences in line with contemporary educational scholars? What aspects of educational and general cultural and philosophical debates could have inspired and influenced him in this matter? The last question may be answered with a set of possibilities. It is clear that Pontoppidan took actively part in the educational debates within the royal Copenhagen

---

[22] *Pontoppidan*, Sandhed til Gudfrygtighed [s. Anm. 11].

[23] *Johnsen*, Et historisk perspektiv [s. Anm. 2]; *dies.*: Curricula for the Plurality of Individual Learning Needs. In: Education – Special Needs Education: An Introduction. Hg. v. *ders.* u. *Miriam D. Skjørten*. Oslo 2001, 255–303; *Oddvar Vormeland:* Vekselundervisningen og dens anvendelse som pedagogisk metode i våre skoler. Magistergradsavhandling. Pedagogisk institutt, Universitetet i Oslo 1951.

court, where he was in a key position as one of the two personal priests of King Christian VI. However, the discussion about children's learning of course also went on outside the court. One of his great contemporaries was the satirist, language innovator, and probably amongst the most famous scholars of his time in Copenhagen, Ludvig Holberg (1684–1754) from the "Hansastadt" Bergen. Holberg also wrote texts about education, where he interpreted and discussed thoughts of scholars from more southern parts of Europe. Pontoppidan's texts also give the impression that he had studied a selection of educational texts and used them as sources of inspiration and "discussion partners." It is not unlikely that Pontoppidan had access to Francke's *Kurtzer und einfältiger Unterricht, wie die Kinder zur wahren Gottseligkeit und christlichen Klugheit anzufüren sind*. As mentioned earlier, Pontoppidan's views on how children learn are surprisingly similar to those found in texts of Francke and Vives. When it comes to individual differences, it is also relevant to compare him to Francke and Vives. They were even more concrete in their descriptions than Pontoppidan, as they went as far as to describe a typology of different pupils containing the following categories:

- the quick
- the extrovert
- the practical
- the superficial
- the slow
- the thorough, but not necessarily practical ones.

How far did Pontoppidan's predecessors go in their concern for the pupil's individual differences when writing about educational content and organisation? The texts of Comenius, Francke's predecessor, might be a relevant source of comparison. Not only was Comenius an early and explicit spokesman of the equal rights of all children to an education, as mentioned earlier. He also stressed the point that the teaching had to be adapted to the pupils' age and ability. What did he mean by this? It looks as if he connected age and ability tightly together as an argument for organising the school in classes based on age groups. This was far from obvious in a time where home tutoring was just as common as schools, and where the great majority of people did not attend any form of formal education at all. But does Comenius state that the differences in learning ability are solely connected to age? In one of his texts Comenius comments that also dull and weak persons need education. This indicates that he was aware that there could be great differences in learning abilities on one and the same age level. However, in spite of his detailed didactical advises, it has not been found in his texts that he saw the possibility of teaching in different ways within the classroom in order to adapt to the different abilities of the pupils in the same age group. A reasonable interpretation of his educational texts indicates that he meant that effective classroom teaching would benefit all the pupils.[24]

So, Comenius seemed to limit his ideas concerning teaching in accordance with the children's different abilities to effective classroom teaching for homogeneous groups of pupils organised in accordance with age. These limitations came to be classical as schooling was developed throughout all of Europe and the rest of the world, as a matter of fact. We find similar arguments to Comenius' in the 1850ies, when the Norwegian spokesman on behalf of the teacher profession, Ole Vig (1824–1857), argues for the organisation of age based classes.

Pontoppidan did not argue for homogeneous classroom teaching. On the contrary, he gave several advises concerning how to teach in accordance with the pupils' different individual abilities. One possible reason for his standpoint might be that Pontoppidan was strongly influenced by family tutors. He had practised as a tutor himself, and he had been taught both by tutors and in school. Many of the great educational scholars preceding Pontoppidan represented the tutor tradition. It might seem as if the tutor tradition has been more open to consider adaptation of the teaching to individual differences than the emerging classroom teacher tradition.[25]

8. Special educational needs and disabilities

> There was a girl at about 14 years of age. She neither could nor wanted to learn even the most important lessons in school. Both the schoolmaster and her parents considered her as a slow learner. The priest in the congregation heard about her. The priests had the overall responsibility for the schooling in the early period of the Danish and Norwegian primary school, and this priest took responsibility of this single girl's education. He sat with her and tried out different texts, books and stories while he continuously assessed which approaches made her interested and created a desire to learn. In the end the girl learned what was needed for the confirmation.[26]

Pontoppidan used this story as a good example of educational responsibility in his practical study book for future priests. However, this is also

[24] *Ariès*, Barndommens historie [s. Anm. 13]; Comenius in: Store pedagoger I egne skriifter II [s. Anm. 7]; *Johnsen*, Et historisk perspektiv [s. Anm. 2]; *Kroksmark*, Fenomenografisk didaktik [s. Anm. 7].

[25] *Johnsen*, Et historisk perspektiv [s. Anm. 2].

[26] Summary and explanation from *Pontoppidan*, Collegium pastorale practicum [s. Anm. 11] in: *Berit H. Johnsen*: Erik Pontoppidan som pedagogisk forfatter i den nyopprettede allmueskolens tjeneste (Erik Pontoppidan as Educational Author in the Service of the Newely Founded Non-Payment Primary School). In: Nyhedsbrev – Center for Handicaphistorisk Forskning (Newsletter – Center for Research in the History of Disability) 14, 1998, 38–51; *dies.*, Et historisk perspektiv [s. Anm. 2].

a brilliant example of what today would be called individually adapted education in accordance with Norwegian law and national curriculum.[27] Did Pontoppidan include children with special needs in his ideas of the school for all and everybody? The example above shows his view. It is the responsibility of the schoolmaster and the priest to give every child an education aiming at adult Christian responsibility, no matter how long time and how much effort it will take. It is the individual soul that is in focus for Pontoppidan.

But there are some individuals that Pontoppidan believed would never be able to take full responsibility of their own relationship to God, and who would therefore always be as children in the eyes of God. Two kinds of impairments were viewed as unacceptable for confirmation, namely madness (which could be either severe psychosis or developmental impairment) and prelingual deafness. The question of the educatability of persons with prelingual deafness was, as a matter of fact, disputed through several centuries, with traces of argumentation found from the beginning of Lutheran Protestantism and into the late decades of the nineteenth century. Amongst the protestant theologian scholars who took part in this debate, was the German Friedrich Balduin (1575–1627). Another one, Johan Gerhard (1582–1637), supported his argument for the educatability of prelingually deaf persons with references to pastor D. Eberus in Wittenberg in 1561, and professor in practical theology, Johan Gallus in Erfurt in 1578. In Denmark the bishop Jesper Brochmand (1585–1652) argued in the same line as Gerhard. All those who advocated in favour of the educatability of prelingually deaf persons could refer to success stories about deaf persons who could read, write or in other ways communicate their Christian belief. Almost parallel in time to this protestant theological debate was a movement concerning education of deaf, seemingly starting in Spain with the Benedictine monk Pedro Ponce de León (1520?–1584), and spreading to the British islands and to France. The Norwegian sociologist, Regi Enerstvedt called this educational innovation "the lesser known Spanish revolution."[28] This movement may be said to mark the beginning of a continuous development of teaching and communication approaches for persons who are deaf.

Although a number of scholars argued in favour of the educatability of prelingually deaf, several persons in key positions were against. Pontoppidan was amongst the opponents.[29] The concrete consequence of this negative attitude towards deafness was of course a miserable life for many persons, without a formal status as adults.

---

[27] Education Act 1999. Act Relating to Primary and Secondary Education. Last amended 30 June 2000; The Curriculum for the 10-Year Compulsory School in Norway 1997/English version 1999. The Royal Ministry of Education, Research and Church Affairs.

[28] *Regi Enerstvedt:* Legacy of the past. Oslo 1996.

[29] *Johnsen*, Et historisk perspektiv [s. Anm. 2].

9. *Authoritarian mentality*

As described, ideas about equal rights together with an increasing focus on the individual were amongst the incentives to the development of the elementary school free of charge in Denmark and Norway in 1739. How could ideas about equality and the individual take root in the autocratic society? The Norwegian historian Trygve Dokk argues that autocracy and a general atmosphere of uniformity strongly influenced education and socialisation at the time of Pontoppidan and further into the twentieth century.[30] In what way was this mentality manifested in the general power structure as well as in moral questions and views about the nature of knowledge?

As mentioned earlier, the king's motives for the foundation of the school for all were not entirely religious. He explicitly uttered that his intentions were to gather as many as possible of his subjects within the royal state church through his Pietist project. This was in accordance with a conscientious king's obligations towards the constitution, where the power was centralised to the king and his officials. Dokk argues that in order to maintain this power structure it was important to strive for uniformity, discipline towards external orders and a collective herd instinct.[31]s etisk uppseding [s. Anm. 30]. The foundation of the elementary schools all over the country with detailed prescriptions about content, methods and expected skills, supplied with obligatory study literature like Pontoppidan's *Explanation*, might be seen as such a unification project.

The prevailing view concerning moral questions and the nature of knowledge supported the mentality of uniformity and acceptance of authority. The basic view was that it was one truth and one right life style. The differences between religious groups did not first and foremost seem to be about their right to worship in their own way. It was more like a fight about the ownership of the right or true conviction. Knowledge was constructed on the ground of "truths" from the Bible, that could now be read in the own mother tongue by whoever mastered the skill of reading. In this connection it is important to remember that the emerging common mastery of reading brought the people into a fundamentally new situation compared to earlier times when the clergy administered the interpretation of the Latin Bible text on behalf of the congregation. However, this new freedom of access to information was vulnerable in the authoritarian context. A number of different catechism explanations with variations in content and quality were in circulation in the first part of the eighteenth century. In addition to being an aid to a

---

[30] *Trygve Dokk:* Religiøs etisk uppseding. Frå Pontoppidan til våre dagar. Oslo 1929.

[31] *Dokk*, Religi48

believed right conduct of life, they also served as arguments in the lively and sometimes heated debates over which interpretations of the Bible-text was the right one. This was the situation when the royal head of the state-pietism pulled the threads and ordered one explanation for obligatory use The book had to be in such a way that everybody could agree on using it. Pontoppidan was given the honour and trust to write this book. He solved his difficult task by using words from the Bible as much as possible as answers to the questions in the 759 catechism sections in his *Explanation*.[32]

10. Focus on the individual in the authoritarian state

As a tentative conclusion of this short description and discussion of the focus on the individual in the authoritarian state the following might be pointed out. The documentation found and referred here indicates that the decision to develop an elementary school for all children was built on two antagonistic views.

One basic mentality was the deep-rooted loyalty towards institutions that had claimed the power of the states through generations, both in material, structural, cultural and religious matters. The new educational laws can be explained as the king's explicit wish to behold and strengthen this loyalty.

The other view emerging in the collective consciousness was a growing attention concerning the intrinsic value of the individual and God-given natural equal rights of all human beings. These ideas manifested themselves in the intentions concerning education for all and everybody. They should give all individuals the possibility to read and interpret the Bible on their own and through that develop a personal relationship to their God. In this way they could also fight the chains of superstition with the help of Enlightenment.

11. History: Everlasting movements of ideas, a new Phoenix rising out of the ashes, or both?

What happened in Germany, Denmark and Norway in the first part of the eighteenth century? Can it be compared with a flower of individualism growing out of an authoritarian soil? It may be fair to say that the foundation of the school for all and everybody marked the introduction to a new epoch in education. But did it represent a break in the line of history of mentality? Is there a line of history?

[32] *Johnsen*, Et historisk perspektiv [s. Anm. 2]; *Markussen*, Til Skaberens Ære [s. Anm. 3].

Every history is a construction. A selected bouquet of glimpses from the past is our raw material. The questions we ask to this raw material participate in deciding the construction, and at best (or worst?) they will influence our interpretation of the past and our understanding of contemporary time and even take part in setting the perspective for future actions and reflections.

As I was occupied with digging into the history of Pontoppidan, I was introduced to a picture made by the American painter, Jackson Pollock (1912–1956). At the first glimpse it struck me as a metaphorical illustration of the construction emerging out of my studies, with its mingling layers and drops of colours. My historical eye tends to focus on the view that the content of ideas and tradition emerge and is formed in a continuous interaction between internal components, with external debates, with different mentalities and ideologies, with material, structural and other societal conditions. Consequently every idea, every tradition contains a conglomerate of different possible aspects that may be activated in given contexts. My explicit intention with this narrative was to give a presentation of how ideas from the Hallescher Pietismus influenced and materialised in Danish and Norwegian educational discourse. An underlying intention was, however, to illustrate how ideas and traditions are intermingled, and how they may support or contradict each other, suppress or revitalise and even modify the content of each other beyond recognition. To what extent was the new Phoenix of individuality coloured by the soil and ashes of authoritarianism?

Guntram Philipp

Integrationsprobleme im 18. Jahrhundert

Ein Türke am Weimarer Hofe und bei den Herrnhutern

In der Festschrift für Hans Schneider schildert Martin Tamcke die „durch den romantischen Exotismus verdeckte Tragödie" der Türkin Abbas Kachiane Kaefe Rhebisch.[1] Er erklärt gleich zu Beginn, dass dieses Schicksal kein Einzelfall war, dass eine nicht unbeträchtliche Zahl von Orientalen als „Kriegsbeute" in das christliche Abendland gelangten, wo sie nach zumeist kurzer Unterrichtszeit getauft, und soweit sie weiblichen Geschlechtes waren, oft ohne Einwilligung verheiratet wurden. Knaben, bzw. jungen Männern eröffneten barocke Fürstenlaune, exotisches Luxusbedürfnis und Prestigedenken sogar die Möglichkeit zu sozialem Aufstieg und beruflicher Karriere. Tamcke führt dazu einige Beispiele an. Inwieweit aber tatsächlich eine wirkliche Integration erfolgte, das bleibt doch eine offene Frage, wie das geschilderte Beispiel dieser Muslemin zeigt, die angeblich nach eigener Entscheidung zum Christentum konvertierte und sogar mit dem evangelisch-lutherischen Pfarrer Christian Moritz Grimm (1722–1789) „auff speciellen Befehl u. Concession der durchl. Frau Hertzogin Antoinette" zu Blankenburg 1747 verheiratet wurde.[2] Als die mit dieser Eheschließung verbundenen großen Hoffnungen des jungen Paares durch den unerwarteten Tod der wohlgesonnenen Herzogin Sophie Louise in Not und Verzweiflung umschlug, erlitt der Pfarrer einen Nervenschock und verfiel jahrelang in eine „hypnotische Melancholie", die von der charakterstarken, gegen ihren Willen verheirateten Orientalin mit einer bewunderungswürdigen Geduld und einer „unüberwindlichen Ergebenheit gegen ihren Ehegatten" ertragen wurde.[3] Die ganze Problematik des Aufeinandertreffens zweier bis dahin völlig voneinander getrennten Kulturen, tritt in diesem

[1] *Martin Tamcke:* Als orientalische Kriegsbeute im okzidentalen Braunschweigischen: Abbas Kachiane Kaefe Rhebisch (1722/24–1766). In: Rezeption und Reform. FS für Hans Schneider zu seinem 60. Geburtstag. Hg. v. *Wolfgang Breul-Kunkel* u. *Lothar Vogel.* Darmstadt, Kassel 2001, 323–334.

[2] Ebd., 331. Vgl. *Anni Petersen:* Pastor Grimm aus Hohegeiß (1722–1789) und seine türkische Ehefrau Abbas Cachiane Kaefe Rhebisch. In: Oldenburgische Familienkunde 10, H. 2/3, Oldenburg 1968, 631–636.

[3] *Tamcke,* Kriegsbeute [s. Anm. 1], 331 f.

Lebensschicksal deutlich zu Tage. Bereits hier zeigen sich *in nuce* die Schwierigkeiten, die sich in einer multikulturellen Gesellschaft, mit der wir uns heute auseinander zu setzen haben, ergeben. Es ist daher sehr sinnvoll, sich mit der Geschichte der „Kriegsbeute"-Orientalen, bzw. den aus Prestigegründen auf welche Weise auch immer ins Land geholten Türken des 18. Jahrhunderts zu befassen. Das Schicksal eines solchen, männlichen Vertreters soll in dem folgenden Beitrag geschildert werden.

In den Diarien der Herrnhuter Brüdergemeine in Ebersdorf/Thüringen vom Jahre 1750 findet sich folgende Eintragung:[4]

> Am Nachmittag d. 24. Juli kam Ernst Albert Carl Christiani, sonst Mustava, ein gebohrner Türck aus Constantinopel, mit seiner Frau hier an, um da zu bleiben. Er ist vor 25. Jahren mit dem Chur Sächsischen Ambasßadeur aus Constantinopel über Warschau mit herausgenommen worden, auf etl. Jahre[5] und beym Großen Campement in Sachsen[6] dem Hertzog in Weimar auf sein

---

[4] Unitätsarchiv Herrnhut (UAH): R. 9. A. b. No. 2.a. Ebersdorf. Diarien. Berichte 1748–59. Vgl. auch Archiv der Brüdergemeine Ebersdorf/Th. (ABgEbdf): P. A. II. R. 5.1. Gemein=Diarium 1749–1753. Bereits ab dem 12.05. wurden verschiedene Unterkunftsmöglichkeiten für das Ehepaar beraten (s. auch 17. u. 24.07.). Am 31.07. heißt es dann: „Br[uder] Christiani ist nun angekommen, logirt interim im neuen Br[üder] Hauße, und wird sein Umzugs-Liebesmahl geben, als am Tag da er getaufft worden." ABgEbdf: R. 1. A. 1.a. Protokolle der Amts-(und Helfer)konferenz 1747–1762.

[5] D. h. von 1725–1730. Unter den bis in alle Details und namentlich genannten Personen im „Königl. Polnischen und Churfürstl. Sächsischer Hoff= und Staats=Calender Auf das Jahr 1728. Leipzig 1728" ist ein Türke nicht aufgeführt; nur im Hofstaat der Königin wird eine Türkin Christina Eberhardina Catko erwähnt. Wahrscheinlich ist unser Mustava in der Rubrik „Mohren", – neun „Königl. Frey-Mohren" und zehn „Sklaven-Mohren" –, mitgezählt worden.

[6] Bei dem Anfang Juni 1730 begonnenen und vier Wochen währenden Zeithainer „große[n] Campement oder Lust-Lager" (auch „Campement bey Mühlberg" genannt) wurde die „gesammte Sächsische Armee mit ihrer prächtigen Feld-Equipage und neuen propern Montur" in Szene gesetzt. Vgl. Art. „Zeithayn". In: *Johann Heinrich Zedler:* Universal-Lexicon 61 [1749]. ND 1964, 857 f. Bereits 1739 hat Zedler in seinem Lexikon unter dem Stichwort „Mühlberg (Campement)" eine „ziemlich vollständige Beschreibung Journals=Weise" dieser viel beachteten „Kriegs=Exercitien", dieser „Revue eine[r] vollkommene[n] Kriegs=Schule" gegeben. Vgl. *Zedler*, Bd. 22 [1739] ND 1961, 71–118. Unter den zahlreichen Gästen ist auch der Herzog von Weimar genannt. An dem Campement nahmen drei Weimar'sche „Bataillons Grenadiers" teil; eines unter der Leitung der „Printz von Sachsen=Weimar" (ebd., 84–86, 107). Es ist anzunehmen, dass bei dem Empfang des preußischen Königs am 31. Mai unser Christiani (damals Mustava) zu den „6 kostbar gekleideten Türcken, imgleichen 6 Payken und 24 Mohren" gehörte, die neben den „Cadets" der königlichen Tafel die Speisen auftrugen (ebd., 76; wohl Pekésche (ungr., poln.), schnurbesetzter Männerrock, Jagdbekleidung (vgl. *Daniel Sanders:* Wörterbuch der deutschen Sprache. Bd. 2: L–R. Leipzig 1863, 512). Vgl. auch *Paul Haake:* König August der Starke. Eine Charakterstudie. München, Berlin 1902, 10, 12, 19; *ders.:* August der Starke im Urteil seiner Zeit und der Nachwelt. Dresden 1922, 11, 48, 52, 99; *Cornelius Gurlitt:* August der Starke. Ein Fürstenleben aus der Zeit des deutschen Barock. Dresden 1924, 100, 134, 143, 148–150, 185, 193, 404 f.; *Karl Czok:* August der Starke und seine Zeit. Leipzig [3]1997, 133 f., 168, 191, Abb. 11 (Soldat in neuer Montur); *Gisbert Gemein* u. *Metin Oezsinmaz:* Deutsche und Türken in der Geschichte. Münster 2001, 49.

Bitten vom König in Pohlen geschenkt worden, und sind 3. bis 4. Jahren vom Heyland[7] in dem liederl. Hofleben, wo er als Coffee-Schenk gedient, ergriffen worden, u. durch Secretarius Neuberger mit der [Brüder-] Gemeine bekannt worden[8], bis er vorm Jahr besucht, und sehnlich ums Herziehen gebeten, und dies Jahr Erlaubniß bekommen.[9]

Man hat ihm alle Vorstellung gemacht, [in Weimar] zu bleiben, ja gar der Hertzog von Coburg, dann die Ministers, und auf die Lezt der Pfarrer. Mit ihm kamen zum Besuch, Johann Georg Schneider ein Bildhauer aus Illmenau, und eine Wittwe aus Weimar. Br. Nitschm.[10] hielt die Gemein viertl. Stunde über die heutigen Texte;[11] da denn das Verßgen unter demselben ganz besonders auf die Ankunft Bruder Christiani paßte.

Der Vers, auf den Nitschmann Bezug nimmt, war dem Lied des Brüdergemeingesangbuchs Nr. 148,1 entnommen: „Dazu der Geist versammlet hat das Volk aus aller Welt Zungen." Damit waren Hoffnung und Ziel aller Aktivitäten der Herrnhuter ausgesprochen.

In der „Grossen Kirchen=Litaney" betete man:
Du aller Heiden Trost!
Halt über deinen Zeugen zu land und see,
Lege Geist und feuer auf ihr zeugnis durch dein
Wort, mit deinem Blute;
Suche heim alle Heiden, wie Neger und Wilden,
Und fange an in den Türken durch dein Blut zu würken,
Ach dass auch Ismael leben sollte vor dir!: M. 17,18.20

---

[7] Neben dem oft, vor allem in der schwärmerischen Periode, der sog. „Sichtungszeit" 1743–1750, verwendeten „Lämmlein", im 18. Jahrhundert die Bezeichnung für Jesus Christus.

[8] Bereits 1747 hatte der Weimarische Hofrat Burgemeister bei einem Besuch in Ebersdorf „inständigst" darum gebeten, die Erziehung seines 16jährigen Sohnes der Knaben-Anstalt anvertrauen zu durfen. Ihm wurde ein Monat Bedenkzeit gegeben (vgl. ABgEbdf [s. Anm. 4], 45).

[9] Personalentscheidungen wurden grundsätzlich durch das Los als zustimmende oder ablehnende Willensäußerung Jesu entschieden. Vgl. *Erich Beyreuther:* Lostheorie und Lospraxis. In: *Ders.:* Studien zur Theologie Zinzendorfs. Neunkirchen-Vluyn 1962, 109–139.

[10] Unter Weglassung aller Titel war die Anrede „Bruder" (Br. bzw. Brr. plur.) und „Schwester" (Schw. bzw. Schww. plur.) üblich. Der in Kunewald/Mähren geborene Heinrich Nitschmann (1712–1770) war zu der Zeit „Gemeinhelfer" (= Prediger) in Ebersdorf. Vgl. *Richard Träger* u. *Charlotte Träger-Große:* Dienerblätter. Biographische Übersichten von Personen, die im Dienst der Brüdergemeine standen. UAH (Masch.), Bd. M–N. (zit. Dienerbll.); *Paul Peucker:* Herrnhuter Wörterbuch. Kleines Lexikon von brüderischen Begriffen. Herrnhut 2000.

[11] Die seit 1731 in ununterbrochener Folge erscheinenden täglichen Losungen und Lehrtexte der Brüdergemeine werden gegenwärtig in 50 Sprachen gedruckt. Die Losung vom Freitag, 24.07.1750 lautete: „Er hat die Wahrheit mitgebracht. Joh. 1, 17. – Und die Wahrheit wird euch frey machen. Joh. 8, 32." Dazu der o. a. Vers. UAH: Die Loosungen. Tom. I. 1745–57, 450 IV D. Vgl. Die Losungen der Herrnhuter Brüdergemeine. Geschichte. Entstehung. Verbreitung. Gebrauch. Hg. v. d. *Evangelischen Brüder-Unität*. Herrnhut, Basel 2003; *Peter Schicketanz:* Die Evangelische Brüder=Unität (Unitas Fratrum) – Herrnhuter Brüdergemeine. In: Freikirchen in Deutschland (19. und 20. Jahrhundert). Hg. v. *Ulrich Gäbler* [u. a.]. Leipzig 2004, 67–70, hier 68.

Erhör uns, lieber HErre GOtt!
Ges. Lobet den Herrn alle Heiden, und preiset Ihn alle völker![12]

Bereits in dem 1735 veröffentlichten „Zeugen-Lied" im Herrnhuter Gesangbuch finden sich u. a. die Verse: „J'hudin: Mamelukken,/Hannakken, Heydukken/beugen die Tschakanen/vor des creutzes fahnen. [...] und fang in den Türken/durch sein blut zu würken."[13]

Dass dieses Gebet nicht nur Ausdruck einer frommen Meditation war, sondern Ansporn zu praktischem Handeln, zeigen die biographischen Daten des in Kunewalde/Mähren geborenen Johann Nitschmann (1712–1783). Er wurde 1739 „nach Livland berufen, um die gefangenen Türken zu besuchen u. sich der Erweckten in Reval [Tallinn] anzunehmen". In den Angaben zum Jahre 1740 heißt es dann allerdings: „Die gefangenen Türken waren schon in ihr Vaterland entlassen."[14]

Der aus Schweden gebürtige Theologe Arvid Gradin (1704–1757) erhielt 1739 von Zinzendorf[15] und der Brüdergemeine den Auftrag zu einer Reise nach Konstantinopel,[16] um den Verantwortlichen der griechisch-orthodoxen Kirche Verfassung, Herkommen und Lehre der Brüder=Unität schriftlich und mündlich darzulegen und für künftige Missionare den Weg zu ebnen. 1740 traf Gradin in Konstantinopel ein und besuchte verschiedene kirchliche Würdenträger. Er führte u. a. Gespräche mit Jeremias II., dem Patriarchen von Konstantinopel. Zinzendorf wollte nicht die orthodoxe Kirche missionieren, sondern ihren Mis-

---

[12] UAH: NB. IV.R. 2. 4b. Das Liturgien=Büchlein nach der bey den Brüdern dermalen hauptsächlich gewöhnlichen Singe=Weise von neuem revidirt, und in dieser bequemen Form ausgegeben von dem Cantore Fratrum Ordinario nebst einigen Voranmerkungen zu einer künftigen Edition, deren sich die Lectores zum voraus bedienen mögen. London 1755, 62–71, hier 66. Vgl. Bibliographisches Handbuch zur Zinzendorf-Forschung. Hg. v. *Dietrich Meyer*. Düsseldorf 1987, 213–216; *Nicole Schatull:* Die Liturgie in der Herrnhuter Brüdergemeine Zinzendorfs. Tübingen 2005, 57–65, Anhang: Ausgewählte Quellen Nr. 1–6, 227–236; *Wilhelm Lütjeharms:* Gemeindeleben im Zeichen der Liturgie (Gottesdienst – Liturgische Bräuche – Sitte). In: Die Brüder-Unität. Hg. v. *Heinz Renkewitz*. Stuttgart 1967, 171–184, hier 175–179.

[13] Herrnhuter Gesangbuch, XII. Anhang, Nr. 1867, 1792 f. Vgl. *Hans-Jürgen Schrader:* Zinzendorf als Poet. In: Neue Aspekte der Zinzendorf-Forschung. Hg. *Martin Brecht* u. *Paul Peucker*. Göttingen 2006, 134–162, hier 157.

[14] UAH: Dienerbll. Bd. M–N.

[15] *Gerhard Meyer:* Nikolaus Ludwig Reichsgraf von Zinzendorf und Pottendorf. Eine genealogische Studie mit Ahnen- und Nachfahrenliste. Hildesheim 1966; *August Gottlieb Spangenberg:* Leben des Herrn Nicolaus Ludwig Grafen und Herrn von Zinzendorf und Pottendorf. 8 Bde. [Barby 1773–1775]. ND N. L. v. Zinzendorf. Materialien und Dokumente. Hg. v. *Erich Beyreuther* u. *Gerhard Meyer*. Hildesheim, New York 1971; N. L. v. Zinzendorf. Materialien und Dokumente. Reihe 2, Bde. XII u. XIII. Erster und zweiter Sammelband über Zinzendorf. Hildesheim, New York 1975; Bibliographisches Handbuch [s. Anm. 12]; *Hans Schneider:* Nikolaus Ludwig von Zinzendorf. In: Orthodoxie und Pietismus. Hg. v. *Martin Greschat*. Witten 1982, 347–372; Neue Aspekte der Zinzendorf-Forschung [s. Anm. 13].

[16] UAH: Dienerbll. Bd. G.

sionssinn wecken und um Unterstützung der brüderischen Missionspläne vor allem in Russland und Asien bitten. Daneben ging es Zinzendorf auch darum, die Anerkennung der Brüder-Unität als griechischen Ursprungs und als Schwester der orthodoxen Kirche zu erlangen. Dieses Thema kann hier nicht weiter behandelt werden. Es macht nur deutlich, dass Konstantinopel immer im Blickfeld der Herrnhuter lag,[17] ebenso wie Abessinien, wohin man über den Koptischen Patriarchen in Kairo zu gelangen hoffte. Die beiden Brüder Hocker und Pilder waren bereits nach Ägypten gesandt worden, um Land und Leute sowie die Sprache zu erlernen. 1758 folgte Br. Cossard, um mit dem Patriarchen zu verhandeln. Am 9. Juni 1758 weiß Cossart in einem Brief aus Kairo an Zinzendorf zu berichten: „Die Brr. Hocker u. Pilder reden so gut arabisch, als wären sie dabey hergekommen. Das ist ein großer Vortheil [. . .]."[18] Im Zusammenhang mit diesen Plänen konnte Zinzendorf die Aufnahme des Türken Christiani in die Brüdergemeine nur gelegen kommen.

Die eingangs zitierte Herrnhuter Quelle über Christiani wird durch ein im Thüringischen Hauptstaatsarchiv Weimar vorhandenes Schriftstück in sehr glücklicher Weise ergänzt. Es handelt sich um das „Entlassungs- u. Abfertigungsgesuch" des E. A. C. Christiani im Jahre 1750, (s. Anlage 2). Aus diesem Dokument wird nicht nur die finanzielle und wirtschaftliche Situation des Antragsstellers deutlich, sondern auch die rechtliche Stellung, die der zum Christentum konvertierte Türke am Weimarer Hofe einnahm. Der Antrag wegen einer „gnädigen Abfertigung" musste über den Direktor und die beiden Räte des „Geheimen Ober- Vormundschafts Collegio" in Weimar und den „Obervormund und Landes Administrator", den Fürsten Frantz Josias in Coburg, an den Herzog gerichtet werden. Immerhin ist bezeichnend, dass der scheidende Hofbedienstete recht selbstbewusst seine Ansprüche geltend macht, indem er für die fünf Jahre entbehrte neue Montur eine Entschädigung „als eines partis salarii, verdient zu haben glaubet." Die ihm schließlich für seine langjährigen treuen Dienste gewährten 20 Reichstaler nehmen sich bescheiden genug aus, wenn man sie mit den 5 Reichstalern, 8 Groschen „Becken Geld" vergleicht, die der 1742 verstorbene „Hof-Kirchner" Heinrich Christian Stiebritz anlässlich der Taufe Christianis vereinnahmte.[19]

---

[17] Vgl. *Dietrich Meyer:* Zinzendorf und die griechisch-orthodoxe Kirche. In: Der Pietismus in seiner europäischen und außereuropäischen Ausstrahlung. Hg. v. *Esko M. Laine*. Helsinki 1992, 183–205. Das Inhaltsverzeichnis des Liturgienbüchleins von 1755 verzeichnet auch ein Kapitel „Aus der Mittägigen kirche"; ebenso enthält das Litaneienbüchlein von 1757 „Hymni aus der Mittägigen Kirche", vgl. *Schatull*, Liturgie [s. Anm. 12], 244, 246.

[18] UAH GN. B. 40, 1758, Bd. 6; V. Aus Egypten, 4., 6. u. 7. Das Unternehmen scheiterte, da von den „Römischen Missionariis" dem koptischen Patriarchen „eine so abominoble Idee von uns gemacht, dass er ganz irre an uns geworden war." Die Überlegung, die Schwierigkeiten „villeicht mit einem ansehnlichen Present zu heben", wurde offenbar nicht weiter verfolgt.

[19] S. Anlage 1 und Thür. HStA Weimar, B 24623, Bl. 22v.

Über den Verlauf dieser Taufe am 31. Juli 1735 in der Hofkirche zu Weimar sind wir aus dem detaillierten Protokoll des Kirchners Stiebritz (s. Anlage 1) genauestens informiert. Wir erfahren, dass als Paten der Herzog Ernst August, seine Frau Sophia Charlotte Albertina und Tochter Johanna Charlotta eingetragen und der Obrist Lieutenant des Sachsen Weimarschen Kürassier-Regiments, Graf Karl v. Laschansky, selbst anwesend war. Als Zeugen fungierten der Obrist Lieutenant v. Spitznase, die Oberhofmeisterin v. Hohendorf und Fräulein v. Pflügin. Das Zeremoniell wird von Stiebritz ausführlich beschrieben.

Bei dem auch gesellschaftlich so aufwändigen Akt liegt die Vermutung nahe, dass mit der Konversion zum Christentum für den Türken ein sozialer Aufstieg verbunden war. Innerhalb der streng gegliederten Hofhierarchie änderte sich aber offensichtlich nichts, wie die beiden überlieferten Verzeichnisse der Weimarer Hof- und Staatsdiener zeigen; sowohl in dem nach 1743 erstellten Verzeichnis,[20] als auch in der Liste von 1747.[21] Die Vermutung, dass Christiani unter der Rubrik „Fürstl. Hof=Kellerey und Conditorey"[22] zu finden sei, traf nicht zu. Er fand sich in der „Abt.VII Livrée-Bedienten bey der Hoff=Stadt" ganz am Ende, nach den beiden Zwergen Johann Gottfried Schneider und Johann Christian Traber und dem Pagen-Laquai Peter Joseph Dietrich und dem zuletzt genannten Stubenheitzer Johann Georg Jacob. In dem Verzeichnis von 1747 wird er wenigstens vor den beiden Zwergen Traber und Schneider genannt.[23] Ein sozialer Aufstieg war allerdings insoweit möglich, als sich mit dem Glaubenswechsel die Möglichkeit eröffnete, eine Christin zu heiraten. Und das geschah auch bei unserem Christiani. Das Traubuch der Hofkirche vermerkt unter dem Datum: Dienstag, den 14. Mai 1737:[24] „HE. Ernst Albert Carl Christiani, Fürstl. Sächs. Laquay, und Jungfer Johanna Eleonora Martha Kayserin, Johann George Kaysers Gerichts Schöppens und Mitältesten in Ramßla eintzige Tochter erster Ehe, von Herrn Hof Pred. Bartholomai copuliret worden."

Die Trauung dürfte wohl von dem Hoforganisten, dem Bürgermeister und Orgelmacher, dem Schüler von J. S. Bach und 2. Amtsnachfolger Bachs in Weimar, Johann Casper Vogler (1696–1763) und der „He-

---

[20] Diese Datierung ergibt sich aus der Eintragung: „Thomas Nimescher den 13. November 1742 als Husßar angenommen; desertiert 1743". Thür. HStA Weimar, B 24623, Weimars Hof= und Staatsdiener Mitte des 18. Jahrhunderts. Specification derer Fürstl: Herren Ministrorum, Cavalliers, Räthe und Bedienten, ingleichen der Frauenzimmers und derer Mägde, wie nicht weniger derer Pensionairs. Hier Bl. 20v.

[21] Thür. HStA Weimar B 24622. Dienerverzeichnis 1747, Bll. 25–27 [mit 182 Namen].

[22] Thür. HStA Weimar B 24623, Bl. 13 f. u. 21 r.

[23] Thür. HStA Weimar B 24622, Bl. 26 Nr. 101 Türck Christiani, Nr. 102 und 103: Zwerg Traber und Schneider.

[24] Evgl. Kirchenbuch, Archiv Weimar, Hofkirche, Traubuch 1724–61 H.

lena Lucia Louis des Cofféе-Schenks Frau als Sängerin" musikalisch begleitet worden sein.[25]

Die vollständige Gleichberechtigung und gesellschaftliche Integration erfuhr Christiani jedoch erst bei den Herrnhutern. Hier tauchte er in eine ganz andere Welt ein, wurde Bruder unter Brüdern. Georg von Rauch hat die Verhältnisse sehr treffend charakterisiert, wenn er schreibt, „daß aus dem Kreis der Herrnhuter ein Appell an die Brüderlichkeit ergeht, selbstverständlich christlich fundiert, aber doch auch mit weltlichen Wirkungen und auch weltlich gemeint. Ich möchte behaupten, daß mit dieser akzentuierten Betonung der Brüderlichkeit, einschließlich der Ansprache ‚Bruder' – ungeachtet sozialer und nationaler Schranken – eine Vorwegnahme zum mindestens einer der späteren Parolen der Französischen Revolution gesehen werden kann."[26] Durch seine Herkunft und den Glaubenswechsel gelangte Christian sogar zu einer hervorgehobenen Stellung, wie schon der Hinweis auf das „Verßgen" bei seinem Empfang in Ebersdorf zeigt. Noch deutlicher kommt das zum Ausdruck bei einem Liebesmahl (Agape)[27], das wenige Tage nach seiner Ankunft am Nachmittag des 31. Juli zur Erinnerung an seinen Tauftag „mit etl. 30 Geschwistern" gefeiert wurde, „wobey er in seinem Türckischen Tauff-Habit sehr niedlich erschienen, und beym Singen etl. Versel, die auf ihn gemacht worden, sein Herz wie Wachs zerflossen, und manches Thränlein vergossen hat. Dann hielt Br. Kastenhuber die Gemein Viertel Stunde über die heutigen Texte; und

---

[25] Thür. HStA Weimar B 24623 Bl. 22. VIII. Fürstl: Hoff=Kirche und Capella. Vgl. auch *Wolfgang Lidke:* Art. „Vogler, Johann Casper". In: MGG 13, 1989, 1905.

[26] *Gg. v. Rauch*: Politische Voraussetzungen für westöstliche Kulturbeziehungen im 18. Jahrhundert. In: Die Aufklärung in Ost- und Südosteuropa. Hg. v. *Erna Lesky* [u. a.]. Köln, Wien 1972, 1–22, hier 16. Das erinnert an das friedliche und freundschaftliche Zusammenleben von Kreuzzugsrittern und Muslimen in Friedenszeiten. Es ist bemerkenswert, dass bereits in den Reiseberichten des 16. Jhs. die religiösen Riten und zuweilen auch die Glaubensinhalte der Türken ohne eine theologische Verurteilung geschildert wurden und der Islam mit einer Begrifflichkeit beschrieben wurde, die zuvor ausschließlich dem Christentum vorbehalten war. „Der mittelalterliche Eiserne Vorhang zwischen Islam und Christenheit" wurde erst im Zeitalter der Aufklärung überwunden. Vgl. *Günes Gerceker:* Die gegenseitige Wahrnehmung der Europäer und Osmanen. Ein kurzer Streifzug durch die Geschichte. In: Schnittpunkte der Kulturen. Gesammelte Vorträge des Internationalen Symposions 17.–22. Sept. 1996, Istanbul/Türkei. Hg. v. *Nilüfer Kuruyazici* [u. a.]. Stuttgart 1998, 125–134; *Klaus Bohnen:* Die interkulturelle Reise ins ‚Niemandsland'. Carsten Niebuhr und die ‚Entdeckung' der arabischen Welt. In: Ebd., 79–89; *Almut Höfert:* Den Feind beschreiben. „Türkengefahr" und europäisches Wissen über das Osmanische Reich 1450–1600. Frankfurt/Main, New York 2003, 304 ff.

[27] Vgl. *Peucker*, Wörterbuch [s. Anm. 10], 37; *Schatull*, Liturgie [s. Anm. 12], 105, 123–126, 132, 149; *Jörn Reichel:* Liebesmahl. In: Zinzendorf und die Herrnhuter Brüder. Hg. v. *Hans-Christoph Hahn* u. *Hellmut Reichel*. Hamburg 1977, 236–239. „Im Jahre 1741 sollen in Ebersdorf bei allen möglichen Gelegenheiten, Gemeinfesten, Geburtstagen usw. nicht weniger als hundert Liebesmahlfeiern gehalten worden sein." (*W. Burckhardt:* Aus der Geschichte der Brüdergemeine Ebersdorf. Herrnhut 1939, 15, vgl. auch 17 f.)

so wurde mit einer niedlichen Singstunde dieser Monath selig beschlossen."[28]

Das Singen, ohne Gesangbuch und Textvorlage,[29] hatte bei den Herrnhutern eine zentrale Bedeutung. N. L.v. Zinzendorf (1700–1760) schreibt darüber in der Vorrede zu den Zugaben zum 12. Anhang des Herrnhuter Gesangbuches 1746: „Wer unsere Singstunden jemals besucht hat, der weiß, daß wir in denselben keine Bücher brauchen, daß das so genannte Herrnhutische Gesangbuch wenigen unter uns bekannt ist, daß unser Gesang alle Zeit eine konnektierende Suite von Gedanken ist, die sich alle Tage nach der Materie verändert."[30]

Die aktuelle Glaubenserfahrung wurde in dem gemeinsamen Gesang zum Ausdruck gebracht. Die viel gerühmten Singstunden – Johann Wolfgang von Goethe (1749–1832) gibt im *Wilhelm Meister* eine sehr anschauliche Schilderung dieser Gesangsform[31] – waren von der ganzen Gemeinde vorgetragene Liedpredigten. Wie Wort und Lied ineinander griffen und zu einer Einheit verschmolzen, zeigt die folgende Eintragung im Ebersdorfer Diarium vom 29. September 1750, „als am Michaelisfest": „Um 4 Uhr wurde Lectio Biblica vom 30. July über den 65.sten Psalm gelesen, dann das Barbiesische [brit. Guayana] Diarium vom 19. August 1749. Wir erinnerten uns dabey mit vieler Zärtlichkeit unserer lieben braunen Geschwister, und wurde ihnen gesungen: Die Welt mag immer lachen und fragen was die Schwachen in Barbies thun [. . .]."[32]

---

28 UAH: R. 9. A. b. No. 2.a. Ebersdorf. Diarien. Berichte 1748–59, 31.07.1750. Vgl. auch ABgEbdrf [s. Anm. 4] Gemein=Diarium. Zu Johann Georg Kastenhuber (1711–1780) siehe UAH: Dienerbll., Bd. K–L.

29 „Eine Gemeine des Heilands muß ohne Buch singen können, denn sie soll in der Sache Leben." (N. L. v. Zinzendorf auf der Synode 1750: UAH: R. 2. A. Nr. 29,2, 117 ff.) Vgl. *Sybille Reventlow:* Weltmusik, Kirchenmusik und Gemeinmusik. Über die liturgische Musik der Herrnhuter. In: Aufklärung und Pietismus im dänischen Gesamtstaat 1770–1820. Hg. v. *Hartmut Lehmann* u. *Dieter Lohmeier.* Neumünster 1983, 169–189, hier 176, 183 f.; *Anja Wehrend:* Musikanschauung, Musikpraxis, Kantatenkompositionen in der Herrnhuter Brüdergemeine. Ihre musikalische und theologische Bedeutung für das Gemeinleben von 1727 bis 1760. Frankfurt/Main [u. a.] 1995, 34–38, 89 f.; *Schatull,* Liturgie [s. Anm. 12], 133, 151–156, 158–160.

30 Zit. n. *Hellmut Reichel:* Die Sichtungszeit 1743 bis 1750, 4. Zinzendorf verteidigt die Poesie der Sichtungszeit. In: Zinzendorf und die Herrnhuter Brüder [s. Anm. 27], 170 f. Vgl. auch den Bericht Zinzendorfs an König Friedrich Wilhelm I. (1688–1740) über die brüderische Singweise bei *Walter Blankenburg:* Die Musik der Brüdergemeine in Europa. In: Unitas Fratrum. Herrnhuter Studien. Hg. v. *Mari P. van Buijtenen* [u. a.]. Utrecht 1975, 351–386, hier 361; *ders.:* Die Musik der Böhmischen Brüder und der Brüdergemeine. In: Geschichte der evangelischen Kirchenmusik. Hg. v. *Friedrich Blume.* Kassel ²1965, 401–412, hier 408.

31 *Johann Wolfgang Goethe:* Sämtliche Werke, Bd. 5. München 1988: Wilhelm Meisters Lehrjahre, 2. Buch, 13. Kap., 136 u. 74; vgl. ebd. Bd. 2.2, München 1987: Wilhelm Meisters Theatralische Sendung, 4. Buch, 13. Kap., 213 u. 830 f.; *Reventlow,* Weltmusik [s. Anm. 27], 170 f., 176 f., 180. Die Schilderungen Goethes stimmen mit dem Bericht, den Zinzendorf dem König Friedrich Wilhelm I. über den brüderischen Gesang gab, völlig überein.

32 UAH [s. Anm. 4]; ABgEbdrf [s. Anm. 4], Gemein=Diarium. „Die Missionare wurden zu

Das Liedgut und die an alle Gemeinden versandten Diarien[33] waren das Band, das die verschiedenen Völker und Rassen verbunden hat. Der in Puttingham in England geborene brüderische Musikwissenschaftler Peter Mortimer (1750–1828)[34] erklärt daher in seinem Hauptwerk über den Choral-Gesang zur Zeit der Reformation, dass die „Denk= und Handelsweise" der Böhmischen Brüder bei den Herrnhutern bis auf den heutigen Tag bestimmend geblieben sei.

> Die Erfahrung unserer Tage lehrt, daß der Choralgesang von der Civilisation ganz unabhängig ist; denn die Grönländer; die Eskimos, die Indianer in Nord= und Süd=Amerika, und die Neger in Westindien haben in so fern sie zu den Missionen der Brüderkirche gehören, dieselbe Art des Gesangs, wie in allen Brüdergemeinen: ja seit etwa 24 Jahren hat man die Entdeckung gemacht, daß sich sonderlich die Hottentotten durch einen ganz vorzüglich schönen Choralgesang auszeichnen.[35]

In einer solchen international geprägten, über alle geographischen und ethnischen Grenzen verbundenen Gemeinschaft,[36] konnte Christiani schnell heimisch werden.

Menschen gesandt, die für Zinzendorf weder ‚Barbaren' noch ‚Edle Wilde' waren." „Es ist also des Heilands sein Predigtstuhl so weit und groß als die ganze Welt" (*Carola Wessel:* Zinzendorfs Überlegungen zur Mission. In: Neue Aspekte [s. Anm. 15], 163–173, hier 167). „Während die Hallesche Mission die konfessionelle Prägung der Missionsgemeinden bewusst bejahte, warnte Zinzendorf davor, die Heiden zu ‚Sektierern' [Angehörigen einer bestimmten Konfession] zu machen. Im Kontext seiner philadelphischen Hoffnungen sah er die letzte große Erweckungszeit herannahen." (*Hans Schneider:* „Philadelphische Brüder mit einem lutherischen Maul und mährischen Rock". Zu Zinzendorfs Kirchenverständnis. In: Ebd., 11–36, hier 27 f.) Vgl. auch Johann Leonhard Dober und der Beginn der Herrnhuter Mission. Hg. v. *Rüdiger Kröger.* Herrnhut 2006, 91. In dem Textbüchlein Sabbathum Ecclesiae Fratrum ist u. a. angeführt: „Der ersten Mißion unter die Wilden, 1733, den 19. Januar." (*Schatull*, Liturgie [s. Anm. 12], 104)

[33] Vor allem am 06.01., dem „Heyden=Fest" als „Bedenkens=Tag unserer Heyden=Geschwister", wurden die Diarien der verschiedenen Missionsgebiete verlesen. Vgl. ABgEbdrf [s. Anm. 4], Gemein=Diarium, 06.01.1751: „Es wurde denen lieben braunen Hertzen daselbst gesungen". Als die Indianergemeinde Gnadenhütten in Pennsylvanien 1755 zerstört wurde, fühlten sich die um ihre eigene Existenz ringenden Grönländer zu solidarischem Handeln gedrängt. Sie ließen ihre „mit so viel Freude als Thränen gereichten Gaben durch ihre Brüder in Europa den bedürftigen Indianern zukommen" (*E. W. Cröger:* Geschichte der erneuerten Brüderkirche. Zweiter Theil: 1741–1760. Gnadau 1853, 320; vgl. 305–312).

[34] Vgl. *Hermann Arthur Lier:* Art. „Mortimer, Peter M.". In: ADB 22, 1885, 340 f.; *Konrad Ameln:* Art. „Mortimer, Peter". In: MGG 9, 1961, 612 f.; Art. „Mortimer, Peter". In: Dizionario Enciclopedico Universale della Musica e dei Musicisti 5, 1988, 208; *Robert Eitner:* Biographisch-Bibliographisches Quellen-Lexikon der Musiker und Musikgelehrten. Bd. 7. Graz ²1959, 74 f.

[35] Der Choral-Gesang zur Zeit der Reformation, oder: Versuch, die Frage zu beantworten: „Woher kommt es, daß in den Choral-Melodien der Alten etwas ist, das heut zu Tage nicht mehr erreicht wird?" Berlin 1821, 150. Vgl. auch UAH R. 14. A. 37. Pennsylvania Carmina und Lieder zu verschiedenen Festen u. Feiern aus den Jahren 1741–1842.

[36] Vgl. *Wessel*, Zinzendorfs Überlegungen zur Mission [s. Anm. 32], 167, 173; *Guntram Philipp:* Zum Problem nationaler Vorurteile und Minderwertigkeitsgefühle im Baltikum. In: ZfO

Ob und in welcher Weise Christiani in Ebersdorf tätig war, ist nicht überliefert. Er hat die ihm in Weimar übertragene Funktion als „Coffee-Schenk" offenbar als Ehrentitel empfunden, trotz des, wie wir gesehen haben, niedrigen sozialen Status, den er in der Weimarschen Hofhierarchie besaß.[37] Die bis weit in das 18. Jahrhundert reichende Orientbegeisterung verlieh diesem Beruf einen besonderen Glanz. Von solchen barocken Vorstellungen war auch Zinzendorf nicht ganz frei, wie die 1753 in London geäußerten Gedanken zeigen: „Wenn einmal unser Graf Heinrich [XXVIII. Reuß][38] seinen Hof-Staat einrichten würde, so wäre es was schönes, wenn die Brüder von verschiedenen Nationen, die unter seinen Domestiquen sind, z.E. Christiani, Protten, Jeremias und Rentel, alsdenn resp. ihre Türkische, Malattische, Tartarische und Russische Tracht tragen."[39] So erklärt sich, dass der Titel Caffeewirt auch noch in den herrnhutischen Quellen auftaucht. Denn dass Christiani diese Tätigkeit in der Brüdergemeine ausgeübt hat, darüber findet sich kein einziger Beleg; im Gegenteil, hier werden ganz andere Funktionen genannt. Von den Genussmitteln hatten Tee (bei den zahllosen Liebesmahlen) und Tabak (eine nicht unwichtige Einnahmequelle der Herrnhuter Fa. Dürninger) Eingang gefunden. Das Generalinventar der Fa. Dürninger vom Jahre 1773 verzeichnet für „Caffé und Cacao in Sorten" knapp 800 Reichstaler, für Tee jedoch 1.923 rt, 18 ß.[40]

15, 1966, 744–749; *ders.*: Die Wirksamkeit der Herrnhuter Brüdergemeine unter den Esten und Letten zur Zeit der Bauernbefreiung. (Vom Ausgang des 18. bis über die Mitte des 19. Jhs.). Köln, Wien 1974, 46–49, 266–269; *Cornelia Klink:* Das menschheitliche Bildungsverständnis in der Mission der Herrnhuter Brüdergemeine. Weltgesellschaft, Globalisierung und Menschheit im pädagogischen Sprachgebrauch. In: Katholische Bildung 104, 1/2003, 301–311.

37 In der Personalakte in Herrnhut findet sich die Eintragung: „Profession u. Stand: Cofe.Wirth, hier Policey.Aufseher" (UAH R 27.124.54. Personalkatalog Herrnhut 1751–1756, Catalogus ca. 1752). Ob der Ordnungshüter, wie Karl Friedrich Zelter (1758–1832), der Freund Goethes, 1822 nach Weimar zu berichten weiß, bereits „ein Seitengewehr und epauletten" getragen hat, ist nicht überliefert; wenn auch sehr unwahrscheinlich. Die Militarisierung fand erst nach den Befreiungskriegen Eingang in die Brüdergemeine (vgl. Briefwechsel zwischen Goethe und Zelter in den Jahren 1799 bis 1832. *Johann Wolfgang Goethe*: Sämtliche Werke, Bd. 20,1. München 1991, Nr. 392, 703–710 und Bd. 20,3. München 1998, 571–573).

38 *Erich Beyreuther*: Nikolaus Ludwig von Zinzendorf in Selbstzeugnissen und Bilddokumenten. Hamburg 1965, 129 Abb. Vgl. auch *Anke Brunner*: Aristokratische Lebensform und Reich Gottes. Heinrich XXIV. Reuß-Köstritz. Herrnhut 2005, 31, 162, 166, 189 f.

39 UAH R. 2.A.33.B.1., 7. Der Rathstag zu Lindseyhouse, 27.08.1753. Vgl. *Maria Elisabeth Pape*: Die Turquerie in der bildenden Kunst des 18. Jahrhunderts. Diss. Köln 1987, Exkurs: Das türkische Kostüm, 57 f. In ganz Europa verbreitete sich in den 1740er Jahren die Mode des Portraits im türkischen Kostüm, ebd., 101. So nahm z. B. August der Starke (1670–1733) beim Cartel-Rennen in Dresden 1697 als Sultan gekleidet teil (vgl. *Haake*, August der Starke [s. Anm. 6], 14; *Gemein* u. *Oezsinmaz*, Deutsche und Türken [s. Anm. 6], 49 u. 53 Abb.). Zu den zahlreichen Mätressen zählte auch die Türkin Fatima (später Frau Spiegel). Vgl. *Gurlitt*, August der Starke [s. Anm. 6], 178, 351; *Czok*, August der Starke [s. Anm. 6], 98 f., 102, 105, 120, 186 f. Abb. 2: Empfang einer Gesandtschaft des türkischen Sultans (um 1730).

40 Vgl. Abraham Dürninger ein Herrnhuter Kaufmann. Hg. v. *Rüdiger Kröger*. Herrnhut 2006,

Von Kaffee ist sonst nicht die Rede; von einem Kaffeehaus, einem dem „Kaffeegott geweihten Tempel“,[41] ganz zu schweigen. Dafür fehlten, ebenso wie Taverne und Bierschenke, in Herrnhut alle Voraussetzungen,[42] derartige Begegnungs- und Vergnügungsstätten gab es nicht. An ihre Stelle traten die von Zinzendorf eingeführten Liebesmahle, die an die urchristlichen Agapen anknüpften und die Stelle aller Arten weltlicher Feiern im kleineren oder größeren Kreis ersetzten. Wurde bei diesen Gelegenheiten anfangs noch Wein gereicht, so setzte sich – schon um eine Verwechslung mit der Eucharistie zu vermeiden –, der Brauch durch, Rosinenbrötchen und Tee auszuteilen.[43]

51–55. Abraham Dürningers Nachricht über den Betrieb der Tabakfabrik in Herrnhut. (1763/1770; vgl. ebd. 89, 96, 104, 116). Zum „Gebrauch beym Comptoir“ gehörten selbstverständlich „1 hölzernes Thee-Brett“, „Thee-Geschirr“, „8 silberne Thee-Löffelgen“ etc. Die Mobilien der Bleiche in Berthelsdorf verzeichnen „eine Thee-Maschine und Thee-Geschirr“. Zum Inventar der Witwe Dürninger gehörten „2 Thee-Tische“ (ebd., 96, 109 f., 114). Besucher und Gäste wurden in der Regel zum Tee eingeladen, wie die Beispiele der Johanna Schopenhauer (1766–1838) in Neuwied/Rh., der Madame de Staël (1766–1817) in Neudietendorf und des Berliner Sing-Akademie Direktors K.Fr. Zelter (1758–1832) in Herrnhut zeigen. Vgl. *Guntram Philipp*: Wirtschaftsethik und Wirtschaftspraxis in der Geschichte der Herrnhuter Brüdergemeine. In: Unitas Fratrum [s. Anm. 30], 401–463, hier 415–418.

41 Friedrich Wilhelm Zachariä (1726–1777), zit. n. *Hans Jürgen Teuteberg*: Kaffeetrinken sozialgeschichtlich betrachtet. In: Scripta mercaturae 14, 1980, 27–54, hier 32, vgl. 38 f.; *Pape*, Turquerie [s. Anm. 39], Abb. 141 u. 143: Caffee The und Tobac-Zierrathen von Johann Esaias Nilson (1721–1788).

42 Ganz im Gegensatz zu dem 1695 zum katholischen Christentum konvertierten türkischen Kriegsgefangenen Johann Ernst Nicolauß Strauß, der bereits seit 1697 in Würzburg das erste Kaffeehaus führte. Ihm blieben, trotz seiner Taufe, Handwerk, Verwaltung und die kirchliche Laufbahn verschlossen. Vgl. *Jürgen Schneider*: Produktion, Handel und Konsum von Kaffee (15. bis Ende 18. Jh.). In: The European Discovery of the World and Its Economic Effects on Pre-Industrial Society, 1500–1800. Hg. v. *Hans Pohl*. Stuttgart 1990, 122–137, hier 133; *Annerose Menninger*: Genuss im kulturellen Wandel. Tabak, Kaffee, Tee und Schokolade in Europa (16.–19. Jahrhundert). Stuttgart 2004, 326. Dass – zumindest in den deutschen Brüdergemeinen – Tee das bevorzugte Getränk war und Kaffee zunächst nur als Surrogat gebraucht wurde, zeigt ein Inventarium der brüderischen Hof-Apotheke in Ebersdorf/Th. vom Jahre 1830. Dort sind neben den zahlreichen Medikamenten (u. a. „Opium crudum und pulverat:; Morphium; Balsamic.Hoffm.“) auch 44 Pfund „Eichel & Runkelrüben Caffee“ aufgeführt (ABg Ebdrf: V. A. R.14.B.2.b. Apotheke. Inventarium ultimo März 1830); vgl. *Guntram Philipp*: Herrnhuter Apotheker. Pioniere homöopathischer Arzneimittelherstellung. In: Medizin, Gesellschaft und Geschichte 22, 2005, 89–146; *Hans-Jürgen Teuteberg*: Zur Kulturgeschichte der Kaffee-Surrogate. In: Kaffee im Spiegel europäischer Trinksitten – Coffee in the Context of European Drinking Habits. Hg. v. *Daniela U. Ball*. Zürich 1991, 169–199; *ders.*, Kaffeetrinken [s. Anm. 41], 41–45; *Menninger*, Genuß, Kap. 2.4.: Surrogate als Verbreitungskatalysatoren, 338–345.

43 S.o. Anm. 27. Vgl. *Schatull*, Liturgie [s. Anm. 12], 149. Eine Tee-Küche für die Zubereitung der im Saal eingenommenen Liebesmahle musste in der Architektur der Kirchensäle auf der „Schwesternseite“ berücksichtigt werden. Vgl. *Wolfgang J. Müller*: Christiansfeld in kunsthistorischer Sicht. In: Aufklärung und Pietismus im dänischen Gesamtstaat 1770 1820 [s. Anm. 29], 159–168, hier 165; *Wolf Marx*: Die Saalkirche der deutschen Brüdergemeine im 18. Jahrhundert. Leipzig 1931; *Peter Findeisen*: Von Barby nach Gnadau. Architektur der Herrnhuter an der Elbe. Halle/Saale 2005, 78–93; *Klaus Richter*: Aus der Baugeschichte der Herrn-

Dem Diarium vom 14. August 1751 ist zu entnehmen, dass „der ehemalige Türcke Christiani und seine Frau“ mit einer größeren Reisegesellschaft an diesem Tage nach Herrnhut abreiste. Im Protokoll des Herrnhuter Richterkollegiums vom 26. August erfahren wir näheres.[44] Daraus wird ersichtlich, dass Christiani nicht unvermögend (Heiratsgut der Frau?) Weimar verlassen hat. Er gedachte „beinahe von seinen Zinsen zu leben, wenn er nur einige Arbeit habe, und dabey etwas verdienen könne.“ Und so findet sich im Protokoll vom 1. Juli 1752 der Hinweis: „Christiani (der Türke) wird an Walders Stelle Platz=Inspektor, wozu auch die Aufsicht auf Reinhaltung der Straßen gehören soll.“ Offenbar erfüllte er diese Aufgabe zu aller Zufriedenheit, denn im Zusammenhang mit der Errichtung des neuen Gemeinsaales (Kirche) wurde ihm eine noch größere, verantwortungsvollere Aufgabe übertragen. Das Protokoll der „Helffer u. Diener Conferenz“ vom 29. Januar 1756 vermerkt: „Christiani wurde zum Inspector des Gemein=Saales vorgeschlagen, u. unanimiter approbirt.“[45] Das Richterkollegium beriet daraufhin, „was des Br. Christiani Lohn seyn sollte, wegen des Gemein=Haus=Bau=Inspektion. Der Schluß war, man sollte ihm wöchentlich 1 rt anbieten, sofern er aber nicht von Herzen zufrieden damit wäre, so sollte man ihm 2 Gulden geben.“[46] Die neue Aufgabe verlangte eine enge Zusammenarbeit mit dem Architekten des Gemeinsaales, Siegmund August von Gersdorf (1702–1777), der die „Oberdirektion über sämtliche Gemeinbauten“ hatte. S. v. Gersdorf war als Page des kursächsischen Ministers Christoph Heinrich von Watzdorf[47] in Dresden „in der Zivil= und Militär-Architektur unterrichtet worden.“ Ihm war es, wie er in seinem Lebenslauf bekundete, eine Freude, „mit seiner landwirtschaftlichen und Bau=Kenntnis der Gemeine in verschiedenen Orten und Ländern [. . .] zu dienen.“[48]

---

huter Brüdergemeine. In: Herrnhuter Architektur am Rhein und an der Wolga. Koblenz o. J.

[44] S. u. Anlage 3.

[45] UAH R. 6. A. a. 48. Extract aus der Helffer u. Diener Conferenz im Jahr 1756, No. 2 (11). Das Protokoll des Herrnhuter Richterkollegs vom 10. August 1752 vermeldet: „Der Riß zu einem neu zu bauenden Gemeinhaus u. Saal wird untersucht. (von Leyritz verfertigt).“ Und im Protokoll vom 21.02.1754 heißt es: „Schindler übernimmt die Platz=Inspektion von Christiani und begiebt sich des Mehlhandels zu Gunsten des Windmüllers Dehio“, der „gegen die 4 procentigen Zinsen des Baukapitals“ die Windmühle von der Gemeine pachtet (UAH SAK 20. Protokolle des Richterkollegs in Herrnhut 1734–1777).

[46] UAH SAK 20. Protokolle des Richterkollegs in Herrnhut 1734–1777.

[47] Vgl. *Zedler*, Universallexikon. Bd. 53, 1747, 838 f. Sein mit ungerechtfertigt hohen Frondiensten, Fuhren und Zwangsabgaben errichtetes Schloss Lichtenwalde (Kreis Flöha; eines der größten in Sachsen), führte zu einem Rechtsstreit mit 500 Klägern, der sich bis in die 90er Jahre des 18. Jahrhunderts. hinzog (vgl. *Karl Czok:* August der Starke. Sein Verhältnis zum Absolutismus und zum sächsischen Adel. Berlin 1991, 44). Als „Cammer=Juncker“ unterstand S. v. Gersdorf dem Ober=Hof=Marschall Woldemar, Baron von Löwendal (s. o. Anm. 5).

[48] *Theodor Bechler*: Ortsgeschichte von Herrnhut unter besonderer Berücksichtigung der älte-

Der Grundstein zu dem Kirchensaal wurde am 12. Mai 1756 gelegt, die Einweihung erfolgte am 13. August 1757.[49] Die Grundstein-Urkunde ist ein umfangreiches Dokument.[50] In dem Archiv-Exemplar lesen wir: „F. Aus den Edlen nach dem Fleisch, befinden sich dermalen allhier berufene: [einzeln mit Namen aufgeführt] 164 Personen, aus 64 Gräflichen, Frey=Herrlichen und Adelichen Familien." Zuvor sind aufgeführt unter „C. Zur Bedienung der Orts=Gemeine und Chöre[51] in Herrnhuth, sind vorjetzt Haupt= u. active Arbeiter: [u. a.] Christiani der Türcke, Bau=Inspector." Der Hinweis macht deutlich, dass Christiani eine angesehene Stellung in Herrnhut erlangt hatte. Das beweist auch der Erwerb eines Hauses im Jahre 1754. Im handschriftlichen Häuserbuch Herrnhuts[52] finden wir die Eintragung: „Haus Nr. 15, 1754 von Joh. Val. Müller an Ernst Carl Albert Christiani, einen gebürtigen Türken, ‚Caffeewirt und Polizeiaufseher', verkauft, der 1751 mit seiner Frau von Ebersdorf n. H[errn]h[u]t. zog." Christiani verkaufte dieses Haus, nachdem er es ganz umgebaut u. einen Stock darauf gesetzt hatte, „1758 für

---

ren Zeit. Herrnhut 1922, 37; vgl. *Beyreuther*, Zinzendorf in Selbstzeugnissen [s. Anm. 38] 126 f., 70 Abb. u. 103; UAH Dienerbll. Bd. G.

[49] *Bechler*, Ortsgeschichte [s. Anm. 48], 4. Kirchliche Gebäude („Gemeinhaus", Kirche) und der „Gottesacker" am Hutberg. b) Der große Gemeinsaal (Kirche), 36–40, hier 36. Der 1756 eingeweihte Saal in Niesky „war der erste ‚klassische' Betsaal der Brüdergemeine, der Prototyp für den Bau des Herrnhuter Saals 1757 und aller weiteren brüderischen Säle in Europa und Nordamerika" (Der erste Betsaal der Brüdergemeine Niesky 1756–1875. Hg. v. *Peter Vogt*. Herrnhut 2006, 3); *Schatull*, Liturgie [s. Anm. 12], 142 f., ist zu korrigieren, die für den Herrnhuter Saal das Jahr 1756 angibt. Vgl. auch *Colin Podmore*: Frühe Brüderische Säle in England. In: UnFr 51/52, 2003, 39–59, hier 56 f. Karl Graf von Zinzendorf (1739–1813), ein Neffe Zinzendorfs, der im Januar 1757 in Herrnhut weilte und bei dieser Gelegenheit von S. v. Gersdorf durch den „nouvelle salle" geführt wurde, beschreibt bei seinem zweiten Besuch 1763 das Gebäude wie folgt: „Le salon est bien beau, d'une grande longeur et largeur sans arches et sans piliers, c'est Sigismund G[ersdorf] qui l'a fait bâtir." (*Karl Graf von Zinzendorf*: Aus den Jugendtagebüchern 1747, 1752 bis 1763. Hg. v. *Maria Breunlich* u. *Marieluise Mader*. Wien [u. a.] 1997, 113, 368, 459). *Dietrich Meyer*: Brüdergemeine und ihre Säle. In: Herrnhuter Bote, 06/2007, 5 f.

[50] UAH R. 6. A. a. 55. 2.

[51] Die Einwohner der Brüdergemeinorte waren nach Alter, Geschlecht und Stand in sog. „Chöre" eingeteilt. So gab es das Chor der Knaben und der Mädchen, das Chor der ledigen Schwestern und ledigen Brüder, (deren repräsentativen Chorhäuser Wohn- und Arbeitsstätte waren), das Ehe=Chor, das Witwen= und das Witwer=Chor. Die Choreinteilung widerspiegelte sich auch in der Sitzordnung im Kirchensaal und bei der Beerdigung auf dem in verschiedene Beete eingeteilten Gottesacker, der sich – unabhängig von Stand und Vermögen – durch schlichte Kissensteine auszeichnete. Vgl. *Hans-Christoph Hahn*: Das Chorwesen. In: Zinzendorf und die Herrnhuter Brüder [s. Anm. 27], 250–258; *ders.*: Vom Sterben und Begraben. In: Ebd., 344–349; *Müller*, Christiansfeld [s. Anm. 43], Abb. 1 u. 4, 160 f.; *Schatull*, Liturgie [s. Anm. 12], 115–122, 138 f., 234 f.

[52] UAH NB. 1, R. 3, 48. a. 2, 140 f. Im Protokoll des Herrnhuter Richterkollegs ist unter dem 22.04.1754 vermerkt: „Christiani kauft Joh. Val. Müllers Haus für 200 rt, und baut es zweistöckig" (UAH SAK 20, Protokolle des Richterkollegs in Herrnhut 1734–1777).

Entwurf für den Kirchensaal in Herrnhut. Ansicht der Fassade um 1756

900 rt. an Herrn Chr. Gottlob v. Heiniz". Das ist das Jahr seines Wegzuges aus Herrnhut und die Rückkehr in den Heimatort seiner Frau, Ramsla b. Weimar.

Die Hintergründe für diese Entscheidung bleiben leider im Dunkeln, da das Archiv der Ortsgemeine Herrnhut am letzten Kriegstag 1945 ein Raub der Flammen wurde. Sofern nicht einzelne Aktenbestände zuvor in das unzerstört gebliebene Zentralarchiv der Brüder-Unität gelangten, sind die reichhaltigen Herrnhuter Quellen unwiederbringlich verloren gegangen.

Drei erhalten gebliebene Briefe Christianis lassen Gründe deutlich werden, die zweifellos mit zum Wegzug des Ehepaares aus Herrnhut beigetragen haben. Zum Verständnis bedarf es eines Hinweises auf die zur Zeit Zinzendorfs geltenden wirtschaftsethischen Grundsätzen.[53]

---

[53] *Guntram Philipp:* Wirtschaftsethik und Wirtschaftspraxis in der Geschichte der Herrnhuter Brüdergemeine. In: Unitas Fratrum [s. Anm. 30], 401–463; Alles zu Liebe tun in der Freiheit. Zitate von Graf Nikolaus Ludwig von Zinzendorf (1700–1760). Hg. v. *Peter Zimmerling.* Basel 2000, 2. Arbeit und Beruf, 3. Wirtschaftsethik, 4. Diakonie, 49–53; *Peter Vogt:* Des Heilands Ökonomie: Wirtschaftsethik bei Zinzendorf. In: UnFr 49/50, 2002, 157–172.

Kam es auch nur in den Vereinigten Staaten von Amerika aus missionarischen Gründen zu einer kommunistisch organisierten Gemeingründung (Bethlehem. Pa.),[54] so spielte generell in der Brüdergemeine die Bedeutung des Privateigentums eine untergeordnete Rolle. Zinzendorf forderte diese Einstellung mit aller Konsequenz. „Von Eigentum reden können, ist einem ganzen Knecht des Heilandes intolerabel und eine wahre Schmach. [...] Die Armut ist ein Charisma, das sich ein verständiger Diener der Gemeine nicht nehmen lässt.“ Es galt allemal: „Es soll sich ein jeder nur als Verwalter der ihm gehörenden Güter betrachten. Das Prinzipium, das hin und wieder geäußert wird: Es ist das Meinige, ich kann damit tun, was ich will, schickt sich für ein Gemeinglied gar nicht. Wir sind uns unserm Herrn ganz nach Leib, Seel und Vermögen schuldig, und nicht wir, sondern Er muß die Disposition über alles das Unsrige haben.“[55]

Dieser Gesinnung entsprach auch das Verhalten Christianis, der bei seinem Eintritt in die Brüdergemeine Ebersdorf sein nicht unerhebliches Eigenkapital (wohl Heiratsgut der Frau?) zur Verfügung stellte. Diese, aus der Schloß-Ecclesiola entstandenen Gemeinde zeichnete sich durch einen sehr großzügigen Umgang mit Geld aus und geriet dadurch in finanzielle Schwierigkeiten. Selbst Zinzendorf, der oft in seigneuraler Großzügigkeit und Unbekümmertheit in Finanzfragen verfuhr, erkannte hier eine Gefahr und kritisierte 1750/51: „Überhaupt ist in Ebersdorf noch immer zu viel aufs Gen[eral] Diaconat loß gewirtschaftet worden.“ Und er regt an: „Ob in Ebersdorf ein GemeinCredit zu errichten? Oder ein Orts=Diaconat?“[56] Offenbar haben diese Mahnungen wenig gefruchtet, denn auch in den folgenden Jahren waren die finanziellen Verhältnisse der Brüdergemeine Ebersdorf in einem desolaten Zustand. Einem Pro Memoria vom 13. August 1753 ist zu entnehmen, dass die Gemeine nicht in der Lage war, den der Herrschaft geschuldeten Canon von 300 Rthl. zu leisten.[57] So verwundert es auch nicht, dass Christiani Schwierigkeiten hatte, 1754/55 an sein ausgeliehenes Geld heranzukommen. Einem Brief vom 13. Februar 1755 an den Sekretär Kessler ist zu entnehmen, dass er schon zweimal wegen seines in Ebersdorf ausgeliehenen Kapitals geschrieben und keine Antwort erhalten hatte. Er benötigte dringend zur Begleichung der „preßantesten Schulden, die ich

---

[54] Vgl. *Hellmuth Erbe*: Bethlehem, PA. Eine kommunistische Herrnhuter Kolonie des 18. Jahrhunderts. Stuttgart 1929. Auf den Missionsstationen galt auch die gemeinschaftliche Haushaltung.

[55] *Guntram Philipp*: Wirtschaftsleben. 6. Gegen die uneingeschränkte Verfügungsgewalt über das Eigentum. In: Zinzendorf und die Herrnhuter Brüder [s. Anm. 27], 320–331, hier 330 f.; *ders.*: Herrnhuter Apotheker [s. Anm. 42], 96 f.

[56] UAH R. 9. A. a. 14, Nr. 37–43. Aus dem Ebersdorfer Diario mit Bemerkungen Zinzendorfs 1751/52, Nr. 43, 8 und 43, 11.

[57] UAH R. 9. A. a. Nr. 8, 59. Vgl. auch ABgEbdrf [s. Anm. 4], Protokolle, 1, 9, 30.

durch meinen Hausbau gemacht und theils schon vergangenen Michaelis hätte zahlen sollen", 400 Rthl. Falls ihm nicht umgehend dieser Betrag überwiesen würde, so drohte er, – ungewöhnlich für einen Bruder! –, persönlich nach Ebersdorf zu kommen, und nicht eher „vom Flecke" zu gehen, „biß Du mir mein gantzes Capital auf einem Brette bezahlet hast." Ganz im Gegensatz zu dieser nachdrücklichen Forderung schließt der Brief dann versöhnlich und in typisch brüderischem Stil: „Schließlich grüße mit meiner Frauen Herzl. Und wünsche Dir alles inner= und äußerliche Wohlaufbefinden in den blutigen Wunden unseres Lämleins, darinnen ich verharre Dein armes geringes Hertz Christiani."[58]

Die finanzielle Unordnung und Unregelmäßigkeiten bei den Brüdern sind offenbar nicht der alleinige Grund für den späteren Wegzug aus Herrnhut gewesen, denn zwei Briefe aus den Jahren 1760/61, also zwei/drei Jahre nach seiner Rückkehr nach Thüringen, hatte Christiani bei dem Administrationskollegium in Herrnhut noch 600 Rthl. stehen.[59] Die Verärgerung über das unsolide Finanzgebaren mag die emotionale Haltung gegenüber den Brüdern beeinflusst haben. Bei den Verhandlungen über die Verabschiedung aus dem Weimarer Hofdienst und auch in dem Brief an den „Vorsteher" Keßler in Ebersdorf haben wir gesehen, dass Christiani offenbar ein sehr selbstbewusster und eigensinniger Mann gewesen ist, der sich auch nicht so ohne weiteres den Herrnhuter Grundsätzen und einer einengenden Chordisziplin unterzuordnen wusste. Die von Zinzendorf im Prinzip so hoch geschätzte Individualität fand ihre Grenzen, wo der Einzelne dem sich durchaus wandelnden Verhaltenskodex nicht folgte oder diesen sogar verletzte. Diese Tendenz verstärkte sich noch nach dem Tode Zinzendorfs.[60]

1758 bestanden offenbar einige erhebliche Probleme im Herrnhuter „Ehe=Chor",[61] denn im Januar und Februar wandten sich die Ge-

---

58 UAH R. 9. A. a. 14, Nr. 31. Christiani an Sekr. Kessler in Ebersdorf, Herrnhut 13. Febr. 1755.

59 Vgl. UAH R. 21. A. 192. Einzelne Briefe. Nr. 192, 8b Brief von Christiani, Ramschel bey Weimar, den 13. Sept. 1760 an Bruder Weinel; Nr. 8 c Brief vom 25. Febr. 1761, an gleichen Adressaten.

60 Vgl. *Hans-Christoph Hahn:* Das Bild Zinzendorfs nach seinem Tode. In: Neue Aspekte [s. Anm. 15], 256–271, hier 262–264.

61 Zinzendorf spricht von „Un=Jesushaftigkeiten", von „Gemein=anomalien". „Die andern Gemeinen sind oft alle besser regulirt. Eine ist zuweilen eine unganzere Verfassung, oder weiß nicht genug von Subordination. Sobald man von einzelnen Geschw:[istern] redt, so sind ihrer freylich 100. Ganze gegen 10. Unganze. Es sind viele Leute selbst in H[errn]huth, die erst seit 6, 7, Jahren zu uns kommen sind, die von alle den Unbilden nichts wissen, die so gerne u. lieber gehorsam als ungehorsam sind, die nur mit dem Strom hingerissen werden. Die application also von H[errn]huths Mängeln auf andere Gemeinen mache ich nicht, zu ihrer Desavantage." (UAH GN. C.80, 1758, 4, 304 f.) Vgl. *Spangenberg*, Zinzendorf [s. Anm. 15] 8, 2. Cap. § 4, 2143–2145, hier 2143: Zinzendorf suchte den Mängeln und Gebrechen „gründlich abzuhelfen"; *Jörn Reichel*: Ehe und Ehe-Religion. In: Zinzendorf und die Herrnhuter Brüder [s.

schwister schriftlich an Zinzendorf, „sich des Chores aufs neue annehmen zu wollen, welches auch die Zeit seines Hierseyns treulich geschehen ist." Die Memorabilien vermelden „die unvergleichl[ichen] u. mehr von der Art zu wünschenden Ehe-Conferenzen im Monat May [. . .] wovon sich bereits gesegnete Würckungen merken lassen, und noch mehr fürs künftige in Hofnung u. Erwartung sind."[62] Über den Inhalt dieser „Ehe-Conferenzen" geben die Diarien des „Jüngerhauses" (JHD) Auskunft. Sie machen deutlich, mit welchen Schwierigkeiten man zu kämpfen hatte. So hielt z. B. Zinzendorf anlässlich der Trauung von sechs Paaren am 20.Mai eine ausführliche Rede über die Ehe. Dabei erklärte er: „Wir sind in unsrer Ehe-Sache noch nicht so weit, als die 4. andern Chöre u. die 2. Kinder=Chöre der Knaben u. Mägdgen. Das ist wahr. Aber der Unterschied unter den Leuten ist bey uns auch viel größer als bei den andern Chören."[63] Und in diesem Zusammenhang spricht er in einer sehr modern anmutenden und von der bisherigen kirchlichen Anschauung abweichenden Weise von der „Erb-Sünde". Er konstatiert, „daß eine feine Seele u. die Gemein-Anstalten gut zusammen passen" und andere, die „mit gewissen Erb=Sünden behaftet sind u. ihre Erziehung drinnen resp. negligirt oder gar confirmirt werden. Dergl. Erb=Sünden kommen das hundertste mal nicht vom Vater u. der Mutter, sondern vielleicht vom Eltern=Vater oder einer Ur=Groß=Mutter her, die eine schlechte Person u. ein Held in einer gewissen Gattung von Sünden gewesen." Derartige „Vergiftungen" könnten bis ins 10. Glied zurückreichen.[64]

Und er folgert daraus: „Kurz, mit den Erbschiefen Seelen [. . .] muß man große Gedult haben: u. sonderlich müssen die feinen Seelen sich nicht selbst für *fromm* achten u. jene verachten", eingedenk: „So wir sagen, wir haben keine Sünde, so betriegen wir uns selbst u. die Wahrheit ist nicht in uns." Und an anderer Stelle heißt es: „Es können gute Seelen, treue Herzen, ganze Leute vor dem Heiland, schlechtere Eheleute seyn, als andere nur halb so seelige u. treue Herzen. [. . .] Es ist in keinem Stande eine solche Haar durchschneidende Subtilität zwischen der Gesetzlichkeit u. dem Evangelischen Wesen, zwischen der Sünder=Heilig-

---

Anm. 27], 296–302; [*Johann Gottlieb Seidel*:] Haupt-Schlüssel zum Herrnhutischen Ehe=Sacrament. [Frankfurt, Leipzig 1755]. ND in: Herrnhut im 18. und 19.Jahrhundert. 2. Teil (*N. L. v. Zinzendorf*. Materialien u. Dokumente, Reihe 2, Bd. XXIV.2, 2. Teil.). Hildesheim [u. a.] 2000.

62 UAH R. 6. A. b. No. 20, Herrnhuter Gem.-Diarien 1758–60 sowie GN. B.40, 1758, 6, Nr. 28. Beylage. Memorabilien Anni 1758 Ehe-Chor.

63 UAH GN. C.80, 1758, 4. 189–205, hier 198 f. Ein Kupferstich bei *Beyreuther*, Zinzendorf [s. Anm. 38], 110, zeigt die Verheiratung von zwölf Paaren Herrnhuter Kolonisten.

64 UAH GN. C.80, 1758, 4. 18. May, 124 f. Das Thema der Erblichkeit wurde zu Zinzendorfs Zeiten offenbar lebhaft diskutiert, wie Äußerungen von Johann Christian Rost (1717–1765) zeigen. Vgl. Grimm: [s. Anm. 67] 3, 731: Art. „Erblich"; DBE 8, 1998, 407.

keit und dem Pharisaismo, als in diesem Stande."[65] Das wird verständlich, wenn man liest, mit welcher Offenheit, ohne Ansehen der Person, negative Charaktereigenschaften und Fehlverhalten beim Namen genannt wurden. Das geschah vornehmlich beim Liebesmahl, das ja in der Absicht gefeiert wurde, „die Liebe bei Brüdern zu erwecken und ein rechtes Vertrauen zueinander zu kriegen, um immer noch gemeinschaftlicher zu werden." Dabei war es durchaus üblich, dass „bei dem Herumtrinken ein jeder seinem Nachbarn einen Segenswunsch nach seinem Zustande, etwa auf die Absterbung seiner allerliebsten Lust", aussprach.[66] Das konnte, wie das folgende Beispiel zeigt, durchaus auch in einer humorvollen Weise geschehen. Die Eintragung vom 24. Mai 1758 gibt dafür ein Beispiel:

> Die Jünger=Tags=Agapen waren auf dem Schwestern Saal u. wurde dabey auf unsrer liebe Gräfin Reuß u. auf die Schw: Louise v. Hayn folgende resp. Ode abgesungen: Ich stelle mich, wie billig ein / bey zwey charmanten Leutelein: / ich könnt nicht sagen recht mit Ehr'n / dass sie mir ganz anständig wär'n, / mit ihrem Herzen kann ich harmonir'n, die Hütten [d. i. der Leib-Charakter][67] laß ich nicht so recht paßir'n, [. . .].[68]

Am 7. September 1758 feierte man die Erinnerung an die Gründung des Ehechores vor 36 Jahren. In den Herrnhuter Diarien findet sich unter dem 30. September ein Hinweis auf die in diesem Monat durchgeführte „gesegnete neue Einrichtung der Arbeiter=Claßen in den Chören, [. . .] der zu dem Zweck von dem l[ieben] Jünger [Zinzendorf] gehaltenen General- u. Special=Reden, theils durch Conferenzen u. genommene nähere Abreden mit besonderer Einstimmung der Herzen, in Gang zu kommen, angefangen haben".[69] Es war also eine „neue Einrichtung der

---

65 UAH GN. C.80, 1758, 4. 20. May, 198 f. Vgl. auch Johann Leonhard Dober [s. Anm. 32], 159–162. (60) Rede an das Ehechor und Gebet bei der Absolution vor dem Chor-Abendmahl. Neuwied, 21.06.1765.

66 *Reichel*, Liebesmahl [s. Anm. 27], 237 f.

67 „Uneigentlich wird in der Bibel auch der Leib des Menschen mehrmals die Hütte der Seele genannt." (*Joachim Heinrich Campe*: Wörterbuch 2, 1808, 812; vgl. *Johann Christoph Adelung*: Wörterbuch. Bd. 2. Leipzig 1811, 1341; *Jacob* u. *Wilhelm Grimm*: Deutsches Wörterbuch. 4. Bd. 2. Abt. [1877]. ND 1984, 1996 f.)

68 UAH GN. C.80, 1758, 4, 24. May, 293. Zu den Gelegenheitsgedichten Zinzendorfs siehe *Schrader*, Zinzendorf als Poet [s. Anm. 13], 149–152; *Schatull*, Liturgie [s. Anm. 12], 151–160.

69 UAH R. 6. A. b. No. 20. Herrnhuter Gem.-Diarien 1758–60. Offenbar gab es Schwierigkeiten, homogene Gruppen zusammen zu stellen. In dem Verzeichnis des Herrnhuter Ehechores vom 01.01.1758 (UAH R. 27.125.11. Ehechor Herrnhut) ist die Zusammensetzung einzelner Klassen aufgeführt. Drei Namenslisten führen „Die übrigen in keiner Classe" auf. In einer dieser Listen ist unter den Namen von sechs Ehepaaren auch der Christianis zu finden, der später durchgestrichen wurde mit dem Vermerk „ab". Diese „Reform" beschränkte sich nicht allein auf Herrnhut. Sie fand allgemeine Verbreitung, wie eine Notiz des Benjamin Latrobe (1725–1786) vom 01.12.1758 zeigt. Er berichtet von dem „blessed Choir-Change" des „married Choir" in Gracehall (jetzt Fulneck/Yorkshire).

drey Ordnungen von Gehülffen“ und die Einteilung von Klassen in den einzelnen Chören erfolgt. Man glaubte mit diesen Maßnahmen die Intensivierung eines vom Glauben geprägten Lebens zu erreichen. Ziel war allemahl: „daß die Harmonie der Geschw:[ister] nach Seel u. Leib, als ein Stück des ewigen Glücks der Kinder Gottes, mit genossen wird [. . .].“[70] Dazu forderte auch die von Philipp Heinrich Molther (1714–1780) komponierte Ehe=Cantate „Ihr Männer liebet eure Weiber“ auf.[71] Zinzendorf entwarf 1758 „für jedes Chor einen eignen Hymnum [„die Chorliturgien“], welche dem Chore insonderheit zum Nachdenken, zur Ermunterung, zur Danksagung, zur Heiligung, zum Gebet zu empfehlen waren.“[72]

Im „Ehechor erneuerte der Graf den täglichen Besuch durch ein Paar, welches in den Familienhäusern umher ging, die Tagesloosung ins Andenken brachte und sich nach dem Befinden erkundigte.“[73] Dabei dürften bei den Christianis Probleme deutlich geworden sein, die den Erwartungen der Brüder nicht entsprachen, trotz aller Ein- und Nachsicht bei der Berücksichtigung der nationalen und sozialen Herkunft. Die Tatsache, dass Mustava als Dreizehnjähriger seiner Kultur und seinem heimatlichen Wurzelboden entrissen wurde, hat zweifellos den Charakter und das Verhalten in entscheidendem Maße beeinflusst. Leider fehlen uns Aussagen zur Herkunft und frühkindlichen Sozialisation des Türken. Allein unter diesem Aspekt ist die Trennung von den Herrnhutern zu bedauern. Denn hätten die Christianis ihre Tage in Herrnhut beschlossen, der bei den Brüdern übliche eigenhändige Lebenslauf hätte gewiss interessante Aufschlüsse gegeben.[74] Die Leichenrede bei der Beerdigung Christianis in Ramsla ist leider nicht überliefert.

In seelsorgerlicher Hinsicht praktizierte man in der Brüdergemeine eine

---

[70] UAH GN. C.80, 1758, 4. 198 f. *Gottfried Schmidt*: Die Banden oder Gesellschaften im alten Herrnhut. In: Zeitschr. f. Brüdergesch. 3, 1909, 145–207. ND in: *N. L. v. Zinzendorf*, Materialien und Dokumente. Reihe 3, Bd. 1. Hildesheim [u. a.] 1973.

[71] UAH Mus. A. 5:102. Einer zweiten Ehe-Kantate war der Text: „Der Herr hat seinem Volk Ruhe gegeben“ zu Grunde gelegt. Mus. A. 5:18. Vgl. UAH GN 1783, 2. Beil. zur 8. Woche, III. Lebenslauf P. H. Molther; *H. A. Lier*: Art. „Molther“. In: ADB 22, 1885, 155 f. Auch Ludolph Ernst Schlicht komponierte eine Ehe-Cantate. Mus. A. 5:22; vgl. *Wehrend*, Musikanschauung [s. Anm. 29].

[72] *Spangenberg*, Zinzendorf [s. Anm. 15], 2145. Die Chor-Lieder im Liturgienbüchlein von 1755 weisen auch Lieder für „den Ehestand“ aus. Ebenso finden sich im Litaneienbüchlein von 1757 Lieder „Fürs Ehe-Chor“. Die Synopsis der Chor-Litaneien von 1758 enthält auch ein Kapitel „der Eheleute“. Der Festtag für das Ehe-Chor war der 07.09.; vgl. *Schatull*, Liturgie [s. Anm. 12], 104, 245, 247; *Reventlow*, Weltmusik [s. Anm. 29], 180.

[73] *Cröger*, Geschichte der erneuerten Brüderkirche [s. Anm. 33], 261 f.; UAH R. 6. A. b. No. 20. Herrnhuter Gem.-Diarien 1758–60 sowie GN. B.40, 1758, 6, Nr. 28 Beylage. Memorabilien Anni 1758 Ehe-Chor.

[74] Vgl. *Christine Lost*: Das Leben als Lehrtext. Die Lebensläufe der Herrnhuter Brüdergemeine. Herrnhut 2006; *Schatull*, Liturgie [s. Anm. 12], 121–123.

erstaunliche Offenheit und Toleranz. „Die Ehe ist ein Etablissement das des Hlds. [Heilands] Souverainetaet ist, worin kein Mensch was zu reden hat, [...]. Was zum Decoro u. zur Ordnung gehört, zur Erleichterung gewisser menschlicher Umstände, da kann man in unsrer Gemein Rath haben, mehr als irgendwo in der Welt"; so Zinzendorf.[75] Das wurde auch tatsächlich praktiziert, wie das Beispiel des Vorgängers von Christiani, des Michael Otto (1698–1758), zeigt. Er hatte, nach Erfüllung der gleichen Aufgabe in Neusalz an der Oder, „unter Br. Siegmund Gersdorfs Direction" seit 1752 in Herrnhut die Aufsicht über das ganze Bauwesen, „wovon unter andern der Bau des neuen Led. Schww. Hauses seinen Fleiß u. Treue erfahren." Er schloss sich, da „es ihm bisher noch an der Special-Connexion mit dem Freunde seiner Seele [Christus] gefehlet habe, [...] sich deswegen selber auf einige Zeit vom AM [Abendmahl] aus."[76] Offenbar war Otto aber ein leichter beeinflussbarer, gefügigerer Mensch gewesen, der es nicht zu einem unheilbaren Konflikt kommen ließ.

Dass Christiani nicht ganz freiwillig die Brüdergemeine verließ, ist aus der Eintragung in den Memorabilien des Herrnhuter Ehechores 1758 zu ersehen. Dort ist vermerkt: „VII. Dimmittirt sind worden, weil sie nicht ["bleiben und gedeyhen wollten„ mit Rötel von Zinzendorf gestrichen] gedyhen. 2. Paar: Christensens, u. Christianys."[77]

Wie dieses „nicht Gedeihen" im Herrnhuter Ehe-Chor zu verstehen ist, lässt viele Interpretationsmöglichkeiten offen. War es die mangelnde „Subordination", zeigte die Wiederherstellung einer harmonischen, wachsenden Ehegemeinschaft nach der vorübergehenden Trennung, (die allerdings noch in die Zeit in Weimar zurückreicht,[78]) keine Früchte? Das Schicksal Christianis hat offenbar viel Ähnlichkeit mit dem des

[75] Jüngerhaus Diarium: Am Sonntag Oculi, 27. Febr. 1758 „war die erste Liturgie der Eheleute". Am 03.03. hielt Zinzendorf die zitierte Rede, „IV. An die Eheleute."

[76] UAH Herrnhuter Diarium. 1756 übernahm Otto die Herrnhuter Windmühle. Am 22.08.1758 verstarb er. S. auch Abb. 39: Aufriss des Herrnhuter Schwesternhauses. In: Zinzendorf und die Herrnhuter Brüder [s. Anm. 27], 331.

[77] UAH Memorabilien Ehechor Herrnhut. Das Urteil eines „vornehmen Officiers" der kaiserlichen Armee, der 1758 Herrnhut kennen lernte, dürfte, zumindest für die beiden „dimmittirten" Ehepaare, wohl kaum zutreffen, wenn er feststellt: Man „sehe hier lauter vergnügte Leute, u. könne nicht glauben, dass es nur eine so angenommene u. eingeführte etiquette sey, sondern es müsse einen Grund in den Gemüthern haben, der allgemein wäre" (Herrnhuter Diarium vom 17. August 1758). Zinzendorf war gegenüber solchen Lobessprüchen sehr skeptisch. „Ich habe observirt, dass unser H[errn]hut vorm Jahr ein u. anders Lob erlangt hat, das nicht zum Wesen gehört. [...]. Wen das Lob auf Fabrique u. Laden, auf das Gemein-Logis u. das gute accomodement, die gemächliche bequeme Gebäude gesezt wird, so ist das ein gefährliches u. schlimmes Ding, darunter ich in der Stille mehr geseufzt, als sich andre vielleicht gefreut haben. [...] aber von gewissen Welt=förmigkeiten u. excellenzen, da mans selbst der Welt zuvor thut, muß unser Lob unter allen Völkern nicht gesucht werden" (Jüngerhaus Diarium 23.–25. April 1758).

[78] S.u. Anlage 3.

bedeutenden Musikers Johann Friedrich Hempel (geb. 1716), der, wie die Herrnhuter Protokolle vermelden,

> resolvirt sey, die Gemeine, wenigstens auf eine Zeit, zu verlassen, weil er die im vorigen Jahr mit seiner Frau vorgekommenen Umstände nicht vergessen könne. [. . .] So sehr man *ihn* bejammern muß um der vermutlichen Folgen willen, so ist es doch gewiß, dass wir zugleich an *ihr* von einer schweren Last entledigt werden, u. daß er selbst unsre Gemein-Praxis nicht gut gefaßt hat, sieht man daraus, weil er die Erinnerungen gegen seiner Frau conduite so hoch u. verkehrt nimmt.[79]

So, oder so ähnlich, mag sich vielleicht auch die Situation der Christianis dargestellt haben. Der Gedanke liegt nahe, wenn man mit einiger Verwunderung im Sterberegister der Kirchengemeinde Ramsla liest, dass die am 9. Juni 1767 in Ramsla verstorbene Ehefrau Johanna Eleonore Martha Christiani, geb. Kayser, ausgerechnet „mit Verlesung des 32. Psalms", dem zweiten Bußpsalm,[80] am 11. Juni beerdigt wurde.[81] Dieser Psalm hätte, wie wir dem Herrnhuter Protokoll (s. u., Anlage 3) entnehmen, besser auf Christiani selbst gepasst. Oder war dieser Psalm vom Segen der Sündenvergebung für den Witwer von so zentraler Bedeutung geworden, dass er ihn auch für die Beerdigung seiner „Eheliebsten" auswählte?

Die Ausweisung muss Folge einer Spontanreaktion gewesen sein, denn noch wenige Wochen zuvor vermeldet das Protokoll des Richterkollegiums am 5. April 1758: „Christiani wird wiederum Platz=Aufse-

---

[79] „So wenig *sie* zu unserer Schaar gehört, so sehr beklagen wir, dass *er* nicht zu conserviren ist." Der Gemeine bleibe nichts anderes übrig, „als ihn der Barmherzigkeit des H[eilan]ds zu empfehlen, u. zu wünschen, daß seine Frau, die gewiß die Ursache dieses betrübten Schrittes ist, ihn nicht künftig in noch grössern Jammer u. Unglück stürzen möge." (Zit. n. *Wehrend*, Musikanschauung [s. Anm. 29], 88 Anm. 248) Dem Berliner Sozialreformer, Baron v. Kottwitz (1757–1843), der durch die Herrnhuter Brüdergemeine und ihren Bischof Spangenberg eine tiefe innere Wandlung erfahren hatte, wurde sein 1789 gestellter Antrag um Aufnahme in die Brüdergemeine zurückgewiesen, „bis seine Gemahlin ebenso [wie er] gesinnt sey" (*Peter Maser*: Art. „Kottwitz, Hans Ernst Baron von". In: RGG 4, [4]2001, 1715 f.; vgl. *Ilja Mieck*: Art. „Kottwitz, Hans Ernst Frhr. v.". In: NDB 12, 1980, 622 f.; *Friedrich Wilhelm Kantzenbach*: Baron Hans Ernst v. Kottwitz. In: Gestalten der Kirchengeschichte. Hg. v. *Martin Greschat*. Bd. 9,1. Stuttgart [u. a.] 1985, 73–86; Art. „Kottwitz, Hans Ernst Frhr. v.". In: DBE 6, 1997, 55).

[80] „Wohl dem, dem die Übertretungen vergeben sind, dem die Sünde bedeckt ist! Wohl dem Menschen, dem der HERR die Schuld nicht zurechnet, in dessen Geist kein Trug ist! Denn als ich es wollte verschweigen, verschmachteten meine Gebeine durch mein tägliches Klagen. Denn Deine Hand lag Tag und Nacht schwer auf mir [. . .]." (Ps. 32, V. 1–4) Immerhin hatte Christiani in den beiden nach Herrnhut adressierten Briefen in die abschließenden Grüße ausdrücklich seine Frau mit eingeschlossen.

[81] Kirchenarchiv der Gemeinde Ramsla b. Weimar: Toden=Register, Bd. 3, fol. 50. „Johanna Eleonore Martha Christiani, oo 14. Mai 1737, Eheliebste des Kauf= und Handelsmanns Christiani, Vater Johann Georg Kayser, gest. 9.VI.1767, am 11. Juni begraben." Die Ehe war auch nach den Herrnhuter Quellen kinderlos geblieben. Vgl. UAH [s. Anm. 37].

her, mit 1 Gulden Lohn die Woche." Bereits am 24. Mai findet sich dann die Notiz: „Christiani, der von der Gemeine geht, verkauft sein Haus an Christian Gottlob v. Heynitz für 900 rt sub 13. Mai."[82] Ob es wegen der Entlohnung als Platzaufseher zu einem Konflikt gekommen ist? Auffallend ist, dass seinem Nachfolger am 5. Juli mit nur 18 Groschen Gehalt die Aufgaben Christianis übertragen wurden.[83] Dass auch finanzielle Gründe bei den Auseinandersetzungen eine Rolle gespielt haben, ist wohl unbestreitbar; das machen die beiden Briefe,[84] die Christiani am 13. September 1760 und am 25. Februar 1761 nach Herrnhut sandte, deutlich.

In dem ersten Brief berichtet er, dass vor acht Tagen in seiner oder seines Nachbarn Scheune „durch loses Gesindel Feuer angelegt worden, welches Früh nach 6. Uhren ausbrach, da mir Scheuer und Ställe, und meiner Beyde Nachbar von Grunde aus wegbrannten,[85] wieder alles Denken und Vermuthen schenkte uns der Liebe Heiland unser Hauß, welches um und um in Feuer stunde und an verschiedenen ecken schon Brannte, der Herr aber halff und es wurde erhalten." Christiani beziffert den erlittenen Schaden mit etwa 500 Rthl. Und so bittet er, von seinen beim Administrationskollegium stehenden 600 Rthl., ihm 200 Rthl. zu überweisen. Doch wie üblich blieb diese Bitte ohne jede Reaktion, so dass Christiani sich genötigt fand, am 25. Februar des folgenden Jahres seine Bitte zu wiederholen,

> darauf ich nun recht sehnl: biß daher vergeblich auf Antwort gewartet habe, welches der HE. v. Ludick auf lezthin ins andenken noch mahlen gebracht hat, dahero ich mich sehr Wundere warum ich gar keine Antwort erhalte. Weil mich nun die Noth hierinnen drucket, so bin ich abermahlen Genöthiget meine vorige Bitte zu wieder holen, zumahlen da nun der Sommer Kommt, da man Bauen muß, [. . .].

Da offenbar kein weiteres Schreiben in Herrnhut eingegangen ist, kann man wohl daraus schließen, dass dem armen brandgeschatzten Ramslaer Bürger die erbetenen 200 Rthl. schließlich überwiesen wurden. Kriegsbedingte Schwierigkeiten im Zahlungsverkehr dürften für das zögerliche Verhalten des Administrationskollegiums in Herrnhut kaum als Entschuldigungsgrund geltend gemacht werden können; auch nicht die geplante Umlage der Kriegsfolgekosten. Am 11. Oktober 1762 beschloss das Richterkollegium: „Die erlegte Kriegs=Kontribution wird

---

[82] UAH SAK 20. Protokolle des Richterkollegs in Herrnhut 1734–1777 (Philipp Molther hat später eine Leichen=Cantate auf Hr. v. Heinitz komponiert; vgl. UAH Mus. 5:1).

[83] UAH SAK 20. Protokolle des Richterkollegs in Herrnhut 1734–1777.

[84] UAH [s. Anm. 59].

[85] Zahlreiche Feuersbrünste sind in der Festschrift 875 Jahre Ramsla. 1119–1994, 8 f., aufgeführt; diese jedoch nicht. Erst 1882 wurde die örtliche freiwillige Feuerwehr gegründet (ebd., 34 f.).

nur auf diejenigen vertheilet, welche in diesem [Siebenjährigen]Kriege profitirt u. bei ihren Nahrungs=Umständen profitirt haben."[86] Christiani zählte gewiß nicht zu den „Kriegsgewinnlern". Es bleibt also nur ein unverantwortlich lässiger Umgang in Finanzangelegenheiten. Hier zeigen sich noch Nachwirkungen der schwärmerischen Periode der Brüdergemeine, der sog. „Sichtungszeit" (1743–1750),[87] die auch ökonomisch verheerende Auswirkungen hatte.[88] Johann Leonhard Weinel (1714–1791) gehörte noch zu dieser Generation. Er besorgte von 1745–1748 die von Zinzendorf kritisierte Haushaltung im neu erbauten Gemeinhaus in Ebersdorf/Th.[89]

Daß trotz der üblen Erfahrungen die Zuneigung und Liebe des Christiani für die Herrnhuter unerschüttert blieb, ist mehr als verwunderlich. Inhalt und Ausdruck der beiden Briefe machen auch deutlich, dass die Trennung von der Brüdergemeine keinesfalls mit einem Eklat vollzogen wurde. Die Anrede ist vertraulich: „Mein Hertzl. Geliebter Bruder Weinerl", der Inhalt durchaus brüderisch formuliert: „Der Liebe Heiland hat uns biß daher viel Gnade und Barmhertzigkeit erwiesen, dass wir Ihn nicht genug Preißen Können." Und der Brief endet mit „Hertzl. Grüßen an alle von mir und meiner Frau, bin ich in der Gnade des Herrn, Dein Armes Hertz Christiani." In dem zweiten Brief nimmt er sogar Weinel in Schutz, wenn er schreibt: „Vielleicht wird es bereits Resolvirt und dem l.[ieben] Bruder aus dem Andencken gekommen sein, wie ich den nebst meiner Frau alle Hertzl. Grüßen und der Gnade unsers Lieben Heilandes Befohlen, in welcher ich wie allezeit bin, dessen Armer Bruder Christiani." Trotz des skandalösen Verhaltens des „Secretarie tres renome" Weinel bei der erbetenen Rückzahlung eines Teiles seiner im Gemeinkredit angelegten Gelder,[90] erklärt Christiani ausdrücklich: „die

---

[86] UAH SAK 20. Protokolle des Richterkollegs in Herrnhut 1734–1777. Am 21.03.1763, „als am Friedensfeste", wurde eine Kollekte für die drei Städte Zittau, Wittenberg und Dresden gesammelt (ebd.). Spangenberg berichtet: „Gott segnete die Arbeit der Brüder, und sezte sie in den Stand, aus ihrer Armuth den Nothleidenden mitzutheilen." (*Spangenberg*, Zinzendorf [s. Anm. 15], 2141 f.

[87] Vgl. Die Sichtungszeit 1743 bis 1750. In: Zinzendorf und die Herrnhuter Brüder [s. Anm. 27], 162–176; *Paul Peucker*: „Blut' auf unsre grünen Bändchen." Die Sichtungszeit in der Herrnhuter Brüdergemeine. In: UnFr 49/50, 2002, 41–94.

[88] Vgl. *Philipp*, Wirtschaftsethik und Wirtschaftspraxis [s. Anm. 53], 159; *Vogt*, Des Heilands Ökonomie [s. Anm. 53], 159.

[89] S. o. 112 f. Vgl. UAH Dienerbll., Bd. V–Z. Immerhin hatte Weinel eine Kaufmannslehre absolviert; vgl. auch ABgEdrf [s. Anm. 4], Protokolle, 44 f.

[90] Hierbei ist allerdings auch zu berücksichtigen, dass eine sichere Geldanlage damals äußerst schwierig war, da das Bankwesen noch in den Kinderschuhen steckte. Es sei nur an Paul Jacob Marpergers Publikationen erinnert: Montes pietatis oder Leih-Aßistentz und Hülffs=Häuser=Lehn=Banqven und Lombaids, wie solche anzulegen. Leipzig 1715 und Beschreibung der Banqven und Deroselben, wie auch derer Banqviers ihrem Rechte. Leipzig 1723 (vgl. *Zedler*, Universallexikon. Bd. 19, 1739, 1658–1666, Nr. 2–34; *Jakob Franck*: Art. „Marperger, Paul Ja-

übrigen 400 rt. will gerne stehen lassen, wie ich auch meinen Lieben Heiland und seine Gemeine nicht verlassen werde; [...].“ Aus diesen Worten spricht eine ungebrochene Identifikation mit der Brüdergemeine.

Man gewinnt den Eindruck, dass die Trennung auf Zinzendorfs Betreiben erfolgte. Die eigenhändige Korrektur Zinzendorfs im Protokoll lässt darauf schließen, dass der Graf selbst entscheidende Gespräche mit den Christianis geführt hat. Die von ihm überlieferte Aussage: „Ich habe die wenigste Gelegenheit, mit den Geschw:[istern] umzugehen; es kommen aber doch wichtige Fälle vor, da niemand eigentlicher mit ihnen zu thun kriegt, als ich; sie sind in geringer Anzahl, aber decisiv“,[91] stützt diese Annahme. Offenbar hatten sich Erwartungen, die er mit dem getauften Türken für seine Missionspläne und -ziele verband, nicht erfüllt. Einen wie hohen Stellenwert Christiani einnahm, zeigt eine Eintragung im Diarium vom 17. November 1755.[92] Dort ist im Hinblick auf die Tageslosung, die früher von Haus zu Haus getragen wurde und seit 1731 in gedruckter Form verbreitet wurde,[93] vermerkt:

> Wir haben den Namen des Heilands gehabt: Aller Geschlechte Israel Gott, Den hätte [der getaufte Jude, d. Vf.] Lieberkühn mit dem Christiani herum tragen sollen, und wenn Samuel gesagt hätte: Aller Geschlechte Israel Gott: so hätte Mustapha die Collecte dazu gesagt: Ach daß auch Ismael leben sollte von Ihm! Das wäre ein naturelles Drame gewesen, eine Scene, da die action mehr gesagt hätte, als alle Erklärung.

Dass Zinzendorf sich intensiv mit dem Orient befasst hat, zeigt auch ein 1753 verfasstes Gedicht, „welches, nach der alten Morgenländischen Lehrer weise, beschreibet, wie Gott aus einem geringen, winzigen und, dem anschein nach, ewig vergessenen Wesgen was unschätzbares und ein ehren=spectakel vor der welt machen [...] kan“.[94] Christiani mag dem Grafen deutlich gemacht haben, dass eine Christianisierung der Mohammedaner auf unüberwindliche Schwierigkeiten stoßen würde.[95] Es ist

---

kob“. In: ADB 20, 1884, 405; *Hans Jäger*: Art. „Marperger, Paul Jakob“. In: NDB 16, 1990, 234 f.; *Gurlitt*, August der Starke [s. Anm. 6], 298 f., 388 f.).

[91] UAH GN. C.80, 1758, 4, 302, 25. May. Bereits 1754, Mo. 08.07., als die Generalabsolution des Ehechors in Herrnhut erfolgte, verzeichnet Zinzendorf in seinem Losungsbuch die Randbemerkung: „Er [d. i.der Heiland, d. Vf.] ist nicht recht mit mir zufrieden d[ass] ich izt so wenig zu besuchen tractire.“ (UAH Th S/A 152)

[92] UAH GN. A.43 (Gemeinnachrichten 1755, 4), 434.

[93] Vgl. *Erich Beyreuther*: Die Herrnhuter Losungen und ihre Entstehungsgeschichte. In: UnFr 7, 1980, 4–15. Dem ausgelosten Bibeltext als unmittelbare Anweisung Gottes („den Namen des Heilands“) wird ein ergänzender, erläuternder Text („Collecte“) hinzugefügt (s. o. Anm. 11).

[94] Barbysche Samlungen Alter und Neuer, Lehr=Pricipia, Sitten=Lehren, [...] des dermaligen ORDINARII der Brüder. Erste Samlung. Barby 1760, III. Parodie einer Orientalischen Parabel, von der Creatur Erhöhung aus Gnade, und Verwerfung aus Ursachen, 77–86.

[95] Mit diesen Schwierigkeiten hatten sich auch in späterer Zeit Missionsgesellschaften ausei-

immerhin bezeichnend, dass in den späteren Liturgie-Texten von den eingangs erwähnten Türken keine Rede mehr ist. Auch scheint sich hier noch einmal die alte, von Zinzendorf selbst kritisierte pietistische Gesetzlichkeit ausgewirkt zu haben.[96] „Daher ist unsre strenge Zucht gekommen, da wir die Leute, die was böses und tadelhaftes thaten, nie straften, (das war unerhörtes), sondern gleich fortschikten."[97]

Über das Leben der Christianis in Ramsla ist leider nichts überliefert. In beiden Eintragungen im Sterberegister ist als Beruf „Kauf- und Handelsmann" angegeben. Doch womit und wo mag Christiani Handel getrieben haben? Das landwirtschaftlich und dörflich geprägte Ramsla bot keine Grundlage für ausgedehnte Handelsgeschäfte. Erst die Gewerbestatistik im 19. Jahrhundert weist einen Vertreter des Handels (Feuerversicherungsagent) aus.[98] Wir müssen es also bei der interpretationsbedürftigen Berufsbezeichnung bewenden lassen und zitieren zum Schluss die folgende Eintragung im Sterberegister:[99]

> Ernst Albert Carl Christiani. Ein gebohrner Türcke welcher zu Weimar durch den HE. Hofprediger Bartholomäi im christlichen Glauben unterrichtet und darauf den 8. Sonntag nach Trinitatis 1735 die hl. Taufe empfangen, einige Jahre[100] aber allhir als christlicher Mitnachbar u. Innenwohner, auch Kauf und Handelsmann gelebet; starb den 17. Merz [1784] selig in dem Herrn und wurde den 19[n] mit einer Leichen Rede christlich zur Erde bestattet.

Das Petschaft, mit dem Christiani seine Briefe siegelte, ist aufschlussreich. Es macht deutlich, dass er seine Herkunft nicht verleugnete. Es zeigt unter einer von einer Palme (li.) und einer Weinrebe (re.) begrenz-

---

nander zu setzen; so z. B. Die Mohammedaner-Mission auf der Tembaramkonferenz. 1938. Vgl. *Guntram Philipp*: Siegfried Knak. Evangelischer Theologe, Missionswissenschaftler, Missionsdirektor. In: Ostdeutsche Gedenktage 2005/2006. Bonn 2006, 90–93.

96 UAH GN. C.80, 1758,5. 307 f. Dabei spricht er noch am 25.05.1758: „Mein Object ist nicht die Grille von dem Tempo der Wiedergeburt, oder sie en spectate zu geben [. . .]", dies sei „leeres Zeug, eine Theologia scholastica u. was albernes". Schon 1746 hatte er gemahnt: „Daher, meine Freunde! ist der Methodismus, da man den Leuten her erzehlt, wie ein Mensch von neuen gezeugt wird, in Gefahr, auf eine Absurdität hinaus zu lauffen; [. . .]" (Neun oeffentliche Reden über wichtige in die Religion einschlagende Materien, Gehalten zu London in Fetterlane-Capelle Anno 1746: Die dritte Rede, 53; vgl. *Erika Geiger*: Zinzendorfs Stellung zum Halleschen Bußkampf und zum Bekehrungserlebnis. In: UnFr 49/50, 2002, 13–22).

97 19.03.1755 an das Ehe-Chor, zit. n. *Hans-Christoph Hahn*: Gesetzlichkeit und Freiheit bei Zinzendorf. In: UnFr 49/50, 2002, 139–155, hier 142. In England war es 1743/44 zu erheblichen Spannungen zwischen den dortigen Brüdergemeinen, die zunächst nicht gewillt waren, sich der strengen Kirchenzucht zu unterwerfen, und dem Grafen Zinzendorf gekommen; vgl. *Colin Podmore*: Zinzendorf und die englischen Brüdergemeinen. In: Neue Aspekte [s. Anm. 15], 188–206, hier Kap. Gehorsam und Freiheit: 1743–44, 193–196.

98 Festschrift 875 Jahre Ramsla. 1119–1994, 9.

99 Kirchenarchiv Ramsla: Toden=Register zu Ramßla 1717–1821, Bd. 3, fol. 71.

100 Immerhin 25 Jahre von 1758 bis 1784!

ten Krone, in der Mitte ein kleines M (ustava), das von einem großen C (Christiani) umschlossen ist.

War in den Jahrhunderten zuvor für die mamelukisch-osmanischen Militärsklaven die Konversion zum Islam eine wichtige Voraussetzung für den sozialen Aufstieg gewesen,[101] so bot umgekehrt die Konversion zum Christentum den „Kriegsbeute-Türken" des 18. Jahrhunderts bei entsprechender Anpassungsfähigkeit an die abendländische Kultur -und sei es in der Ausprägung einer kleinen evangelischen Missionskirche- die Möglichkeit zur gesellschaftlichen Integration und zu sozialem Aufstieg. Sind dem Türken Christiani, nicht zuletzt durch seine Mitgliedschaft in der Brüdergemeine, auch der gesellschaftliche und ökonomische Aufstieg ermöglicht worden, so ist die völlige Integration in den religiösen Formen und dem gesellschaftlichen Verhaltenskodex der Herrnhuter offenbar nicht gelungen.

Anlage 1

Taufe des im Jahre 1712 in Konstantinopel geborenen Türken Mustava in Weimar am 31. Juli 1735 in der Weimarer Hofkirche.

Den 31. July. Dom. VIII. p. Trinitatis, wurde der *Türcke* so bey Ihro Regierender Hochfürstl. Durchl. in Diensten ist, in dieser Fürstl. Hof=Kirche, gleich nach der Amts Predigt, in gegenwart der sämmtl. Durchlauchtigsten hohen Herrschaft. und zahlreicher Versammlung getaufft, von Ihro Magnif. Herrn Ober Kirchen Rath und Gener. Super. Weber, in der Tauffe empfing er die Nahmen

Ernst Albert Carl Christiani.[102]

Die Hohen Pathen sind

Ihro Regierende Hochfürstl. Durchl. Herr Ernst August Hertzog zu Sachsen p. Ihro Hochfürstl. Durchl. Frau Sophia Charlotte Albertina Vermählter Hertzogin zu Sachsen.

Ihro Hochfürstl. Durchl. Prinzeßin Johanna Charlotta, allhier.

Herr Graf Carl von Laschansky Hochbestalter Obrist Lieutenant bey dem Löbl. Kayserl.Sachsen Weimarschen Cuiraßsir Regiment, dieser Herr hat selbst gestanden.

---

[101] Vgl. *Gerhard Hoffmann*: Der mamelukisch-osmanische Militärsklave. In: Geschichte und Gesellschaft 29, 2003, 191–209, hier 206.

[102] Die Wahl dieses Namens dürfte auf die Schrift Martin Luthers Vom Krieg wider die Türken (1528) zurückzuführen sein. Darin unterscheidet der Reformator zwischen dem Christenmenschen Christianus und dem weltlichen Kaiser Karolus V; vgl. *Martin Brecht*: Luther und die Türken. In: Europa und die Türken in der Renaissance. Hg. v. *Bodo Guthmüller* und *Wilhelm Kühlmann*. Tübingen 2000, 9–27, hier 14; *Gerceker*, Die gegenseitige Wahrnehmung der Europäer und Osmanen [s. Anm. 26], 127.

Vor obiger Hohe Herrschafften aber ist zu gegen gewesen.
HE. Obrist Lieutenant von Spitznase alhier.
Frau Oberhoffmeisterin von Hohendorffin hieselbst.
Fräul. von Pflügin alhier.

NB. Vorgetauffte *Person* war in Weis Seidenen Habit gekleidet, und Türkischen Haube und Bund auf den Kopf habend, und war unter währenden Gottes Dienste in der Sacristey,[103] weil denn der Gottes Dienst gantz aus war, wurde wieder gesungen:

Es woll uns Gott genädig seyn:
Unter diesem Gesang; Kamen Vor bemelde Vornehme Tauff=Zeugen durch die Sacristey, in die Kirche, und blieben an der Seite der Sacristey stehen,

so dann führten der HE. Ober=Kirchen Rath und Gener: Sup: Weber, nebst den HEn. Hof Prediger M. Coeler und HEn. Hof Diacon Bartholomai mehr bemelder Person vor dem Heil. Altar und 4. Eckigten Tauff=Tisch, welcher mit einem Weis Neßeltuchenen Tuche mit güldenen Spitzen behenget, und Vergoldenen Lavor,[und Gieß Kanne, *gestrichen.*] darauf zur Heil. Tauffe gesetzet war,

Nach geendigten Gesange Hielten der HE. Ob.K.Rath u. Gener.Sup. Weber, auf diese vorseyender Heil. Tauffe einen Sermon, und bey dem Beschluß über gaben Sie diese offl. bemelder Person.

den HEn. Hof Diacon. Bartholomae zum öffentlichen examine da Er sehr wohl bestanden hat, daß die hohe Herrschafft welche in dem Kirchen Gemach stunden, und alle andere hohe und niedrige ihr sonderbahr Vergnügen darüber bezeugten.

Darauf geschahe der Tauff=Actus. Hier wurde ihn der Türk. Bund von dem Kirchner abgenommen u. so lange in die Sacristey getragen.

Der Seegen gesprochen.

Zum Beschluß. Sein Wort seine Tauffe sein Nachmahl p. gesungen.

NB. 5 Rthlr. 8 Groschen Becken Geld der Kirchner bekommen.
Hn. Stiebritz

Quelle: Evgl.Kirchenbuch, Archiv Weimar, Hofkirche, Taufregister Jg. 1735, S. 82–84.

Anlage 2

Der Hof Türck und Coffetier Christiani Entlassungs und Abfertigungs-Gesuch betr. ao 1750.
Durchlauchtigster Herzog, Gnädigster Fürst und Herr

Nachdem der seitherige Hof=Türck und Coffetier, Christiani, um seine Entlassung unterthänigst nachgesucht, solche auch von Ew. Hochfürstl. Durchl. in Gnaden erhalten; so hat derselbe anliegend, auch wegen einer gnädigsten Abfertigung ihn nicht unenthört zulaßen, geziemendst gebethen.

Nun ist zwar nicht zuläugnen, daß dieser Christiani lange Jahre treu und ehrlich gedienet; es können auch Exempel vorhanden seyn, daß bey hiesigem

[103] Als noch nicht getaufter Heide war ihm offenbar die Teilnahme am Gottesdienst noch verwehrt.

Hof ein und andern abgehender Diener bey dem Abschiede, aus besonderer Rücksicht auf seine lange treue Dienste, oder andere dergleichen Umstände, noch insbesonder eine Gnade erzeiget worden;
Da aber solches zu keiner Conseqvenz erwachsen zulaßen nöthig seyn will: So untergeben Ew. Hochfürstl. Durchl. wie hierunter die höchste Disposition lediglich, und, erwarten, ob nach unseren ohnzielsetzlichen Dafür halten diesem Supplicanten, ohne Conseqvenz, eine Abfertigung von etwa 10. Thlr. oder mehr um so ehender angedeyhen solle, als er solche über sein gutes Bezeigen nach wegen Fünf Jahr lang entbehreter neuen Montur, als eines partis salarii, verdienet zu haben glaubet. Wir aber nennen uns in profondester veneration
Ew. Hochfürstl. Durchl.
unterthänigst versammelte
zum Geheimen Ober Vormundschaffts Collegio hieselbst verordnete Director und Räthe

Carl und Hartmann von Erfta
Johann Friedrich Wagner
August Christian Kirmß

Weimar
Den 2. März 1750

Bl. 2 Durch den Herzog genehmigt am 9. Mai 1750: „wes maßen Wir aus besonderen Gnaden resolvirt haben Supplicienden Christiani zwantzig Rthl. zur gebothenen Abfertigung reichen zu laßen [. . .].“

Bl. 3 Gesiegeltes Couvert, adressiert an den Fürsten Frantz Josias in Coburg: „Fürstl. Obervormund und Landes Administrator.“

Quelle: Thür. HStA Weimar B 26038.

Anlage 3

Protokoll des Richterkollegs in Herrnhut vom 26. August 1751.

Vor etlichen Tagen ist ein Türke, der sich seit einigen Jahren zur Gemeine gehalten u. Christiani heißt, von Ebersdorf anhero geschickt worden.

Dieser Christiani ist zu Constantinopel von türkischen Eltern geboren[104], und mit Königlich Polnischen Kommißarien nach Warschau und an den Sächsischen Hof als junger Knabe gekommen, woselbst er 3 Jahr als ein Bedienter gestanden, und dem Herzog von Weimar bei einem Besuch vom Polnischen Hofe geschenkt worden.

Hierauf hat er 20 Jahre am Weimarschen Hof als Kaffee=Schenke gestanden, daselbst geheirathet; jedoch ein so lockeres Leben geführt, daß seine Frau sich von ihm separirt. Er ist bey dem Absterben des Herzogs zugegen gewesen, und hat seinen Abschied erst 2 Jahre nachher erhalten können. Er ist bei Erblickung und Lesen des Spruches: „O ihr Berge fallet über uns!“ erweckt, und nach ge-

[104] Geburtstag und -monat, das zeigen die Weimarer, Ramslaer, Ebersdorfer und Herrnhuter Quellen, waren dem Türken offenbar nicht bekannt.

schehener, vielen Nachforschung mit den Brüdern bekannt geworden, auch nach Ebersdorf gezogen, hat sein in 1500 rt bestehendes Kapital der dasigen Gemeine geliehen und hat noch 300 rt aus Weimar zu erwarten.

Er ist daselbst nicht [als vollgültiges Brüdergemeinmitglied. G. P.] aufgenommen, sondern damit auf Herrnhut vertröstet worden.[105] Er gedenkt beinahe von seinen Zinsen zu leben, wenn er nur einige Arbeit habe, und dabey etwas verdienen könne.

Quelle: Unitäts-Archiv Herrnhut: SAK 20. Protokolle des Richterkollegs in Herrnhut 1734–1777.

---

105 Im Catalogus ca. 1752 (UAH [s. Anm. 37]) ist u. a. vermerkt: „Aufgenommen": er am 29.11.1751; sie am 29.09.1751. Am 23.04.1752 nahmen beide miteinander am ersten Abendmahl teil.

Susanne Hoffmann

Gefährdete Gesundheit und fragile Männlichkeit im ausgehenden 18. Jahrhundert am Beispiel des „armen Mannes im Tockenburg"

Als der Schweizer Kleinbauer, Spinner, Weber und Zwischenverleger im proto-industriellen Baumwolltextilgewerbe Ulrich Bräker (1735–1798) starb, hinterließ er eine umfangreiche Textsammlung.[1] Sie liegt heute in einer wissenschaftlichen Gesamtausgabe vor.[2] Der Pietist begann sein Schreiben 1768/69 als *praxis pietatis* mit einer spirituellen *Vermahnung*. Seine rund 30, zwischen den Jahren 1770 und 1798 im Erwachsenenalter niedergeschriebenen Tagebuchjahrgänge zeichnet zunächst noch ein religiös motivierter Bekenntnis- und Rechtfertigungscharakter, im Zuge seiner intellektuellen „Selbstaufklärung"[3] dann eine zunehmend weltliche Orientierung aus. Gesundheitliche Belange – in einer für den aufgeklärten Pietisten charakteristischen Doppelbedeutung von leibkörperlicher und seelischer Gesundheit – sind dabei ein wichtiges Thema.[4] Insgesamt weit mehr als ein umfangreicher „retrospektiver Terminkalender"[5] liegt damit, zusammen mit Bräkers anfangs der 1780er Jahre verfasster Autobiographie *Lebensgeschichte und Natürliche Ebentheuer des Armen Mannes im Tockenburg*, vor: eine stilistisch heterogene Mischung

[1] Zur Biographie Bräkers weiter bei *Holger Böning*: Ulrich Bräker. Der arme Mann aus dem Toggenburg – Eine Biographie. Zürich ²1998.

[2] *Ulrich Bräker*: Sämtliche Schriften. Band 1: Tagebücher 1768–1778. Bearb. v. *Alfred Messerli* [u. a.]. München 1998 (im Folgenden Ba mit Seite); *ders.*: Sämtliche Schriften. Band 2: Tagebücher 1779–1788. Bearb. v. *Heinz Graber* [u. a.]. München 1998 (Bb); *ders.*: Sämtliche Schriften. Band 3: Tagebücher 1789–1798. Bearb. v. *Andreas Bürgi* [u. a.]. München 1998 (Bc); *ders.*: Sämtliche Schriften. Band 4: Lebensgeschichte und vermischte Schriften. Bearb. v. *Claudia Holliger-Wiesmann* [u. a.] München 2000 (Bd).

[3] *Bettina Volz-Tobler*: Ulrich Bräkers »Selbstaufklärung« im Spiegel seiner frühen Tagebücher. In: Schreibsucht. Autobiographische Schriften des Pietisten Ulrich Bräker (1735–1798). Hg. v. *Alfred Messerli* u. *Adolf Muschg*. Göttingen 2004, 72–92, hier 74 f.

[4] Vgl. *Susanne Hoffmann*: Gesundheit und Krankheit bei Ulrich Bräker (1735–1798). Dietikon 2005, 15–24.

[5] *Ulrich Joost*: Tagebücher? Verstreute Beobachtungen zu Textsorte, Technik und Funktion. Ulrich Bräker, Georg Christoph Lichtenberg und einige ihrer Zeitgenossen. In: Schreibsucht [s. Anm. 3], 49–71, hier 54.

aus teils autobiographisch-dokumentarischen, teils literarisch-poetischen Skizzen, die Einblicke in Denken und Handeln, Gesundheit und Krankheit, Selbst- und Weltwahrnehmung eines verheiraten siebenfachen Vaters und Landmannes aus der „classe der armen“ (Bc 788) im letzten Drittel des 18. Jahrhunderts erlauben.[6]

Ulrich Bräker, der literarische Autodidakt, lebte seine „Schreibsucht“ (Bd 363) just in einem Zeitraum aus, als eine „neue Unordnung der Geschlechter“[7] im Kielwasser der vielstimmigen und heterogenen Strömungen der Aufklärungsbewegung die Geschlechterdiskurse und -praktiken in Europa durcheinander wirbelte.[8] Neue Männlichkeiten und Weiblichkeiten wurden damals kurzzeitig gedacht und gelebt, weiterverfolgt oder wieder verworfen, bevor sich die Geschlechterrollen und -beziehungen im weiteren Verlauf des 19. Jahrhunderts neuerlich verfestigen sollten.[9] Mögliche nachteilige Folgen dieser polaren bürgerlichen Geschlechterordnung für den Gesundheitszustand und die Lebenserwartung von Männern werden aktuell vielfach öffentlichkeitswirksam diskutiert.[10]

Vermahnung, Tagebücher und *Lebensgeschichte* von Ulrich Bräker sollen im Folgenden exemplarisch in einer geschlechter- (beziehungsweise männer-) und gesundheitsgeschichtlichen Perspektive betrachtet werden. Welche Gefahren der so genannte „arme Mann im Tockenburg“ für seinen Gesundheitszustand und damit gleichzeitig für seine Männlichkeit in seinem spezifischen sozialen, kulturellen und historischen Kontext im letzten Drittel des 18. Jahrhunderts wahrnahm, soll nachstehend aufgezeigt werden.[11] Gesundheitshandeln kann Geschlechtlichkeit konstituie-

---

[6] *Joost*, Tagebücher? [s. Anm. 5], 56–58; zu Bräkers Schreiben überhaupt vgl. die Beiträge in Schreibsucht [s. Anm. 3].

[7] *Claudia Honegger*: Die Ordnung der Geschlechter. Die Wissenschaften vom Menschen und das Weib 1750–1850. Frankfurt/Main, New York 1991, 46.

[8] Vgl. u. a. *Anne-Charlott Trepp:* Sanfte Männlichkeit und Selbständige Weiblichkeit. Frauen und Männer im Hamburger Bürgertum 1770–1840. Göttingen 1996; *Britta Hermann:* Auf der Suche nach dem sicheren Geschlecht. Die Briefe Heinrich von Kleists und Männlichkeit um 1800. In: Wann ist der Mann ein Mann? Hg. v. *Walter Erhart* u. *ders.* Stuttgart, Weimar 1997, 212–234; Ordnung, Politik und Geselligkeit der Geschlechter im 18. Jahrhundert. Hg. v. *Ulrike Weckel* [u. a.]. Göttingen 1998; *Rebekka Habermas:* Frauen und Männer des Bürgertums. Eine Familiengeschichte (1750–1850). Göttingen 2000; Tugend, Vernunft und Gefühl. Geschlechterdiskurse der Aufklärung und weibliche Lebenswelten. Hg. v. *Claudia Opitz* [u. a.]. Münster 2000.

[9] Grundlegend hierfür ist noch immer die These von *Karin Hausen:* Die Polarisierung der „Geschlechtscharaktere“ – Eine Spiegelung der Dissoziation von Erwerbs- und Familienleben. In: Sozialgeschichte der Familie in der Neuzeit Europas. Neue Forschungen. Hg. v. *Werner Conze.* Stuttgart 1976, 363–393; kritisch dazu zuletzt *Rüdiger Schnell:* Sexualität und Emotionalität in der vormodernen Ehe. Köln [u. a.] 2002, 60–68.

[10] *Martin Dinges:* Männergesundheit in historischer Perspektive. Die Gene erklären nur den kleineren Teil des Geschlechterunterschieds. In: Blickpunkt DER MANN 4, 2006, 21–24, hier 23 f.

[11] Vgl. *Andrea Griesebner* u. *Christina Lutter:* Geschlecht und „Selbst“ in Quellen des Mittel-

ren und umgekehrt. Dieser Zusammenhang, der methodisch Rückschlüsse von dem einen auf den anderen Bereich erlaubt und in der aktuellen gesundheitswissenschaftlichen Forschung gut belegt ist, wird dazu heuristisch fruchtbar gemacht.[12] Ein mehrseitiges fingiertes eheliches Streitgespräch, das der verbitterte Ehemann Bräker aus konkretem Anlass Ende August 1780 in seinem Journal festhielt, eignet sich als Ausgangs- und Referenzpunkt für die nachstehende Exkursion in dessen umfangreiches autobiographisches Werk. Konkret lebbare Formen des Mann- und Frauseins, mögliche und unmögliche Geschlechterrelationen und wechselseitige geschlechtsspezifische Verhaltenserwartungen stehen zusammen mit gesundheitlichen Belangen im Zentrum des verbalen Schlagabtausches mit der in Wahrheit illiteraten Gattin Salome Ambühl (1735–1822). Inhalt und Struktur sind einer Querelles des Femmes oder einem popularen Ehediskurs nachempfunden.[13] Gottlieb Jakob Plancks (1751–1833) empfindsames *Tagebuch eines neuen Ehemannes* (1779) gibt der Autor Bräker als Inspirationsquelle für seine autobiographische Auseinandersetzung mit der Ehethematik an (Bb 225).[14]

1. Die fragile Männlichkeit des „armen Mannes im Tockenburg“

Wer in dem Holzhäuschen auf der Hochsteig und damit in der Ehe Bräker-Ambühl wann das Sagen hatte, diese Frage stand nicht nur im August 1780 im Kern der ehelichen Auseinandersetzung. Ulrich Bräker zeichnete die zahllosen Konflikte in regelmäßigen Abständen erbost in seinen Journalen nach. Seine Position sah Bräker mit der 1761 erfolgten Eheschließung an der Spitze der kleinen, insgesamt neunköpfigen proto-industriellen Ehe- und Hausgemeinschaft. Seine subjektive Männlichkeitskonstruktion war insofern primär eine soziale. In dem *Ehedisput* 1780 weist der Hausvater Bräker daher gleich zu Beginn seiner Verteidigungsrede die herrische und widerständische Art seiner Gattin harsch zurück. Ihr „gebieterische[r] thon“, ihre täglichen „bittre[n] vorwürffe“ und ihre Versuche, ihn „unter dem daumen zuhalten, als ein ehrbietiger sclave“, missfielen ihm damals zutiefst, gefährdete sie doch seine männliche Vormachtstellung (Bb 221). Auch anderenorts stießen der so be-

---

alters und der Frühen Neuzeit. In: Vom Individuum zur Person. Neue Konzepte im Spannungsfeld von Autobiographietheorie und Selbstzeugnisforschung. Hg. v. *Gabriele Jancke* u. *Claudia Ulbrich*. Göttingen 2005, 51–70, hier 57.

12 *Robin Saltonstall:* Healthy Bodies, Social Bodies. Men's and Women's Concepts and Practices of Health in Everyday Life. In: Social Science & Medicine 36, 1993, 7–14, hier 12.

13 Vgl. *Friederike Hassauer:* Der Streit um die Frauen. Elf Fragen und Antworten. In: Geschlechterperspektiven. Hg. v. *Heide Wunder* u. *Gisela Engel*. Königstein 1998, 255–261, hier 258 f.

14 *Gottlieb Jakob Planck:* Tagebuch eines neuen Ehemannes. Leipzig 1779.

drohte „arme Mann" sich an entsprechend „falschen" häuslichen Relationen (zum Beispiel im autobiographischen Rückblick auf sein Elternhaus; Bd 373). Er folgte damit grundsätzlich dem frühneuzeitlichen, in der christlichen Anthropologie gründenden und im protestantischen Raum in der Hausväterliteratur normalisierten Ordnungsverständnis, wonach häusliche Frauenmacht die illegitime Umkehrung eines göttlich legitimierten Ehe- und Geschlechterverhältnisses bedeutete.[15] Gerade deshalb gehörte der Topos männerdominierender Frauen zur Diskursmasse der zeitgenössischen *Querelles des Femmes*.[16]

Ulrich Bräkers Ehe- und Geschlechterkonzept gestaltete sich dennoch vielschichtiger als diese vordergründig patriarchale Selbstpositionierung zunächst vermuten lässt. Eine starke und in spirituellen Dingen prinzipiell nicht nur gleichwertige, sondern gleichrangige Stellung, die er seiner Gattin zuerkannte, lag allem Anschein nach in der gelebten pietistische Frömmigkeitspraxis dieses Schweizer Paares begründet.[17] Diese Tradition, nicht die geschlechterpolitischen Egalitätsdiskurse aus dem Kontext der Aufklärungsbewegung, war damit wegweisend für das frauenemanzipatorische Eheleben in diesem ländlichen Haushalt. Stärker als im lutherischen wurde im pietistischen normativen Schrifttum die Gleichrangigkeit der Eheleute vor Gott betont, weshalb diese sich gegenseitig moralisch unterweisen sollten.[18] Gehilfin des Mannes zum Guten, so verstand zum Beispiel Karl Heinrich Bogatzky (1690–1774) die Aufgabe der Ehefrau in seinem erbaulichen *Das güldene Schatzkästlein*, das auch der junge Bräker gelesen hatte.[19] Differenziert lehnte der so genannte „arme Mann" in seiner *verantwortung* im Jahr 1780 daher lediglich eine *ungerechtfertigte* Kritik seiner Gattin an seiner Person beziehungsweise an seinem Lebenswandel ab: „du weist das mir das willennehmen – das ewige binden und zwengen – das unaufhörliche predigen u. hoffmeistern, beständige vorwürf machen u. tadeln, in tode zuwieder ist – ia wos ich verdiene – aber um nichts, und wieder nichts, um iedes baagatel, iedes scheele wörtchen, zurede setzen – das kan ich nicht leyden" (Bb 222 f.). Das von Ulrich Bräker hier angesprochene gegenseitige Unverständnis der Eheleute bis in die kleinsten Details der alltäglichen Lebensführung war in der Hauptsache die Folge der seit der Eheschließung im Jahr 1761 zwischenzeitlich deutlich auseinander klaffenden intellektuel-

---

[15] *Heide Wunder:* Normen und Institutionen der Geschlechterordnung am Beginn der Frühen Neuzeit. In: Geschlechterperspektiven. Hg. v. *ders.* Königstein 1998, 57–78, hier 63 f.

[16] *Hassauer*, Der Streit um die Frauen [s. Anm. 13], 255.

[17] Vgl. dazu allgemein *Heide Wunder:* »Er ist die Sonn', sie ist der Mond«. Frauen in der Frühen Neuzeit. München 1992, 264 f.

[18] *Ulrike Gleixner:* Pietismus und Bürgertum. Eine historische Anthropologie der Frömmigkeit. Württemberg 17.–9. Jahrhundert. Göttingen 2005, 210–212.

[19] *Fritz Tanner:* Die Ehe im Pietismus. Zürich 1952, 194; *Samuel Voellmy:* Lieblingslektüre Ulrich Bräkers des Armen Mannes im Tockenburg 1735–1798. Basel, Stuttgart 1975, 20.

len und kulturellen Horizonte des aufgeklärten Ulrich und der weiterhin sittenstreng-frommen Salome. Seine unermüdlichen literarischen und weltlich orientierten Bildungsanstrengungen waren der Grund.[20] Doch viele pietistische Ehen litten damals unter vergleichbaren Spannungen wie diese proto-industrielle, die sich aus der gleichzeitig hierarchischen und symmetrischen Eheauffassung ergaben, wie Ulrike Gleixner für das württembergische Bürgertum zeigen konnte.[21]

Gesundheit – speziell *seine* Gesundheit beziehungsweise vielmehr *sein* Gesundheitsverhalten – war nun in der Verbindung Bräker-Ambühl ein, wenn nicht der zentrale Dispositions- und Streitfaktor. Die Gesundheitsfürsorge war bereits im 16. und 17. Jahrhundert als ein geschlechtsspezifischer Aufgabenbereich eher der Hausmutter zugeordnet.[22] An mehreren Stellen seiner Schriften legt der pietistische Ehemann Ulrich Bräker dar, dass er mit seiner Eheschließung die Sorge für sein körperliches und seelisches Wohlergehen freiwillig seiner besonneneren, frommeren und tugendhafteren Gattin überantwortet habe. Um dies zu erläutern, übertrug der belesene Landmann in seinem fingierten Ehedialog 1780 das Konzept der Liebesheirat auf sein eigenes Leben. Dieses erlebte damals in bürgerlichen Kreisen eine symbolische wie alltagspraktische Aufwertung;[23] und auch in Gottlieb Jakob Plancks *Tagebuch eines neuen Ehemannes*, das dem Autodidakt Bräker als Vorlage für seinen Dialog diente, steht die erwachende „innige Liebe"[24] eines frisch verheirateten Bürgerpaares im Mittelpunkt. Nicht auf die zärtlich-romantische, sondern auf die pragmatische Art liebe er, der Landbewohner, nun seine Salome, die er oftmals ironisch als „Dulcinea" (Bd 523) (die Angebetete von Cervantes' Romanfigur „Don Quijote") verspottete: „als ein unentbehrliches hauscreütz – als ein geschenk des himmels – als eine vätterliche züchtigung" (Bb 223 f.). Sie empfinde gleichfalls eine „liebe und sorge, für seyn zeitliches und ewiges wohl", die sie „nicht unterdrücken" könne, unterstellt er ihr in ihrer vorangestellten weiblichen Rede (Bb 220). In der ungefähr zur selben Zeit abgefassten *Lebensgeschichte* bestärkt sich der Ehemann in seiner moralisch läuternden Partnerwahl rückblickend nochmals selbst:

> Solch einen Arzt braucht' ich, der alle meine Schaden nicht nur aufdeckte – sondern auch vergrösserte, und bisweilen selbst die minder wichtigen für höchst gefährlich ausgab; die mir, freylich stinkende, beissende Pillen, frisch

---

[20] Vgl. *Volz-Tobler*, Ulrich Bräkers »Selbstaufklärung« [s. Anm. 3], 74 f.

[21] *Gleixner*, Pietismus und Bürgertum [s. Anm. 18], 212.

[22] Vgl. *Susanne Günster*: Die Aufgaben der Hausmutter in der Gesundheitsfürsorge und Krankenbetreuung. Eine medizinhistorische Untersuchung der deutschsprachigen Hausväter-/Hausmütterliteratur der Frühen Neuzeit. Diss. Med. Hannover 1985, 70–108.

[23] Vgl. *Trepp*, Sanfte Männlichkeit und Selbständige Weiblichkeit [s. Anm. 8], 128 u. 131.

[24] *Planck*, Tagebuch eines neuen Ehemannes [s. Anm. 14], 150.

vom Stecken weg, und noch mit einem Grenadiertron unter die Nase rieb, daß die Wände zitterten. Dadurch lernt' ich, zu dem einzigen Arzt meine Zuflucht nehmen, der mir dauerhaft helfen konnte, mich im Stillen vor ihm auf die Kniee werfen, und bitten: Herr! Du allein kennest alle meine Gebrechen; vergieb, und heile auch meine verborgenen Fehler! (Bd 526)

Was in der Ehepraxis folgte, waren jahrelange zähe Machtkämpfe, in denen das pietistische Paar Ulrich und Salome Bräker um das Gesundsein, Mannsein und Frausein rang. Sein Verhalten bot ihr dabei genug Angriffsfläche, um seine soziale Stellung als Mann zu destabilisieren. Ihre Gesundheit dürfte für die Eheleute auf der Hochsteig im Gegenzug keine entsprechende Rolle gespielt haben, wie ein quantitativer Blick auf Ulrich Bräkers *Vermahnung* und seine Tagebücher andeutet: auf insgesamt rund 2371 Textseiten (in der edierten Druckversion) thematisiert Ulrich Bräker den Gesundheitszustand seiner Frau insgesamt lediglich 16 Mal (in rund 2 Prozent aller einschlägigen Nennungen).[25]

Ulrich Bräker definierte sein Mannsein nicht einzig über seine soziale Stellung als Ehemann. Der intellektuelle Aufsteiger versuchte dabei, sich auch in anderen Beziehungskonstellationen als der Ehe (hier im Modell des Liebenden) in das kulturelle Muster des empfindsamen, gefühlsbetonten Mannes einzuschreiben. Diese Form einer emotionalisierten Männlichkeit, die sich im deutlichen Gegensatz zu dem rationalen Geschlechterleitbild der Spätaufklärung verhielt, das den weiteren bürgerlichen Geschlechterdiskurs im 19. Jahrhundert charakterisieren sollte, ist für bürgerliche Kreise um 1800 gut dokumentiert.[26] Bräker integrierte diesen neuartigen Aspekt gelebten Mannsein zum einen im Bezug auf seine Freundschaften mit anderen aufgeklärten Männern, Bürgern und „menschenfründe[n]" (Bc 789) aus dem Umfeld der *Moralischen Gesellschaft* in Lichtensteig (einer bürgerlichen Sozietät, der Ulrich Bräker seit 1776 angehörte). Er beschwor „zärtlich=liebreiche begegnungen" (Bb 712) oder „jnteressante und vertrauliche unterredungen" (Bb 712) in seinen Journalen; seinen Freund Johann Ludwig Ambühl (1750–1800) (ein Lehrer im nahen Dorf Wattwil) titulierte er häufig mit dem intimen Kosenamen „Bertold" (Bb 66). Mit seinem Selbstbild und seiner soziale Position als männlicher Hausvorstand dürfte diese relativ gut vereinbar gewesen sein.

Das von Ulrich Bräker (zumindest in Ansätzen) aus dem zeitgenössischen bürgerlichen Diskurs übernommene Konzept einer emotionalen Vaterschaft könnte sich folgenschwerer als die empfindsame Freund-

[25] *Hoffmann*, Gesundheit und Krankheit [s. Anm. 4], 42; zum methodischen Vorgehen s. 145–149.

[26] *Anne-Charlott Trepp:* Anders als sein „Geschlechtscharakter". Der bürgerliche Mann um 1800. Ferdinand Beneke (1774–1848). In: Historische Anthropologie 4, 1993, 57–77, hier 63; *Hermann*, Auf der Suche nach dem sicheren Geschlecht [s. Anm. 8], 217 f.

schaftsrhetorik auf seine soziale Stellung als *pater familias* ausgewirkt haben. Vatersein als Aspekt gelebten Mannseins musste in der Aufklärung nicht neu erfunden werden. Die väterliche Herrschaft zählte zu der traditionellen Rollenerwartung an einen Hausvater.[27] Dennoch, das Vaterbild erlebte im 18. Jahrhundert – parallel zu Mutterschaft und Mutterliebe – eine deutliche diskursive Aufwertung und Emotionalisierung.[28] Männer aus dem Bürgertum stellten um 1800 ein neuartiges reges und affektiv besetztes Interesse am Heranwachsen und an der Erziehung ihres Nachwuchses zur Schau.[29] Auch der Landmann Bräker bemühte sich in seinen Schriften immer wieder, von sich das Bild des „zärtliche[n] vatter[s]" (Bb 701) voll „besorgenter vatterliebe" (Bc 28) zu zeichnen. So interpretiert der Erwachsene die Züchtigung, die er durch den eigenen Vater erlebte (eine Praxis die in der Aufklärungspädagogik tendenziell abgelehnt wurde),[30] im autobiographischen Rückblick als Liebesbeweis (Bd 366 f.). Für den Leser erläutert er dort, in Klammern gesetzt, die eigenen Erziehungsmaximen:

> (Diese Thorheit begehen viele neu angehende Väter, und fordern nämlich von ihren ersten Kindern aus pur lauter Liebe, daß sie eine eben so zärtliche Neigung gegen sie wie gegen ihre Mütter zeigen sollte. Und so hab' ich auch bey mir und viel andern Vätern wahrgenommen, daß sie ihre Erstgeborenenen unter einer ungereimt scharfen Zucht halten, die dann bis zu den letzten Kindern nach und nach völlig erkaltet.) (Bd 366 f., vgl. 350)

Ob entdeckte Vaterliebe oder väterliche Inkonsequenz – der Mutter Salome war die mangelnde Durchsetzungsfähigkeit ihres Mannes den sieben Kindern gegenüber jedenfalls ein Dorn im Auge. Während sie die „keinder [gern] brav in der zucht – und waker zum arbeiten halten" wollte, wie er sie es in dem ehelichen Streitgespräch im Jahr 1780 formulieren lässt, stand Ulrich ihr „darwieder – sagt wir seyn auch so junge muthwillige häüte gewesen – wan ich gewallt brauchen will, so komt er mir übern hals – ist so ein verblendeter narr, an allen jungen, das er ihrer fähler und bosheiten nur nicht sieht; und wenn ers sieht, noch entschuldiget u. ihnen hilfft" (Bb 220).

---

27 *Heike Talkenberger*: Konstruktion von Männerrollen in württembergischen Leichenpredigten des 16.–18. Jahrhunderts. In: Hausväter, Priester, Kastraten. Zur Konstruktion von Männlichkeit in Spätmittelalter und Früher Neuzeit. Hg. v. *Martin Dinges*. Göttingen 1998, 29–74, hier 46 f.

28 *Claudia Opitz*: Wandel der Vaterrolle in der Aufklärung. In: Familienstrukturen im Wandel. Hg. v. *Joachim Küchenhoff*. Basel 1998, 13–32, hier 25–27; *dies*.: Mutterschaft und weibliche (Un-) Gleichheit in der Aufklärung. Ein kritischer Blick auf die Forschung. In: Tugend, Vernunft und Gefühl [s. Anm. 8], 85–106, hier 96 f.

29 Vgl. *Trepp*, Sanfte Männlichkeit und Selbständige Weiblichkeit [s. Anm. 8], 327–349 u. 403.

30 Ebd., 350.

Insgesamt definierte dieser so genannte „arme Mann“ sein Mannsein primär sozial, über seine patriarchale Stellung als Ehe- und Hausvorstand. Seine Position war bereits in sich eine unsichere, fragile. Dazu trug zum einen die pietistische Ehekonzeption, mit ihrer akzentuierten, starken und in der Tendenz gleichrangigen Stellung der Ehefrau bei. Das in gesundheitlicher Hinsicht – und in den Augen seiner Frau – längst nicht immer tugendhafte Verhalten des aufgeklärten Pietisten hatte in dieser häuslichen Geschlechterkonstellation ein deutlich Konflikt verschärfendes Potential, wie nachstehend gezeigt werden wird. Zumindest ambivalent wirkten sich ferner die von Ulrich Bräker selektiv aus dem zeitgenössischen bürgerlichen Geschlechterdiskurs übernommenen, kulturell neuartigen Vorstellungen gelebten Mann- und Frauseins auf seine Position als Mann aus (insbesondere das Konzept der Vaterliebe, aber auch der Liebesheirat oder der empfindsamen Männerfreundschaft).

2. Eine gefährdete Gesundheit im ausgehenden 18. Jahrhundert

2.1 Maßlosigkeit und Sinnlichkeit

Nicht alle alltäglichen Verhaltensweisen maßen der „armen Mann im Tockenburg“ Ulrich Bräker in seinen autobiographischen Notizen, und seine besorgte Gattin Salome in ihrem ehelichen Alltag, die gleiche Bedeutung für sein leib-körperliches und seelisches Wohlergehen und sein Mannsein bei, wie ein Blick auf die Thematisierungsschwerpunkte in Ulrich Bräkers Schriften verdeutlicht. Eine spezifische gefährdete Gesundheit und männliche Subjektivität brachten Ulrich Bräkers autobiographische Selbstbeobachtungspraktiken, die der späte Michel Foucault als „Technologien des Selbst“ beschrieben hat, hervor.[31] Der eigene genussbetonte Hang zur Sinnlichkeit bestimmte zentral Bräkers Selbstwahrnehmung. Im 79. Kapitel seiner Autobiographie, das nach Jean-Jacques Rousseaus gleich lautendem Werk mit *Meine Geständnisse* betitelt ist, stellt er sich seinem Leser als „ein Mensch [...] der alle seine Tage mit heftigen Leidenschaften zu kämpfen hatte“ (Bd 515) vor. Dementsprechend sind seine „grillen“ und „narrheiten“ (Bb 218) der erste verbitterte Vorwurf, den Salome ihm im Jahr 1780 in dem Ehedisput vorhält. „die verdammten, weltlichen bücher haben ihm das gehirn gantz verrukt“, lässt er dort die Illiterate bildungskritisch geifern (Bb 218).

Grundsätzlich wusste Ulrich Bräker verschiedene Arten der Sinnlich-

[31] *Michel Foucault*: Der Wille zum Wissen. Frankfurt/Main 1983, 66; *ders.*: Technologien des Selbst. In: Technologien des Selbst. Hg. v. *Luther H. Martin* [u. a.]. Frankfurt/Main 1993, 24–62, hier 61 u. 63; vgl. dazu zuletzt *Philipp Sarasin*: Michel Foucault zur Einführung. Hamburg 2005, 190 f.

keit zu unterscheiden. Als ein Oberbegriff verwendete der aufgeklärte Pietist diesen gleichbedeutend mit einer allgemeinen Maßlosigkeit, wie nachstehender Tagebucheintrag vom Mai des Jahres 1782 veranschaulicht. Unter der Überschrift „das X gebott. laß dich nicht gelusten. rc“ erläuterte der hungrige Hausvater dort (aus gegebenem Anlass) auf mehreren Seiten die körperlichen und seelischen Gefahren der sinnlichen Ausschweifung:

> [...] glaube mir, mein keind; ich kan dir aus erfahrung sagen: das einzige ächte wohlleben in dieser welt, besteht darin – wann man meister über seine lüste ist. (afecten, begirden, leidenschafften, mann kans nennen wie man will: ich verstehe alles darunter.) und das meiste elend u. ungemach – kommt von den lüsten her. will von den ersten nichts sagen – nur von den zweyten und dryten, da komt alles leibs u. seelen unheil her – gemüthkrankheiten – gewissensangst – übler laune, unmuth, verdruß, aerger, hader und zank: und die nichtsgeachtesten lüstle, können allerhand leibesunheil anrichten – nur in essen, trinken, schlaffen, wachen, arbeit u. müssiggang – lust sich zur unzeit zu wermen; oder zuerkühlen. jch kan dir gewüß sagen – das ich mir selbst durch solch kleine aber unzeitige lüstle, manchen schmerz zugezogen habe – kopfweh, husten u. a. m. – – – (Bb 281)

Aufforderungen zum maßvollen Handeln, adressiert an die eigene Person oder die Nachkommen, durchziehen wie kein anderes Thema Ulrich Bräkers Journaljahrgänge. Stets folgen sie einer ähnlichen Struktur: Auf das einleitende Eingeständnis einer konkreten Verfehlung folgt eine gegenwartsbezogene Neuinterpretation des Mäßigkeitsideals als sozialer Geltungsnorm; ein kurzes Gebet um göttlichen Beistand beschließt meist den Eintrag.[32] Dass Mann beziehungsweise „man meister über seine lüste ist“ (Bb 281), war folglich die zentrale Verhaltenserwartung für den Mann Bräker in seinem sozialen, kulturellen und historischen Kontext. Die hohe subjektive wie objektive Relevanz dieser Norm wird offenkundig in Salomes ständiger Kritik, seinen regelmäßigen autobiographischen Eingeständnissen der Abweichung und der daraus resultierenden fortlaufenden Wiederholung und Einübung, sowie in der intergenerationalen Tradierung.

Zwei Diskurse begründeten Ulrich Bräkers lebenslanges Ringen mit dem rechten Maß. Mäßigkeit galt zum einen als Handlungsmaxime in der antiken Diätetik, die in der gesamten frühen Neuzeit bis weit ins 19. Jahrhundert ihre alltagspraktische Geltungskraft bewahren sollte, um schließlich im neohippokratischen ärztlichen Hygienediskurs revitalisiert zu werden.[33] Selbstverständlich verfügte auch der Landmann Bräker über

[32] Siehe *Hoffmann*, Gesundheit und Krankheit [s. Anm. 4], 70–74.

[33] Vgl. *Klaus Bergdolt*: Leib und Seele. Eine Kulturgeschichte des gesunden Lebens. München 1999, 234 f.; *Philipp Sarasin:* Reizbare Maschinen. Eine Geschichte des Körpers 1765–1914. Frankfurt/Main 2001, 32–33.

dieses Wissen, wie nicht zuletzt obiges Zitat aus dem Jahr 1780 belegt. Maßlosigkeit galt zum anderen in der christlichen Morallehre als Sünde.[34] Stärker als im Luthertum wurde damals im Pietismus, dessen Glaubenspraxis der aufgeklärte Bräker zeitlebens verbunden blieb, die Adiaphoronvorstellung, also die Lehre von den Mitteldingen, kultiviert.[35] Der gläubige Bräker zitierte in seinen Tagebüchern dazu oftmals aus der Bibel (wie etwa im Mai 1782 „das X gebott") oder er referierte zuvor gehörte Predigten.[36] Im Übrigen verband Bräker, wie zahlreiche seiner Zeitgenossen, die diätetische mit der religiösen Argumentation, ohne dies im modernen Sinne als widersprüchlich zu empfinden:[37] zu „leibs u. seelen unheil" (Bb 281) führte die Unmäßigkeit nun einmal. Gelegentlich folgte Bräker dabei einer misogynen christlich-anthropologischen Bibelexegese, wenn er unmäßiges Verhalten als den Ausdruck eines „gelüstige[n] Eva maul[s]" (Ba 685) abwertete.[38]

Anders als sein württembergischer Glaubens- und Zeitgenosse, der Pfarrer Philipp Matthäus Hahn (1739–1790), deutete Bräker jedoch die Erkrankungen seiner Ehefrau nicht bevorzugt als Strafe Gottes für deren weibliche Sünden.[39] Die sittenstrenge Salome (wie er sie in seinen Schriften beschrieben hat) dürfte ihm dazu auch wenig Anlass gegeben haben. War er nicht „meister" (Bb 281) seiner selbst, dann bedrohte den Mann Bräker nicht nur die abstrakte Effeminierung seines Verhaltens, sondern ganz konkret der Machtzuwachs des ihn zurecht weisenden, maßregelnden und weiblichen „hofmeister[s]" (Bb 223) Salome in der pietistischen Ehe- und Hausgemeinschaft auf der Hochsteig.

Während der rund 30 Jahre seines überlieferten Schreibens emanzipierte sich der „arme Mann im Tockenburg" intellektuell aus einer strengen Auslegung der Mäßigkeitsnorm, die seine Kindheit, Jugend und jungen Erwachsenenjahre geprägt hatte, und für das seine Ehefrau weiterhin stand. Am Anfang der 1770er Jahre gebar sich Bräker als pietistischer Diarist noch ernst, selbstkritisch und aufrichtig reumütige dem eigenen Fehlverhalten gegenüber. In der Folge seiner kulturellen „Selbstaufklärung"[40] nahm Bräker jedoch eine zunehmend gelassene,

[34] *Bergdolt*, Leib und Seele [s. Anm. 33], 120.

[35] *Endre Zsindely*: Krankheit und Heilung im älteren Pietismus. Zürich, Stuttgart 1962, 61 f.; *Martin Scharfe*: Die Religion des Volkes. Kleine Kultur- und Sozialgeschichte des Pietismus. Gütersloh 1980, 77 f.; *Katharina Ernst*: Krankheit und Heilung. Die medikale Kultur württembergischer Pietisten im 18. Jahrhundert. Stuttgart 2003, 125.

[36] Vgl. *Hoffmann*, Gesundheit und Krankheit [s. Anm. 4], 48–56.

[37] Dazu weiter bei *Andrew Wear*: Puritan Perceptions of Illness in Seventeenth Century England. In: Patients and Practitioners. Lay Perceptions of Medicine in Pre-Industrial Society. Ed. by *Roy Porter*. Cambridge [u. a.] 1985, 55–99, hier 56; *Ernst*, Krankheit und Heilung [s. Anm. 35], 124, 251–253.

[38] Vgl. *Wunder*, »Er ist die Sonn', sie ist der Mond« [s. Anm. 17], 67, 262 f.

[39] Vgl. *Ernst*, Krankheit und Heilung [s. Anm. 35], 111.

[40] *Volz-Tobler*, Ulrich Bräkers »Selbstaufklärung« [s. Anm. 3].

mitunter selbstironische Haltung ein, ohne dadurch den transzendentalen Bezug seines (gesundheitsbezogenen) Handelns zu verlieren.[41] Biblische Verweise gestalteten sich nun jedoch eher spielerisch (Bd 527).[42] Bräker argumentierte wiederholt, weshalb sinnlicher Lebensgenuss legitim sei (Ba 442; Bb 570, 610, 654, 665–669; Bc 363, 656). Zwei Argumente aus den Diskursen der Aufklärungsbewegung übertrug der belesene Bräker dazu auf seine Lebens- und Glaubenspraxis. Die individuelle rationale Vernunftbegabung des Menschen (für den Landmann gleichwohl weiterhin Ausdruck eines göttlichen Willens) setzte er als handlungsbegründende Instanz an die Stelle Gottes. Selbstsicher erläuterte Ulrich Bräker zum Beispiel im Dezember 1788 wortreich, weshalb ihm die menschliche Natur und sein von Gott mit fünf Sinnen und Geist ausgestattetes Wesen beweise, dass ein maßvoller Genuss weltlicher Gaben legitim sei, denn „die vernunfft lehrts – den guten und schlechten gebrauch von allen sachen in der welt – wem die fählt – ist – – ein thier, wie ein anders thier.–" (Bb 780). Darüber hinaus fühlte sich der „arme Mann" offenkundig durch seine Rezeption des literarischen Sturm und Drang und der Empfindsamkeitsbewegung in seiner Neigung zur intensiven sinnlichen Selbst- und Weltwahrnehmung bestärkt. Deren bekannteste Vertreter, darunter der von Bräker so sehr verehrte Pfarrer und Physiognom Johann Caspar Lavater (1741–1811), bewerteten Sinneseindrücke, Gemütsregungen und Affekte positiv. Auch mögliche gesundheitliche Schädigungen wiesen sie explizit zurück.[43]

Ulrich Bräkers selbstsicherer und offensiver Umgang mit der eigenen Sinnlichkeit in dem fingierten Ehedisput im Jahr 1780 war eine Folge dieser persönlichen Entwicklung: Einen Mangel an „gefühl" für ihre „nebendmenschen – für kein sinnliches vernügen – keine schönheit der natur" (Bb 221) warf er hier der scheinbar kulturell rückständigen Salome vor. Subjektiv wird die Umcodierung der Mäßigkeitsnorm durch zeitgenössische Diskursfiguren dem intellektuellen Emporkömmling das Leiden an der eigenen männlichen Fehlbarkeit gelindert haben. Da sein primäres soziales Umfeld (seine illiterate Ehefrau, die ländlich-agrarisch geprägte Dorfgemeinschaft) dessen partielles, einseitiges Aufkündigen einer sozialen Verhaltenserwartung nicht teilte, dürfte der Spiel-

---

[41] Vgl. *Volz-Tobler*, Ulrich Bräkers »Selbstaufklärung« [s. Anm. 3], 85–87.

[42] *Derek Bowman:* The Path of Life. Attitudes to the Bible in some Autobiographies of Seventeenth and Eighteenth Centuries. In: Essays in German and Dutch Literature. Ed. by *William Robson-Scott.* London 1973, 65–88, hier 81–85.

[43] Vgl. *Karl Rothschuh*: Konzepte der Medizin in Vergangenheit und Gegenwart. Stuttgart 1978, 307–309; *Matthias Vogel*: Ausdruckslehre vs. Körperdisziplin. Lavaters und Füsslis Rebellion gegen die Diätetik. In: Alte Löcher – Neue Blicke. Zürich im 18. Jahrhundert: Aussen- und Innenperspektiven. Hg. v. *Helmut Holzhey* u. *Simone Zurbuchen*. Zürich 1997, 191–202, hier 196 f.

raum für die alternative Lebensweise des – dadurch isolierten – Sonderlings gering gewesen sein.[44]

Maßlosigkeit erachtete der „arme Mann im Tockenburg" nicht in allen sechs Lebensbereichen, die von der Diätetik abgedeckt wurden, für gleich gefährlich für seinen Gesundheitszustand und seinen Status als Mann: Verfehlungen in der Ernährung (im „Essen und Trinken"), in der Zeit und Arbeitsökonomie (im „Schlafen und Wachen" und im „Arbeit und Müßiggang") sowie im Sexualverhalten (in „Füllung- und Entleerung") bilden deutliche Thematisierungsschwerpunkte in Ulrich Bräkers autobiographischer Selbstbeobachtungspraxis. Auch in Bräkers 1780 verfasstem *Ehestreit* sind dieses die drei zentralen Vorwürfe der Salome an ihren Mann. Die dabei jeweils genannten Argumente, insofern sie über die oben erläuterte Forderung nach dem rechten Maß in allen Dingen hinausgehen, sollen im Folgenden daher kurz vorgestellt werden, akzentuieren sie doch die dabei zur Disposition stehende soziale und kulturelle Männlichkeitskonstruktion weiter.

2.2 Trinken

„dan ist er noch dem wein ergeben – ach, das verdamte sauffen – und verhoken – o, wie viel tausent witzigere männer hat das hölische sauffen schon in schrökliche laster gestürzt; um guth und blut um leib und leben gebracht" (Bb 218). Diese Worte legte Ulrich Bräker der Salome in dem *Ehedisput* 1780 in den Mund, um sein Trinkverhalten zu charakterisieren. In seiner Verteidigungsrede gibt Ulrich Salome insofern Recht, als er den Wein tatsächlich liebe, ein Säufer sei er dennoch nicht, denn nur ein einziges Mal in 23 Jahren habe dieser ihn „ein bisgen übermeistert, und zum narren gemacht" (Bb 222). Anlässe zum Trinken und „kurtzweile[n]" (Bb 542) in Gesellschaft boten sich Ulrich Bräker genug: ob während seiner Berufsgeschäfte als kleiner Zwischenverleger im aufstrebenden Ostschweizer Baumwolltextilgewerbe, bei seinen Wanderungen und Spaziergängen in die nähere oder fernere Umgebung, bei abendlichen Wirtshausbesuchen im Dorf oder wegen Kopf- und Zahnschmerzen zu Hause. Bräkers fortdauernder, freimütig eingestandener Kampf um das rechte Maß im Trinken durchzieht sämtliche 30 Jahrgänge seines Diariums.[45] Eine gegebene Dringlichkeit der Alkoholproblematik für Ulrich Bräker als Mann lässt sich daraus ableiten. Dessen unsichere Trinkpraktiken sind dabei im Kontext neuartiger, dadurch noch wenig habitualisierter Konsummöglichkeiten in der pro-

[44] Vgl. *Hans-Jürgen Lüsebrink*: Die Einsamkeit des Autodidakten. In: Einsamkeit. Hg. v. *Aleida Assmann* u. *Jan Assmann*. München 2000, 281–295, hier 281–284.

[45] Vgl. *Hoffmann*, Gesundheit und Krankheit [s. Anm. 4], 91–96.

to-industriellen ländlichen Unterschicht zu sehen, die bereits zeitgenössische Beobachter feststellten.[46]

Betrunken die Kontrolle über das eigene Verhalten zu bewahren, dieses war das Ziel des „armen Mannes" wie zahlloser Zeit- und Geschlechtsgenossen.[47] Dementsprechend macht der Ehemann Bräker in seiner *verantwortung* 1780 rückblickend das angeblich einzige Mal, in den vergangenen 23 Jahre übermäßig getrunken zu haben, an dem Umstand fest, dass er sich damals vor anderen „zum narren gemacht hat" (Bb 222). Gleichzeitig vermerkte Bräker immer wieder stolz in seinem Diarium, wenn er die Verhaltenserwartung erfüllt hatte (Bb 542). Leichtsinniges, überschwängliches und anzügliches Verhalten – insbesondere gegenüber anwesenden Frauen – sowie „fluchen, saufen zotten und narenbossen u geile lieder" (Ba 554) präzisierte Bräker an wiederholten Stellen als ein Set an Risiken übermäßigen Trinkens. Die Kosten nennt der Haus- und Familienvater als eine zweite vordringliche Gefahr, gerade angesichts des in der Regel knappen Budgets der Heimgewerbetreibendenfamilie (Bb 527; Bc 592). In stark typisierten, an die Kinder adressierten Exempeln rückt der Tagebuchschreiber zudem tödliche Unfälle unter Alkoholeinfluss als weitere mittelbare gesundheitliche Gefahren in den Blickpunkt (Bc 193 f.).

2.3 Essen

Salome Bräkers Vorstellung von einem „glüksalig [. . .] leben" umfasse – neben Arbeiten, Beten, Kinderzucht und erbaulichen Gesprächen – täglich ein „tässgen cave, mit denn wohlfeilsten speisen, erdöpfel u. birnschnitz" (Bb 219, vgl. 278 f.). Diese fromme Genügsamkeit unterstellte der Ehemann Ulrich ihr in seinem Ehedialog 1780. So, oder so ähnlich, dürfte der Speiseplan im Hause Bräker-Ambühl (man betrieb rund um das Haus eine kleine Landwirtschaft zur Subsistenz) an den meisten Tagen ausgesehen haben (Ba 265; Bd 28 f., 543).[48] Sowohl die Kartoffel als auch der Kaffee wurden im letzten Drittel des 18. Jahrhunderts in der Ostschweiz neu eingeführt und beide konnten sich in der ländlichen Unterschicht schnell etablieren.[49] Ulrich Bräker bekann-

[46] *Fabian Brändle:* Toggenburger Wirtshäuser und Wirte im 17. und 18. Jahrhundert. In: Toggenburger Blätter für Heimatkunde 41, 1999, 7–42, hier 19 f.

[47] Vgl. *Michael Frank:* Trunkene Männer und nüchterne Frauen. Zur Gefährdung von Geschlechterrollen durch Alkohol in der Frühen Neuzeit. In: Hausväter, Priester, Kastraten. Zur Konstruktion von Männlichkeiten in Spätmittelalter und Früher Neuzeit. Hg. v. *Martin Dinges*. Göttingen 1998, 187–212, hier 195.

[48] Gerade die zahlreichen Preislisten in Bräkers Tagebüchern und Wetteraufzeichnungen erlauben interessante Einblicke in die Ernährungspraktiken der Familie.

[49] Vgl. *Rudolf Braun:* Industrialisierung und Volksleben. Die Veränderung der Lebensformen in einem ländlichen Industriegebiet vor 1800. Erlenbach-Zürich, Stuttgart 1960, 97–99; *Brändle*, Toggenburger Wirtshäuser und Wirte [s. Anm. 46], 19 f.

te sich unterdessen Zeit seines Schreibens zu seiner „freßlust“ (Ba 186), zu seinem unersättlichen „fressmagen“ (Bc 246). Phantastische Beschreibungen fetter, leckerer Fleischgerichte malte dieser immer wieder genussvoll und wortreich in seinen Journaleinträgen aus: er tagträumte von „lebergen“, „kalbsköpfchen“, „kröß“ und „würstgen“ (Bb 279); „delicates fleisch ein schwein pfötchen und weinbohnen“ (Bb 467); „delicate fette supe“, „gebratene leber fettes reinfleisch mit rüble und anderem gemüße – auch gebratnes“ (Bb 522) etc. Sobald sich ihm die Gelegenheit bot (etwa auf Reisen), befriedigte er seinen Gusto (Bb 402, 469; Bc 339). Neben dem allgemeinen Gebot zur Mäßigkeit nennt der siebenfache Haus- und Familienvater auch in diesem Zusammenhang öfters ökonomische Argumente, die ihm eine Mäßigung im Essen gebieten würden (Ba 677; Bb 223). Findig übertrug er ferner sein eifrig angeeignetes medizinisches Wissen auf die eigene Ernährungspraxis, um durch einen Verweis auf die medizinische Autorität Johann Georg Zimmermann (1728–1795) eine gesundheitliche riskante Verhaltensweise rhetorisch in das Gegenteil umzudeuten. Bauernschlau erläuterte er daher 1789 nach einer Reise:

> – mit dem magen ia – da bleibt man freylich nicht allemahl so genau bey seiner diät – aber h. Zimmermann sagt – dan und wann einmahl mit vernunfft ausschweiffen – sey dem magen zuträglich – ia das weiß ich doch gewüß – das wan ich einige tage bey strenger diat die stube hüete der bursche – magen so verzärtelt wirdt – das er kein mehlklös mehr vertragen kan. (Bc 254)

2.4 Arbeit

Der Arbeitsbegriff begann sich im 18., stärker dann im 19. Jahrhundert ausgehend vom Bürgertum zu wandeln und aus seinem ursprünglich religiösen Kontext zu verselbstständigen. Erwerbsarbeit wurde beinahe zu Synonym für Männlichkeit.[50] Übermäßige Arbeit wurde in der Folge als ein neuartiges Gesundheitsrisiko für Männer in der Oberschicht wahrgenommen.[51] Dem Landwirt und Heimgewerbetreibenden Ulrich Bräker (der deutlich zwischen körperlicher Landarbeit und der stärker sündhaften Handelstätigkeit differenzierte) war dagegen ein säkulares Arbeitsverständnis, zumal als geschlechtsspezifisches Sinnangebot noch fremd.[52] Arbeit bewertete Bräker in diätetischen und moralischen Kategorien.

---

[50] *Michael Maurer*: Die Biographie des Bürgers. Lebensformen und Denkweisen in der formativen Phase des deutschen Bürgertums (1680–1815). Göttingen 1996, 352–355, 378–381; *Trepp*, Sanfte Männlichkeit und Selbständige Weiblichkeit [s. Anm. 8], 215.

[51] *Jens Lachmund* u. *Gunnar Stollberg*: Patientenwelten. Krankheit und Medizin vom späten 18. bis zum frühen 20. Jahrhundert im Spiegel von Autobiographien. Opladen 1995, 184; *Maurer*, Die Biographie des Bürgers [s. Anm. 50], 397–399.

[52] Dazu weiter bei *Wunder*, »Er ist die Sonn', sie ist der Mond« [s. Anm. 17], 95 f.

Weder ein Zuviel noch ein Zuwenig erachtete er als förderlich für das körperliche und seelische Wohlergehen: auch beim Arbeiten galt es, das richtige Maß zu finden.[53] Diese Einstellung teilte der „arme Mann im Tockenburg" grundsätzlich mit seinen männlichen pietistischen Zeitgenossen aus dem württembergischen Bildungsbürgertum, wie Katharina Ernst zeigen konnte.[54] Gleichzeitig hatte der gebildete Bräker die bürgerliche Kritik an einem ständischen Arbeitsbegriff übernommen, durch die Vertreter des Dritten Standes sich vom dekadenten Adel abzugrenzen versuchten. In einem fingierten Dialog mit seinem Nachbarn Lunzie im Jahr 1779 disqualifizierte der Landbewohner dessen „grosen hang zum wolleben und gemächlichen tagen", zu einem „herrenmässige[n]" Leben „nach seinen schwachen fähigkeiten" (wie Bräker augenzwinkernd zugibt) – als „unthätige wollüstige" „lebensart" (Bb 105).

Nicht im Exzess, aber trotzdem gefährlich war Ulrich Bräkers Arbeitshaltung in einer zweifachen Hinsicht für seine soziale Stellung als Hausvorstand einer proto-industriellen Familienwirtschaft, die ökonomisch auf einer sehr unsicheren Basis stand.[55] In dem fingierten Ehedisput 1780 wirft die weibliche Sprecherin Salome ihrem männlichen Gegenpart erstens vor, dass er „zum handlen [. . .] gar nichts [taugt]" (Bb 218). Er sei nachgiebig, leichtgläubig und jeder „hundsfut" könne ihn „übertölpeln" (Bb 218). Seinen Mangel an Geschick und Erfolg im Wirtschaften gesteht Ulrich in seiner Erwiderung freimütig ein (Bb 222). Bräker, der mit wechselnden Aufgaben in dem noch jungen und aufsteigenden Baumwolltextilgewerbe beschäftigt war, kämpfte ökonomisch unerfahren zeitlebens mit Schulden. Zu den wenigen geschickt agierenden Fabrikanten, die der landständische Ostschweizer Textilsektor im 18. Jahrhundert hervorbringen sollte, gehört er mit Sicherheit nicht.[56] Darüber hinaus warf Salome Ulrich 1780 zweitens vor, er sei „zum arbeiten [. . .] zufaul – lieber stekt er seine nase in ein weltliches narrenbuch – oder schreibt, weis gott was vor narrheiten, und curiose kopfgrillen in ein ewiges buch, das weder anfang noch ende hat" (Bb 220). Ausführlich, differenziert und nicht grundsätzlich ablehnend geht der männliche Sprecher auf diesen Vorwurf der Arbeitsscheu ein: „das ich zufaul sey zu arbeiten – das solltest du mit unterscheid sagen zum theil hast recht – und zum theil erlogen – immer einerley strenge arbeit, hab ich all mein tage nie geliebt – und doch viel gethan – hingegen abwechselndere leichtere arbeiten, sind mir allein mein tage lust u. vernügen gewesen,

[53] Vgl. *Hoffmann*, Gesundheit und Krankheit [s. Anm. 4], 83–85.

[54] *Ernst*, Krankheit und Heilung [s. Anm. 35], 124.

[55] Vgl. *Wunder*, »Er ist die Sonn', sie ist der Mond« [s. Anm. 17], 106–110.

[56] *Albert Tanner:* Das ganze Land ein »Baumwollenfabrik« – Ulrich Bräker als Garnhändler, Weber und kleiner Fabrikant. In: Toggenburger Blätter für Heimatkunde 36, 1985, 31–52, 58–62; *Thomas Fischer* u. *Heinrich Oberli*: Die Industrialisierung des Toggenburgs. In: Das Toggenburg. Eine Landschaft zwischen Tradition und Fortschritt. Hg. v. *Hans Büchler.* Wattwil 1992, 78–98, hier 80–82.

und noch iezt" (Bb 223). Vergleichbare Bekenntnisse zur eigenen Gemütlichkeit, mit einem oft selbstironischem Unterton, durchziehen Bräkers Journaljahrgänge (Ba 448; Bb 103–105). Das Bild eines idyllischen und gesunden Landlebens beschwor der damals betagte Diarist dagegen überschwänglich angesichts der Heuernte Anfang Juli 1793. Während er im ersten Teil des betreffenden Tagebucheintrages noch die körperliche Mühsal beklagte, philosophiert er im zweiten: „was weist der städter von diesem vernügen – das unserem körper so gesund ist – welch ein vernügen, wans fey[er]abend ist – sich auf einen hügel hinsetzen unzehliche wiesen – auf ieder ein dotzen ein mehr menschen wimeln zusehen wahrhafftig ein größeres vernügen [...]" usw. (Bc 446). Der gleichsam begeisterte und betroffene Rezipient von Salomon Gessners (1730–1788) *Idyllen* und Simon-André Tissots (1728–1797) volksaufklärerischer *Anleitung für das Landvolk in Absicht auf seine Gesundheit* übernahm damit Elemente eines aufgeklärten bürgerlichen Gesundheitsdiskurses, der das Ideal des gesunden Landlebens in der offensiven Abgrenzung zur städtischen und höfisch-adeligen Dekadenz entwirft.[57] Widersprüche zu seiner sonstigen Lebenspraxis sah der zwiegespaltene ländliche Autor dabei offenbar nicht.

Peinlich genau war der für seinen Stand und im Vergleich zu seinem familiären und dörflichen sozialen Umfeld außergewöhnlich gebildete „arme Mann im Tockenburg" darauf bedacht, seine zeitintensive Lesewut und „Schreibsucht" (Bd 363) in die geltende moralische Zeitökonomie zu integrieren.[58] In seiner *verantwortung* 1780, wie an anderen Stellen auch, betonte der Mann vor seiner Gattin den alltagspraktischen sowie erbaulichen Wert seines Tuns:

> wenn du denkst ich lese und schreibe biswillen darum, will ich zfaul etwas zuarbeiten sey – nein, gott weiß, wie ich die weilchen wegstehle – und manches wieder einreingen muß – jndessen lies ich mirs doch nicht nehmen; so wennig als du dir dein plaudern und alle welt hofmeistern. meinem lesen hast dus zudanken, das dein mann noch so gut ist, wie er ist; sonst hätest du villicht einen schlimmeren. – meinem schreiben solt du dank wissen, jch hab manchen zorn dem guten papeir angehenkt, der sonst dich troffen häte. (Bb 223, vgl. 648; Bc 73, 422 f.; Bd 494 f.)

Mit diesen Argumenten versuchte der durch seinen seltsamen Hang in seiner Position bedrohte Mann, die Angriffsfläche für seine illiterate Gattin Salome im ehelichen Machtkampf zu minimieren.

---

[57] *Samuel Voellmy*: Daniel Girtanner von St. Gallen, Ulrich Bräker aus dem Toggenburg und ihr Freundeskreis. Ein Beitrag zur Geschichte der Aufklärung in der Schweiz in der 2. Hälfte des 18. Jahrhunderts. St. Gallen 1928, 47, 62; *Martin Bircher:* Idyllen der Gesundheit. In: Gesundheit und Krankheit im 18. Jahrhundert. Referate der Tagung der schweizerischen Gesellschaft zur Erforschung des 18. Jahrhunderts. Bern 1. u. 2. Oktober 1993. Hg. v. *Helmut Holzey* u. *Urs Boschung*. Amsterdam, Atlanta, GA 1995, 57–68, hier 57, 64 f.

[58] Vgl. *Alfred Messerli:* Bräkers Schreibprogramme, Schreibmotive und Schreibpraktiken in seinen Tagebüchern. In: Schreibsucht [s. Anm. 3], 38–48, hier 41–43.

2.5 Sexualität

Nach dem Ess- und Trinkverhalten und der Arbeits- und Zeitökonomie nahm Ulrich Bräker sexuelles Begehren als den dritten wichtigen Gefährdungsbereich für seinen sozialen Status als Mann wahr. Präsenz und Explikation dieses Themas, das im 17. und 18. Jahrhundert nur scheinbar tabuisiert war, wuchsen im Zeitverlauf seines Schreibens stetig.[59] In seinem 1780 verfassten *Ehedisput* lässt der „arme Mann" die angeblich um sein Wohlergehen besorgte Salome mutmaßen, er sei „im rausche bey einer hure – in den schändlichsten schandthaten begriffen", da er außerordentlich „lichtsinnig", „nachgebig", „gut zuverführen" und – im Gegensatz zu ihr – „fleischlich" sei (Bb 219). Ein Mangel an Selbstkontrolle bedeutete auch hierbei eine grundsätzliche Gefahr. Nicht primär um seine körperliche oder seelische Gesundheit war die Salome jedoch in diesem Zusammenhang bedacht, sondern um die sozialen Folgen für die Familie: würde sein Ehebruch bekannt, seien die „schröcklichsten bestrafungen" von der Obrigkeit zu erwarten (Bb 219). Der verdächtigte Ehemann bezieht in seiner männlichen *verantwortung* nicht direkt Stellung zu den Anschuldigungen, doch füllten ihn seine Berufsgeschäfte derart aus, dass er unterwegs keinesfalls Zeit für ein außereheliches Stelldichein habe (Bb 222). Gleichzeitig verfolgte Bräker das dazu ambivalente Ansinnen, von sich autobiographisch das Bild eines begehrenden und begehrten männlichen Liebhabers vor und außerhalb des Ehestandes zu zeichnen. Angedeutete sexuelle Phantasien sowie detailreich ausgeschmückte Darstellung – selbstverständlich züchtiger – „Liebeshistörchen" (Bb 662) (zum Beispiel mit einem Aennchen als Junggeselle oder einem Cätchen 1779 unterwegs auf Reisen) notierte er zu diesem Zweck (Bb 86–88, 383 f. u. 612 f.; Bd 402–405 u. 529). Inwiefern der Autor Bräker seine Rolle als pietistischer Ehemann dadurch gefährdete, oder ob Virilität hier vielmehr eine Ressource für seine autobiographische Männlichkeitskonstruktion war, sei dahingestellt.

Sexualität als eine Gefahr für die Gesundheit des Mannes beschreibt Ulrich Bräker schließlich mit sehr deutlichen Worten in seinem Romanfragment über „Jauss", den „libens ritter". Es ist in sein Journal von 1789 integriert, mit einem Anhang 1793.[60] Miguel Cervantes' (1547–1616) *Don Quijote* diente Bräker als Vorlage (Bc 86). Die naive und unbedarfte Figur „Jauss", ein Weber, gesteht darin in langen, dabei stellenweise nahezu pornographischen Gesprächen seinem aufgeklärten und verständigen, aber

[59] Vgl. *Foucault*, Der Wille zum Wissen [s. Anm. 31], 23 f.; *Martin Dinges:* Sexualitätsdiskurse in der Frühen Neuzeit. In: SOWI. Sozialwissenschaftliche Informationen 24, 1995, 12–20, hier 12–14.

[60] In der hier verwendeten edierten Druckfassung von Ulrich Bräkers sämtlichen Schriften umfasst der Roman rund 140 Seiten.

kritischen Nachbarn „Uri“ oder „Ueri“ seine sexuellen Erlebnisse und Praktiken: Homosexualität (Bc 115 f.), Sodomie (Bc 143), Onanie (Bc 112 f.), Prostitution (Bc 127 f.), Verführung minderjähriger Mädchen (Bc 125 f.), Pornographie (Bc 127) und schließlich männliche Impotenz (Bc 115, 118) werden hier, im Medium der literarischen Fiktion, thematisiert. Ohne auf die Punkte im Einzelnen einzugehen, bleibt zusammenfassend festzuhalten, dass der Autor Bräker seinem „Uri“ eine Mischung aus religiös-sittlichen und medizinischen Argumenten, die dem zeitgenössischen bürgerlichen Anti-Masturbationsdiskurs entlehnt sind, in den Mund legt, um gegen „Jaussens“ hemmungs- und maßloses Sexualverhalten einzutreten.[61] Unkontrolliert „wahnseinnig“, „rassent“ und ohne „vernunfft“ sei „Jauss“ jedesmal, wenn er „von seiner jmagination jrre geführt – von der gewallt dieser leidenschafft übermeistert“ würde (Bc 87 f.). Ein unkontrollierter Geschlechtstrieb konnte demnach Mannsein in Frage stellen.[62] „Jauss“ verschwende dabei jene Körpersäfte, die in der christlichen Ordnung dem ehelichen Verkehr vorbehalten seien (analog gelte dies für Frauen). „s geht ab gesundheit und leben“ (Bc 114), belehrt „Uri“ „Jauss“.

> beide geschlächter sind vor einander geschaffen der weise schöpfer hat dem mann ein weib gegeben – zur fortpflantzung des menschengeschlächts, zur freüd und zum vernügen – ists nicht diese weise ordnung gestört – denke – wan ein weib einen solchen mann bekomt – der sich durch solche nebenwege befriediget – ist ihr nichts genohmen – ist sie nicht diebisch angeführt – oder hets ein mann gerne – wan sein weib sich selbst, oder durch ein anders weib befriedigen liesse – ist also ia räüberei – und unersetzlicher diebstahl und betrug – an seinem eigenen fleisch und blut. (Bc 113, vgl. 117 f.)

Konsequent kann der lüsterne Ehemann „Jauss“ keine Kinder zeugen (Bc 115, 118). Offenkundig gehörte Ulrich Bräker schließlich zum breiten Leserkreis von Simon-André Tissots epochalem Onanie-Werk, das 1774 erstmals ins Deutsche übersetzt worden war: Ganz in der Diktion des Franzosen lässt der „arme Mann im Tockenburg“ den Weber „Jauss“ seine nächtlichen sexuellen Phantasien als unwillkürliche „nervenspannungen“ (Bc 125, vgl. 129, 132 f.) mit anschließender Erschlaffung beschreiben.[63] Textgattungen, die das in einem jeweiligen Diskurs Sagbare organisieren, beeinflussten damit entscheidend, welche Art der Männlichkeit und Gesundheit ein „armer Mann im Tockenburg“ im letzten Drittel des 18. Jahrhunderts wie beschreiben konnte.[64]

---

[61] Vgl. *Anja Belemann-Smit:* Wenn schnöde Wollust dich erfüllt .... Geschlechtsspezifische Aspekte in der Anti-Onanie-Debatte des 18. Jahrhundert. Frankfurt/Main [u. a.] 2003, 60.

[62] Vgl. *Michael Stolberg:* An Unmanly Vice. Self-Pollution, Anxiety, and the Body in the Eighteenth Century. In: Social History of Medicine 13, 2000, 1–21, hier 20; *Beleman-Smit*, Wenn schnöde Wollust dich erfüllt [s. Anm. 61], 58 f.

[63] Vgl. *Belemann-Smit*, Wenn schnöde Wollust dich erfüllt [s. Anm. 61], 61.

[64] Vgl. *Sarasin*, Reizbare Maschinen [s. Anm. 33], 33–36.

3. Bilanz und Perspektiven: Gefährdete Gesundheit, fragile Männlichkeit und „der arme Mann im Tockenburg" im ausgehenden 18. Jahrhundert

„[...] jch predentiere den vorzug, nachgeben – wil ich mann bin – und du begehrest ihn, will du klüger seyest –. was ist zu machen – wollen wir bis ans ende unserer tage um den vorzug streiten – ey, nicht doch – wir wollen frieden machen – laß du etwas von deinen recht fahren, ich will auch etwas fahren lassen –." (Bb 224) Mit diesem männlichen Anspruch – nachgeben, *weil er der Mann sei* – beendete der „arme Mann im Tockenburg" Ulrich Bräker am 30. August 1780 kompromissbereit seinen schriftlich ausgetragenen Grundsatzstreit mit der Ehegattin Salome. Saufen, fressen, faulenzen und sich der Wollust hingeben – das unmäßige Leben könnte so angenehm sein, wenn man beziehungsweise Mann sich dadurch nicht die „edle gesundheit" und gleichzeitig – so die hier zur Diskussion gestellte geschlechtergeschichtliche Interpretation von Ulrich Bräkers Gesundheitsverhalten – die Männlichkeit „verhunzt[e]" (Bb 666). Es war (kulturell gesehen) eine pietistische und eine aufgeklärte, eine empfindsam-romantische und eine rationale, eine diaristisch-autobiographische und eine literarische, eine im Grundsatz agrarisch protoindustrielle und in der Tendenz doch bürgerliche – und eine fragile – Männlichkeit, die dieser erwachsene Ehemann und siebenfache Hausvater (so definierte er seine Position in sozialer Hinsicht) in zahllosen Schreibstunden in seinem kleinen Holzhaus auf der Hochsteig im Schweizer Toggenburg im letzten Drittel des 18. Jahrhunderts mühsam zu Papier brachte. Sozial und wirtschaftlich blieb der Landmann, obschon kulturell von der Dynamik seiner Zeit erfasst, bis zu seinem Tod 1798 in seiner ländlichen Umgebung verankert.[65] Gebrochen, durch die Perspektive des intellektuellen Aufsteigers, ermöglichte das Selbstzeugnis des so genannten „armen Mannes" damit detailreiche Einblicke in männliche, weibliche und gesundheitliche Denk- und Handlungsmuster am unteren Rand der ländlichen Gesellschaft am Ende des Ancien Regimes. Stärker als adaptierte Geschlechterleitbilder aus dem Kontext der Aufklärungsbewegung (wie das Konzept der Liebesheirat, der empfindsamen Männerfreundschaft und der Vaterliebe) ließ die im Hause Bräker-Ambühl gelebte pietistische Ehekonzeption, durch ihre akzentuierte, tendenziell gleichrangige Frauenrolle Ulrichs Position als männlicher Hausvorstand unsicher werden. Seine Brisanz erhielt der häusliche Konflikt erst durch sein Gesundheitsverhalten und seine Neigung zur Maßlosigkeit. Gleichwohl konnten in dieser Relation gefährdend erscheinende Verhaltensweisen in weiteren Beziehungskonstellationen (etwa zu Män-

[65] *Holger Böning:* Gelehrte Bauern in der deutschen Aufklärung. In: Buchhandelsgeschichte 24, 1987, 1–24, hier 13–18.

nern in der Dorfgemeinschaft, in der *Moralischen Gesellschaft* oder der unterstellten männlich-aufgeklärten Leserschaft) eine Ressource einer (auto-) biographischen Maskulinisierung sein. Trotzdem war es noch primär ein gefährdetes, ein sich selbst gefährdendes, fragiles männliches Subjekt, das die Geständnispraktiken oder „Selbsttechniken" dieses „armen Mannes" im ausgehenden 18. Jahrhundert öffentlich hervorgebracht haben. Körperliche und seelische Schwäche sollten erst später, im weiteren Verlauf des 19. Jahrhunderts aus dem polaren bürgerlichen Geschlechterleitbild, und damit als ein selbstverständlicher Aspekt männlicher Selbstdeutung, verschwinden, bis Vertreter einer Männerbewegung diese am Ende des 20. Jahrhunderts neuerlich „entdecken".[66]

[66] *Michael Meuser:* Männer ohne Körper? Wissenssoziologische Anmerkungen zum Verhältnis von Geschlecht und Körper. In: Zeitschrift für politische Psychologie 7, 1999, 23–36, hier 23 f.

Johannes Demandt

Johannes Daniel Falks Verhältnis zum christlichen Glauben[1]

Gustav Adolf Benrath zum 75. Geburtstag

Der christliche Glaube in einem engeren, theologischen Sinne war nicht das zentrale Lebensthema Falks. Wenn man von Falks Lebensthemen reden wollte, müsste man gleich mehrere nennen: seinen Bildungshunger, seine Schriftstellerei im Allgemeinen und die Satire im Besonderen, seine Übernahme politischer Mitverantwortung und schließlich die Erziehung der Jugend. Nur für die letzte Lebensphase von 1813 bis 1826 kann man zeigen, dass der christliche Glaube für jedermann sichtbar das entscheidende Motiv seines Handelns war. Aber der christliche Glaube war für das gesamte Wirken Falks – freilich in unterschiedlicher Intensität – so etwas wie der geistige Nährboden. Allerdings wäre in diesem Zusammenhang eigentlich auch noch von anderen Einflüssen zu reden. Außer dem christlichen Glauben spielte in Falks Denken beispielsweise auch der Humanismus eine wichtige Rolle. Ich beschränke mich hier jedoch im Wesentlichen auf die Frage nach seinem Verhältnis zum christlichen Glauben.

Eine Untersuchung in diesem Rahmen kann nicht umfassend sein. Sie greift jedoch nicht nur auf bereits bekannte Quellen zurück, sondern verarbeitet auch bislang Unbekanntes.

1. Falks Kindheit, Jugend und Theologiestudium (1768–1792)

Falk hat in seinem Elternhaus bekanntlich eine enge, pietistische Erziehung erfahren. Dazu gehörte die Pflicht täglicher Bibellese, die Lektüre erbaulicher Schriftsteller wie Johann Arndt und Benjamin Schmolck.[2] In seinem literarischen Rückblick auf seine Kindheit stellt er sich an einer Stelle als streng evangelisch-reformierter Christ dar. Er er-

[1] Der Aufsatz geht auf einen am 14.02.2006 vor dem Johannes-Falk-Verein in Weimar gehaltenen Vortrag zurück.

[2] *Johannes Demandt*: Johannes Daniel Falk. Sein Weg von Danzig über Halle nach Weimar (1768–1799). Göttingen 1999 (AGP, 36), 167–169.

zählt, er sei als 12-jähriger (1781) von einem katholischen Pater gefragt worden, ob er Lust habe, gefirmt und katholisch zu werden. Das habe ihn erschreckt und zu der Antwort veranlasst: „Reverende Pater, nein! Ich bin auf Christum und Calvinum getauft – und so gedenke ich auch in diesem Glauben zu sterben."[3] Diese Auskunft darf jedoch nicht darüber hinwegtäuschen, dass Falk sich schon früh von der weltflüchtigen Frömmigkeit der Eltern distanzierte. Er hat darunter gelitten, dass er von seinen Eltern als Zehnjähriger aus der Schule genommen wurde, um in der väterlichen Werkstatt helfen zu können. Seine Bereitschaft, den Glaubensspuren der Eltern zu folgen, hat dies sicher nicht gefördert.

Damals traf er sich wohl gelegentlich mit Altersgenossen, um mit ihnen einen Teil seiner freien Zeit zu verbringen. Darauf dürfte eine Bemerkung Falks hindeuten, die er in seinem Notizbuch festgehalten hat: „Wir waren 35 Handwerksburschen [. . .] und spielten Karten."[4] Man wird annehmen dürfen, dass dies wohl kaum mit Billigung der Eltern geschah, sofern ihnen dies überhaupt bekannt wurde.

Als Perückenmacherlehrling verspürte Falk einen ungeheuren Wissensdurst und besorgte sich deshalb heimlich Literatur. Fiel sie den Eltern in die Hände, so gab es Streit. „Sobald ich nur ein weltlich Buch in die Hand nehme, heißt's gleich, ob mich der Satan schon wieder mit einem Historienbuch in der Werkstatt hat, und damit ist's nicht genug, sondern steht auch gleich mein Vater oder Mutter hinter mir, und nimmt es mir weg."[5]

Selbst wenn man in Rechnung stellt, dass sein Rückblick auf die Erziehung im Elternhaus in seinem *Curriculum vitae* von 1796 aus verständlichen Gründen überzeichnet ist – Falk warb darin um die Verlängerung seines Stipendiums –, vermittelt sein Rückblick doch wirklichkeitsnah etwas von der inneren Not des heranwachsenden Falk. Die geistige Enge der Eltern brachte ihn schier zur Verzweiflung. Die wenigen ihm erlaubten Bücher konnten seinen Bildungshunger nicht im Entferntesten stillen. Umso bedeutsamer war es für ihn, dass er just zu einer Zeit, wo er eigentlich mit den Eltern den Abendgottesdienst hätte besuchen sollen, zu Hause eine göttliche Stunde ganz anderer Art erlebte. Bei dem Versuch, selber zu dichten, wurde er „von heiliger Begeisterung fortgerissen und von unglaublicher Freude überströmt", denn es gelang ihm.[6]

Diese Erfahrung deutete er später im Studium als seine Berufung zum Schriftsteller. Sie sollte plausibel machen, dass er seither das Ziel verfolg-

---

[3] *Johannes Falk:* Leben, wunderbare Reisen und Irrfahrten des Johannes von der Ostsee. 1. [einziges] Bändchen. Tübingen 1805, 117.

[4] *Johannes Falk:* Notizbuch (nach 1801 entstanden; Privatbesitz Dr. R. Grumach, Berlin), 936.

[5] *Falk*, Leben [s. Anm. 3], 120.

[6] *Demandt*, Falk [s. Anm. 2], 168, 339.

te, einmal, wenn möglich in der Nähe der großen Dichter in Weimar, selber literarisch tätig zu sein.

In Verfolgung dieses Ziels betrachtete er es als Glück, in seinem Gemeindepastor Samuel Ludwig Majewski einen Freund und Förderer gefunden zu haben. In vielen Stunden diskutierte dieser aufgeklärte Theologe[7] mit dem jungen Falk und prägte ihn dadurch wie kaum ein Anderer. Bei ihm erlebte Falk das Bemühen, den christlichen Glauben vor dem Forum der Vernunft zu verteidigen. Nicht die Lehre vom Heil in Christus, sondern die christliche Moral stand im Vordergrund seines Interesses.[8] Kennzeichnend für Majewskis Frömmigkeit war, dass das Gebet nur eine untergeordnete Rolle spielte. Er verstand es weniger als persönliche Zwiesprache *mit* Gott – wie Falk es von seinem Elternhaus kannte – sondern eher als einen erhebenden Gedanken *über* Gott.[9] In Falks Aufzeichnungen von seinen *Unterredungen mit Pastor Majewski* macht Falk den Eindruck, Widersprüche in der christlichen Lehre aufdecken zu wollen.[10] Weil sie nicht „dem Ideal einer wahren Religion" entspreche, zeigt sich Falk ihr gegenüber merkwürdig distanziert.

Trotz der Bewunderung, die Falk gegenüber Majewski empfand, mochte er sich dessen aufgeklärte Frömmigkeit nicht gänzlich zu Eigen machen. Zwei Predigtentwürfe des angehenden Theologiestudenten enthalten Aussagen, die einer gemäßigten Aufklärungstheologie zuzurechnen sind: Ein liebender, barmherziger Gott hat den Menschen „nicht zum Elende, sondern zur Glückseligkeit" geschaffen.[11] Der menschlichen Vernunft kommt eine hohe, aber keine absolute Bedeutung zu.[12] Der Predigthörer soll zu einem moralisch verantwortlichen Leben angeleitet werden.

Als Falk im September 1791 Danzig verließ, um in Halle Theologie zu studieren, gab ihm der Kirchenvorstand ein Empfehlungsschreiben mit, in welchem Falk ein gesunder Glaube bescheinigt wurde. Ob er dieses Schreiben der reformierten Gemeinde in Halle jemals vorgelegt hat, ist unsicher. Man kann sogar vermuten, dass Falk als Student in Halle überhaupt keinen Gottesdienst besucht hat, denn Hinweise darauf sind bisher nicht bekannt geworden.[13] Wenn diese Vermutung zutrifft, so bedeutet der Ortswechsel auch eine Zäsur in Falks Verhältnis zum christlichen Glauben.

---

[7] Genauer: Neologe, vgl. *Demandt*, Falk [s. Anm. 3], 99.

[8] Vgl. Ebd., 333.

[9] *Johannes Falk*: Unterredungen mit Pastor Majewski. Goethe-Museum Düsseldorf (GMD), Falk II.7. 3, 26–27; vgl. *Demandt*, Falk [s. Anm. 3], 97.

[10] *Falk*, Unterredungen [s. Anm. 9] 3, 2–3; vgl. *Demandt*, Falk [s. Anm. 3], 89.

[11] *Johannes Falk*: Zwei Predigten, Goethe- und Schiller-Archiv, Stiftung Weimarer Klassik Weimar, 15/V.6.1, Blatt 1 (im Folgenden GSA mit Sigle).

[12] *Falk*, Unterredungen [s. Anm. 9] 3, 7.

[13] *Demandt*, Falk [s. Anm. 3], 117.

Es ist anzunehmen, dass Falk in Halle nur zwei Semester lang Theologie studiert hat. Wahrscheinlich hörte er Vorlesungen bei Johann August Nösselt und August Hermann Niemeyer, beides Vertreter eines gemäßigten Rationalismus, und Georg Christian Knapp, einem eher konservativen Theologen. Doch bereits wenige Wochen nach seiner Ankunft in Halle ließ er Majewski in einem Brief wissen, er denke an einen Studienfachwechsel.[14] So schlimm es für die Danziger Öffentlichkeit gewesen wäre, wenn sie dies schon zu diesem Zeitpunkt erfahren hätte – der Seelsorger Majewski war an diesen Plänen nicht ganz unschuldig. Er nämlich war es, der Falk dringend davon abriet, ohne innere Überzeugung von der Wahrheit des christlichen Glaubens Pfarrer zu werden.

Falk wollte offen sein für die Wahrheit in anderen Religionen. Er fragte: „Wo ist die einzig mögliche Offenbarung, in der Bibel, im Koran? [. . .] Des ungeachtet gibt es nur eine Wahrheit, so wie es nur einen Gott gibt." „Ich liebe die Wahrheit, ich suche die Ueberzeugung, ob der Mann, der sie mir verkündet, Zoroaster,[15] Moses oder Christus heißt, ist mir gleich."[16]

Falk nahm den Rat Majewskis an und brach sein Theologiestudium ab. Davon setzte er die Danziger Stipendiengeber aber erst viel später in Kenntnis, weil er sonst völlig mittellos geworden wäre und wohl in seine Heimatstadt hätte zurückkehren müssen.

2. Falk als freier Student und Schriftsteller (1792–1806)

Falk muss seine Abwendung von der Theologie als innere Befreiung empfunden haben. Insofern darf man ihn für seine weitere Studienzeit vielleicht als *„freien* Studenten" bezeichnen. Er fühlte sich frei, sich endlich solchen Studien hinzugeben, die ihn in der Dichtkunst würden voranbringen können, und auch frei, verschiedene Reisen, vor allem nach Weimar, zu unternehmen.[17] In jener Zeit blieb er in Briefkontakt mit Majewski, der wiederholt sein Bedauern darüber ausdrückte, dass Falk der „wahre Glaube" noch fehle.[18] Indessen bemühte sich Falk erfolgreich

---

[14] Der Inhalt dieses Briefs ist durch die Antwort Majewskis vom 22.11.1791 teilweise bekannt. Majewski an Falk, 22.11.1791, GSA Weimar, F II, 1C.5.1.

[15] Zarathustra (ca. 6. Jahrhundert v. Chr.).

[16] *Johannes Falk*: Aufzeichnungen aus dem Studienjahr in Halle, GSA Weimar, zit. bei *Trude Reis*: Johannes Falk als Erzieher verwahrloster Jugend. Diss. phil. Frankfurt/Main, Berlin-Spandau 1931, 1; Hervorh. d. Vf. – Der zweite Teil des Zitats ist nahezu identisch mit *Rosalie Falk*: Biographie. Auszug aus einem Brief Falks an Majewski, ca. Juni 1794, GSA Weimar 15/IV.4, 63. Vgl. *Demandt*, Falk [s. Anm. 3], 139.

[17] Falk an seinen Bruder David, 28.12.1794, GSA Weimar, F 1.2 K; vgl. *Demandt*, Falk [s. Anm. 9], 140–150, 178–228.

[18] Majewski an Falk, 22.11.1791, 15.11.1793 u. 24.06.1795, GSA Weimar, F II,1C.5.1–3.

darum, mit ersten satirischen Werken an die Öffentlichkeit zu treten. Darin vertrat er ein Menschenbild, das sich aus dem Humanismus, vor allem aber aus dem christlichen Glauben speiste. Er wollte „mithelfen, den alten Sauerteig[19] auszufegen", und fühlte in sich „den Mut, mit offenem Visier ebenso sehr den Schafen in Wolfskleidern als den Wölfen in Schafskleidern[20] entgegenzutreten und die Geißel zu schwingen,[21] wo etwas faul ist in unseren öffentlichen Leben."[22]

Im September 1794 veröffentlichte er seine *Jeremiade des ehrwürdigen Paters Josef Hyacinth Ignazius*,[23] nicht ohne dem Leser in einer Fußnote sein vernunftorientiertes „Glaubensbekenntnis" mitzuteilen, es lautete:

> Vernünftige Religion ist nicht, wie unsere Kapuciner es wollen, Atheismus; ebenso wenig, als die Ausgeburt eines zerrütteten Mönchsgehirns den ehrwürdigen Namen Religion verdient. Allen Mißdeutungen vorzubeugen, schicke ich dieses Glaubensbekenntnis voraus. Die wahre Religion, mögen doch ihre Afterdiener sagen, was sie wollen, ist über allen Spott erhaben.[24]

Falk sparte mitunter nicht mit Kritik an der Kirche, vor allem der katholischen. So beispielsweise auch mit dem Gedicht *Klärchen Witt oder Der Beichtiger in der Beichte* (ca. 1796).[25] Ein junger katholischer Pfarrer nimmt sich eines 16-jährigen Mädchens an, dessen Vater gestorben war. Falk beschreibt, wie es im Laufe einer Woche zu immer stärkerer Annäherung der Beiden kommt und sie schließlich von der Liebe überwältigt werden. Den letzten Schritt erklärt Falk mit einer deutlichen Anspielung auf das Wort Jesu in Mk 14,38: „Der Geist ist willig, aber das Fleisch ist schwach."

Verständlicherweise ist diese Art des Bibelumgangs in katholischen und sicher auch in evangelisch-orthodoxen Kreisen auf Ablehnung gestoßen, manchen galt sie wohl gar als Blasphemie. Falk war sich dessen bewusst, dass er sich mit seiner christentumskritischen Satire nicht nur Freunde machte. Seinen Bruder David bat er um Mitteilung darüber, wie man in Danzig über sein Gedicht *Die Heiligen Gräber von Kom* denke, es sei Gutes oder Böses, „ich bin [. . .] ein verstockter Sünder. Die Herrn Orthodoxen werden freylich ein großes Geschrey gegen mich erheben".[26] Doch ließ ihn das unbeeindruckt.

---

[19] Vgl. Ex 12,15; Mt 16,6; 1Kor 5,7.

[20] Vgl. Mt 7,15.

[21] Vgl. Joh 2,15.

[22] Zit. bei *Wilhelm Teufel*: Johannes von der Ostsee. Das Leben Johannes Falks. Stuttgart 1949, 35.

[23] *Johannes Falk*: Jeremiade des ehrwürdigen Paters Josef Hyacinth Ignazius. In: Göttinger Musenalmanach 1795, 218–227.

[24] Ebd., 218.

[25] *Johannes Falk*: Die Prinzessin mit dem Schweinerüssel. Lustspiele, Gedichte, Publizistik. Hg. v. *Paul Saupe*. Berlin 1988, 288 f.

[26] Falk an seine Eltern, März 1796, GSA Weimar 15/I.2.1.4.

In seinem Gedicht *Die Helden*, das 1796 in Christoph Martin Wielands *Teutschem Merkur* erschien, spottet Falk über die soldatische Unmoral im Krieg, über welche noch ein christliches Mäntelchen gehängt wird:

Begrabet Weib und Kind im Schutt gesprengter Minen!
Büßt viehisch eure Lust auf rauchenden Ruinen
An Jungfraun halb entseelt! Würgt, sengt und brennt, und dann
Besudelt noch von Blut, stimmt ein Tedeum an![27]

3. Falk auf dem Weg zu einem ‚Mann der Tat' (ca. 1800–1811)

Mit seinem ethischen Anliegen fand Falk auch die Sympathie Johann Gottfried Herders. Bei ihm war Falk in den Jahren um die Wende zum 19. Jahrhunderts häufig zu Gast.[28] Herder lobte Falk für dessen Kritik an der Schamlosigkeit in Friedrich Schlegels Schrift *Lucinde*.[29] Vor allem aber scheint Herder derjenige gewesen zu sein, der in Falk eine Begabung zum ‚Handeln für das Volk' sah. In seinem Vorwort zur Neuausgabe der von Herder gesammelten Volkslieder (1825) zitiert Falk Herder mit folgenden Worten, die dieser an Falk gerichtet habe: „Wenn je einer, so ist dieser zum Handeln für das Volk geboren! Und das [!] sitzt nun auch zu Weimar hier müßig am Büchermarkte und kokelt wie ein Kind mit den bunten Lichterchen! Sie werden alle handeln wollen, wenn es zum Handeln zu spät ist. Aber sollte einem da nicht das Herz bluten? Ich meinerseits verwünsche das Bücherwesen".[30] Eine Datierung dieser Äußerung Herders gibt es nicht. Wenn aber diese Erinnerung Falks 22 Jahre nach Herders Tod (1803) auf tatsächlich Erlebtes zurückgeht, dann darf man davon ausgehen, dass bereits Herder dem Schriftsteller Falk einen wichtigen Impuls zu beruflicher Neuorientierung gab, die erst einige Jahre später Wirklichkeit werden sollte. Vielleicht wollte Falk jener Begegnung mit Herder im Nachhinein sogar den Rang eines neuen Berufungserlebnisses geben.

Auch ein Gedicht des Redakteurs Karl Reinhardt an Falk von etwa 1802 deutet einen bei diesem beobachteten Wandel an. An einer Stelle heißt es:

[...]
Mich dünkt, du gleichst den Mädchen, Freund,
die wild zuvor, dann älter [,] beten.
Die ehrbar an den Altar treten,

[27] Tedeum = den Gesang „Dich, Gott, loben wir" (*Falk*, Prinzessin [s. Anm. 25], 233 f.).

[28] Falk an Körte, 13.09.1798: „Herder, bei dem ich gewöhnlich den Sonntag Abend zubringe" (Biblioteka Jagiellonska, Krakau, Polen); vgl. *Demandt*, Falk [s. Anm. 3], 298 f.

[29] Johann Gottfried Herder an Johann Wilhelm Ludwig Gleim, 06.10.1800. In: *Johann Gottfried Herder*: Briefe. Hg. v. *Karl Heinz Hahn*. Bd. 8. Weimar 1984, 171.

[30] *Falk*, Prinzessin [s. Anm. 25], 457.

wenn ihre Sonne nicht mehr scheint
[. . .][31]

Diesen Worten möchte man entnehmen, dass Reinhardt den Eindruck hatte, Falks literarische Glanzzeit als bissiger Satiriker sei vorbei und seine Schriftstellerei drohe allzu harmlos zu werden.

Nach Herders und Schillers Tod empfand Falk, dass das Leben in Weimar an Attraktivität eingebüßt habe, auch rechnete er mit einem baldigen Tod Wielands und Goethes. Aus diesem und sicher auch noch aus anderen Gründen wollte er sich 1805 erklärtermaßen beruflich verändern. Er fragte bei Professor Heinrich Eberhard Gottlob Paulus in Würzburg an, ob er an der dortigen Universität „für das, was man menschliche Bildung nennt, einen Nutzen bringen" könne.[32] Daraus wurde jedoch nichts. Falk blieb auf der Suche nach einer ihn erfüllenden Aufgabe. Eine solche wurde ihm im Jahre 1806 vor die Füße gelegt. Nachdem er seit Januar jenes Jahres die Zeitschrift *Elysium und der Tartarus* mit zum Teil politisch brisanten Beiträgen herausgegeben hatte, ließ er sich im Oktober von der Not des Krieges dazu herausfordern, seine Begabung zunächst als Dolmetscher und dann auch Berater in den Dienst an seiner thüringischen Wahlheimat zu stellen. Wie bekannt, trug ihm seine erfolgreiche diplomatische Tätigkeit den Titel eines besoldeten Legationsrats ein. Noch 1808 war er als Diplomat in Berlin, Erfurt und Kassel unterwegs.

Nicht erst 1813, sondern schon Jahre zuvor wurde deutlich, dass ihm die Schriftstellerei tatsächlich nicht mehr über alles ging. Die Not der Menschen um ihn herum machte ihn – wenn auch nur vorübergehend – schon 1806 zu einem Mann der Tat. Dies dürfte mit ein Grund dafür gewesen sein, dass er nach 1806 häufiger als zuvor zu Gast bei Goethe war und an dessen Schaffen regen Anteil nehmen konnte. Als ausgewiesener Mann der Tat fand er bei Goethe jetzt offensichtlich eine größere Akzeptanz. Bereits 1803 hatte Falk ihn als „Mann, der die Tat, das Handeln liebt", bezeichnet,[33] obwohl Goethe selbst eher als der die Natur und die Ereignisse *Betrachtende* zu verstehen ist.[34]

An Falks Entscheidung, seine Tätigkeit als satirischer Schriftsteller aufzugeben, hatten auch die Erschütterung durch das Kriegselend und dessen Nachwirkungen einen wesentlichen Anteil. Im Dezember 1809 schrieb er an einen Freund:

---

[31] GSA Weimar, Falk II.1C.13.1, Antwort auf Falks Gedicht: An die Welt. In: Zeitung für die elegante Welt 153, 1802.

[32] Falk an H. E. G. Paulus, 1805, GSA Weimar 15/N, 11, 5.

[33] Falk an Körte, 16.03.1801. In: *Ernst Schering:* Johannes Falk. Leben und Wirken im Umbruch der Zeiten. Stuttgart 1961, 86.

[34] Vgl. *Wilhelm Lütgert:* Die Religion des deutschen Idealismus und ihr Ende. Bd. 3. Gütersloh 1925, 139.

Die Zeit ist näher, als wir uns einbilden, wo die Menschen werden aufhören müssen, Reflexe von Leinwand oder Papier zu sein, was jetzt die meisten so glücklich macht, und wo ein Mensch oder ein Buch, nur nach dem Masstab des selbst gelebten, darin enthaltenen Lebens Wert haben wird. Vielleicht bedurfte es gerade einer solchen Erschütterung, wie der jetzige[n] politischen, um die elende, von Dünkel, Hochmut und Aufklärung gebaute Scheidewand zwischen Büchern und Menschen einzureissen.[35]

Man darf davon ausgehen, dass Falk diese Worte auch als Selbstkritik verstand.

4. Falks geistliche Wende in den Jahren 1811–1813

Zweifellos hat Falk etwa in den Jahren 1811 bis 1813 eine weitere Wende erlebt. Sie bestand nach meiner Einschätzung nicht in einem auf Tag und Stunde datierbaren Bekehrungserlebnis, sondern ereignete sich über einen längeren Zeitraum hinweg. Mit vorbereitet wurde sie durch die Lektüre der Werke von François Fénelon (1651–1715)[36] und vor allem dessen Gedanken zum *amour désintéressé*: Es gehe darum, Gott nicht um der eigenen Seligkeit willen, sondern um seiner selbst willen zu lieben.[37] Anders als Fénelon selbst verstand Falk dies als Motivation zu praktischer Nächstenliebe.

Als weiteres Indiz für seine geistliche Wende kann vielleicht ein Brief an Jean Paul gelten. Darin erinnert sich Falk an die kurz zuvor gehabte Begegnung mit diesem, vermutlich im Jahre 1811. Er schreibt:

Lieber theurer Johannes, als ich das Wort von dem leidenden Gott[38] zum Abschied vorbrachte, das dir so wohlgefiel, und von den Seufzern der Kreatur, frey zu werden von dem Dienst dieses vergänglichen Wesens [Röm 8,18–25], da vernahm ich dein klopfendes Herz in Gott, und die Perlen in deinem Auge zogen mich in das Meer jener grundlosen Barmherzigkeit, aus dem wir beyde heraufgetaucht sind und glänzen und athmen, wie Sonnenschein, bis wir angelangen, wo die Reinheit wohnt und das Licht und die Anbetung, die Gott ist.[39]

Offensichtlich hat Falk die Lektüre der Bibel und speziell von Kap. 8 des Römerbriefs eine Perspektive der Hoffnung vermittelt, die er mit

---

35 *Johannes Falk*: Erinnerungsblätter aus Briefen und Tagebüchern. Hg. v. *Rosalie Falk*. Weimar 1868, 38, zit. bei *Ernst Schering*: Der Vater der verwahrlosten Jugend. Göttingen 1953, 100 Nr. 39.

36 Falk an Ch. v. Reitzenstein, 19.08.1811, zit. bei *Schering*, Falk [s. Anm. 33], 80.

37 Vgl. [*F. de Salignac de la Mothe-*] *Fénelon*: Geistliche Werke. Briefe, Predigten, Traktate. Düsseldorf 1961, 224–276.

38 Vgl. *Jürgen Moltmann*: Der gekreuzigte Gott. München 1972.

39 Falk an Jean Paul, GSA Weimar, Falk V. 2 Bl. 25.

Jean Paul teilen wollte.[40] Eine teilweise humorige Bemerkung vom 25. September 1812 belegt nicht nur seine zunehmende Distanz zur Schriftstellerei, sondern kündigt auch bereits Falks künftigen Wirkungskreis an: „Ich schreibe nicht gern und wenn ich schreibe, schreibe ich am liebsten mit Kindern von Kindern und für Kinder [. . .] nur muß ich um Geduld bitten, weil ich weißes Papier mit schwarzen Buchstaben zu bemalen, für eine Sünde wider den heiligen Geist halte“.[41]

Auf diese Zeit können sich auch Falks Erinnerungen an den gleichaltrigen Dramatiker Friedrich Ludwig Zacharias Werner (1768–1823)[42] beziehen, mit dem er zeitweise in näherem Verhältnis stand. Diesem sei „das seelenvertrocknende Elend des ewigen Bücherschreibens“ bewusst geworden. Er sei „dahinter gekommen, daß die Predigt keine That, wohl aber die That selbst die schönste Predigt sey“.[43] Werners Übertritt zur katholischen Kirche im Jahre 1810 befremdete Falk, doch gewann er den Eindruck, dass „es ein lebendiger und kein todter Glaube war“, der Werner bewegte. Werner habe wirken wollen, nicht bloß predigen, und habe „die Früchte des Christenthums noch wo anders, als in Meß- und Gebethbüchern“ gesucht. Falk fügt hinzu: „Die Bücher sollten aufhören Bücher zu seyn; die Ideen sollten Hände und Füße bekommen.“ Da Werner 1814 in Wien Priester und Prediger (!) wurde, ist anzunehmen, dass Falk seine Worte vorher niedergeschrieben hat (T 10–17).[44]

In seinem bisher nicht veröffentlichten Tagebuch für die Jahre 1806–1820 berichtet Falk von einer Frau, die mit Friedrich Leopold Graf zu Stolberg (1750–1819)[45] korrespondiert habe und ebenso wie dieser katholisch geworden sei. Im Gespräch mit Falk habe sie den „kühnen Gedanken“ geäußert, „daß Christus noch irgend einmal, in der Zeit, und zwar bald, und zwar persönlich wieder erscheinen würde und müßte.“ Für Falk grenzte dies damals „nah' an Schwärmerey, die geistige Wiederkunft Christi, die vor der Thür ist und sich von allen Seiten meldet, mit der leiblichen Wiederkunft desselben, im Fleisch, zu verwechseln.“ (T 28) Doch Falk verzeiht ihr dies, weil für ihn nicht der Glaubens*inhalt*, sondern die gelebten Konsequenzen daraus entscheidend sind. „Nicht

[40] Vielleicht könnte eine nähere Beschäftigung mit Falks Verhältnis zu Jean Paul weiteres Licht in jene Wendezeit bringen.

[41] Falk an Schulz, 25.09.1812, Biblioteka Jagiellonska Krakau (Polen).

[42] Vgl. *Otto Mann*: Art. „Werner, Zacharias“. In: RGG[3] 6, 1986, 1644.

[43] Tagebücher des Johannes von der Ostsee (1806–1820). Hg. v. *Johannes Falk*. Schiller-Nationalmuseum, Deutsches Literaturarchiv Marbach, Cotta-Archiv (Stiftung der Stuttgarter Zeitung), 3 (im Text mit T und Seitenangabe zitiert).

[44] Ganz ähnlich in seinem Brief an Friedrich August Wolf vom 13.02.1822, GSA Weimar, 15/I, 2a–z, 33, zit. bei *Katharina Stoodt-Neuschäfer:* Das Garn des Versuchers und das Liebesnetz Petri. Von den wahren Gründen für die Gesellschaft der Freunde in der Noth. Vortrag vor dem J. Falk-Verein in Weimar am 14.02.2002, 14.

[45] *Martin Rohkrämer:* Art. „Friedrich Leopold Graf zu Stolberg“. In: RGG[3] 6, 1986, 388.

was wir glauben, sondern was wir sind, nicht, was wir lehren, sondern was wir thun, ist das wonach wir vor Gott einst gerichtet werden.“ (T 28–31) Damit nennt Falk ein Kriterium, das er auch in den Jahren danach immer wieder anführte.

5. Falks christlicher Glaube in seiner Tätigkeit als Erzieher der verwahrlosten Jugend (1813–1826)

5.1 Programmatisches

In seinem *Aufruf, zunächst an die Landstände* (1816) beklagt Falk die „in den letzten drei Jahrzehnten durch laxe Grundsätze erzeugten Sittenverderbnisse in unserm Volke“.[46] Konkret nennt er das spurlose Verschwinden vieler Hausgottesdienste und die Veräußerung von Kirchen, Klöstern und Stiftungen für weltliche Zwecke bei gleichzeitiger Neueröffnung von Schießhäusern, Schenken, Komödienhäusern und Branntweinläden.[47] „Die Furcht vor dem Unsichtbaren“, so Falk, „ist hin. Genuß ist das Losungswort!“[48] Deshalb fordert er eine christlich-praktische Volkserziehung, die in der „Handhabung von drei Schlüsseln“ bestehe, „dem Schlüssel zum Brotschrank, dem Schlüssel zum Kleiderschrank und dem Schlüssel zum Himmelreich, ohne deren wechselseitige und innige Verbindung jeder Volksunterricht am Ende leer und null ist“.[49]

5.2 Falks Glaube als inneres Erleben von Gott, Christus und Heiligem Geist

Falk gibt in seinem Geheimen Tagebuch zu, dass sein Glaube zuweilen lau gewesen sei (GT 59), doch sieht er ihn in einem inneren Erleben begründet: „Selig der Mann, der Gott in seinem Innern erlebt hat, und alle Schätze des Meeres und des festen Landes verrinnen gegen diesen seinen Seelenschatz.“ (GT 90) Voraussetzung der Gotteserkenntnis sei ein reines Herz. „Nur erst, wenn der Mensch reines Herzens, d. h. Gott ähnlich wird, begreift er, daß Gott Mensch werden kann.“ (1821; GT 161, vgl. 181) Christus wolle „uns den Vater von innen erleben lassen.“ Diese Beweisführung könne „nur auf dem Weg der inneren Heiligung zustande kommen“ (GT 128, vgl. 154). An anderer Stelle äußert er, man müsse „Christus selbst erlebt haben, um ihn anderen wieder erleben zu

---

46 *Falk*, Prinzessin [s. Anm. 25], 432; Hervorh. im Original.

47 *Johannes Falk*: Geheimes Tagebuch 1818–1826. Aus dem Nachlass hg. v. *Ernst Schering* u. *Georg Mlynek*. Stuttgart 1964, 53 (im Text mit GT und Seitenangabe zitiert).

48 *Falk*, Prinzessin [s. Anm. 25], 434.

49 Ebd., 435.

lassen, und an ihn zu glauben. So ihr meine Lehre tut, sollt ihr inne werden, ob sie von Gott sei".[50]

Falk stellt an einer Stelle seines *Geheimen Tagebuchs* verschiedene Christus-Prädikate zusammen. Er nennt ihn „alliebendes Mutterherz, Sohn Marias, Sohn Gottes, Sohn unseres himmlischen Vaters, [. . .] aller Welt Heiland, aller Welt Trost, aller Wesen Quell, Liebe, Fortdauer und Ursprung, durch dessen allmächtiges Wort alle Dinge gemacht sind" (GT 35, vgl. 79). Am bekanntesten dürfte die Christus-Aussage in der ersten Strophe seines 1816 entstandenen Weihnachtsliedes sein: „Welt ging verloren, Christ ward geboren, freue dich, o Christenheit!"[51] Dass Falk damit nicht nur eine rückwärts gewandte Beschaulichkeit meinte, wird deutlich, wenn man andere Aussagen mit heranzieht, so z. B. die, dass es um einen „dynamischen, nicht bloß historischen Christus" gehe (1817).[52] Den Heiligen Geist sprach Falk gelegentlich im Gebet in direkter Anrede an, was bis heute in der Christenheit eher selten der Fall ist. Er sagt, dieser habe ihm ein Trostgebet eingegeben, und bittet, er solle seine (Falks) Entschlüsse erleuchten (GT 35 f.). Ein anderes Mal gesteht er, der Heilige Geist habe ihn wegen seiner Selbsterhebung gescholten. (GT 37)

5.3 Falks Glaube als Einheit mit der Tat

Am Gründonnerstag 1821 erklärt Falk im *Geheimen Tagebuch*, was es heißt: „Ich glaube an Jesum Christum!" Es ist für Falk nicht das Fürwahrhalten aller in der Bibel berichteten Wunder, sondern der Glaube „an die grundlose Liebe und Barmherzigkeit Gottes, die in der Zeit erschienen ist." Dieser Glaube aber dürfe kein Lippenbekenntnis bleiben, sondern müsse im Herzen wohnen und sich in der Tat der Liebe zeigen.[53] Dann habe er die Kraft selig zu machen (GT 97 f., vgl. GT 140). Dementsprechend lehnt Falk die Taufe als Aberglaube ab, wenn sie nicht mehr sei als die „Begehung eines leeren Zeremoniells" und keine Herzenssache (GT 98, vgl. GT, vgl. 213). Es geht Falk um „einen in die Zeit gekommenen, erbarmenden Gott", in welchem der Glaubende lebt, und um „ernstliche Nachfolge Jesu Christi in Werken der Liebe bis zur blutigen Aufopferung" (GT 114).

---

[50] GSA Weimar, Gesellschaft der Freunde in der Not, Bd. 9, 183 (ca. 1817).

[51] Erster Abdruck des Allerdreifeiertagsliedes im 2. Bericht der Gesellschaft der Freunde in der Not, Januar 1817, 18 (dort aufgeführt unter den „Liedern, die jeder Zögling der Sonntagsschule auswendig wissen und singen muß"). Zur Entstehung dieses Liedes in der Adventszeit 1816 vgl. den Hinweis auf Günter Balders im Info-Brief des J. Falk-Vereins, Weimar 1/2006, 3.

[52] GSA Weimar, Gesellschaft der Freunde in der Not, Bd. 8, 65 b.

[53] So möchte ich Falks missverständliche Formulierung „Gott ist Mensch geworden, nicht daß der Mensch ein liebloses Vieh bleibe, sondern daß der Mensch durch ihn zum Gott wird", umschreiben.

Falk kritisiert einen frommen Egoismus und grenzt sich scharf gegen solche Mystiker ab, „die sich in der seligen Beschauung ihrer Nasenspitzen als echte und wahrhafte Gläubige, d. h. im seligen Nichtstun gefallen“. Stattdessen unterstreicht er unter Anspielung auf Jak 2,17 und 1Kor 13,1, dass „der Glaube ohne Liebe und Werke tot“ sei (GT 88 f.) „Christus hat uns zwei Wege, zu ihm zu kommen und wie er zu uns kommen will, eröffnet. Erst will er in unserem eigenen Herzen erscheinen, eine Gestalt gewinnen, Wohnung bei uns machen; wir sollen ihn erleben [. . .] Der zweite Weg ist die Liebe zu den Brüdern, daß ich den armen, frierenden, hungrigen, verirrten Christus aufnehme, ihn speise, kleide, tränke, beherberge.“ (GT 136) Es verblüfft, wie unmittelbar Falk – ganz entsprechend der Rede Jesu in Mt 25 – den bedürftigen Nächsten mit Christus identifiziert.

Falk versteht den Menschen als Ebenbild Gottes, dessen sich anzunehmen in seinen Augen weitaus wichtiger ist, als die kostspielige Veredlung der Viehrassen. (GT 30) Falk kann sogar sagen: „Christi Ebenbild in Menschen lieben und ehren, die dich höhnen, die deine Liebe mit Haß vergelten, Wohltat mit Kälte oder Gleichgültigkeit, selbst für diesen im traurigen Wohnsitz befangenen Christus, der noch Wohltätern nachstellt, dies ist eine Aufgabe, deren vollständige Lösung wohl nur ein Engel oder der wahrhafte Sohn Gottes gewachsen ist.“ (GT 73)

Während Falk von Anderen verdächtigt wird, er wolle sich auf Kosten der Anstalt bereichern, dankt er Gott dafür, dass dieser ihn „des Kreuzes gewürdigt“ habe, und bittet ihn, Falk ganz auf das Vorbild alles Leidens, nämlich auf seinen Sohn Jesus Christus zu stellen (GT 27).

Falk war überzeugt, in den bedürftigen Kindern Christus selber zu begegnen. Die Perspektive des Jüngsten Gerichts, wie sie von Jesus in Mt 25 veranschaulicht wird, motiviert Falk, die restriktiven Landesgesetze zu ignorieren und auch solche Kinder aufzunehmen, deren Heimat *jenseits* der sachsen-weimarischen Grenze liegt (GT 28, vgl. 32).

Falk beklagt, dass angesichts der menschlichen Not die Reichen im Luxus schwelgen, und fragt: „Heißt das die Hungrigen speisen, die Nackten kleiden, nach der Vorschrift unseres Heilandes, wenn ihr 35 Millionen (Kaschmir-) Schafe füttert und fünf Millionen Menschen halb oder ganz zu Tode hungern heißt, damit die Eitelkeit eurer Weiber, Söhne und Töchter sich mit Kaschmir und seidenen Tüchern behängen kann“. Für diese Lieblosigkeit gebe es „am Tage des Gerichts keine Entschuldigung“ (GT 67 f.).

Im Dezember 1820 verwahrte sich Falk mit einem Tagebucheintrag gegen den von dem frommen Ernst de Valenti erhobenen Vorwurf der Werkgerechtigkeit und den, damit „ein Werk des Teufels“ zu treiben (GT 87). Als de Valenti sich ein Jahr später schriftlich bei Falk entschuldigte, verband er dies mit der Auffassung, im Protestantismus werde zuviel Moral und zu wenig das Kreuz Christi gepredigt. Dies wiederum veranlasste Falk zu der Bemerkung, dem Predigen werde eine zu hohe Bedeutung beigemessen. Der gekreuzigte Christus dürfe nicht nur mit Worten gepredigt werden, sondern – so Falk – „wir sind die Kreuzigung selbst" (GT 163, vgl. 165). Wer nicht das unsägliche Leid Falks in dessen Familie und Institut und seine persönliche Aufopferung vor Augen hat, wird geneigt sein, solche Worte zu verurteilen. Er sollte aber versuchen, den ganzen Falk im Blick zu haben, auch den, der bereits im Herbst 1819 seine Grabinschrift entwarf, die einen deutlichen Akzent christlicher Gnadenlehre trägt:

> Unter diesen grünen Linden
> ist, durch Christus frei von Sünden,
> Herr Johannes Falk zu finden [. . .]
> (GT 72)

5.4 Falks Gebetspraxis

Wer Falks *Geheimes Tagebuch* liest, stellt schnell fest, dass es von Gebeten durchzogen ist. Man darf daraus schließen, dass dies beim älteren Falk auch seinem Lebensvollzug entsprach und das Gebet nicht auf jene Augenblicke beschränkt war, in denen er sein Tagebuch schrieb. Gleichwohl konnte seine Gebetspraxis auch durch Erschütterungen wie den Tod seiner Kinder zeitweise unterbrochen werden. Dann musste er neu beten lernen. In sein Tagebuch schrieb er: „Ich bin ausgeritten, um auf den Bergen und an den Flüssen mich auszuweinen und wieder freudig beten zu lernen, was ich an dem Sterbebett meines geliebten Eduard verlernt hatte. Gott mauert mit Blut" (GT 65). Doch stellte sich Falk seine verstorbenen Angehörigen und Freunde als Fürbeter vor und bezog daraus Trost. An seinen Freund Körte schrieb er am 9. Mai 1819: „Er [sein Sohn Eduard] bethet nun jenseits mit Gleim, mit Herder, für mich, für seine ausgeweinte Mutter, für sein erniedrigtes, blutendes, fremdenbelastetes Vaterland, ein reiner Engel Gottes. So gefällt es dem Alliebenden Vater sein Kreuz immer höher in dieser Anstalt aufzupflanzen".[54]

Am 3. März 1819 notiert er, es werde ihm immer deutlicher, dass „im Gebet eine Engel und Seelen anziehende, magnetische Kraft sei" (GT 59). Gott habe ihm deutlich gemacht, dass „ein frommes, ergebungsvolles Gebet, das nicht für sich, sondern für die Brüder bittet, der Erhörung gewiß sei" (GT 59, vgl. 31, 36, 86). Immer wieder trieb ihn Geldnot ins Gebet (GT 29, 32, 34), er rang dabei um Gottvertrauen. Zuweilen klagte er, dass sein Gebet „unerhört geblieben" sei (GT 64, 111), aber auch von Gebetserhörungen berichtet er (GT 86, 218 f.). Im Januar 1823 notiert

[54] Falk an Körte, Freies Deutsches Hochstift, Frankfurter Goethe-Museum, Nr. 2923, Negativ 28578–79, 2.

er, der Philosoph Immanuel Kant habe „sehr gut bemerkt, daß der Verstand sich eigentlich des Betens schämen“ müsse. Aber „was uns unwillkürlich auf unsere Kniee drückt, ist etwas Höheres, ist unser Gefühl und Herz“ (GT 203). Falks Gebetspraxis hatte auch mit dem Bewusstsein zu tun, in einen Kampf gestellt zu sein. Er schreibt: „O wie ist der Kampf mit dem Bösen so schreckhaft, so bitter! Wie muß man wider ihn und seine Versuchungen so mannhaft gerüstet und stündlich auf der Hut sein!“ (GT 78) Im Eintrag vom 2. Mai 1821 nennt er das Motiv seiner Erziehungsarbeit. Es ist nicht ein „Durst nach Ruhm“, sonst wäre er Schriftsteller geblieben, nein,

> eine ganz andere Glut war es, die mich verzehrte [. . .] Ich streute die Asche von fünf zerfallenen, armen, geliebten Kinderherzen auf mein Haupt und schrie zum Herrn, er solle mir gnädig sin. Und der Herr sprach zu mir nicht mehr im Wetter, sondern in einem stillen, sanften Säuseln: Liebe! Der Apfel meines Auges heißt Liebe. Du sollst, du mußt mir deine liebsten Augäpfel dafür hingeben. (GT 107)

Im Gebet trug er Gott auch seine Gefährdung vor, er bat um Bewahrung vor Eitelkeit und Anmaßung. (GT 38) In seinem Gedicht mit der Überschrift *Beichte. Unter Spangenbergs altem hundertjährigem Birnbaum abgelegt von Johannes Falk* gehen allerdings Selbstkritik und Kritik an seinen Zeitgenossen eine merkwürdige Verbindung ein:

> Ich weiß ich bin ein Lumpenhund,
> Und daß ich's weiß, ist mir gesund
> Ihr Andern aber, wißt es nicht
> Weil euch der Hochmuthsdünkel sticht;
> Ich bin an Sündenmanichfalt
> Weit mehr noch als an Jahren alt.
> Ihr denket wunder was ihr seyd,
> Und tragt doch All ein Lumpenkleid.
> Denn nichts als Lumpen ist die Erd,
> Und Alles was ihr angehört;
> Trotz Kron' und Zepter hochgeehrt,
> Drum sing ich auch zu jeder Zeit:
> „Gloria dir Dreyeinigkeit,
> In Ewigkeit!“
> Befrey mich armen Lumpenhund
> Von allen Lumpen auf den Grund
> Und ist erfüllt mein Zeit und Stund'
> So schenke mir die himmlische Freud'
> Und nimm mich rein an Herz und Mund,
> Geschmückt mit schönem Himmelskleid
> Herr, auf in deinen Gnadenbund.[55]

---

[55] GSA, Falk VIII.8, Bl. 48 (vermutlich Abschrift).

5.5 Bibel und Theologie

Wie viele seiner Zeitgenossen kannte Falk die Bibel sehr gut. Aber sie hatte für ihn inzwischen eine herausragende Bedeutung erlangt. Im *Geheimen Tagebuch* vergleicht Falk die Verfasser der Bibel mit einem Glutstrom, mit dem er einen „eiskalten Gletscher" in Segensströme verwandeln wollte (GT 51). Man gewinnt hier den Eindruck, dass für Falk an die Stelle des Lichtes der Aufklärung ein anderes Licht getreten ist. Er schreibt, die Gnade Gottes habe ihn „erleuchtet" und ihm „durch innere Offenbarung" bestätigt, „daß sein Wort wahrhaftig sei" (GT 59). Nicht zufällig steht auf dem Briefkopf der Berichte der Gesellschaft ein Bibelzitat, und zwar ein Wort Jesu aus Mt 18,4: „Wer ein solches Kind aufnimmt in meinem Namen, der nimmt mich auf."

Die Worte Luthers, Melanchthons und Paul Gerhardts bezeichnete Falk 1819 angesichts des Rationalismus als „Seelenspeise" (GT 50). Das Theologiestudium und damit wohl auch den Beruf des Pfarrers beurteilte er jetzt positiv (GT 63). Das dürfte seine starke Kritik an der Kanzelrede, die keine Tat sei, ein wenig relativieren. Falks Denken richtete sich sowohl gegen eine gottlose Natur als auch einen naturlosen Gott. „In der Durchdringung beider [...] Pole, der Bibel und der Vernunft, herrscht Wahrheit." (GT 64) Falk übte Kritik am „Götzendienst des Verstandes" (1819; GT 67, vgl. 104), aber ebenso an den „Pietisten, die den Verstand und die Vernunft erniedrigen" (GT 250), sie hätten „den Rationalismus verachten [wollen], mit Füßen treten, anstatt ihn zu läutern, zu reinigen im Licht der Offenbarung und ihn als eine fromme Kirchenburg im Dienste des Herrn leuchten zu lassen" (GT 64). Damit weist Falk die Richtung, in welcher er sich eine angemessene Verhältnisbestimmung von Glaube und Vernunft vorstellt.

5.6 Falks Kontakte mit Vertretern der Erweckungsbewegung

Falk suchte Kontakt mit mehreren Personen, die der Erweckungsbewegung zugerechnet werden, so u. a. mit Johann Christian Krafft in Erlangen,[56] Matthias Burger in Nürnberg (GT 141–148) und Heinrich Wild, einem Freund Jung-Stillings, dessen Schriften er kannte (T 151), in Frankfurt am Main auf einer Reise im Oktober 1819. Für unsere Fragestellung aufschlussreich sind aber vor allem seine beiden Begegnungen mit der erweckten Baltin Barbara von Krüdener im Dezember 1817 in Kranichfeld und im Januar 1818 in Leipzig. Er nannte sie „eine

---

[56] Vgl. *Horst Weigelt:* Die Diasporaarbeit der Herrnhuter Brüdergemeine und die Wirksamkeit der Deutschen Christentumsgesellschaft im 19. Jahrhundert. In: Geschichte des Pietismus. Bd. 3: Das 19. und 20. Jahrhundert. Hg. v. *Ulrich Gäbler.* Göttingen 2000, 112–149, hier 130 u. ö.

echte, gottesfürchtige Christin“ (GT 25). Falk war von der Gebetsart der Frau von Krüdener und ihres Gefolges tief beeindruckt: Sie beteten kniend, mit „Inbrunst“ und „Herzgeschrey“, notierte Falk (T 43). Ihre Überzeugungen waren z. T. auch die seinigen: „Sie will den Armen nicht blos das Evangelium predigen, sondern es ihnen auch dadurch näherbringen, daß sie die heiligen Lehren des Christenthums, gleichsam vor ihren Augen, und mit der größten Aufopferung und Selbstentsagung, ausübt.“ (T 54)

Dass Falk von der Frömmigkeit dieser Frau angetan war, sich aber zugleich davon abgrenzte und Goethe gegen deren negatives Urteil in Schutz nahm, habe ich bereits früher dargelegt.[57] Jedoch sei ergänzend auf einiges hingewiesen, was Falks Glaubensverständnis betrifft. Ernst Schering ist schon 1953 in seinem Buch *Die innere Schaukraft* sehr differenziert auf Falks „Träume, Erscheinungen des Zweiten Gesichts und Visionen“ eingegangen. Er hat gezeigt, dass diese Phänomene für Falk von großer Bedeutung waren. Falks Aufzeichnungen über seine Begegnung mit Frau von Krüdener und ihrem Gefolge zeigen jedoch, dass er um 1820 mit Phänomenen der Geisterwelt, mit Gesichten und Träumen sehr kritisch umgehen konnte. Er schreibt, er liebe es nicht

> in oder über die Geheimniße der Geisterwelt, die Gott unsern Augen absichtlich verschlossen hat, mit verwegnem Vorwitz, entweder einzudringen, oder abzusprechen. Selbst das ewige Heben am Vorhang und Lauschen dahinter, so kindlich und so verzeihlich, in einigen Stücken, es auch immer seyn mag, genügt mir wenig; denn es wirkt am Ende doch verderblich und führt uns von dem ab was unsere eigentliche Bestimmung auf Erden ist. (T 153)

Während man anderen Äußerungen Falks eine große Offenheit gegenüber jenen außergewöhnlichen Phänomenen abspürt, grenzt er sich hier scharf gegen deren Missbrauch ab. Er schreibt:

> Bezweifelt man irgend noch die Wahrheit dieses Satzes: daß nämlich solche, das Gehirn erhitzende Vorstellungen, ein großes Unheil in der menschlichen Gesellschaft anzurichten im Stande sind: so braucht man nur hinzusehen, was im Volke wird, und was sich in dessen Mitte Gefährliches entwickelt, wo aus halbbeglaubigten Thatsachen, Gesichten und Träumen, auf diesen oder jenen aus dem Zusammenhang des Ganzen, gerissenen Spruch der Bibel gestützt, sich die Schwärmerey ein oft völlig liebloses Ganzes, oder ein unchristliches System bildet, und diesem gemäß, mit einer Festigkeit, als vollbrächte sie den unmittelbaren Willen Gottes, zu den unerlaubtesten, ja zu den empören[d]sten Handlungen fortschreitet. (T 153 f.)

---

[57] *Johannes Demandt:* Johannes Daniel Falks Begegnungen mit Frau von Krüdener und ihr Gespräch über Goethe. In: Frömmigkeit unter den Bedingungen der Neuzeit. FS Gustav Adolf Benrath zum 70. Geburtstag. Hg. v. *Reiner Braun* u. *Wolf-Friedrich Schäufele*. Darmstadt [u. a.] 2001, 225–236, hier 229–234.

Anlass für diese kritischen Bemerkungen Falks waren wohl entsprechende Äußerungen von Frau von Krüdener selbst oder deren Mitreisenden. Dies hinderte ihn jedoch nicht an einem positiven Gesamturteil über deren Frömmigkeit.

Es war für Falk bedeutsam, dass auch sein ehemaliger Hallenser Lehrer Professor August Hermann Niemeyer im Januar 1818 nach Leipzig kam, um Frau von Krüdener kennen zu lernen. Niemeyer, ein Vertreter der neologischen Aufklärungstheologie, soll nach Falks Information „nach einer Unterhaltung mit ihr [sicherlich Augen zwinkernd] geäußert haben: daß es der christlichen Kirche eben keinen Nachtheil bringen würde, wenn die Gaben geistlicher Beredsamkeit, welche Frau v. Krüdener in so hohem Grad besitze, unter einige Zwanzig Dorf- und Stadtgeistliche gemeinschaftlich vertheilt würden“ (T 127).

6. Bilanz

Falks Weg verlief alles andere als geradlinig. Mit Recht hat Katharina Stoodt-Neuschäfer von „einer verwirrenden Fülle von Widersprüchen, die sich in seiner Person verknoten“, gesprochen.[58] Er selber sprach einmal von „vollbrachten Irrwegen“.[59] Insofern darf heute auch ein Falk-Freund zugeben, dass zeitgenössische Kritik an Falk nicht völlig aus der Luft gegriffen gewesen sein muss.[60] Hinsichtlich seines Verhältnisses zum christlichen Glauben zeigt sich ein Spannungsbogen von einer ihm anerzogenen pietistischen Frömmigkeit, die er sich bei erwachendem Geist nicht zu eigen machen wollte, über eine zunehmend kritische Distanz zum vorfindlichen Christentum, eine Infragestellung des Wahrheitsanspruchs des christlichen Glaubens, eine scharfe Beobachtung und Beurteilung von Menschen und Ereignissen auf der Basis eines christlich-humanistischen Menschenbildes *ohne* persönliche Teilnahme am kirchlichen Leben, in der Auseinandersetzung mit Vertretern der Romantik zunehmende Orientierung an christlich-moralischen Grundwerten bis hin zu einem leidenschaftlichen Kampf für ein Christentum gelebter Nächstenliebe, vor allem gegenüber den Bedürftigen, mit der Bereitschaft, dafür alles zu opfern.

Sicherlich muss man aus theologischer Sicht fragen, ob der ältere Falk nicht zu einseitig vom Jakobusbrief her gedacht und den Römerbrief vernachlässigt hat.[61] Das wird man einräumen müssen. Aber Falk war von

---

58 *Stoodt-Neuschäfer*, Garn des Versuchers [s. Anm. 44], 2.

59 Falk an Cotta, 24.02.1822, Schiller-Nationalmuseum, Deutsches Literatur-Archiv Marbach, Falk, Nr. 13.

60 Es gab allerdings auch manche überzogene Kritik an Falk, z. B. von Friedrich Wilhelm Riemer, vgl. *Schering*, Vater [s. Anm. 35], 85 f.

der Sorge umgetrieben, dass der christliche Glaube zum Schaden der Menschheit reine Theorie bleiben könnte. Deshalb kam er häufig zu einer so starken Betonung der Notwendigkeit des Tuns, dass dahinter die paulinische Rechtfertigungslehre verblasste.[62]

Nach Meinung von Ludwig Tiesmeyer stellt Falk „eine Eigenart christlicher Frömmigkeit dar, die sich klar abhebt sowohl von dem alten als auch von dem modernen Pietismus".[63] Dem ist zuzustimmen. Will man den älteren Falk der Erweckungsbewegung zurechnen, so ist er für sie kein typischer Vertreter. Nach dem Urteil von Wilhelm Lütgert ist Falks Wirken „ein Bindeglied zwischen dem Idealismus der klassischen Zeit und dem Realismus der neuen Zeit der Tat".[64] Gleichwohl ist Falks Pionierleistung für die Erziehung der Jugend nicht ohne die Rückbesinnung auf die Fundamente des christlichen Glaubens denkbar, wie sie sich auch bei anderen Personen der Erweckungsbewegung ereignete.

Falk selbst sprach einmal davon, dass es „Stufen der verschiedenen Erweckung" gebe. Dies meinte er aber nicht in einem wertenden Sinne. Sondern in dem „großen Seelenreich" gebe es wie in der Natur auch „Schnecken, denen man die Engelflügel nicht abfordern" dürfe, „ohne eine große Ungerechtigkeit auszuüben". Vielmehr komme Gott mit den unterschiedlichen Arten zu seinem Ziel (GT 161 f.).

---

[61] Hat er nicht beispielsweise zu wenig die Situation des sog. Schächers bedacht, dem der gekreuzigte Jesus das Paradies versprach, *ohne* dass jener seinen Glauben noch mit Taten der Liebe bewähren konnte (Lk 23,43)?

[62] Falks Position zeigt eine gewisse Nähe zu Adolf Schlatters deutlicher Absage an eine im Protestantismus verbreitete Verdächtigung des guten Werkes aus der Sorge heraus, dies könne als katholisch verstanden werden. Vgl. *Werner Neuer*: Der Zusammenhang von Dogmatik und Ethik bei Adolf Schlatter. Eine Untersuchung zur Grundlegung christlicher Ethik. Gießen ²1990, 183.

[63] *Ludwig Tiesmeyer*: Die Erweckungsbewegung in Deutschland während des 19. Jahrhunderts. Bd. 4. Kassel 1910, 268.

[64] *Lütgert*, Die Religion des deutschen Idealismus [s. Anm. 3], 138.

Thomas Müller-Bahlke

Atlantische Missionen und religiöse Netzwerke

Ein wissenschaftliches Symposium zu Ehren Hermann Wellenreuthers

(Zu den Beiträgen von Frauke Geyken, Hartmut Lehmann und Hermann Wellenreuther)

Die Franckeschen Stiftungen zu Halle richteten am 19. Juni 2006 anlässlich des 65. Geburtstages von Hermann Wellenreuther ein wissenschaftliches Symposium zu seinen Ehren aus. Das Symposium trug den Titel „Atlantische Missionen und religiöse Netzwerke". Hermann Wellenreuther hat die transatlantische Geschichtsforschung der vergangenen Jahrzehnte von Deutschland aus maßgeblich mit geprägt. Da sein wissenschaftlicher Schwerpunkt dabei in der frühen Neuzeit liegt, ist es kein Zufall, dass er sich auch große Verdienste in der Pietismusforschung erworben hat. Immerhin spielt die Bewegung eine wichtige Rolle bei der kulturellen und religiösen Expansion, die im 18. Jahrhundert von Europa ausging. Das Waisenhaus August Hermann Franckes in Halle trat schon zu Beginn des Jahrhunderts als wichtiges Zentrum weltweiter Verbindungen hervor. Deren bemerkenswert systematische Strukturen spiegeln sich in den Archivbeständen der Franckeschen Stiftungen wider, sind aber trotz erster Ansätze noch längst nicht hinreichend erforscht. Die Hauptlinien sind freilich gut erkennbar. Sie verlaufen im transatlantischen Bereich nach Südindien und nach Nordamerika. In Südindien entstand die erste protestantische Missionsunternehmung, die vom dänischen König Friedrich IV. initiiert im Jahr 1706 begann und bis in das 19. Jahrhundert von Halle aus fortgeführt wurde. Nach Nordamerika knüpfte Francke schon Ende des 17. Jahrhunderts Kontakte und korrespondierte mit Cotton Mather. Ihm waren offensichtlich die großen Zukunftschancen Nordamerikas bewusst, die mit der zunehmenden Erschließung durch europäische Siedler einhergingen. Systematisch befragte er Amerikareisende nach den Lebensbedingungen dort, ebenso wie nach den Entfaltungsmöglichkeiten weit über den religiösen Bereich hinaus. Eine Generation später verlieh sein Sohn Gotthilf August Francke den Verbindungen des Halleschen Waisenhauses nach Nordamerika feste Strukturen. 1741 entsandte er Heinrich Melchior Mühlenberg mit dem Auftrag nach Pennsylvania, dort die deutsch-lutherischen Gemeinden zu betreuen. Mit dem Rüstzeug des Halleschen Pietismus und mit der Hilfe aus Europa gelang es Mühlenberg, im Laufe seines Lebens ein gut funktionierendes Kirchenwesen entlang der Ostküste Nordamerikas zu etablieren.

Das eintägige Symposium in den Franckeschen Stiftungen bettete die transatlantischen Beziehungen nach Nordamerika, die einst von hier aufgebaut wurden, in die größeren historischen Kontexte ein und zog vergleichende Linien vom 17. bis zum 19. Jahrhundert. Es bildete den Höhepunkt einer internationalen Festwoche, die den verschiedenen weltweiten Beziehungslinien der Franckeschen Stiftungen im 18. Jahrhundert gewidmet war. Anlass hierfür war das 300-jährige Gründungsjubiläum der Dänisch-Halleschen Mission, das unter der Schirmherrschaft des Bundespräsidenten Dr. Horst Köhler und in internationaler Zusammenarbeit mit zahlreichen wissenschaftlichen und kulturellen Veranstaltungen das ganze Jahr 2006 über von den Franckeschen Stiftungen begangen wurde.

Frauke Geyken

The Letters of David Zeisberger: A Translation?

In the 1740s, the Moravians came to America; first to Georgia, later to Pennsylvania, where they founded Bethlehem, the Moravian centre on the North American continent until today. Young men and women went out into the wilderness to preach the Gospel to the heathen Indians. Gnadenhütten, Friedensstadt or Schoenbrunn are only some of the places where Christian Indians and Moravians lived together and influenced each other in their way of living. From the very beginning, the missionaries wrote a diary that was sent to the Bethlehem archives: a treasure not only of Moravian history, but also of mission history, of the history of daily life in early modern Indian America, and of language history, too. The Moravians were able to speak Indian languages, they wrote spelling books for the Indians, dictionaries, translated hymn books and parts of the bible.

In 1995, Hermann Wellenreuther and Carola Wessel published the diary of the Moravian missionary David Zeisberger.[1] This was translated into English some years later.[2] Why? These diaries are eminent sources and rich material not only for European, but for American history as well, but American historians dealing with American history do not speak German.

Zeisberger's letters, which are the subject of this essay, are of a special quality. The aforementioned diaries are a kind of official document. They were copied in Bethlehem and the copies were sent to Herrnhut (and from Herrnhut to other congregations) in order to inform the Elders and the Mission Board of the Unitas Fratrum about what was going on in the congregations and about the spiritual progress of the converts. In addition, they had another purpose to fulfil: the description of the missionary work amongst the heathen should convince young members of the European congregations to come to America. Zeisberger, who wrote of himself as

[1] Herrnhuter Indianermission in der Amerikanischen Revolution: Die Tagebücher von David Zeisberger 1772 bis 1781. Mit einer Einl. hg. v. *Hermann Wellenreuther* u. *Carola Wessel*. Berlin 1995.

[2] English edition, The Moravian Mission Diaries of David Zeisberger, 1772–1781. Translated by *Julie Tomberlin*. Ed. by *Hermann Wellenreuther* and *Carola Wessel*. University Park, PA 2005.

Brother David in the diaries, could not write all he wanted to write and in Bethlehem not everything was copied. The letters were Zeisberger's opportunity to discuss his problems with Bethlehem openly and he had many: as he lived in America in the second half of the 18th century, he lived in decades of war. After the Seven Years war, the French and Indian war in America was over, but the fight for American Independence began. The Moravians, like the Quakers, were pacifists, they did not want to fight, but the fighting parties, the British as well as the Indians, wanted them to fight. They tried to evade this problem and this forced the congregations to be highly flexible and very mobile, to have to start a new settlement again and again. While reading the letters, we experience the hard reality of a missionary's life in the bush, as Zeisberger calls it. Additionally, we can trace Indian policy in the times of the American Revolution: the Indians did not only react to white people's actions, but were autonomous actors on the political stage in order to save their land and their way of living. Although not all of them wanted to send the Europeans home again, the Indian community was divided: one part wanted to return to the traditional way of living and believing, while the other was interested in what the white missionaries had to tell them. This conflict is written down in and between Zeisberger's lines in the diary and in his letters, too. Only both these written testimonials together make the picture complete, just as the German and the English versions also belong together. The German version of the Zeisberger letters is a transcription of the original without any changes by the editor. The English version is a modern text translated from the eighteenth century German for a modern, contemporary reader in order to convey information.

Coming as a child from Europe to Pennsylvania, Zeisberger not only spoke German and English fluently, he spoke Dutch as well. He learned Indian languages, Mohawk and Delaware, and understood Onondaga and Shawnee. Due to this knowledge, he was frequently asked to be an interpreter between the colonial authorities and Native negotiators. Also, he was a translator himself.[3] Zeisberger, who not only wrote the congregation's diary, wrote hundreds of letters, composed a dictionary[4] and

---

3 "So I really got such a very nice praise for my work, namely my translation and that by the venerable directorio. Well, I didn't expect that, it may hold out for some time. I would be too glad to have a translation to the Delaware! But it is already worth a great deal that we have a lot of work done by Brother Grube." "So habe ich doch wirkl. ein solch schönes Lob vor meine Arbeit, neml. meine Übersezung gekrigt u. das vom Ehrw. Directorio das habe ich wol nicht erwartet, nun das wird schon eine Weile wiederhalten. Ach hätten wir sie doch auch so in Delawarisch! doch ist es schon aller Ehren werth, daß wir doch so viel von Br. Grube haben." (Moravian Archives Bethlehem, Personalia Zeisberger, Folder 3/Letter 2, Goschgoschink Feb. 23, 1769)

4 *David Zeisberger:* English, German, Iroquois – the Onondaga and Algonquin – the Delaware. Cambridge 1887.

translated the New Testament into Indian languages, was certainly aware of what he was doing; he must have pondered about the problems related to speech and language. Unfortunately, his reflections on translating cannot be found in his letters. But the letters were not the place to discuss it. For nearly sixty years (1749–1806), in about 270 letters on more than 700 pages, he debated and consulted with the Brothers in Bethlehem the current difficulties of his missionary work: what to do next, where to go next, when to leave and where to stay? He wrote not only about his anger with Brother Roth, who was endangering the mission's success because he preached for hours and hours, driving the Indians away as they got tired of listening to him;[5] but also about young John Jungmann, who was driven mad by the quest for his place in the congregation and in the mission, and who had to be chained during his fits of mania.[6]

---

5 "[. . .] the Indian Brothers and Sisters were tired of Roth and didn't want to hold out with him. He held devotions for 2 or 3 hours. The Indians sometimes went to the little Beaver Creek, 6–7 miles away, when the bells rang for the early devotion and when they came back, the early devotion had not yet been finished for a long time and it was this way in the evening, not only here and there, but daily, it was like a Treaty, where the people came or went away. [. . .] Frequently he tries to establish new habits in the congregation, for example before the absoution and baptizm he is reading questions to them, which they have to answer in front of the congregation, which had never been made before and as to the Holy Communion he always tries to invent something new. Finally he would set up a new sect, because he never asks neither for the congregation nor for the Conference, but everything has to be different from everything else in the congregation."
"[. . .] sondern die Ind. Geschw. waren den Roth müde u. wollten nicht länger bey ihm aushalten. Er hat Gelegenheiten gehalten 2 bis 3 Stunden lang. Die Ind. sind bisweilen nach kleinen Beaver Creek gegangen 6–7 Meilen wenn es zur Frühstde geläutet hatte u. sind wieder zurückgekommen u. die Frühstde war noch lange nicht aus, u. so war es wiederrum Abds u. nicht nur etwa dann u. wann, sondern tägl. war es wie auf einer Treaty da die Leute immer ab u. zugingen. . . . Er ist beständig darauf aus, etwas neues in der Gem. einzuführen. z. B. bei der Absolution u. Taufe liest er ihnen Fragen vor, die sie vor der Gem. beantworten müssen, welches doch vorher noch nie geschehen ist, u. so auch beym Amhl immer was neues zu erfinden. Er würde endl. noch gar eine neue Secte stiften, denn er fragt weder nach der Gemeine noch Conf. etwas, sondern es muß bey ihm alles anders als in der Gem. sein." (Moravian Archives Bethlehem, Personalia Zeisberger, Folder 4/ Letter 12, Schoenbrunn, January 28, 1774)

6 "Namely the fact that John Jungmann went totally mad on the 28th [August] and due to his furiousness we had not only to lock him up, but to chain him for 7 days. We had to venesect him several times until he became quite faint and not it has become a little better, he is walking around, but he has not yet totally regained his mind. The reason for his madness obviously is nothing else but pride/haughtiness and self-righteousness. He observed/introspected himself closely and he came to the conclusion, that he was a great worker. He found a lot of faults with brother and sister Schmicks, he was pondering about it and he asked himself, can those, who have been workers for so many years still act in such a way?"
"[. . .] nemlich, John Jungmann wurde am 28ten völlig verrückt u. wir mussten ihn wegen seiner Raserey nicht allein einsperren, sondern an die Kette legen 7 Tage lang. Wir haben ihn ein paar mal hinter einander stark zur Ader gelassen bis er zieml. matt wurde u. ist nun zwar wol etwas besser, geht auch herum, aber doch hat er seinen völligen Verstand noch nicht. Die Ursach seiner Verrückung ist freilich nichts andres als der Hochmuth u. eigne Gerechtigkeit, dass er

Zeisberger always wrote in German, in an eighteenth century German handwriting. As has been stated above, his letters have been transcribed from the original and translated into English. It is not worth mentioning that this is not a word-by-word translation. But what kind of translation is it? What is a translation? The Russian poet, Nikolai Gogol, postulated that a translation should be like a pane of glass, so that the reader does not, cannot become aware of its existence. Is this necessary and is it desirable?

Let us search for help in the texts of Martin Luther. The history of modern translation in Germany begins with his putting Erasmus' Greek version of the Bible into German. In 1530, Luther wrote a text, *On interpreting*, because the *papists* had accused him of a false translation. In his German version of Paul's epistle to the Romans, III, 28, he had added an *only*, "men will become justified *only* by believing", the famous *sola fide*.[7] Powerfully eloquent, Luther polemizes against the papists, explains and justifies his addition to the work of God's own hand. He wants to express the sense of the work (*Es soll dem Sinn des Textes entsprechen.*[8]): translation is transfer, is interpretation.[9]

Translating the Bible is – obviously – different from working with other categories of texts: with fiction; poems; non-fictional, specialized texts; or, maybe worst of all, instruction sheets. Gogol certainly had a literary text in mind when he wanted a translation like a pane of glass. The theologian, Friedrich Daniel Ernst Schleiermacher (1768–1834), another German authority on translation, made an important difference already in the eighteenth century – he distinguished between a fictional and a non-fictional text: to translate the former means to lay the stress on the text itself, to translate the latter means to emphasize the transfer of information.

So whilst translating a decision has to be made! With respect to Zeisberger's letters, what kind of text are we dealing with, what kind of

---

sich selber bespiegelt u. von sich geglaubt hat, er könne ein grosser Arbeiter seyn, dabey hat er vieles an Geschw. Schmicks auszusezen gefunden, sich drüber aufgehalten u. gedacht, können die, die schon so viele Jahre Arbeiter sind noch so u. so handeln?" (Moravian Archives Bethlehem, Personalia Zeisberger, Folder 4/ Letter 25, Schoenbrunn, Sept. 5, 1775)

[7] The English Bible: translated out of the original tongues by the commandment of King James I, anno 1611, part 6, The New Testament. London 1904.

[8] The way Luther describes the translation work, he did with Philipp Melanchthon and others, illustrates the closeness of translation and interpretation: "It happened quite often, that we searched one single word more than a forthnight, three or four weeks, and finally we didn't find it. Working on Hiob we, namely Magister Philips, Aurogallus and I, we worked four days and sometimes could hardly finish 3 lines." (*Martin Luther*: Sendbrief vom Dolmetschen. [1530]. In: Das Problem des Übersetzens. Hg. v. *Hans Joachim Störig*. Darmstadt 1963, 14–32, hier 20)

[9] This is a position based as well on the work and results of the Göttinger research group for translation: cf. Göttinger Beiträge zur internationalen Übersetzungsforschung. 8 vol.s, 1987–1998.

translation is it to be? Should it be a modern translation of an eighteenth century text, supposing that contemporary historians are interested more in what Zeisberger wrote than in how he wrote it? Although he has some striking rhetorical attributes, the following reflections concentrate on Zeisberger's

1. semantic features,
2. syntactical features.
3. miscellaneous problems with describing Zeisberger's style and rhetoric.

1. Semantic problems: What is the meaning of the words?

The OED[10] tells us that to translate means to express the sense of a word in another language. One example, which reveals clearly, how difficult it can be to find, or better said to detect the most suitable word, is the German word *fremd*. Zeisberger talks of *die fremden Indianer*, meaning the Indians who are not acquainted with the Moravian mission, who live elsewhere, not in Moravian settlements or Indian settlements related to the Moravians, and who are, above all, heathen Indians. In Zeisberger's eyes, I suppose, they were not *weird* or *alien*, as the dictionary proposes amongst others for *fremd*. They were, in a way, *external* or *extraneous*, as they came from outside to a certain defined group of people, the Christian congregation, a strange element itself in its heathen surroundings. Many of these Indians were indeed *peregrine* by their way of living, another suggestion for *fremd*, but obviously not the one Zeisberger had in mind. He was thinking of strangers. Or foreigners? For a foreigner like me, it is difficult to discern the last nuance that gives foreignness a colour different from strangeness, although in German we have different words and meanings for *Fremde* and *Fremdheit*, too. Wilhelm von Humboldt said in the introduction to his translation of Aeschylos' *Agamemnon*:

> Solange nicht die Fremdheit, sondern das Fremde gefühlt wird, hat die Uebersetzung ihre höchsten Zwecke erreicht; wo aber die Fremdheit an sich erscheint, und vielleicht gar das Fremde verdunkelt, da verräth der Uebersetzer, dass er seinem Original nicht gewachsen ist.[11]

Or does it only make sense the other way round: As long as strangeness is felt and not foreignness . . .?

---

[10] Oxford English Dictionary.

[11] "As long as foreignness is felt and not strangeness, the translation has reached its highest aim; but where strangeness appears, maybe even darkens the foreignness, there the translator betrays that he is not equal to his translation." *Wilhelm von Humboldt*: Introduction to his translation of Aeschylos' "Agamemnon". [Berlin 1816]. In: *Walter Koller*: Einführung in die Übersetzungswissenschaft. Heidelberg, Wiesbaden 1992, 44.

Closely related to this *strange* problem is the use of the word *savage*. *Die wilden Indianer*, of whom Zeisberger talks when he refers to these strangers or foreigners, come to the Moravian towns for different reasons: because they need some help or because they are hungry and want to buy some corn or just because they are on their way to somewhere else, like some Shawnee and Minques on the 22nd July, 1774, who passed through Schoenbrunn:

> The Shawnee have hesitated until now and there is no real war, as it seems they are waiting for an answer from the Six Nations, because some 3 or 4 weeks ago numerous Shawnee and Minques passed by with three scalps on their way to the Six Nations, which they will ask for help.[12]

Shawnee and Minques, they were savages in Zeisberger's eyes: *wild, ferocious, fierce, frantic* or *riotous*. Zeisberger frequently complains about the drunken Indians, who are savages in his eyes, although he never uses this more decent description, he bluntly talks of the sottish Indians, *die besoffenen Indianer*. But above all, according to Zeisberger, a savage Indian is a heathen Indian; the counterpart to this expression in his texts is always the Christian Indian. Zeisberger's image of the Natives is divided into two: a noble savage does not exist for him, he sees barbarians or believers. Corresponding to what Carola Wessel described in detail in her study on the Delaware Indians and Moravian Mission in the Upper Ohio Valley,[13] the study of the letters confirms that the Natives only can become men by becoming believers; the others are ‚savages'. Zeisberger seems not very much interested in this type of Indian; he describes them very casually because they are beyond his reach. They belong to Satan's realm, whereas the believers belong to God and that is why he seems not to be that much afraid of the scalp-bearing Shawnee or Minques, or whomsoever, as he will ever be safe in God's hands: "The Savior has helped us through up till now, He will help us further on."[14]

One problem which is not as profound as those discussed above, but which shows us how many terms may *express the sense of a word in another language* (OED), is the question: Where did Zeisberger live? He calls it *Hütte*. So did the Moravians live in huts? In hogans? In cottages? In cabins? It may be likely that the latter word is most suitable, but how can one be sure?

---

12 Moravian Archives Bethlehem, Personalia Zeisberger, Folder 4/ Letter 17. Schoenbrunn, July 22, 1774.

13 *Carola Wessel:* Delaware Indianer und Herrnhuter Missionare im Upper Ohio Valley. Tübingen 1999 (Hallesche Forschungen, 4).

14 Moravian Archives Bethlehem, Personalia Zeisberger, Folder 4/ Letter 24. Copy, April 1775. "We will further persevere firmly in our faith and confidence to the Savior, who will be gracious and help us through happily." (Ebd., letter 16. Schoenbrunn, May 27, 1774) "The Savior may help us the way He has done until now, He may spread His wings over us." (Ebd., letter 20. Schönbrunn, Sept. 18, 1774)

Translating becomes more difficult in the case of how to translate words that do not exist in the other language? The most famous example, of course, in this context is the word snow, which has manifold equivalents in the Inuit language and which is non-existent in African languages. Relating this to the Zeisberger letters, we can find the expression *Seitenhöhlgen*, which is a very characteristic – nowadays obsolete – Moravian expression. It gives the German text a wonderful ancient quality, which cannot be matched with the English *wound*. In comparison, other specific Moravian terms, for example, liturgical elements that cannot be found in other religious communities, can easily be translated because they are still prevailing today: watchwords, *die Losungen*, is one of them; lovefeast, *das Liebesmahl* or the singing service, *die Singstunde* are others.

Now and then, Zeisberger uses words in his letters which are very old-fashioned and which are rarely used in contemporary German. One of these words is *Muthwillen*,[15] which is translated nowadays with *playfulness, sprightliness, vivacity*. But what Zeisberger wants to express is *malice*, a meaning that can be found in German and English adjectives: *mutwillig – mischievous, wilful, wanton*; still used frequently in both modern languages. A direct translation from what Grimm's dictionary explains as meaning *Muthwillen* (*leichtfertige Boshaftigkeit*) would be *frivolous malice*, which we reduced to just *malice* in our translation. But does it really hit the point? This leads us to a fundamental issue of historical translation: What exactly is a historical translation and how genuinely historical has this certain type of translation to be? Let us discuss the problem in the following context.

---

[15] "This made the Indians, who still stick by us, ponder and our enemies regained fresh courage to rail against us. The chief has reserved the one thing, namely to sent us away, still for himself. He only tells the Indians to beware of me and says them they shall not believe me, which is bad enough, that we shall not have any protection under him and that we shall be exposed to the malice of the savage people, our enemy. So the Savior will have to do something very special, if it is wish and will, that we are to stay here. I have not yet lost all hope, but I do rather believe, that Satan's rage has meanwhile reached its peak, so that the Savior's help for us can't be far away."
"Dieses hat wieder viel Überlegens bey denen Ind. die sich noch immer zu uns gehalten haben, gemacht, u. unser Feinde um uns haben wieder neuen Muth gekrigt, gegen uns zu lästern. Das eine, neml. uns weggehen zu heissen, hat sich der *Chief* noch vorbehalten; Er sagt nur zu den Indianern, sie sollen sich vor mir hüten u. mir nicht glauben was ich ihnen sage, welches arg genug ist, daß wir unter ihm keinen Schuz haben sollen u. dem Muthwillen des wilden Volkes unser Feinde *exponirt* seyn müssen. Da wird der Hld schon ein sonderlichers thun müssen, wenn es anders sein Wille u. Wolgefallen ist, daß wir hier bleiben sollen. Ich habe noch nicht alle Hofnung aufgegeben, sondern glaube vielmehr, daß des Satans sein Zorn nunmehro aufs höchste gekommen ist, u. also auch unser Hülfe vom Hlde nicht ferner seyn kan." (Moravian Archives Bethlehem, Personalia Zeisberger, Folder 2/ Letter 28. Goschgoschünk, Aug. 9, 1768)

2. *Syntax: sentence structure*

One prominent feature of Zeisberger's letters is his fondness for extremely long sentences.[16] Read the following example:

> Weil sich eine Gelegenheit findet, so will ich in Eil nur berichten *wie es um uns steht*, dich aber u. alle deine Geschwister die um dich sind vorher recht herzl. grüßen. Im Monat Merz fingen wir uns an zu preparieren von Goschgoschünk weg zu ziehen, ob wir schon noch nicht genau wussten wohin, denn wir haben noch bis dato keine Antwort vom Sennecker Chief in Zoneschio erhalten, habe aber erst vor ein paar Tagen von Kriegern die daher kamen vernommen, daß er seit dem Herbst immer krank sey u. wol nicht aufkomme[n] würde, welches auch die Ursach ist, daß wir keine erhalten haben.
> As there is a possibility of writing to you, I will hastily report to you what is happening here, but not without saluting heartily you and all the Brothers and Sisters who are around you. It was in the month of March that we were preparing to leave Goschgoschünk, although we did not really know where to go, because up till then we had not received an answer from the Sennecker Chief in Zoneschio. It was only some days ago that warriors who had come from there, told us that he has been ill ever since autumn and that he had difficulties to recover, which is the cause that we have not got any [answer].[17]

Zeisberger likes to set a comma, where a full stop would be possible; he is very fond of the semicolon, too. Are we to set these full stops that Zeisberger avoided or shall we accept his commas? No: we cannot accept these extremely long sentences in a modern translation. Some full stops have to be set, but even then many sentences are too long for an English speaking reader of the 21st century. The diaries have a more descriptive

---

16 "My tender heart, having pondered on Brother *Anton*, who is longing to come to Bethlehem (which I don't grudge him), it may now be best for him to be absent, because the work doesn't have to be performed that regularly at present and because the Indians haven't yet returned from hunting and if he waits until spring, this would be inconvenient, because I am going to go at that time, but there should always be one who knows the Indians, otherwise there will be *confusion* and even if another *Schmidt* came, *Anton* couldn't leave the place immediately he has to be with him for a while till he knows the Indians and they know him, for we are not yet ready with *Andres Ber's* debts and there is one quarrel after the other, here an Indian comes and there an Indian comes, all saying that *Andres* is still owing them a lot, of which we do not know anything and nothing is written down, and so many can come, in our *Diario* you can read a history of *John Petty*, who behaved badly, I talked German to him, meaning I talked to him seriously and I uttered my disapprobation on the whole affair and it was only the trip to *Onondaga*, that prevented me from really talking German to him, because it was he who attacked me, because up till now we have done [eingefügt] it as well with them as we could, he is a little shy ever since and he doesn't quite approach me, he didn't say anything against me, maybe that is still to come, he said that he believes Br. *Anton*, but doesn't believe *Andres*." (Moravian Archives Bethlehem, Personalia Zeisberger, Folder 1/ Letter 2. Shomoko March 5, 1750)

17 Moravian Archives Bethlehem, Personalia Zeisberger, Folder 3/ Letter 3. Lawunakhannek on the Ohio, May 13, 1769.

character. The letters, on the contrary, are the place where Zeisberger can discuss problems with the Brothers in Bethlehem. He is pondering while writing, balances the pros and cons, develops the arguments and tries to convince the Brothers of his position. The character of the dialogue that the letters have should survive in the translation.

Another problem can be the eighteenth century sentence structure in general:

> "Was sie mir von ihm gesagt hat, glaube ich nun, daß es pure Lügen sind."
> "What she told me of him, now I do believe these were all lies."[18]

Is this unidiomatic, but historical? To translate a historical text brings an additional dimension to our work. Translating means not only to transfer a certain substance from one language to the other, i.e., from one culture to the other, but from one period of time to another. The question is how far are we to copy the original to give our text an authentic aura? And how far can we, must we, adjust the original to the eyes and understanding of a modern historian? The primary aim is to produce a readable text, which can easily be understood, as the work's purpose above all is to convey information; however, the text's origin should not be completely forgotten.

3. Miscellaneous problems

This decision not to forget about the roots of what we are reading resulted in a decision not to translate the names of people such as Matheus (Matthew) or Anna Johanna (Anne Joan). This underlines the text's German character. In other situations, where the German expression is too difficult to understand, the American equivalent has been inserted, as there will not be very many modern readers who know *Shawanosen*, the name Zeisberger uses for the Shawnee. It is the same with geographical terms: *der Schwamm* is the swamp, *Wajomick* is Wyoming, *Gros Eiland* is Great Island and *Langes Eiland* is Long Island.

Although the Moravians used Zinzendorf's adaption of the Luther bible for their watchwords – die Losungen – their English equivalents are taken from the King James' bible for a better understanding of their meaning.[19]

Finally some remarks on Zeisberger's peculiarities. Very often at the beginning of a letter, he loves to omit the personal pronoun ‚I'. By doing

---

[18] Moravian Archives Bethlehem, Personalia Zeisberger, Folder 1/ Letter 14. Wihilusing, Octobr. 20, 1765.

[19] In 1733 Zinzendorf began a new translation of the Bible on the basis of the Luther Bible. He worked together with, amongst others August Gottlieb Spangenberg and Matthäus Gottfried Hehl, who later became eminent figures in the American mission.

this, he creates an apparent modesty, which is annihilated in the end, when he finishes every letter with "I" and the others, we salute you, etc. This effect is mirrored in the English version by adding an I in brackets: [I]

A stylistic problem of translating his letters is Zeisberger's liking of what rhetoric calls tautology. Very often he uses two words, where one would have been enough: *krank u. schwach*, meaning weak; *mein Pläzgen u. Aufenthalt*, my dwelling; *aufgenommen und bewillkommt*, received; *Krieg und Krieges=Geschrey*, war; *recht hübsche u. vergnügte Reise*, a nice trip, a merry journey, a good tour. It was not always possible to find English analogies for both of the, sometimes archaic, words so that every case is solved particularly, according to the context.

Some words are used by Zeisberger in English only. He frequently uses *Chief*, *message* or *interpreter.*[20] In other cases, he sometimes uses the English *Council* and sometimes the German *Rath*. In addition, other words of English origin are pressed into a German grammatical form as for example *eingefenst*, meaning all our fences are ready, all pastures are hedged.

Only a footnote can make American readers aware of Zeisberger's use of both the German and English languages, but it is much more difficult for them to catch the degree of acculturation of the Moravian missionaries in America, if they are not at home in both languages.

To conclude: how genuine can or should a modern translation of an eighteenth century text be? How much can, how much should we save of the German origin and how much have we falsified in our interpretation? Have we been able to reconcile the three levels of communication that we continuously have to be aware of – time, culture, language – in order to understand a foreign, eighteenth century text in its historic context?

[20] "Den 19ten kam ich nach *Wajomick*, traf den *Tadejuskung* an, welcher sich sehr freute mich zu sehen u. mich wol aufnahm, ich überlieferte ihm bald meine *Message* durch einen *Interpreter*, u. nachdem er sein *Council* zusammen gerufen u. sich mit ihm beratschlagt hatte." (Moravian Archives Bethlehem, Personalia Zeisberger, Folder 1/ Letter 1. Bethl., March 20, 1762)

Hartmut Lehmann

Von Korntal nach Westafrika: Alternativen pietistischer Missionsarbeit im 19. Jahrhundert

Drei der zwölf Kinder des Korntaler Bauern Leonhard Binder (1794–1870) und seiner Ehefrau Maria Rosina Binder geb. Schüle (1803–1861)[1] waren im Laufe des 19. Jahrhunderts als Missionare in Westafrika tätig: Maria Rosina Binder (1826–1908), verheiratet mit dem Missionar Johann Georg Widmann, Ernestine Gottliebin Binder (1828–1873), verheiratet mit dem Missionar Johann Adam Mader, sowie Johannes Conrad Binder (1834–1912).[2] Das, was Maria Rosina Widmann, Ernestine Gottliebin Mader und Johannes Conrad Binder in Westafrika erlebten, berührt grundsätzliche Fragen, die im Hinblick auf den Sinn und den Zweck pietistischer Missionsarbeit gestellt werden können.

1. Maria Rosina Widmann, geb. Binder.

Im Jahre 1845 ließ der Basler Missionar Johann Georg Widmann, der seit 1842 an der Goldküste stationiert war, die Missionsleitung in Basel wissen, er würde gern heiraten. Dieser Wunsch wurde gebilligt. Im Umkreis der mit der Baseler Mission befreundeten pietistischen Kreise wurde dann nach einer geeigneten Frau für Widmann gesucht. Es war der Korntaler Pfarrer Jakob Heinrich Staudt, der das Missionskomitee auf die noch nicht zwanzigjährige Maria Rosina Binder hinwies. Laut Komiteeprotokoll vom 14. Januar 1846 referierte Bruder Staudt

> über seine Schritte hinsichtlich einer Braut für Bruder Widmann. Er hat eine solche in Kornthal gefunden, namens Rösle, deren Eltern einwilligen. Die Tochter wird geschildert als noch nicht ganz tief gewurzelt im Frieden Gottes, als noch kein ganz freies Herz, übrigens mit viel Verstand und Bibelkenntnis begabt, noch nicht zwanzig Jahre alt, mit einer Neigung aufwärts zu streben,

[1] Dies war die dritte Ehe von Leonhard Binder. Seine ersten beiden Frauen waren in jungem Alter 1822 und 1824 gestorben.

[2] Johannes Conrad Binder war zwei Mal verheiratet. Seine erste Frau, Pauline, war ihm 1859 nach Westafrika gefolgt, dort aber nach wenigen Jahren gestorben. Während eines Heimaturlaubs heiratete Binder 1867 Theodora Lufft aus Wilhelmsdorf.

aber aufrichtig und klar über ihren eigenen Zustand, in Haushaltsgeschäften nur das gewöhnliche Kochen verstehend. Es wird bemerkt, es wäre gut, wenn die Person inzwischen zu einer tüchtigen Hausfrau aus dem Mittelstand [. . .] gethan werden könnte, um die Haushaltung noch besser zu lernen und mehr praktische Fähigkeit zum Kochen zu erlangen [. . .].[3]

Dem Protokoll vom 11. Februar 1846 ist zu entnehmen, dass der Inspektor der Basler Mission inzwischen mit Rösle geredet hat. Er schilderte sie als „wohl gebildetes Bauernmädchen und eine ganz einfache Christin". Sie habe, so weiter das Protokoll, „keine hohe Bildung", habe aber die Schule in Korntal besucht und „scheint ganz geeignet". Dem Vorschlag stimmte sie, so weiter das Protokoll, „voller Freudigkeit" zu, „insofern die Großmutter ihre Zustimmung gebe, die nun erfolgt ist, wie Pfarrer Staudt meldet. Nähen, Kochen und Englischlernen würden nun getrieben". Beschluss: Diese Nachricht solle jetzt Bruder Widmann übermittelt werden.[4] Bis zur Abreise von Rosina Binder aus Korntal gab es keinen direkten Kontakt zwischen den künftigen Eheleuten.

Am 18. September 1846 ging Maria Rosina Binder, die bis dahin nur einmal Korntal verlassen hatte, um ein Missionsfest in Basel zu besuchen, auf die große Reise: Mit dem Leiterwagen bis Bruchsal, mit der Eisenbahn bis Mannheim, mit einem Schiff bis Bingen, mit einem weiteren Schiff bis Köln, mit der Bahn über Aachen bis Oostende, mit dem Schiff über den Kanal und dann mit der Bahn nach London, wo sie mehrere Wochen warten auf ein Schiff nach Westafrika warten musste. Am 15. Januar 1847, also etwa ein Jahr, nachdem das Basler Komitee zum ersten Mal beraten hatte, ob sie als Missionarsbraut geeignet sei, traf sie an der Goldküste ein.

Maria Rosina Binder führte seit ihrer Abreise aus Korntal Tagebuch,[5] zunächst täglich, dann wöchentlich, schließlich nur noch sporadisch. Ende 1849, nach der Geburt ihres ersten Kindes, bricht das Tagebuch ab. Es behandelt somit ihre Reise und ihre ersten Jahre an der Goldküste. Von den vielen Beobachtungen, die sie in ihrem Tagebuch festgehalten hat, können hier nur einige wenige zitiert werden.

Zunächst ein Blick auf die Zeit in London. Das schwäbische Mädchen, das kaum Englisch verstand, wurde in London von niemand mehr getröstet als von Dr. Steinkopf, also von jenem württembergischen Pastor, der ab 1797 in Basel tätig gewesen war und der ab 1804 in London wirkte, von wo aus er maßgeblich an der Gründung der Basler Missionsgesellschaft beteiligt gewesen war. Rösle wurde in London von Heim-

---

3 Zit. n. *Waltraud Ch. Haas*: Erlitten und erstritten. Der Befreiungsweg von Frauen in der Basler Mission 1816–1966. Basel 1994, 83.

4 Ebd.

5 Maschinenschriftliche Transkription im Archiv der Basler Mission. Signatur D 10.4,9 (zitiert als RW).

weh gepackt. Sie empfand „Herzensangst“ und fürchtete „vollends allen Muth und Glauben“ zu verlieren (RW 11–20, hier 20). Am 20. Oktober 1846 notierte sie in ihrem Tagebuch folgendes: „Heute quält mich noch der Gedanke: Es ist vielleicht gar nicht der Wille Gottes, dass du diesen Schritt gethan. Dieses ist seitdem ich mich entschloss das erste Mal, dass ich am Willen Gottes zweifelte und dass mir der Muth, in den Missionsdienst zu treten, entfällt“ (RW 21). 23. Oktober 1846. Sie habe „den Herrn so oft und viel gebeten, wenn es ihm gefalle, mich in den letzten Tagen noch krank werden zu lassen oder sonst ein Hindernis in den Weg kommen zu lassen, dass ich nicht fort komme, so möchte er es doch thun“ (RW 23). Am 24. Oktober 1846 war in einer Versammlung bei Steinkopf „die Rede vom Kreuz und Leiden, dass dieses der Weg zur Herrlichkeit sey. Dieses war mir in meiner gegenwärtigen Lage besonders wichtig“, fügte sie an (RW 25).

Am 28. Oktober 1846 war endlich ein Schiff zur Abfahrt nach Westafrika bereit. Rösle war begeistert und zugleich verzweifelt. Ihrem Tagebuch vertraute sie ihre Gefühle an:

> Dem Herrn sei Lob und Dank, dass wir nun ein Schiff haben, das uns an den Ort unserer Bestimmung bringen soll. Aber wie nöthig sollte man hier einen Heiland haben. Mein Verlangen, ihn doch einmal ganz zu bekommen, wird immer stärker. Es war mir den ganzen Tag sehr schwer, in einigen Wochen die große und bedeutungsvolle Reise anzutreten und noch keinen festen Halt zu haben. Des Abends hatte ich in meinem Stübchen entsetzliche Stunden. Dass es niemand hören sollte und weil ich mich nicht mehr enthalten konnte, schrie ich in mein Bett hinein. Ich betete und seufzte, Gott möchte sich doch meiner erbarmen, dass ich doch nicht an ihm und seinem Wort verzweifle und am Ende schwermüthig werde. Ich müsse wissen, ob sein Wort Wahrheit sey, denn sonst könne ich es nicht verkündigen, und andere darauf hinweisen. Ich wusste mir vor Noth und Elend fast nicht mehr zu helfen. Diesen Schritt hatte ich gethan, keinem Menschen konnte ich mein Herz ausleeren und der Heiland entzog sich mir auch. Es wurde ganz Nacht und finster in meinem Innern und ich äusserte beym Lesen einer tröstlichen Betrachtung im ‚Gossner‘ einige ganz böse Worte. Doch tröstete ich mich bey dem Allem auf das Hl. Abendmahl, das ich noch diesen Abend genießen durfte. Ich bat den Herrn, er möchte nun sein Blut wie eine Goldtinktur in mich überfließen lassen, damit mein natürliches und geistiges Geblüth gereiniget werde. Er möchte mir, wenn er Ersteres zu thun nicht für gut finde, dann doch die nöthige Geduld schenken und meinen Unglauben wegnehmen [...]. (RW 28 f.)

Wie diese Passage zeigt, und wie mit weiteren Beispielen belegt werden könnte, fühlte sich Maria Rosina Binder nicht nur als Braut eines Missionars, sondern sah sich selbst als Missionarin. Sie glaubte fest, sie selbst sei zum Missionsdienst berufen. Am 31. Dezember 1846 schrieb sie in ihr Tagebuch: „Heute vor einem Jahr erhielt ich diesen Missionsruf“

(RW 52). Ähnlich ein Tagebucheintrag vom 17. September 1848: „Es ist heute gerade zwei Jahre, seitdem ich zu dem Missionsberuf von Herrn Pfarrer Staudt in Anwesenheit vieler Freunde und Bekannten von Nah und Fern in der Kirche in Kornthal eingesegnet wurde" (RW 93). In ihrem Tagebuch notierte sie auch den dritten Jahrestag ihrer Berufung. Die Heirat mit einem Missionar war für diese junge Frau also der Weg, der einzige Weg, der ihr half, selbst in der Mission tätig werden zu können. Insofern vermitteln die Darstellungen, die von Frauen wie Maria Rosina Binder nur als „Missionsbräuten" reden, ein teilweise falsches Bild.[6]

Nur am Rande sei erwähnt, dass die künftige Missionarin in wenigen Wochen das reiche religiöse Leben Londons in den 1840er Jahren kennen lernte. Sie besuchte Versammlungen der Methodisten, der Wesleyaner-Missionarinnen, deren Händeklatschen während des Gottesdienstes sie begeisterte, auch der Quäker, und dann immer wieder die Gottesdienste von Dr. Steinkopf (RW 26). Sie ließ „für die Lieben zu Hause" ein Porträt von sich malen, das zu ihrer großen Freude gut ausfiel. Dazu am 11. November: „Möge der Herr seyn Bild auch recht deutlich in mir abdrücken, dass man in mir Ihn erkennen kann. Er wird es thun" (RW 37). Am 14. November, wenige Tage bevor das Schiff ablegte, erhielt sie den ersten Brief ihres künftigen Mannes, sie spricht von ihrem „lieben Bräutigam". „Welche Freude", vertraute sie ihrem Tagebuch an, „da auch der Brief über alles Erwarten ausfiel". Dadurch sehe sie „deutlich, wie der Herr zu seiner Zeit seinen Kindern auch im Leiblichen hilft, nicht nur, was ich in der letzten Zeit auch erfahren durfte, nur im Geistlichen". Sie sei aber, wie sie hinzusetzte, im „geistlichen Leben noch nicht fest und gegründet genug und schon oft ist mir der Gedanke gekommen, man sollte solche (also solche Personen wie sie) nicht in die Heidenwelt schicken" (RW 38). Nun gab es aber kein Zurück mehr. Am 19. November 1846 konnte Maria Rosina Binder schließlich London verlassen. Nach der Schiffsreise überstürzten sich die Ereignisse: Am 15. Januar Ankunft in Accra, am 19. Januar in Akropong im heutigen Ghana, am 21. Januar 1847 dort die Verheiratung mit Johann Georg Widmann, dem „lieben Georg", wie er ab jetzt im Tagebuch heißt (RW 58–61).

Von den verschiedenen Erfahrungen, die die Missionarsfrau und Missionarin Rosina Widmann in den ersten Jahren an der Goldküste machte, beeindruckt zunächst, auf wie vielfältige Weise sie von Anfang an gefor-

[6] Zum Thema „Missionsbräute" grundlegend und umfassend: *Dagmar Konrad:* Missionsbräute. Pietistinnen des 19. Jahrhunderts in der Basler Mission. Münster 2001. Dagmar Konrad zeigt an vielen Beispielen, wie selbstständig die Frauen der Missionare tätig waren und dass diese sich zurecht nicht nur als Frauen der Missionare betrachteten, sondern die Verpflichtung fühlten, selbstständig in der Missionsarbeit tätig zu sein.

dert war. Sie unterrichtete als Lehrerin an den Nachmittagen eine Gruppe von Mädchen, mit einigem Erfolg, wie es scheint. Sie war immer wieder an Krankenbetten im Einsatz, auch als Hebamme. Uneingeschränkt unterstützte sie von Anfang an ihren Mann bei seiner Arbeit. Interessant ist, dass sie sich besonders auch den Frauen, insbesondere älteren Frauen in ihrem Missionsgebiet zuwandte. „Einem ganz alten Weib aus dem Dorf", die sie fragte, „ob sie, wenn sie sterbe, zu Gott komme", sagte sie, so ihr Tagebucheintrag vom 19. November 1848, „wenn sie fleißig zu Gott bete, er solle ihre Sünden wegnehmen und ihr ein neues Herz schenken, dann schicke der liebe Gott seine Diener und lasse sie, wenn sie sterbe, abholen" (RW 87). Besonders wenn ihr Mann abwesend war, bekam sie, wie sie festhält, „viele Besuche von Negerweibern" und hatte „viel Gelegenheit, das Wort Gottes zu verkündigen" (RW 90). Dabei ging es durchaus auch um heikle Fragen. So redete sie einer Frau ernsthaft ins Gewissen, die Zwillinge zur Welt gebracht und dann getötet hatte. Mitte Dezember 1848 hielt sie fest, sie hätte versucht, alten Frauen „den Weg zum Himmel zu zeigen" (RW 91). Nicht immer stieß sie auf Zuneigung. Als sie zu einer Frau über das Alter und den Tod zu sprechen begann und „ihr den Weg zeigen wollte, wie sie denn in den Himmel kommen könne", wandte sich diese ostentativ ab: Sie fing an, wie Rosina Widmann notierte, „ihr Höfchen zusammen zu kehren, that die Hühner und Ziegen in den Stall, ließ mich stehen, ohne mir auch nur die mindeste Aufmerksamkeit zu schenken". Einige andere Frauen seien gekommen, um ihr zuzuhören. „Nach einer ernsten Ermahnung ging ich weg", schrieb Rosina Widmann. Am nächsten Tag hätte ihr eine der Frauen Bananen gebracht. Es sei eine der Nachbarinnen gewesen. „Ohne Zweifel gehört sie zu der Fetisch-Priestersfamilie, die hart an jenem Höfchen wohnt und deren Leute immer so finster aussehen". „O Gott, lass Dein Wort nicht leer zurückkommen", setzte sie hinzu (RW 92).

Diese Episode zeigt, wie manche anderen Eintragungen, dass die Basler Missionare in jenen Jahren an der Goldküste kaum Erfolge, das heißt nur wenige Bekehrungen und Taufen zu verzeichnen hatten. Schon die ersten Eindrücke von Rosina waren bedrückend. Am 20. Januar 1847, also am Tag vor ihrer Hochzeit, schrieb sie folgendes in ihr Tagebuch: „Doch kann ich das unheimliche Gefühl eines finsteren Drucks, das sich mir beym Eintritt in dass Dorf aufdrängte, nicht vergessen. Es schien mir, als hätte sich das Wort Gottes schon Feinde gemacht" (RW 62). Auch von ihren Schülerinnen meldete sich lange Zeit niemand zur Taufe. Im Eintrag vom 31. Juli 1847, also ein halbes Jahr später, hielt sie folgendes fest: „Bis jetzt hat sich noch bei keiner von ihnen eine gründlich Umänderung des Herzens wahrnehmen lassen, auch noch kein Wunsch um die Heilige Taufe ist laut geworden. Sie hängen, wie mir vorkommt, viel mehr an den Gebräuchen und Gewohnheiten ihrer Väter und Mütter".

Und weiter: „Es traut sich jetzt noch keine Jams zu essen, ehe sie dem Fetisch etwas gegeben hat". Sie können nicht glauben, „Fetischdienst sey Teufelsdienst" (RW 69). Ein halbes Jahr später war die Lage nicht besser. Am 11. November 1848 schrieb Rosina Widmann von „betrübliche[n] Erfahrungen in der Heidenwelt", um hinzuzusetzen: „O, lieber Heiland, erhalte uns doch an Dir, wie die Reben am Weinstock. Der Satan ist hier gar so geschäftig!" (RW 86)

Diese betrüblichen Erfahrungen bezogen sich, wie dem Tagebuch zu entnehmen ist, auch auf Streit und Missgunst unter den Missionaren und den Missionarsfamilien. Angebliches Fehlverhalten wurde hinter dem Rücken von Brüdern an das Missionskomitee in Basel berichtet. Darunter litt Rosina Widmann besonders. In ihrem Tagebuch berichtet sie vom „Unfrieden hier unter den Brüdern" und bat im Gebet darum, Gott „wolle nur Frieden und Einigkeit unter uns Missionsgeschwistern erhalten und dem Satan seine List und Macht nicht gelingen lassen". Erst seit sie in Afrika sei, habe sie gesehen, „wie vielerlei Reibungen es unter den Brüdern gibt, wovon ich zu Hause gar keine Idee hatte". Auch an dieser Stelle, am 11. August 1848, flüchtet sie ins Gebet und schrieb: „Großer Heiland, lass es dem Erzfriedensstörer nicht gelingen, dass er unsere Herzen entzweye" (RW 71 f.). Wenige Tage später: „Es ist sehr betrüblich, dass wir nicht eins im Geist miteinander seyn können, da wir doch einem Herrn dienen und an einem Werk stehen. Ich fühle mich in großer Spannung" (RW 72). Kein Wunder, dass Rosina Widmann einige Zeit später, wie sie ihrem Tagebuch anvertraute, vom Heimweh überwältigt und das Herz ihr „ziemlich schwer" wurde (RW 76).

Krankheit und Tod waren, wenn wir den Tagebucheintragungen von Rosina Widmann vertrauen, die ständigen Begleiter der Missionare und ihrer Familien.[7] Kaum eine Woche, in dem nicht jemand krank war, kaum ein Monat, in dem der Tod nicht eine Lücke in die Reihen der Missionare riss. Die schweren Erkrankungen ihres Mannes nahmen Rosina Widmann besonders mit. Im Herbst 1848 lag er wochenlang krank im Bett. „Mancher Todesgedanke steigt in meinem Innern unter vielen Thränen auf", notierte sie am 5. Oktober 1848. „Meine Hand zittert, während ich dies schreibe. Er ist gerade eingeschlafen und liegt todesblass in seinem Bett". Hilfsmittel gab es wenige. Gegen das Fieber wurden Blutegel angesetzt, dazu Salz als Brechmittel, gegen Schmerzen im Unterleib warme Umschläge mit Kamillen, auch Versuche mit Klistieren. Die Krankheit wurde als Glaubensprobe verstanden, die Schmerzen als Demütigung durch Gott (RW 78). Am 19. Oktober kam es erneut zu einer Krise. Widmanns Aussehen veränderte sich, so der Bericht im Ta-

---

[7] Dazu *Konrad*, Missionsbräute [s. Anm. 6], 342–395 sowie, speziell für Togo *Rudolf Friedrich Poppinga*: Ein Kranz auf die Gräber unserer Missionare. Bremen 1910.

gebuch, „sehr schnell“. Er „sah schon ganz dem Tode ähnlich. Seine Augen waren sehr eingefallen, das Gesicht todesbleich und die Lippen bläulich“. Widmann verabschiedete sich von seiner Frau und bat sie, die Lieben zu Hause zu grüssen, auch ihre Familie, die er damals noch gar nicht kannte. Widmann weinte. Als seine Frau zu seinem Bett ging, „war er schon nicht mehr bey sich und rief mit einem ganz jammervollen Ton oft wiederholend aus: Ach, ich bin gestorben, ich bin gestorben! O lieber Heiland“. Dies sei ihr „durch alle Glieder“ gegangen. „Ich konnte mich nicht enthalten, laut zu beten, dass ihm der Herr doch vollends durch das Thal des Todes helfen möchte und ihm den Todeskampf (für dieses hielt ich es) erleichtern möchte“. Zu den Schmerzen im Unterleib kam, was Rosina Widmann als „eine Brust- oder Herzentzündung“ bezeichnete, hinzu. Ein „Pfefferpflaster“ brachte ihrem Mann schließlich etwas Linderung (RW 79–84).

Georg Widmann erholte sich. Einige Wochen später hatte Rosina Widmann „ganz eigenartige Todesgedanken“. Es war ihr, wie sie schrieb, „in diesen Tagen oft zu Muth“, als werde „der liebe Gott“ sie „bald aus dieser Welt in die Ewigkeit abrufen“ (RW 88). Einen Monat später: „Ach, wie nehmen die Kräfte der Jugend hier so schnell ab – so bleich, so matt!!“ (RW 89) So fühlte sie sich. Sie war damals 22 Jahre alt. Ende 1849, kurz vor der Geburt ihres ersten Kindes, litt Georg Widmann unter entsetzlichen Kopfschmerzen und erneut unter Fieber. Wie Rosina Widmann festhielt, waren auch alle anderen Basler Missionsgeschwister krank. „Nun war beynahe bey keinem Menschen mehr in unserem Bereich Hülfe und Trost zu suchen und zu finden“, so ihr Tagebucheintrag (RW 132). Am 22. November kam Rosina Widmanns erstes Kind zur Welt. Während der Geburt, die zwei Tage dauerte, dachte sie „mehr an den Tod als an das Leben, bat auch meinen lieben Mann, nimmer von mir weg zu gehen. Er war auch der Einzige, der bey mir war, weder Arzt noch Hebamme“ (RW 133). Von den 12 Kindern von Rosina Widmann überlebten sechs. Fünf starben in Afrika und ein sechstes, das beim ersten Heimaturlaub nach Deutschland gebracht wurde, im Alter von drei Jahren, während die Eltern wieder in Afrika waren.

Nur ganz wenige Briefe von Rosina Widmann aus Afrika sind, soweit das überprüft werden konnte, überliefert. Diese beziehen sich auf Familiennachrichten, so zum Beispiel auf den Tod eines Kindes.[8] Sie wird freilich in einigen Briefen ihrer Schwester und ihres Bruders mehrfach erwähnt. Die Nachrichten aus Afrika kamen in aller Regel über Basel an die Familie. Seit Mitte der 1850er Jahre wurde dort am Missionshaus der

[8] Brief vom 19.02.1865 mit Nachtrag vom 06.03.1865. Familienbesitz, deponiert bei Hartmut Lehmann. Zitiert als Familienbriefe. Eine Schwester der hier behandelten Geschwister Binder, Christiane Magdalena Binder, verheiratete Fausel (1830–1911), war meine Urgroßmutter.

jüngere Bruder von Rosina Widmann und Ernestine Gottliebin Mader, Johannes Conrad Binder, zum Missionar ausgebildet. Er informierte dann Eltern und Geschwister über das Leben seiner beiden älteren Schwestern in Afrika. Das, was die Familie erfuhr, beschränkte sich freilich auf Familiennachrichten im engeren Sinne. Am 17. Mai 1855 ließ Johannes Binder beispielsweise seine Eltern wissen, ein weiteres Kind von Rösle sei schwer erkrankt. Er fügte dann in seinen Brief ein Stück aus dem Brief seiner Schwester ein. „Es wäre sehr schwer", hatte diese berichtet, „wenn der Herr dieses Kind auch noch als Opfer verlangen würde, nachdem ich schon zwei dem Herrn habe darbringen müssen". Er, Johannes, schreibe seinen Schwestern alle vier Wochen, da alle vier Wochen ein Briefpaket von Basel nach Afrika ab gesandt würde. Die Eltern sollten doch auch mehr schreiben.[9] In einem weiteren Brief vom 9. Juli 1856 ließ Johannes seine Eltern wissen, „das liebe Rösle hat jetzt sechs Kinder, drei weiße eigene und drei schwarze". Sie ziehe nun ein Kind mit einer Warze am kleinen Finger auf. Die schwarze Hebamme hätte das gottlob nicht gesehen. Sonst hätte sie das Kind umgebracht.[10] Ein halbes Jahr später hatte Rösle schon vier schwarze Kinder neben ihren eigenen, darunter ein weiteres der so genannten Sechsfingerkinder, das heißt von Kindern mit einem sechsten Fingeransatz. Auch in der Folgezeit nahm Rosina Widmann weitere dieser Kinder, die sonst als Teufelskinder betrachtet und umgebracht worden wären, demonstrativ zu sich und zog sie auf. Unbekannt ist, was aus ihnen wurde, nachdem sie erwachsen waren und nachdem ihre Beschützerin nach Deutschland zurückgekehrt war.

Georg Widmann starb im November 1876 in Akropong. Seine Frau, Rosina Widmann, kehrte im folgenden Jahr, 1877, nach Deutschland zurück. Als Witwe lebte sie noch 30 Jahre in Korntal, wo sie 1908 im Alter von 82 Jahren starb.

2. Ernestine Gottliebin Mader geb. Binder

Über das Leben der jüngeren Schwester des Rösle, der Ernestine Gottliebin Binder, geboren 1828, die 1855 im Alter von 27 Jahren nach Westafrika ging, wo sie den Missionar Johann Adam Mader heiratete, wissen wir sehr wenig. Dieses Ehepaar hatte drei Töchter, die alle wiederum Missionare heirateten. Ernestine Gottliebin Mader starb 1873 in Afrika im Alter von 45 Jahren. Überliefert sind aber einige signifikante Stücke, so beispielsweise die „Abschiedsworte", die der Korntaler Vor-

[9] Brief vom 17.05.1855 (Familienbriefe).

[10] Brief vom 09.07.1856. Dies wird auch in einem Brief von Ernestine Gottliebin Mader vom 22.11.1856 bestätigt (beide Briefe in: Familienbriefe).

steher Johannes Daur am 5. November 1855, also an jenem Tag sprach, an dem Ernestine Gottliebin Binder ihre Heimat verließ. Daur reimte:

So zieh nun hin, auf Gottes Ruf
ins ferne Land der Heiden.
Er, der als Wort und Sinn dich schuf
wird gnädig dich begleiten.

Die Abschiedsworte von Daur umfassten nicht weniger als 22 Strophen. Hier noch die letzte Strophe:

Nun lebe wohl, geliebtes Glied
von auserwähltem Samen.
Dein treuer Jesu dich behüt
durch seinen starken Namen![11]

Als Ernestine Gottliebin Binder zum Abschied eingesegnet wurde, war die ganze Gemeinde dabei.

In Privatbesitz überliefert ist auch ein Brief vom 3. Oktober 1855, in dem der Missionar Johann Adam Mader offiziell die Eltern von Ernestine um ihre Hand anhielt. Sie, die Eltern, würden ein großes Opfer bringen, schrieb er. Trösten könne er sie aber nicht. Das könne nur Gott. „Er wird Euch hinweisen auf den Lohn, der groß ist im Himmel für diejenigen, die um seinetwillen hienieden ihr Leben aufs Spiel gesetzt und was sie sind und haben für ihn dargebracht haben". Nicht notwendig sei es, dass er sie um „Einbürgerung", also um Aufnahme in die Familie Binder, bitte. „Schon der Umstand, dass Ihr alle Bürger mit den Heiligen und Hausgenossen Gottes seid, Eure Namen im Himmel angeschrieben sind und Euer Bürgerrecht im Himmel ist, ist für mich mehr als genug, mich als bei Euch eingebürgert zu betrachten". Und so habe er „nichts übrig als fürs Erste meine herzliche Freude darüber auszusprechen, dass ich durch Gottes freie unverdiente Huld ein Glied einer so reich gesegneten Familie geworden bin".[12] Dies sind zwei Zitate aus einem vierseitigen, in kleiner Schrift geschriebenen Brief, in dem der künftige Schwiegersohn vor allem seine Glaubensstärke zu demonstrieren versuchte. Wie dieser erbauliche Sermon aufgenommen wurde, wissen wir nicht. Bekannt ist jedoch, dass das Missionarsehepaar Mader in Akropong auf der gleichen Missionsstation wie das Missionarsehepaar Widmann arbeitete. Ernestine schrieb ihren Eltern am 22. November 1856: „Das liebe Rösle ist für mich in jeder Beziehung eine große Hülfe".[13] Das muss für die Eltern ein großer Trost gewesen sein. 1862 waren Ernestine und Johann

[11] Abschiedsworte der Jungfrau Ernestine Binder, Verlobte des Missionars Mader in Akropong, gesprochen zum Schluss ihrer Einsegnung in der monatlichen Missionsstunde von Herrn Vorsteher Daur in Kornthal. Kornthal, 05.11.1855 (auch in: Familienbriefe).

[12] Brief vom 03.10.1855 (Familienbriefe).

[13] Brief vom 22.11.1856 (Familienbriefe).

Adam Mader auf Heimaturlaub. Da Mader auf diversen Missionsfesten predigte, blieb kaum Zeit, alle Verwandten zu besuchen.[14] Ernestine Mader sollte nach diesem Besuch und ihrer Rückkehr nach Afrika nie mehr nach Württemberg zurückkommen.

3. Johannes Conrad Binder

Nach Beendigung seiner Ausbildung am Basler Missionshaus ging 1859 auch Johannes Binder, geboren 1834, also im Alter von 25 Jahren, nach Westafrika. Er wurde nicht von der Basler Missionsgesellschaft ausgesandt, sondern von der Norddeutschen Missions-Gesellschaft in Bremen. Johannes Binder wurde in Anyako im heutigen Togo stationiert, also nicht am Ort, wo seine beiden älteren Schwestern lebten. Seine erste Ehe blieb kinderlos. In zweiter Ehe heiratete er nach dem Tod seiner ersten Frau 1867 die 1844 geborene Theodore Lufft aus Wilhelmsdorf[15]. Schon Johannes Binders erster Brief aus Afrika, datiert am 1. November 1859, ließ seine Eltern und Geschwister wissen, dass die Aufgabe, die er übernommen hatte, nicht leicht sei. „Zum ersten Male von afrikanischem Boden" ergreife er die Feder. Er schreibe aber nur kurz. Es sei bereits 5 Uhr und um 6 Uhr breche die Nacht herein, „und zwar fast ohne Dämmerung". Er hätte auf dem Weg die Widmanns in Akropong besucht. Sie hätten vier Kinder, zwei Mädchen und zwei Jungen. Die schwarzen Geschwister erwähnte er nicht. Das jüngste Mädchen sei krank gewesen und inzwischen „vielleicht gestorben". Die Maders hätten ebenfalls zwei Mädchen. Mit dem Schwager Mader hätte er sich besonders gut verstanden. Auch wenn sie sich nie wieder sehen würden, so seien sie doch „für die Ewigkeit miteinander verbunden". Die Bilder, die er mitgebracht habe, seien eine große Freude gewesen. Schon fünf Mal sei er seit seiner Ankunft in Afrika von Fieber heimgesucht worden. Seine „europäische Farbe" habe er bereits verloren. Auf seinem Missionsgebiet kehre der Herr ein „mit Leiden und Todesfällen". Erst vor fünf Tagen sei der dritte Bruder gestorben und nun auch noch eine Missionarsfrau. Die Station, auf der er arbeite, sei im Übrigen erst vor zweieinhalb Jahren gegründet worden. Die Brüder seien deshalb die meiste Zeit „mit Bauen beschäftigt" gewesen. Da noch keine Frau auf der Station sei, müsse ein Bruder die Küche besorgen. „Meine Arbeit ist in diesem Jahr vor allem die, mir die Sprache so bald als möglich anzueignen. Das ist ein sehr trockenes und schweres Geschäft, schwer, weil diese Sprache erst erfasst werden muss, der Bruder aber, der schon Vieles in

---

[14] Brief von Ernestine Mader an ihre Geschwister vom 09.06.1862 (Familienbriefe).

[15] Johann Adam Mader sandte ihm dazu einen gereimten „Gruß aus Afrika" (Familienbriefe).

ihr geleistet hatte, im Mai dieses Jahres gestorben ist".[16] Das ist also die Missionsrealität in Togo um 1859: Häuser bauen, die Sprache lernen.

Anyako sei, mit etwa 3.000 Einwohnern, eine vergleichsweise große Stadt, so weiter Binder an seine Lieben in der Heimat. Die meisten Leute ernährten sich vom Fischfang. Und weiter: „Weil dieses Volk hier ein Handelsvolk ist, und leider überdies schon seit 2–300 Jahren unter dem schädlichen Einfluss der Europäer steht, ist an manchen Orten große Feindschaft gegen den Weißen nicht nur, sondern auch großes Misstrauen in seine Arbeit und Predigt". Er wolle nicht „zu schwarz auftragen", doch habe er „bis jetzt von nichts anderem und besserem gehört". Dies alles sei aber, wie er hinzusetzte, „nur eine Aufforderung zu größerer, treuerer und anhaltender Arbeit. Dann kommen auch bessere Zeiten". Die Eltern sollten ihm doch über die Adresse der Bremer Missionsgesellschaft antworten.[17]

Vom 4. Oktober 1863, also vier Jahre später, ist ein weiterer Brief von Johannes Binder an Eltern und Geschwister erhalten. Der größte Trost sei, dass sie sich auch in Afrika „unter der speziellsten Obhut unseres himmlischen Vaters sich befinden". Eine „Schmerzenszeit" liege hinter ihnen. Er sei 14 Tage dem Tode nahe gewesen und seine Frau Pauline sei fast zusammengebrochen. Das sei für ihn ein „Schmerzensmonat" und für seine Pauline ein „Leidens- und Angstmonat" gewesen. Der Bruder aus Bremen, der ihn unterstützen sollte, sei gestorben. Ihnen ginge es inzwischen aber wieder gut. Sie hätten „eine etwas mühevolle, aber doch herrliche Arbeit als die Hauseltern von ungefähr 50 Kindern". Anfang Juli hätte er 15 Kinder getauft. Das Essen sei teuer, sie hätten aber genug. Immer wieder würde viel gestohlen, „aber schlecht sind die Menschen auch in Europa", setzte Johannes Binder hinzu. Die Heiden seien nicht schlimmer. Das sei eine „bekannte Sache".

Er habe nach vielen Seiten Briefschulden, so Johannes Binder abschließend. Er bitte darum, dass dieser Brief, wenn er von beiden Seiten, also von seiner Familie und von der Familie seiner Frau, gelesen worden sei, nach Eningen bei Reutlingen, wo es offensichtlich nahe Verwandte gab, von dort nach Königsfeld, wo sein Bruder lebte und schließlich nach Wilhelmsdorf geschickt würde, wo inzwischen eine weitere Schwester mit dem Schmied und Schlosser Johannes Fausel verheiratet war. Und dann wird Johannes Binder poetisch. Nicht wegen seines Inhalts solle dieser Brief den weiten Weg nehmen, sondern als „eine Friedenstaube", die anzeige, „dass in Afrika nicht blos auf der Goldküste", wo seine beiden Schwestern lebten, sondern auch „an der Sklavenküste", wo er war, „warme Herzen für die Empfänger des Briefs schlagen", ferner soll er,

[16] Brief vom 01.11.1859 (Familienbriefe).
[17] Brief vom 01.11.1859 (Familienbriefe).

„so Gott will", noch Vorbote von „manchen Nachfolgern sein".[18] Johannes Binder war 1867 auf Heimaturlaub. Mit seiner zweiten Frau bezog er danach wieder die Missionsstation, in der er mit seiner ersten Frau gelebt hatte. In einem Brief vom 4. Juli 1867 berichtete er seinen Eltern und Geschwistern in Württemberg davon, wie ein davongelaufener Sklave vor seinen Augen wieder eingefangen und brutal niedergeschlagen worden sei. Er hätte dem Armen nicht helfen können. Sein Kommentar: „Das Heidenthum kennt keine Liebe".[19] Weitere Briefe von Johannes Binder aus Afrika an seine Eltern sind nicht erhalten.

1871, bereits nach 12 Jahren, kehrte Johannes Binder aus Afrika zurück. Wie es scheint, gaben gesundheitliche Gründe den Ausschlag.[20] Zunächst arbeitete Binder als Reiseprediger der Norddeutschen Missionsgesellschaft. 1873 gelang es ihm aber, dass er in den württembergischen Pfarrdienst übernommen wurde. Zunächst versah er eine Stelle in Hürben. 1875 legte er die theologische Dienstprüfung ab und wurde im gleichen Jahr Pfarrer in Auendorf. 1880 übernahm er eine Pfarrstelle in Ochsenbach, von wo aus er 1888 nach Westheim ging.[21] Wichtig sind in unserem Zusammenhang aber nicht die verschiedenen beruflichen Stationen von Johannes Binder, bemerkenswert ist vielmehr die Tatsache, dass er zwischen 1880 und 1900 insgesamt 20 junge Afrikaner aus Togo zu sich holte und mit dem Ziel ausbildete, dass sie in der Kirche ihrer Heimat Funktionen als Theologen übernehmen könnten.

Bereits bei seiner Rückkehr im Jahr 1871 hatte das Ehepaar Binder einen jungen Afrikaner nach Deutschland mitgenommen, der dann in Wilhelmsdorf die Schule besuchte, aufgrund von Krankheit 1873 aber wieder nach Hause zurückkehren musste.[22] Dieses erste Experiment überzeugte aber durchaus, weil der junge Afrikaner rasch Deutsch gelernt und sich auch sonst als eindrucksvolle Persönlichkeit erwiesen hatte. Nachdem Binder, der fließend Ewe sprach, 1880 die Pfarrstelle in Ochsenbach übernommen hatte, waren dann mit Hilfe der Bremer Missionsgesellschaft regelmäßig drei junge Männer aus dem Volk der Ewe für jeweils drei Jahre in seiner Obhut. Die Kosten für die Überfahrt wurden von Vereinen getragen, die von der Norddeutschen Missionsge-

---

[18] Brief vom 04.10.1863 (Familienbriefe).

[19] Brief vom 04.07.1867 (Familienbriefe).

[20] *Julius Richter:* Die Bedeutung der Norddeutschen Missions-Gesellschaft für das Missionsleben in Deutschland. Bremen 1911, 9, im Eweland hätte die Norddeutsche Missions-Gesellschaft „Grab um Grab graben" und „ein Geschwisterpaar nach dem andern wegen erschütterter oder untergrabener Gesundheit in die Heimat zurückrufen" müssen.

[21] Personalakte von Johannes Binder im Landeskirchlichen Archiv in Stuttgart (A 27/250). Herrn Dr. Hermann Ehmer danke ich für seine freundliche Hilfe.

[22] Dies war Christian Aliwodzi Sedode. Siehe dazu: Lehrer Christian Aliwodzi Sedode 1857–1907. Worte zu dessen Gedächtnis gewidmet von Andreas Aku, Lehrer der Norddeutschen Mission in Lome. Erste deutsche Schrift eines Eweers. Bremen 1908.

sellschaft ermutigt worden waren, Patenschaften für die jungen Männer zu übernehmen. Von der württembergischen Kirchenleitung ließ sich Binder diese Aktivitäten offiziell als Nebentätigkeit genehmigen. Auch wurde ihm ein Hilfslehrer zur Seite gestellt.[23]

Das Programm, das die 20 Männer in Ochsenbach und später in Westheim bei Pfarrer Binder zu absolvieren hatten, war rigoros. 1. Jahr: Deutsch und deutsche Konversation, Bibelkunde und vor allem Bibelerzählungen, Geographie, Naturwissenschaften, Mathematik und Konfirmationsunterricht. 2. Jahr: Vertiefung des bereits Gelernten. 3. Jahr: Deutsche Geschichte und Weltgeschichte, Kirchengeschichte, Physik, Arithmetik, Pädagogik, Bibelkunde und Vergleichende Religionswissenschaft. Nicht allen jungen Afrikanern lag es, neue Sprachen zu lernen und theologische Inhalte aufzunehmen. So ließ Binder auch einige seiner Schützlinge ein Handwerk erlernen. Eine ganze Reihe der jungen Männer erwies sich jedoch den Anforderungen gewachsen. Bald waren sie in der Lage, auf Missionsfesten über die Lage in ihrer Heimat zu reden und für die Sache der Mission zu werben. In den schwäbischen Dörfern waren die jungen Schwarzen viel bestaunte Kuriositäten. Auf Ablehnung stießen sie, wie es scheint, nicht. Von den 20 jungen Männern, wurden immerhin später sieben zu Pastoren ordiniert. Zwei mussten vor der Ordination ausscheiden, da sie unter Hinweis auf das Alte Testament die in ihrer Heimat übliche Polygamie zu rechtfertigen versuchten. Andere nahmen Stellen bei der deutschen Kolonialverwaltung in Togo an.

Binder beendete das Programm im Jahr 1900, weil er inzwischen nicht mehr ganz gesund war. Er starb im Jahr 1912. Er erlebte es somit nicht mehr, dass die deutschen Missionare im Laufe des Ersten Weltkriegs aus Togo vertrieben wurden. Einige der afrikanischen Pastoren, die er ausgebildet hatte, übernahmen in den jungen Kirchen ihrer Heimat nach dem Ende des Ersten Weltkriegs führende Positionen.[24] Als einer seiner Schüler, Robert Kwami, im Jahre 1932 auf Einladung der Norddeut-

---

[23] Dazu ausführlicher *Monika Firla*: „Wir hatten wirklich keine Zeit Heimweh zu haben“. 20 Afrikaner als Missionsschüler von Pfarrer Johannes C. Binder in Wilhelmsdorf, Ochsenbach und Westheim von 1871–1900. In: Der ferne Nächste. Bilder der Mission – Mission der Bilder 1860–1920. Ausst.-Katalog Landeskirchliches Museum Ludwigsburg. Ludwigsburg 1996, 37–44; *Gottfried Bazlen:* „Die Mohren von Westheim. Vor hundert Jahren Missionsschule für Afrikaner“. In: Westheim am Kocher. 1200 Jahre Geschichte. Hg. v. d. Gemeinde Rosengarten-Ortschaft Westheim. Sigmaringen 1988, 269–271. Zum Hintergrund in Togo siehe *A. W. Schreiber:* Die Norddeutsche Missions-Gesellschaft. Ein Überblick in Wort und Bild. Bremen 1901, 13; *J. Spieth:* Die Entwicklung der evangelischen Christengemeinde im Ewe-Lande. Bremen 1903; *ders.*, Das Sühnebedürfnis der Heiden im Ewelande. Bremen 1903; Die Diakonissenarbeit der Norddeutschen Missions-Gesellschaft im Ewe-Lande. Bremen 1905; Soll's uns hart ergehn. Erlebnisse einer Missionarsfrau im Ewelande. Erzählt von Frau Missionar Helene Härtter. Bremen 1910.

[24] Dazu *Firla*, Heimweh [s. Anm. 23], 42.

schen Missionsgesellschaft eine Vortragsreise durch Deutschland machte, wurde er in Berlin und in Oldenburg von Nationalsozialisten auf rüde Weise angepöbelt.[25] Rassismus war eine Kategorie, die Johannes Binder ebenso wie seine Schwestern Rosina und Ernestine nicht kannten. Sie lebten und arbeiteten als Kinder im weltweiten Reich Gottes. Und in diesem Reich gab es nur Christen und Heiden, in Europa ebenso wie in Afrika.

4. Missionsarbeit in Westafrika oder Ausbildung der künftigen Theologen der neuen afrikanischen Kirchen in Deutschland

Es ist faszinierend, wie die drei Geschwister Binder die verlockenden Möglichkeiten und die bitteren Grenzen der Missionsarbeit erlebten. Sie kamen aus ihrer schwäbischen Heimat in fremde Welten und lernten dort fremde Kulturen kennen, denen sie ohne Vorurteile begegneten, auch wenn im Tagebuch der Rosina Widmann gelegentlich von „faulen Negern“ die Rede ist (RW 74, 98). Was sie in der Fremde erfuhren, waren aber vor allem die Ohnmacht gegenüber unbekannten Krankheiten und die stete Nähe des Todes. Nur weil sie fest überzeugt waren, ihr Leben ruhe in Gottes Hand, waren sie in der Lage, diese Schicksalsschläge hinzunehmen. Auch Johannes Binder war in Afrika oft krank und gelegentlich, wie er glaubte, dem Tode nahe. Vielleicht hatte er deshalb eine originelle Idee: Was sprach eigentlich dagegen, die Pastoren der neuen Kirchen Afrikas in seiner schwäbischen Heimat auszubilden? Die 20 jungen Männer, die er mit Hilfe der Norddeutschen Missionsgesellschaft ins Schwäbische brachte, machten zum Teil erstaunliche Karrieren, auch wenn sie zunächst mit einer ihnen sehr fremden Kultur und Lebensweise konfrontiert wurden. Es lohnte sich, in den Dörfern, in denen sie vorübergehend lebten, noch gründlicher, als dies bisher geschehen ist, nach ihren Spuren zu suchen.

Die missionserfahrenen Geschwister Binder diskutieren in den Schriftstücken, die von ihnen überliefert sind, nicht, was sie am Ende mehr überzeugte: Missionsarbeit vor Ort in Afrika oder die Ausbildung der künftigen schwarzen Pastoren in Deutschland. So ist nicht bekannt, was beispielsweise Rosina Widmann von dem Ausbildungsprojekt ihres Bruders hielt. Und so wäre es auch interessant zu erfahren, wie ihre anderen Geschwister, die in Württemberg blieben, das Missionsengagement von Rosina, Ernestine und Johannes beurteilten. Ein Hinweis mag sein, dass von den sechs Kindern von Rosina Widmann und von den sechs Kindern von Johannes Binder, die das Erwachsenenalter erreichten, kein

[25] *Firla*, Heimweh [s. Anm. 23], 42.

einziges sich der Missionsarbeit zuwandte. Die drei Töchter von Ernestine Mader heirateten dagegen alle wiederum einen Missionar[26]. Das heißt, eigene Missionserfahrungen führten nur bei einem Teil der Kinder der Geschwister Binder zu erneutem missionarischem Engagement. Keines der Kinder folgte dem Vorbild von Johannes Binder und setzte dessen ebenso eigenwilliges wie zukunftsweisendes Ausbildungsprojekt fort. Angesichts des Rassismus, der seit 1918 in weiten Teilen der deutschen Gesellschaft um sich griff, wäre ein solches Vorhaben aber auch äußerst riskant gewesen.

[26] Die älteste Tochter Lydia heiratete den Missionar Michael Seeger, der nach ihrem Tod ihre jüngere Schwester Ernestine heiratete. Die jüngste Tochter, Eunika Mader, heiratete den Missionar Matthäus Seeger, den Bruder von Michael Seeger. Beide Brüder Seeger waren als Missionare in Westafrika tätig.

Hermann Wellenreuther

Mission, Obrigkeit und Netzwerke

Staatliches Interesse und Missionarisches Wollen vom 15. bis ins 19. Jahrhundert

Die Geschichte der protestantischen Mission ist in drei große Zusammenhänge eingebunden: Begrifflich seit dem 13. Jahrhundert in die Zusammenhänge zwischen innerer und äußerer Mission und zwischen Häretiker und Unzivilisiertheit; aus der Perspektive des Staates wiederum vom 13. bis in die Mitte des 18. Jahrhunderts war Mission Gegenstand obrigkeitlicher Observanz, weil dem Herrscher als *summus episcopus* die Aufsicht über die Konfession oblag. Die Identifikation von Herrscher mit Konfession ist auch dafür verantwortlich, dass die Konfessionen untereinander scharf abgegrenzt waren; und ökumenische Ansätze, wie sie etwa im Pietismus erkennbar waren, bis in die 1740er Jahre verfolgt wurden. Daraus folgt auch, dass konfessionelle Netzwerke gleich welcher Art außerhalb obrigkeitlicher Kontrolle so lange undenkbar waren, wie Herrscher an ihren Funktionen als *summi episcopi* festhielten. Ich werde dies im ersten Teil darstellen.

Diese Zusammenhänge wandelten sich zwischen 1740 und 1790, wie ich im zweiten Teil meiner Darlegungen zeigen möchte. Am Ende hoffe ich gezeigt zu haben, dass *erstens* Missionsgeschichte ohne Betrachtung des Verhältnisses zwischen Konfession und Obrigkeit – hier spreche ich von herrschaftsnaher und herrschaftsferner Mission – unverständlich ist, und *zweitens*, dass erst die Preisgabe wesentlicher Aspekte der Konfessionalisierung und die Öffnung der Konfessionen hin zu anderen Konfessionen – ich spreche hier von den entprofessionalisierten Missionaren und der neuen Ökumene – nach 1790 die Voraussetzungen für eine neue und intensivere protestantische Missionsbewegung schufen.

1.

Der Begriff „christliche Mission" kann vieles bedeuten. Heute meinen wir damit „Innere" und „äußere Mission". Dies war aber nicht immer so. Die Voraussetzungen für den Begriff wurden im 12. Jahrhundert mit der Entdeckung der nicht-christlichen Welt und im Zusammenhang mit dem Mongolensturm mit der naturrechtlichen Begründung der Beziehungen zwischen Christen und Heiden geschaffen.[1] Zugleich beanspruchte die Christenheit erst im Zusammenhang mit der Entstehung des Kreuzzugsgedanken die Weltherrschaft; verwirklicht werden könne diese aber nur *nach* der Bekehrung der Heiden. Eroberung der nicht-christlichen Welt in „Kreuzzügen", Entdeckung „neuer Welten" und Bekehrung der Heiden waren notwendige Stufen zur Errichtung des Gottesreiches auf Erden.[2] Terminologisch waren dazu im Deutschen die Weichen seit dem 8. Jahrhundert gestellt. Das Grimmsche Wörterbuch zitiert einen Beleg aus jenem Jahrhundert, der die Begriffe „Heide" und „Häretiker" miteinander verknüpft;[3] der Sache nach meinten die Begriffe natürlich Unterschiedliches. Im 15. Jahrhundert wurde von den Humanisten der Heidenbegriff mit dem antiken Barbarenbegriff verbunden: „[. . .] um 1500 sind alle diejenigen ins ‚Barbaricum' abgewandert, die dem christlichen Glauben nicht anhängen."[4]

Damit waren um die Reformationszeit die prinzipiellen Voraussetzungen für die neuzeitliche christliche Mission geschaffen: Der Heide innerhalb und außerhalb der christlichen Welt war Nichtchrist, Barbar und musste als Vorbedingung für die Wiederkehr Christi bekehrt werden.[5] In der *Braunschweigisch-Lüneburgischen Kirchenordnung* von 1569 etwa werden

---

[1] Gemeint ist hier das Naturrecht auf Zugang zu jedem Volk und jeder Nation, siehe dazu für die Auffassung von Thomas von Aquin den Artikel „Naturrecht" in: Geschichtliche Grundbegriffe. Bd. 4, 263–266, und für das 17. Jahrhundert weiterführend *Samuel von Pufendorf*: De iure naturae et gentium libri octo. Lund 1672. Für Missionsansätze und Missionierung vor dem 8. Jahrhundert siehe *Hanns Christof Brennecke*: Christianisierung und Identität – Das Beispiel der Germanischen Völker. In: Missionsgeschichte, Kirchengeschichte, Weltgeschichte. Christliche Missionen im Kontext nationaler Entwicklungen in Afrika, Asien und Ozeanien. Hg. v. *Ulrich van der Heyden* u. *Heike Liebau*. Stuttgart 1996, 238–247.

[2] Zu den mittelalterlichen Konzepten s. *Felicitas Schmieder*: Das Werden des mittelalterlichen Europa aus dem Kulturkontakt: Voraussetzungen und Anfänge der europäischen Expansion. In: Expansion in der Frühen Neuzeit. Hg. v. *Renate Dürr* [u. a.]. Berlin 2005 (ZHF, Beiheft 34), 27–41, und *Christoph Auffahrth*: Neue Welt und Neue Zeit – Weltkarten und Säkularisierung in der Frühen Neuzeit. In: Ebd., 43–68.

[3] Der Digitale Grimm. Bd. 10, Spalte 799. Zum Missionsbegriff des Mittelalters wären zu konsultieren *A. Miotk*: Das Missionsverständnis im historischen Wandel am Beispiel der Enzyklika ‚Maximum illu'. Siegburg 1999; The Origins of Christendom in the West. Hg. v. *Alan Kreider*. Edinburgh 2001; Die Alte Kirche. Hg. v. *Heinzgünter Frohnes* u. *Uwe W. Knorr*. München 1974; Einleitung in die Missionsgeschichte. Tradition, Situation und Dynamik des Christentums. Hg. v. *Karl Müller* u. *Werner Ustorf*. Stuttgart 1995.

[4] So mit *Hans Grünberger*: Die Exklusion des Barbaren aus Nation und Konfession im Diskurs der deutschen Humanisten – eine Rhetorik der Intoleranz? In: Im Spannungsfeld von Staat und Kirche. „Minderheiten" und „Erziehung" im deutsch-französischen Gesellschaftsvergleich 16.–8. Jahrhundert. Hg. v. *Heinz Schilling* u. *Marie-Antoinette Gross*. Berlin 2003 (ZHF, Beiheft 31), 29–51, hier 42.

[5] „Wenn diese Predigt in aller Welt geprediget und gehört wird und verkündigt, alsdann ist diese Botschaft vollbracht und allenthalten ausgerichtet, dann wird auch zutreffen der Jüngste Tag" (*Martin Luther*: Himmelfahrtspredigt über Markus 16, Vers 15: Gehet hin in alle Welt, 1522. Auszugsweise gedruckt in: Mission in Quellentexten. Von der Reformation bis zur Weltmissionskonferenz 1910. Hg. v. *Werner Raupp*. Erlangen, Bad Liebenzell 1990, 14).

Heiden definiert als die, „die Gott nach seinem Wort nicht recht erkennen [. . .] über welche er seinen zorn außgiessen will".[6] Bis ins ausgehende 17. Jahrhundert hielt sich in der Lutherischen Orthodoxie die Überzeugung, dass die christliche Lehre noch in apostolischer Zeit überall in der Welt gepredigt worden sei und es deshalb aus der Sicht des biblischen Missionsbefehls auch keinen grundlegenden Unterschied zwischen der europäischen und der restlichen Welt gebe. Dementsprechend gibt es auch im Grimm'schen Wörterbuch keinen Eintrag zu „Mission". Noch in *Zedlers Universal-Lexicon* wird diese Ansicht wiederholt.[7] Im *Oxford English Dictionary* dagegen ist der Gebrauch des Wortes „Mission" erstmals für die 1620er Jahre nachgewiesen, aber nur in der Bedeutung „äußere christliche Mission". Als Belegstelle wird aus *The Holy War* von Francis Bacon der Satz zitiert „The Church maketh her missions into the Extreme Parts of the Nations and Isles".[8] Der Satz illustriert, dass christliche Mission außerhalb Englands in den „Extreme Parts of the Nations and Isles" denkbar war, und dass in England der Begriff noch nicht mit dem Konzept der „Inneren Mission" zusammengedacht wurde, wiewohl „innere Mission" im Sinne einer Bekämpfung von Häretikern wie den Lollarden seit Beginn des 15. Jahrhunderts Realität gewesen und im 17. Jahrhundert als Kampf gegen die unvollendete Reformation zum politischen, theologischen und religiösen Alltag gehört hatte. Mission in „the Extreme Parts of the Nations and Isles" gehörte seit den 1580er Jahren zur Kolonisationsrhetorik von Richard Hakluyt und bezeichnete damit ein Element politischen Machtverständnisses, aber sie gehörte nicht zum Repertoire der anglikanischen Kirche. Im 17. und, wenn auch mit signifikanten Ausnahmen, im 18. Jahrhundert hielten sich in England wie auf dem Kontinent die protestantischen Kirchen mit Mission in fernen Ländern zurück; das Feld blieb der Katholischen Kirche und ihren auf Mission spezialisierten Orden überlassen.

Mein verdeckter Hinweis auf die *Societas Jesu* verdeutlicht die Problematik: Der Orden wurde im Zusammenhang mit dem Konzil von Trient als Instrument der Gegenreformation gegründet. Gegenreformation aber bedeutete auch, die zu *häretici* erklärten Protestanten in den Schoß der Heiligen Kirche zurückzuholen und damit zugleich die konfessionelle Einheit zwischen Herrschenden und Beherrschten nach dem Prinzip des *cuius regio eius religio* wiederherzustellen.[9] Das dahinter stehende Konzept

---

[6] Die evangelischen Kirchenordnungen des 16. Jahrhunderts. 1. Halbband. Hg. v. *Emil Sehling*. Tübingen 1955, 83–202, hier 93.

[7] Zedlers Universal-Lexicon 21, 1739, 495–497.

[8] OED, Art. „Mission", Abschnitt 5a.; gemeint ist *Francis Bacon*: An Advertisement Touching a holy War, first published in Certaine Miscellany Works, 1629. Ed. by *Laurence Lampert*. Chicago, IL 2000.

[9] Dies Prinzip war dementsprechend natürlich nicht eine Erfindung der Schöpfer des Augsburger Religionsfriedens, sondern die Verallgemeinerung eines Prinzips, welches in den euro-

von Rechtgläubigkeit und Häresie der Katholischen Kirche wurde noch im 16. Jahrhundert von den protestantischen Kirchen und Sekten übernommen – und auf die Katholische Kirche wie auf protestantische Dissidenten übertragen. Nach Überzeugung deutscher protestantischer Humanisten waren „Bildung und Zivilisation schlechthin unter der Ägide der Kirche Roms zunehmend verrottet, und ein Rückfall in die Barbarei hat[te] allenthalben stattgehabt".[10] Von dieser Zeit an war „Ketzer-Machen" in beiden Lagern beliebter Sport. Während jedoch die katholische Kirche und, wenn auch mit weniger Enthusiasmus, die katholischen Herrscher den Begriff des Häretikers nach der Exkommunikation Luthers und der anderen Reformer auf die neuen Häretiker und die in Asien und in der Neuen Welt entdeckten nicht-christlichen Bevölkerungen ausdehnten und beide durch die Aussendung von Missionaren in die wahre Katholische Kirche zu holen sich anschickten, konzentrierten sich die protestantischen Kirchen und Sekten auf die Durchsetzung der reinen Lehre in Europa.[11] Mission außerhalb Europas war nämlich nicht nötig, weil nach protestantischer Ansicht Heiden wie Ketzer das wahre Evangelium wissen *konnten*. Zwei Zusammenhänge werden deutlich: Erstens die mangelnde Differenzierung zwischen innerer und äußerer Mission und zwischen Häretiker und Heide als Bezeichnung für alle Menschen, die die jeweils als „wahr" deklarierte christliche Wahrheit ablehnten. Zweitens waren die drei Begriffe „Heide", „Ketzer" und „Rechtgläubiger" in obrigkeitliche Kontexte eingebettet. Aus der Sicht der kirchlichen und weltlichen Obrigkeiten des 16. Jahrhunderts signalisierte der Begriff „Rechtgläubiger" die deckungsgleiche Glaubensüberzeugung zwischen rechtgläubigem Herrscher und rechtgläubigen Untertanen, die Begriffe „Ketzer" und „Heide" das Gegenteil. Beide gehörten zu jenen, „die Gott nach seinem Wort nicht recht kennen" wollten und waren deshalb Objekte von Gottes und der Obrigkeit „Zorn", wie es die *Braunschweigisch-Lüneburgische Kirchenordnung* formulierte.

Wie sehr die unterschiedlichen Konzepte miteinander verquickt waren, wird am Beispiel der Quäkermission zwischen 1655 und 1700 deutlich. Von Sünne Juterczenka habe ich gelernt, dass Quäker ihre Aktivitäten auf dem europäischen Festland als „Mission" bezeichneten. Ziel war einerseits, Menschen zur Annahme des in ihnen ruhenden „Inneren Lichtes" als Voraussetzung und *agens* ihrer Bekehrung zu bringen und

---

päischen Staaten seit dem 12. Jahrhundert gegolten hatte und spätestens mit der Erfindung der Inquisition auch durchgesetzt wurde.

[10] *Grünberger*, Die Exklusion des Barbaren [s. Anm. 4], 47.

[11] Wiewohl selbst Martin Luther die Ansicht der Katholischen Kirche teilte, nach der jeder ein Heide sei, der „das Evangelium ablehnt" – dies ist ja auch die Bedeutung der zitierten Braunschweigisch-Lüneburgischen Kirchenordnung – und damit vielleicht doch auch Offenheit für die äußere Mission signalisierte.

gleichzeitig die damit zusammenhängenden Verfolgungen als Bestätigung ihres eigenen rechten Glaubens zu erfahren. „Suffering" war Lustgewinn und Legitimation zugleich. Theologie war hier – allerdings mit weitreichenden Folgen – auf ein theologisches Grundprinzip und gemeinsam mit dem Gebot der urchristlichen Einfachheit auf eine radikale Kritik an Gesellschaft und Herrschaftsformen des 17. Jahrhunderts reduziert. Dies lässt sich verallgemeinern: Im 16. und 17. Jahrhundert predigten alle kirchlichen Gemeinschaften unter anderen kirchlichen Gemeinschaften mit dem Ziel, deren Mitglieder zu *ihrem* „wahren rechten Glauben" zu bekehren.[12]

Sie taten dies vornehmlich in den protestantischen Gebieten Kontinentaleuropas.[13] Sie kopierten damit nicht nur die von Jesuiten getragene katholische Mission in Europa, sondern regten damit auch die anglikanischen, kongregationalistischen und pietistischen Gegenreaktionen um die Wende zum achtzehnten Jahrhundert an: In London wurde die Society for the Propagation of the Gospel gegründet, die bis zur Amerikanischen Revolution 410 anglikanische Geistliche nach Nordamerika entsandte. Diese missionierten wie die aus Halle nach Nordamerika geschickten lutherischen Geistlichen jedoch nicht unter Indianern, sondern betreuten pfarrerlose anglikanische und lutherische Gemeinden und suchten die Ausbreitung der nichtanglikanischen protestantischen Kirchen und Sekten einzudämmen. Hier lebte die Vorstellung vom Mitglied anderer christlicher Konfessionen als Häretiker fort, die es zum „wahren Glauben" zu bekehren galt.[14] Halle wie London verloren aber die Mission unter den Indigenen als „Heiden" nicht völlig aus den Augen: Bezeichnenderweise bedurften beide dafür aber der obrigkeitlichen leitenden und segnenden Hand: Halle für Tranquebar – hier übernahm der dänische Hof die initiierende und segnende Funktion[15] – und der Londoner Bischof im Namen der englischen Regierung für die wenigen Missionare etwa bei den Mohawk als dem New York benachbarten und

---

[12] *Sünne Juterczenka*: Über Gott und die Welt. Kommunikative Netze und Reformdebatten der radikaltheologischen Öffentlichkeit im Umkreis der europäischen Quäkermission (1654–ca. 1720). Diss. phil. Göttingen 2006.

[13] Quäker gingen schon früh auch in die englischen Kolonien in Nordamerika, konzentrierten sich aber auch da in ihren Aktivitäten auf die englischen, hier kongregationalistischen Gemeinden New Englands *Hugh Barbour*: The Quakers in Puritan New England. [1964]. [Richmond, IN] 1985.

[14] Meine Bemerkungen zur SPG stützen sich auf die unveröffentlichte Habilitationsschrift von *Ulrike Kirchberger*: Die Britische Indianermission in der Atlantischen Welt des 18. Jahrhunderts. Bayreuth 2006.

[15] *Anders Norgaard*: Mission und Obrigkeit. Die Dänisch-Hallische Mission in Tranquebar 1706–1845. Gütersloh 1988, und zum missionsgeschichtlichen Kontext mit der Herrnhuter Mission *Hermann Wellenreuther*: Deux modèles de mission piétiste: Halle et Herrnhut. In: Les Piétismes à l'Âge classique. Crise, Conversion, Institutions. Hg. v. *Anne Lagny*. Villeneuve-d'Ascq (Nord) 2001, 145–166.

gefürchteten Mitgliedsstamm der Six Indian Nations. Von Tranquebar und später von Nordamerika kündeten dem deutschen Leser und geneigten Spender jährlich die Halleschen Nachrichten.[16] So viel Gemeinsames beide Unternehmen anfänglich verband – nach 1770 sollten sie sich auseinander entwickeln. Die *Hallesche Mission* in Südindien geriet ins Fahrwasser der East India Company, verlor durch die Anteil nehmende Diskussion der Universitätstheologie in Deutschland ihre Rechtfertigung und degenerierte zur reinen Zivilisationsveranstaltung. Mit der Amerikanischen Revolution verlor die Anglikanische Kirche und damit auch die SPG als nun „verlängerter Arm der tyrannischen englischen Regierung" ihre Grundlage. Innere wie äußere anglikanische Mission kamen um 1777 zum Erliegen – weil sich die obrigkeitlichen Rahmenbedingungen geändert hatten.

Die Wende zum achtzehnten Jahrhundert markiert aus zwei Gründen eine Zäsur. In dieser Zeit wird zum ersten Mal der außereuropäische Kolonialbesitz Englands, Spaniens, Frankreichs und der Niederlande als Teil der europäischen Mächtepolitik entdeckt – nicht nur von William III. von England, sondern auch von den Kontrahenten, die ab 1702 um die spanische Krone ringen sollten. Mit dieser Entdeckung wird Mission in die politischen Aktivitäten der großen Kolonialmächte integriert. Dies ist untrennbar mit einer zweiten Entwicklung verbunden: der Übernahme des Konzepts von Netzwerken in den protestantischen Missionsaktivitäten. Hier muss man mit dem Vorbild der Katholischen Kirche beginnen. Denn das, was Protestanten immer als ein tyrannisches, straff geordnetes, auf Rom ausgerichtetes Machwerk des Antichristen bezeichneten, lässt sich auch als ein höchst komplexes Netzwerk verstehen, welches im Missionsbereich die einzelnen Missionare und Missionsstationen eng miteinander verzahnte und damit eine innerkirchliche Missionsöffentlichkeit schuf, an der nur dank zentral kontrollierter Veröffentlichungen die weitere religiöse und weltliche Öffentlichkeit teilhaben konnte.[17] Neben Koordination und zentraler Kontrolle hatte dieses Netzwerk die Aufgabe, führende weltliche Persönlichkeiten und Politiker, denen die *relationes* zugeschickt wurden, in diese Öffentlichkeit einzubinden und zu Spenden für diese löbliche und gottgewollte Tätigkeit zu ermuntern. Struktur und Motive dieser katholischen Missionsnetzwerke wurden um die Jahrhundertwende nicht nur teilweise von der Society for the Propagation of the Gospel in Foreign Parts (SPG) und ihrem schottischen

[16] Der Königl. Dänischen Missionarien aus Ost-Indien eingesandte ausführliche Berichte von dem Werck Ihres Amts unter den Heyden. Hg. v. *Gotthilf August Francke* [u. a.]. Halle 1710–1772.

[17] Die relationes societas Jesu sind für Nordamerika zuerst veröffentlicht worden durch The Jesuit Relations and Allied Documents. 73 Bde. Ed. by *Reuben Gold Thwaites*. Cleveland, OH 1896–1901.

presbyterianischen Ableger Society in Scotland for Propagating Christian Knowledge (SSPCK), sondern auch von August Hermann Francke für die Beziehungen zu Nordamerika und Tranquebar der Franckeschen Anstalten übernommen. Das Netzwerk der SPG unterschied sich jedoch von dem Halleschen ebenso wie von dem der *Societas Jesu* in zwei wichtigen Punkten: Erstens wurden die Jahresberichte der nach Amerika und in geringer Zahl nach Indien entsandten Missionare nur in sehr kursorischer und summarischer Weise veröffentlicht;[18] geschaffen wurde ein nach innen gerichtetes Kommunikationssystem, welches nur durch die jährlichen Predigten aus Anlass der Jahrestagung der SPG und der SSPCK mit der äußeren Welt verbunden war. Zum zweiten fällt auf, dass diese Predigten im Gegensatz zur tatsächlichen Tätigkeit der SPG Missionare sich intensiv mit der Mission unter den Indianern beschäftigten.[19] Dies heißt auch, dass die anglikanischen und presbyterianischen Netzwerke, welche über den Bischof von London bzw. die Kirk in Schottland eng mit der englischen Regierung und den beiden Staatskirchen verzahnt waren, strikt von den streng auf die Mission ausgerichteten Missionsnetzwerken der katholischen Orden zu unterscheiden sind. Deren Modell sollte erst vierzig Jahre später von der Herrnhuter Brüdergemeine kopiert werden.

Äußere Mission im Sinne von Mission gehörte mit einer entscheidenden Ausnahme bis in die letzten Jahrzehnte des 18. Jahrhunderts nicht zu den Aktivitäten protestantischer Kirchen oder Gruppen. Gegen diese These wird immer wieder eingewandt, dass im 17. Jahrhundert eine Reihe von Theologen[20] eine aktive äußere Mission propagiert hätte, und

---

18 Dies geschah erst zu Beginn des 19. Jahrhunderts, vgl. Abstract of the Annual Reports and Correspondence of the Society for Promoting Christian Knowledge from the Commencement of its Connection with the East India Mission, A. D. 1709, to the present Day; together with the Charges delivered to the Missionaries at different periods, on their Departure for their several missions. London 1814; *C. F. Pascoe*: Two Hundred Years of the S. P. G.: An Historical Account of the Society for the Propagation of the Gospel in Foreign Parts 1701–1900 (Based on a Digest of the Society's Records). 2 Bde. London 1901; Society for the Propagation of the Gospel in Foreign Parts, Classified Digest of the Records of the Society for the Propagation of the Gospel in Foreign Parts, 1701–1802. London 1893. Die SPG veröffentlichte gemeinsam mit der jährlichen Predigt bei der Jahresversammlung seit 1712 jährliche Berichte unter dem Titel A short abstract of the most material proceedings and occurrences in the society. Bd. 1–80. London 1712–1834, danach anschließend The Monthly Record of Church Missions in Connection with the Society for the Propagation of the Gospel in Foreign Parts. 4 Bde. London 1852–1855, und anschließend The Mission Field. A monthly record of the proceedings of the Society for the Propagation of the Gospel in Foreign Parts. Bd. 1–86. London 1856–1941. Ähnlich verfuhr die SSPCK. In beiden Fällen handelt es sich um sehr kursorische Berichte, aus denen wenig über die tatsächlichen Aktivitäten der Missionare zu erfahren war.

19 Zur SPG s. *Kirchberger*, Britische Indianermission [s. Anm. 14] Kap. II, Teil 3, u. Kap. V.

20 Ich meine Justinian von Welz (1621–ca. 1668), Johann Amos Comenius (1592–1670), Georg Calixt und Philipp Jakob Spener (1635–1705). Deren Äußerungen dazu sind abgedruckt in: Mission in Quellentexten [s. Anm. 5], 75–117.

zweitens, dass die kongregationalistische Kirche in New England unter den benachbarten Indianerstämmen aktiv missioniert habe. Zum ersten Einwand: Der Forderung nach Mission im fernen Land folgten keine Taten; zum zweiten scheint mir, dass sich die Aktivitäten der kongregationalistischen Kirche in der zweiten Hälfte des 17. Jahrhunderts nur sehr begrenzt als Mission bezeichnen lassen. Zwar entwickelten und benutzten John Eliot (1604–1690) und seine Mitstreiter Begriffe und Methoden, die sich auch später in Missionsaktivitäten wieder finden – Teile der Bibel etwa wurden in indianische Sprachen übersetzt – aber eine *systematische* Vermittlung christlicher Lehrinhalte stand bei diesen Bemühungen weit im Hintergrund.[21] Die ordnungspolitischen Aspekte dieser „Mission" standen deutlich im Vordergrund.[22] Sie waren Ausdruck der Überzeugung, dass es dem göttlichen Auftrag an die Pilger Neuenglands entsprach, auch die Indianer, gleichgültig, ob sie noch immer verstockte oder gerade bekehrte Heiden waren, unter die Herrschaft der in New England von Gott errichteten Theokratie zu bringen. Herrschaft so verstanden hatte einen benevolenten Klang. Noch weit im achtzehnten Jahrhundert wurde diese Begründung auch zur Legitimation der Sklavenmission benutzt: Christianisierte Sklaven unterlägen dem paulinischen Gebot des Gehorsams gegenüber der Obrigkeit, ihren Besitzern. Deshalb sei die Mission der Sklaven ordnungspolitisch vernünftig und richtig. Mission war innerstaatliche Aktivität. Dies konnte sich aber in Krisenzeiten – Sklavenaufständen oder Indianerkriegen – schnell ändern. Deutlich wird dies in der Betrachtung von Buchtiteln: 1672 veröffentlichte John Eliot *The logick primer. Some logical notions to initiate the Indians in the knowledge of the rule of reason; and to show how to make use thereof.*[23] Nur vier Jahre später las sich das anders: Ein „well-wisher to his country" beklagte 1676 *New England's crisis. Or a brief narrative, of New England's lamentable estate at present, compar'd with the former (but few) years of prosperity. Occasioned by many unheard of crueltyes practiced upon the persons and*

[21] Im Zentrum dieser kongregationalistischen „Mission" stand der Vorsatz, die Indianer im Sinne des kongregationalistischen Lehrgebäudes zu domestizieren und damit als potenzielle Bedrohung der kongregationalistischen Gesellschaft zu entschärfen. Um dies zu erreichen, wurden sie in sog. „Betende Dörfer" („Praying Towns") zusammengefasst; während der Kriege Mitte der 1670er Jahre wurden sie z. T. zumindest als eine Art „Wehrschild" benutzt. Überdies waren sie wie die nicht in diesen Dörfern kasernierten Indianer der Regulierungskompetenz der United Colonies of New England unterworfen, *Kristina Bross*: Dry Bones and Indian Sermons: Praying Indians in Colonial America. Ithaca 2004; *Dane Anthony Morrison*: A Praying People. Massachusetts Acculturation and the Failure of the Puritan Mission, 1600–1690. New York 1995.

[22] *James Axtell*: The Invasion within. The Contest of Cultures in Colonial North America. Oxford 1985, Kap. 7; *Margaret Connell Szasz*: Indian Education in the American Colonies, 1607–1783. Albuquerque, NM 1988, Kap. 4.

[23] *John Eliot*: The logick primer. Some logical notions to initiate the Indians in the knowledge of the rule of reason; and to show how to make use thereof. O. O. [Cambridge, MA] 1672.

estates of its united colonyes, without respect of sex, or quality of persons, by the barbarous heathen thereof.

Die „Indians“ von Eliot waren zu „barbarous heathen“ mutiert. Immerhin aber gab es eine Diskussion über diese kongregationalistischen Aktivitäten, und in diesem Zusammenhang wurde in ersten Ansätzen der Unterschied zwischen dem „Ketzer“ in Europa oder in den außereuropäischen christlichen Gesellschaften und den unbekehrten nichteuropäischen Menschen thematisiert. Entscheidendes an humanistische Vorstellungen anknüpfendes Unterscheidungskriterium war dabei der Zivilisationsbegriff. John Eliot ging in seinem *The logick primer* davon aus, dass Indianer zwar einerseits Barbaren, aber lern- und zivilisationsfähig seien. Er war sich aber zugleich sicher, dass sie von sich aus nicht über „reason“, Vernunft, verfügten. Solche Wesen waren zu allem fähig auch zu „unheard of crueltyes practiced upon the persons and estates of its united colonyes, without respect of sex, [...] or quality of persons“.

Im 18. Jahrhundert sollte sich dies z. T. ändern; zugleich wurden damit auch die Voraussetzungen geschaffen, die protestantische Mission erst möglich machten. In Europa, in Nordamerika und sonst wo in der Welt, wo die europäischen Kolonialmächte sich Kolonien geschaffen hatten, wurde die enge Bindung von „Vernunftlosigkeit“ und „Barbarei“ allmählich aufgelöst. Entscheidend war, dass sich in diesem Kontext Rolle und Selbstverständnis staatlicher Obrigkeit veränderte. Eine kleine Gruppe von Theologen der großen Konfessionen und viele gewichtige Vertreter der radikaltheologischen dissentierenden Gruppen waren sich mit Juristen wie etwa Christian Thomasius, einem der geistigen Väter der jungen Universität Halle, schon im ausgehenden 17. Jahrhundert darin einig, dass eine von den großen Konfessionen oder vom Herrscher abweichende religiöse Überzeugung Gott wohlgefällig sein könne; solche Menschen gefährdeten nicht, sondern stützten Staat, Herrschaft und Herrscher. Sie zu unterdrücken, sei unsinnig und gefährlich, weil die Obrigkeit damit Gott ins Handwerk pfusche. Diese Zusammenhänge wurden in *Zedlers Universal-Lexicon* besonders prägnant zusammengefasst. Ausgangspunkt der Argumentation war eine neue Definition von Ketzerei. Sie ist nun nicht mehr primär Abweichung vom wahren Glauben, sondern nach Zedler „was von der in einem gemeinen Wesen gebilligten und öffentlich zu lehrenden Religion abgehet“. Und der Autor fährt fort: „Da nun aber der Zweck des gemeinen Wesens und derer demselbigen Vorstehenden weiter nicht geht, als dass die Glieder desselben in öffentlicher Ruhe leben, als sieht man nicht, wie Ketzerey als solche von der Obrigkeit zu bestrafen. Sündiget ein Ketzer, so sündiget er wider Gott“.[24] Dementsprechend wäre Ketzerei dann auch nur strafbar, wenn

[24] Zedlers Universal-Lexicon 15, 1737, 542: Art. „Ketzerey“.

sie dem gemeinen Wesen schade. Parallel dazu zerbröckelte das Prinzip *cuius regio eius religio*: Nach der Jahrhundertwende verloren die Herrscher allmählich ihre göttliche Legitimation: Die Bewohner ihrer Länder waren nicht mehr Gläubige, sondern nur noch „subjects", „citoyens" und „Untertanen", Steuerzahler und Beweis der Wehrfähigkeit und des Wohlstandes des Staates, aber nicht mehr Beweis für die einheitliche Konfession von Herrscher und Beherrschten.

Die Einsicht, dass Verfolgung der Ketzer oder Dissidenten von den großen Konfessionen nicht Aufgabe der Obrigkeiten sei, machte den Weg für eine neue Betrachtung der Heiden frei: Dissidenten von der Staatsreligion als der wahren Religion waren nun nicht mehr Ketzer oder Heiden. Der Begriff „Heide" wanderte endgültig aus Europa hinaus in die weite Welt der Kolonialmächte. Dort aber wurde er nun neues Objekt staatlichen Interesses. Nun galt es nicht mehr, ihn zu bekämpfen, sondern für den Kolonialstaat zu gewinnen. Hier liegen die Wurzeln der ersten anglikanischen, der Hallesch-lutherisch-pietistischen und der kongregationalistischen, aber auch der presbyterianischen Missionsansätze im achtzehnten Jahrhundert. Indianer und versklavte Afrikaner waren zwar noch immer Heiden, und sie waren noch immer potenzielle Ordnungsdestabilisatoren – aber in der Auseinandersetzung zwischen den Kolonialmächten waren sie nun auch und vor allem potenzielle *Verbündete* im Ringen der Kolonialmächte miteinander. Gewinnen konnte man sie aber nur, in dem man sie zur jeweilig reinen Glaubenslehre bekehrte, die ja auf das engste mit der Kultur und Zivilisation der Kolonialmacht verbunden war. Rechter Glaube zog Integration und damit Unterwerfung unter den kolonialen Herrschaftsverband nach sich. Am deutlichsten wurden diese Zusammenhänge in Nordamerika auf protestantischer Seite während der Beratungen auf dem Albany Congress of Union 1754 formuliert;[25] ähnlich scharfsinnig sagte dies aber auch der spätere Superintendent for Indian Affairs Edmund Atkin.[26] Das Prinzipielle des Vorgangs verdient hervorgehoben zu werden: Europäische Herrscher verlagerten in dem Maße, wie sie innerhalb ihrer europäischen Herrschaftsbereiche ihre Kontrolle über die Konfessionszugehörigkeit ihrer Untertanen aufgaben, diese Funktion auf die indigenen Populationen in ihren außereuropäischen Herrschaftsbereichen und suchten sie dort im

[25] Die Protokolle des Albany Congress sind abgedruckt in Papers of Benjamin Franklin. Ed. by *L. W. Labaree* [et al.]. Bd. 1–[38]. New Haven, CT 1959–[2006]. Vol. 5, 346–353.

[26] William Livingston machte schon um 1700 einen solchen Vorschlag, vgl. *Hermann Wellenreuther*: Die Geschichte Nordamerikas in der Frühen Neuzeit. Bd. 2: Ausbildung und Neubildung. Die Geschichte Nordamerikas vom Ausgang des 17. Jahrhunderts bis zum Ausbruch der Amerikanischen Revolution 1775. Münster, Hamburg 2001, 184; Der Bericht von Edmund Atkin ist veröffentlicht in: *Edmond Atkin*: Indians of the Southern Colonial Frontier. The Edmond Atkin Report and Plan of 1755. Hg. v. *Wilbur R. Jacobs*. Columbia, SC 1954, 77–95.

Ringen um Sicherung oder Gewinnung neuer Herrschaftsgebiete einzusetzen.[27]

In der Mission muss man nach 1730 zwei Entwicklungsstränge unterscheiden: Herrschaftsnahe Mission – wie sie von der Society for the Propagation of the Gospel und der schottischen Society for the Propagation of Christian Knowledge und zu geringerem Maße von den Franckeschen Anstalten organisiert und finanziert wurde – und herrschaftsferne Mission. Beide Gesellschaften propagierten zwar einen beinahe globalen Anspruch; eine auch nur annähernd weltumspannende Vernetzung und Missionsaktivität außerhalb obrigkeitlicher Kontrolle fehlte jedoch vor 1790. Zu den Ausnahmen gehörten die wenigen Missionsbemühungen, die sich aus der ersten großen Erweckungsbewegung entwickelten, die mit den Brüdern David (1718–1747) und John Brainerd (1720–1781) verbunden sind. Diese Aktivitäten spielten zuerst im herrschaftsfernen Netzwerk der Prediger der ersten Erweckungsbewegung und später noch einmal in den 1790er Jahren in der Zeit des neu erwachten Interesses an Mission eine beträchtliche Rolle.[28] Die zweite Ausnahme war die Mission der Herrnhuter Brüdergemeine. Während herrschaftsnahe Mission in den Jahrzehnten nach 1760 allmählich verkümmerte und erst im Zusammenhang mit der neuen imperialen Politik europäischer Mächte nach 1870 eine Renaissance erleben sollte, ist die Geschichte der christlichen Mission zwischen 1730 und 1870 wesentlich durch herrschaftsferne Missionsaktivitäten bestimmt, aus denen sich bis ins 20. Jahrhundert hinein die Glaubensmissionen entwickeln sollten.

In den Missionsansätzen der Herrnhuter Brüdergemeine spiegeln sich die eben charakterisierten Zusammenhänge: Auf Drängen der Lutherischen Konsistorien und von Gottlieb August Francke (1663–1727) als Leiter der Franckeschen Anstalten erlebten Nikolaus Ludwig von Zinzendorf (1700–1760) und die Brüdergemeine zwischen 1728 und etwa 1750 noch einmal die gesamte Wucht konfessionspolitisch sanktionierter obrigkeitlicher Verfolgung; es war diese Verfolgung, die die „Pilgergemeinde“ nach Nordamerika trieb. Und selbst dort wurde sie in den 1740er Jahren des Kryptokatholizismus verdächtigt und wegen ihres Pazifismus als Frankreich freundlich angeklagt. Ganz konsequent folgte daraus der Vorwurf, die Herrnhuter Missionare in Checomeco in der Kolonie New York verführten die Indianer zum Katholizismus und arbeiteten insgeheim für das papistische Kanada. Die Missionsstation musste

[27] Es gibt deutliche Hinweise, dass diese Entwicklung nicht auf die protestantischen Länder beschränkt blieb. Die katholische Mission der Jesuiten in Nordamerika verlor nach 1730 so gut wie jede Bedeutung; den Tiefpunkt erreichte diese Entwicklung mit der Auflösung des Ordens Societas Jesu im Jahr 1773, welches zugleich in der spanischen Kolonialpolitik in Lateinamerika den tiefsten Einschnitt im achtzehnten Jahrhundert markiert.

[28] Sie werden in den unten zitierten Schlüsselschriften von Thomas Carey erwähnt.

geschlossen werden. Die Wende kam 1749 mit der Verabschiedung einer *private bill* durch das englische Parlament: Das Gesetz bescheinigte der Unitas Fratrum wahre protestantische Gesinnung und verlieh ihr damit eine Unbedenklichkeitserklärung für ihre missionarischen Bemühungen in allen Teilen des britischen Reiches.[29]

Vor diesem Hintergrund ist es verständlich, weshalb sich Zinzendorf als Präzeptor der Herrnhuter Missionstheologie besonders intensiv mit dem Herrnhuter Verhältnis zur Obrigkeit auseinandersetzte. Dies geschah auf eine indirekte und auf eine direkte Weise. Indirekt, indem Zinzendorf mit seinem christozentrischen Missionsansatz jede Bindung zwischen Obrigkeit und Konfession schlechterdings unterlief – in den 1740er Jahren brachte dies Herrnhuter Missionaren in New York prompt den Vorwurf kolonialer Politiker ein, die, gewohnt in konfessionellen Bahnen zu denken, in transkonfessionellen christlichen Lehren nur eine geschickt verpackte Verschwörung erkennen konnten. Noch bevor die Herrnhuter selbst Missionare ausschickten, schrieb Zinzendorf am 12. April 1732 an Johann Ernst Geister, einem von Halle nach Tranquebar geschickten lutherischen Missionar: „es jammert mich sehr, wenn ich sehen muß, daß die armen Heiden wieder zu Sektierern werden müssen".[30]

Die Synode in Gotha verabschiedete 1740 Grundsätze zur Mission. Zur Missionsmethode hieß es dort:

> „Uns aber in nichts einzulassen, was die widrigen Begriffe [gemeint ist: „das negative Bild"] der Heiden, Wilden oder Sklaven von der Christlichen Religion vermehren kann". Und unmittelbar anschließend: „Niemand als Jesum Christum den Gekreuzigten bei ihnen zu nennen und sie, soviel möglich, in der seligen Ignoranz, daß die Christliche Religion in Partes gehe, zu erhalten, wo sie aber davon was merken, in diesem Teil impartialisch zu erscheinen, von allen Abteilungen das Beste zu reden und den Unterschied eher zu verringern als zu vergrößern." Und zur Predigt: „In der Sache selbst aber, nämlich der Bekehrung der Heiden zum blutigen Versöhner der ganzen Welt, den alle Christen müssen gelten lassen, kein Haarbreit zu weichen [. . .]."[31]

---

[29] *Stefan Hertrampf*: „Unsere Indianer-Geschwister waren lichte und vergnügt." Die Herrnhuter als Missionare bei den Indianern Pennsylvanias 1745–1765. Frankfurt/Main 1996, 99–103; *J. Taylor Hamilton* u. *Kenneth G. Hamilton*: Die Erneuerte Unitas Fratrum, 1722–1957. Geschichte der Herrnhuter Brüdergemeine. Bd. 1, 1722–1857. Herrnhut 2001, 155–157.

[30] Das komplette Zitat: „[. . .] es jammert mich sehr, wenn ich sehen muß, daß die armen Heiden wieder zu Sektierern werden müssen, daß man ihnen die Kirche wieder aufputzt und sie fragt, von welcher der Christlichen Religionen sie sind. O, wie gut wäre es, wenn sie den Gekreuzigten kennen lernten und seine Gnade glaubten und seine Kraft fühlen mögten" (Texte zur Mission. Mit einer Einführung in die Missionstheologie Zinzendorfs. Hg. v. *Helmut Bintz*. Hamburg 1979, 36).

[31] „Einfältiger Aufsatz der Evangelisch-Mährischen Kirche wegen ihrer bisherigen und künftigen Arbeit unter den Wilden, Sklaven und anderen Heiden, 1740" (in: Texte zur Mission [s. Anm. 30], 56–59, hier 58).

Ebenso unzweideutig forderte Zinzendorf von den Missionaren Distanz zu den Obrigkeiten der Missionsgebiete: Die Gothaer Synode formulierte, dass die „Connexion der Obrigkeit mit den Heiden durch die Evangelische Maximen nicht zu stören" seien. Auch sollten die Missionare „Einfluß ins Politikum oder Commercia nicht suchen".[32] Diese Prinzipien ließen sich vor allem bei der Missionsarbeit unter den versklavten Afrikanern auf den westindischen Inseln so nicht durchhalten, wie es sich Zinzendorf gewünscht hätte: Da die Sklavenbesitzer fürchteten, dass christianisierte Sklaven ihnen den Gehorsam aufsagen würden, rechtfertigten die Missionare ihre Arbeit damit, dass die Bekehrung auch bedeute, dass die Sklaven mit ihrer Bekehrung dem paulinischen Gebot unterstünden, der Obrigkeit bedingungslosen Gehorsam zu leisten.[33]

In ihrer weitgehend konfessionsfreien Herrnhuter Missionstheologie fehlten Begriffe wie „Häretiker"; dafür war der Begriff „Heide" in der Herrnhuter Missionsrhetorik auch in *composita* wie „Heidenfest" für Epiphanias allgegenwärtig. Alle missionstheologischen Begriffe deuten auf die, Konfessionsspezifika scheuende, Eigenheiten der Herrnhuter Missionstheologie hin. Sie repräsentierten die radikale Reduktion der christlichen Lehre auf Christus am Kreuz. Mission war nicht das Privileg der Amtskirche, sondern Berufung eines jeden Menschen, der dazu auch keine besonderen theologischen Kenntnisse besitzen, sondern seine eigene Bekehrung mitbringen musste. Der Missionar war Handwerker und einfacher Mensch, den nur seine Bekehrung von den Heiden unterschied. Er war in erster Linie Gott untertan und erst danach einer weltlichen Obrigkeit Rede schuldig. Mission war nicht die Vermittlung eines komplexen Lehrgebäudes, sondern die Verführung der „verständigen" Indianer zur Vision des gekreuzigten Heilands.

Bestärkt wurden diese Grundsätze durch den Dialog zwischen Missionaren und Gemeinden innerhalb des weit gefächerten Herrnhuter Netzwerks: Hier wurde offensichtlich bewusst oder unbewusst das Netzwerk der Jesuiten systematisch weitergeführt. Jede Gemeinde und jeder Missionar waren gehalten, Tagebücher zu führen. Diese wurden in den Herrnhuter Zentren – in Nordamerika etwa Bethlehem, in England London, in Deutschland Barby oder Herrnhut – gelesen, auch gelegentlich ein bisschen zensiert, dann kopiert und auf Reise geschickt. Irgendwann kam jedes Tagebuch als Kopie in der anderen Gemeine in einem anderen Erdteil an und wurde dort aufmerksam studiert. Durch diese Vernetzung entstand nicht nur eine transnationale Gemeinde, sondern auch eine intern intensiv miteinander interagierende Öffentlichkeit. Dies

---

32 Texte zur Mission [s. Anm. 30], 58.

33 *Christian Degn*: Die Schimmelmanns im atlantischen Dreieckshandel. Gewinn und Gewissen. Neumünster 1974, 43–58; *Jon F. Sensbach*: A separate Canaan: The Making of an Afro-Moravian World in North Carolina, 1763–1840. Chapel Hill, NC 1998.

war kein Egonetzwerk, welches auf eine Person oder auf eine spezifische Gruppe ausgerichtet war, wie dies für die Jesuiten, aber auch für die SPG und die SSPCK galt, sondern ein Netzwerk, welches eine imaginierte globale Pilgergemeine nicht nur schuf, sondern auch immer wieder in ihren Grundstrukturen bekräftigte und bestärkte.[34]

Als gegen Ende des Jahrhunderts Protestanten neu die Herausforderungen der Mission aufzugreifen begannen, bot ihnen die Herrnhuter Brüdergemeine folgendes Rezept: Äußerlich sollte Mission sich von Staaten und Mächten fernhalten; sie sollte ihre Missionsarbeit auf jeden einzelnen konzentrieren, aber keine Nationalbekehrung anstreben; Mission sollte sich jenseits spezifischer Konfessionen entfalten und sich auf wenige zentrale christliche Lehren konzentrieren, also eher christologisch sein als ein breites Lehrgebäude biblischer oder liturgischer *specifica* vermitteln; vor allem sollte sie nicht den Verstand, sondern das Herz anrühren. Wichtige Elemente dieses Erbes sollten in den Neuansätzen der Christentums- und Missionsgesellschaften, die zwischen 1790 und 1830 gegründet wurden, erhalten bleiben. All dies und mehr war in den Geschichten der Brüdermission von David Cranz, Georg Heinrich Loskiel und Christian Georg Andreas Oldendorp zu dieser Zeit ausführlich nachzulesen.[35]

2.

Es ist kein Zufall, dass der große missionsgeschichtliche Aufbruch in den 1790er Jahren genau in jene Zeit fällt, in der die europäischen Kolonialmächte durch Revolutionskriege und revolutionäre Umtriebe so etwas wie imperiale Schwächephasen durchlebten. Die machtpolitischen

---

[34] Einen guten Einstieg bietet *Gillian Lindt Gollin*: Moravians in Two Worlds. A Study of Changing Communities. New York 1967; eine vorzügliche Detailstudie ist *Carola Wessel*: Connecting Congregations: The Net of Communication among the Moravians as Exemplified by the Interaction between Pennsylvania, the Upper Ohio Valley, and Germany. In: The Distinctiveness of Moravian Culture. Essays and Documents in Moravian History in Honor of Vernon H. Nelson on this Seventieth Birthday. Ed. by *Craig D. Atwood* and *Peter Vogt*. Bethlehem, PA 2003, 153–172, und demnächst *Gisela Mettele*: Weltbürgertum oder Gottesreich? Die Herrnhuter Brüdergemeine als transnationale Gemeinschaft 1760–1857. Göttingen (in Vorbereitung).

[35] *David Cranz*: Alte und neue Brüder-Historie oder kurz gefaßte Geschichte der Evangelischen Brüder Unität. Barby 1771; *Georg Heinrich Loskiel*: Geschichte der Mission der evangelischen Brüder unter den Indianern in Nordamerika. Barby 1789; für die Herrnhuter Mission auf den Westindischen Inseln *C. G. A. Oldendorp*: Geschichte der Mission der Evangelischen Brüder auf den caribischen Inseln S. Thomas, S. Croix und S. Jan. Hg. v. *Johann Jacob Bossart Oldendorp*. Barby 1777; das vollständige Manuskript ist in Berlin 2000 neu verlegt worden. Die bedeutende Rolle der Herrnhuter Brüdergemeine für den missionarischen Neubeginn insbesondere in England ist nun dargestellt bei *J. C. S. Mason*: The Moravian Church and the Missionary Awakening in England, 1760–1800. Woodbridge, Suffolk 2001.

Rahmenbedingungen für Mission wandelten sich. Dies gilt vor allem für England. Hier waren nach dem Frieden von Paris 1783 die Wunden, die die Niederlage gegen die ehemaligen Kolonien geschlagen hatten, zu heilen.[36] Kaum war dies erreicht, musste die englische Regierung Anfang der 1790er Jahre alle Aufmerksamkeit auf die Beruhigung und Stabilisierung der innerenglischen politischen Szene konzentrieren, die durch die Agitation der radikalen pro-französischen Reformpartei mit ihrer Fundamentalkritik am englischen politischen System aufgewühlt war.[37] Zudem waren in allen außereuropäischen Kolonien die Verhältnisse neu zu ordnen. Am schwierigsten gestaltete sich dies in den asiatischen Besitzungen. In Indien waren nicht nur die Folgen des unseligen Hochverratsverfahrens gegen Warren Hastings zu überwinden, sondern auch die Turbulenzen zu meistern, die im Gefolge der Verhandlungen um die Verlängerung der 1793 ausgelaufenen *Charter* der East India Company die Herrschaftsverhältnisse in dieser reichsten englischen Kolonie Indien erschütterten.[38] Diese Schwächephasen schufen in den außereuropäischen Besitzungen Freiräume für jene, die sich an der Besserung der inneren Verhältnisse in diesen Besitzungen durch Missionierung der einheimischen Bevölkerung engagieren wollten.

Diese Freiräume wurden auch zur weiteren Erkundung der Welt genutzt. Die Expeditionen von James Cook und Louis Antoine de Bougainville, vor allem die Berichte, die schnell in ganz Europa nachgedruckt wurden, schärften das Bewusstsein der Prediger der zweiten großen Erweckungsbewegung in Europa für die vielen „Heiden", die noch nichts von ihrem Gott gehört hatten; es war Englands und der europäischen Christen Mission, diesen armen Menschen die gute Botschaft zu bringen.[39]

---

36 *Stephen Conway*: The British Isles and the American War of Independence. Oxford 2000.

37 *Edward Royle*: Revolutionary Britannia? Reflections on the threat of revolution in Britain, 1789–1848. Manchester 2000, Kap. 1.

38 Noch am klarsten werden diese politischen Rahmenbedingungen erkannt von *J. A. Graham*: The Missionary Expansion of the Reformed Churches. Edinburgh 1898, 78–85. Wilberforce und Grant versuchten, in der erneuerten Charter der East India Company eine Klausel unterzubringen, die die East India Company nicht nur zur Einrichtung von Schulen für die hinduistische Bevölkerung, sondern auch zur Missionierung verpflichtet hätte; dies Unterfangen scheiterte am energischen Widerstand der Direktoren der East India Company, *Charles Hole*: The Early History of the Church Missionary Society for Africa and the East to the End of the Year 1814. London 1896, 20 f.; zum weiteren politischen Kontext *P. J. Marshall*: The Making and Unmaking of Empires. Britain, India, and America c. 1750–1783. Oxford 2005.

39 *Max Warren*: The Missionary Movement from Britain in Modern History. London 1965, 26–35; zu Bougainville siehe *John Dunmore*: Storms and Dreams. Louis de Bougainville. Soldier, Explorer, Statesman. Auckland, New Zealand 2005; The Pacific Journal of Louis Antoine de Bougainville, 1767–1768. Transl. and ed. by *John Dunmore*. London 2002; zu Cook siehe *Brian William Richardson*: Longitude and Empire. How Captain Cook's Voyages changed the World. Vancouver 2005; The Journals of Captain James Cook on his Voyages of Discovery. 4 vls. Ed. by *John C. Beaglehole*. Cambridge 1955–1974.

Für das Verständnis der 1790er Jahre ist entscheidend, dass Europa und Amerika in diesem Jahrzehnt eine neue Erweckungsbewegung erlebten;[40] in England brachte sie „bekehrte" Politiker wie William Wilberforce, dazu, die Antisklavenagitation der Society of Friends aufzugreifen und zum allgemeinen Anliegen der englischen Politik zu machen.[41] Diese Agitation trug entscheidend zur Entstehung eines transatlantischen evangelikalen Netzwerkes bei, welches spätestens seit Ende der 1780er Jahre auch Prediger auf den westindischen Inseln und in Indien mit einschloss. Das Netzwerk verknüpfte all jene, die wie der studierte Jurist und Methodist Thomas Coke (1741–1814) oder der baptistische Schuhmacher William Carey (1761–1834) an der Mission der afrikanischen Sklaven oder der Hindu engagiert waren; beide verfassten höchst einflussreiche Traktate, die der Missionsbewegung in England wichtige Impulse vermittelten und Gleichgesinnte zu regionalen Versammlungen ermunterten.[42] Zugleich lenkte diese zweite große atlantische Erweckungsbewegung auch den Blick wieder auf die außereuropäische Welt: Immer noch galt, dass der erhofften Wiederkehr des Erlösers die Missionspredigt an alle vorangehen müsse, denen sie noch nicht verkündet worden sei.[43] Daran jedenfalls erinnerte der Rev. George Burder von Coventry 1795 die Empfänger eines Aufrufs zur Gründung einer Missionsgesellschaft: „May we not indulge a hope that the happy period is approaching, when the Redeemer shall take unto Him His great power and reign? [. . .] And is there not a general apprehension that the Lord is about to produce some great event?" Lebten die Menschen nicht in der Tat, so der Prediger, in einer Zeit von „most astonishing transactions; and is it not probable that the great Disposer of all is now about, by shaking terribly the nations, to establish that spiritual and extensive kingdom which cannot be shaken?"[44]

Die Aussagen der Bibel zur Mission lehrten, wie Ende der 1780er Jahre William Carey in seiner erst am 12. Mai 1792 gedruckten, einfluss-

---

[40] *Barry Hankins*: The Second Great Awakening and the Transcendentalists. Westport, CT 2004; und zum atlantischen Kontext Evangelicalism. Comparative Studies of Protestantism in North America, the British Isles, and beyond. Ed. by *Mark A. Noll* [et al.]. Oxford 1994; allg. *Kenneth Hylson-Smith*: Evangelicals in the Church of England, 1734–1984. Edinburgh 1988.

[41] Zu der Rolle von Wilberforce bei Gründung der London Missionary Society seit Ende der 1780er Jahre siehe *Hole*, Early History [s. Anm. 38], 11 ff.

[42] *Thomas Coke*: An Address to the Pious and Benevolent Proposing an Annual Subscription for the Support of Missionaries, London 1786; siehe zu ihm *John A. Vickers*: Thomas Coke. Apostle of Methodism. Nashville 1969; The Journals of Dr. Thomas Coke. Ed. by *John A. Vickers*. Nashville 2005; *William Carey*: An Enquiry into the Obligations of Christians, to Use Means for the Conversion of the Heathens. London 1792.

[43] *Stephen Orchard*: Evangelical Escatology and the Missionary Awakening. In: Journal of Religious History 22, 1998, 132–151.

[44] *Richard Lovett*: The History of the London Missionary Society 1795–1895. 2 Bde. London 1899. Bd. 1, 21, die ganze Predigt, 18–24.

reichen Schrift *An Enquiry into the Obligation of Christians to use means for the Conversion of the Heathens* schrieb, „uns, daß die Freuden des zukünftigen Lebens in unmittelbarer Beziehung zu dem jetzigen Leben stehen – eine Beziehung ähnlich der zwischen Ernte und Saat".[45] Carey schloss seine Schrift mit der Aufforderung an die englische baptistische Kirche, „sich zu einer Gesellschaft zusammen[zu]schließen und eine Anzahl von Regeln auf[zu]stellen zur Durchführung einer Strategie und über die Mitarbeiter, die als Missionare angestellt werden sollten, sowie über die Mittel zur Bestreitung der Kosten". Er fügte aber an, die Missionare, die von dieser Gesellschaft gefördert werden sollten, nicht auf „eine einzige christliche Konfession zu begrenzen. Vielmehr wünsche ich von ganzem Herzen, dass jeder, der unsern Herrn Jesu aufrichtig liebt, sich auf irgendeine Weise daran beteiligt."[46] Carey war wie sein methodistisches Gegenüber Thomas Coke und viele erweckte anglikanische und independistische Prediger auch Propagator der ökumenischen Gedanken der Erweckungsbewegung.[47]

Die terminologische und konzeptuelle Nähe von Carey's Gedanken zu jenen der Herrnhuter ist offensichtlich. Am 2. Oktober 1792 wurde die *Particular (or Calvinistic) Baptist Society for Propagating the Gospel Among the Heathen* in Kettering, England, gegründet. In dem offensichtlich offiziösen Bericht über Gründung und Aktivität der Gesellschaft zwischen 1792 und 1806 werden die sieben Grundsätze, auf die sich der Gründungsausschuss einigte, so zusammengefasst:

> The general principles on which the society was formed, were, – in respect of civil government to yield a cordial and unreserved obedience in every thing consistent with our duty to God; and in respect of Christians of other denominations, to cherish a catholic spirit towards them, and engage in a ready cooperation with them in every thing which did not require a sacrifice of religious principle [. . .].[48]

Diese Prinzipien hätten auch aus der Feder eines Herrnhuter Missionars stammen können.

Auch in anderen Teilen des britischen Kolonialreiches begannen Ende der 1780er Jahre innerhalb des evangelikalen Netzwerkes neue Missionsprojekte zu reifen: Konkrete Pläne wurden in Bengalen, Indien und im

---

45 Zit. n. Mission in Quellentexten [s. Anm. 5], 234.

46 Mission in Quellentexten [s. Anm. 5], 234.

47 *R. H. Martin*: Evangelicals United. Ecumenical Stirrings in pre-Victorian Britain. Metuchen, NJ, London 1983; *J. A. Vickers*: Thomas Coke and World Methodism. Bognor Regis 1976.

48 Brief Narrative of the Baptist Mission. O. O. O. J. [? London 1807], 16. Meine Charakteristik dieser Schrift stützt sich im Wesentlichen darauf, dass die Ereignisse als persönlich erlebt geschildert werden. S. auch The Centenary Volume of the Baptist Missionary Society 1792–1892. Ed. by *John Brown Myers*. London ²1892, 6–8.

Zusammenhang mit der Antisklavenbewegung in Sierra Leone in Afrika diskutiert. In Bengalen hatte der Baptist und Schiffsarzt John Thomas 1786 sich von dem Kaufmann, Faktor und späteren Direktor der East India Company, Charles Grant, bereden lassen, in der Nähe von Calcutta bei einer Niederlassung Grants in Gomalty eine Missionsstation zu eröffnen.[49] Thomas kehrte 1793 nach England zurück mit der Absicht, seine Mission in Bengalen auf solidere finanzielle Füße zu stellen und einen weiteren Missionar für sein Unternehmen zu gewinnen. Davon wiederum erfuhr die Baptistische Missionsgesellschaft; Verhandlungen führten zu dem Entschluss, William Carey mit Thomas als ersten Missionar nach Bengalen zu entsenden.[50] All dies ereignete sich zeitgleich mit der Agitation um die Erneuerung der Charter der East India Company. Als Thomas und Carey nach Indien segelten, war der Versuch gescheitert, die Missionierung der indischen Bevölkerung der Verantwortung der East India Company als der kolonialen Obrigkeit über diesen Subkontinent zu übertragen. Auf Jahrzehnte hinaus wurde nicht mehr versucht, einer Obrigkeit Mission als verbindliche Pflicht aufzuerlegen.

Der Sieg der Direktoren der East India Company verlagerte die Anstrengungen zur Gründung von Missionsgesellschaften auf den kirchlichen und philanthropischen Bereich. Im Norden Englands und in London beflügelten die ersten Berichte Careys über seine Missionsaktivitäten in Bengalen independistische Pfarrer zu neuen Anstrengungen, die 1795/96 in die Gründung der London Missionary Society mündeten. Auch hier sind die Einflüsse der Herrnhuter vor allem in den Anschauungen, wer als Missionar geeignet sei, greifbar. In seiner Predigt zur Gründungsversammlung im September 1795 beschrieb der Rev. Dr. T. Haweis (1734–1820) Pastor der anglikanischen Gemeinde in Aldwincle, Northamptonshire, den idealen Missionaren so: Seiner Überzeugung nach solle er sein

> a plain man, – with a good natural understanding, – well read in the Bible, – full of faith, and of the Holy Ghost, – though he comes from the forge or the shop, would, I own [. . .] as a missionary to the heathen, be infinitely preferable to all the learning of the schools; and would possess, in the skill and labour of his hands, advantages which barren science would never compensate.[51]

Und mit der gleichen Präzision antwortete der Reverend die selbstgestellte Frage, was der Missionar den Heiden zu predigen habe:

> Brethren, our whole success will depend upon this one point; – if Christ be preached, – only preached, always preached, – then shall we see the power

---

[49] *Hole*, Early History [s. Anm. 38], 5.

[50] Brief Narrative of the Baptist Mission [s. Anm. 48], 18–20; *Hole*, Early History [s. Anm. 38], 19. Thomas und Carey reisten am 03.06.1793 aus London nach Indien ab.

[51] *Lovett*, History of the London Missionary Society [s. Anm. 44] 1, 28.

of His death and resurrection, and the Lord will add again daily to His church such as shall be saved.[52]

Nicht die Zugehörigkeit zu einer bestimmten Konfession sei entscheidend, sondern – und hier wird das transkonfessionelle Moment der Erweckungsbewegung sichtbar – „the divine call, and [being] inwardly moved by the Holy Ghost".[53] In der letzten Predigt der dreitätigen Konferenz wurde dieser transkonfessionelle ökumenische Aspekt besonders hervorgehoben: Die Gründung der Gesellschaft sei besonders bemerkenswert, weil sie

> Christians of different denominations, although differing in points of church government, [Vereine, die sich zusammen gefunden hätten zu einer] society for propagating the Gospel among the heathen. This is a new thing in the Christian church [. . .] here are Episcopalians, Methodists, Presbyterians, and Independents, all united in one Society, all joining to form its laws, to regulate its institutions, and manage its various concerns.[54]

Die Gründung dieser Missionsgesellschaft bedeute nichts weniger als „the funeral of *bigotry*". In der Tat entwickelte sich in den kommenden Jahrzehnten diese Missionsgesellschaft zum Mittelpunkt der transkonfessionellen Missionsanstrengungen sowohl in England als auch auf dem europäischen Kontinent.[55] Zahlreiche ihrer Gründungsmitglieder waren überdies 1799 an der Gründung der Religious Tract Society und 1804 an der Gründung der Bible Society beteiligt.[56]

Das ökumenische, transkonfessionelle Moment war in jenen Jahren so stark, dass die Gründer der Church Missionary Society, der Missionsge-

---

[52] *Lovett*, History of the London Missionary Society [s. Anm. 44] 1, 29.

[53] Ebd. 1, 28. *Roger H. Martin*: The Place of the London Missionary Society in the Ecumenical Movement. In: JEH 31, 1980, 283–300.

[54] *Lovett*, History of the London Missionary Society [s. Anm. 44] 1, 35. An dieser Stelle der Predigt hätten die versammelten Hunderte von Pfarrern „manifested their concurrence, and could scarcely refrain from one general shout of joy" (ebd., 38).

[55] Zur London Missionary Society s. *Barbara Schwegmann*: Die Protestantische Mission und die Ausdehnung des Britischen Empires. Würzburg 1990; *Aran Argent*: The Founding of the London Missionary Society and the West Midlands. In: Protestant Nonconformists and the West Midlands of England. Papers presented at the first conference of the Association of Denominational Historical Societies and Cognate Libraries. Hg. v. *Alan P. Sell*. Keele 1996, 13–41; *Christopher Saunders*: Looking Back: 170 years of historical writing on the LMS in South Africa. In: The London Missionary Society in Southern Africa. Historical Essays in celebration of the Bicentenary of the LMS in Southern Africa, 1799–1999. Hg. v. *John W. de Gruchy*. Cape Town 1999, 7–16.

[56] *Lovett*, History of the London Missionary Society [s. Anm. 44] 1, 41; über die Religious Tract Society ist wenig gearbeitet worden, aber s. *Aileene Fyfe*: Commerce and Philanthropy: The Religious Tract Society and the Business of Publishing. In: Journal of Victorian Culture 9, 2004, 164–188. Zur Bible Society s. die Aufsatzsammlung Sowing the Word. The Cultural Impact of the British and Foreign Bible Society, 1804–2004. Ed. by *Stephen Batalden* [et al.]. Sheffield 2004.

sellschaft der anglikanischen Kirche, sich 1799 nachdrücklich darum mühten, in ihren *Original Rules* jeden Eindruck der konfessionellen Parteilichkeit zu vermeiden. Nicht nur wurde sorgfältig jeder Hinweis auf die Anglikanische Kirche vermieden, auch in der Beschreibung der Qualifikationen derjenigen, die als Missionare ausgeschickt werden sollten, fehlten solche Andeutungen.[57] Mehr noch: Auch hier wurde das Herrnhuter Modell übernommen. Nicht ausgebildete Kleriker sollten ausgeschickt werden, sondern nicht ordinierte Männer, die sich „only as a Catechist" betrachten sollten und denen deshalb auch die Spendung der Sakramente mit Ausnahme der Taufe untersagt war. Wenig überraschend verpflichtete sich diese Gesellschaft in ihrer vorletzten Regel zu einem „friendly intercourse [...] with other Protestant Societies".[58] Allerdings wich die CMS sehr schnell wieder von diesem Grundsatz ab: Die ersten Missionare, die ausgesandt wurden, waren ordinierte deutsche lutherische Prediger, die in die Anglikanische Kirche kooptiert worden waren.[59] Um 1800 war in der CMS nur noch ein kleines Quäntchen Ökumenismus erhalten.

Erinnert man sich an die Bemühungen von Wilberforce, die nicht zuletzt auch von anglikanischen Bischöfen, aber auch von Predigern der Erweckungsbewegung 1792/93 gefördert worden waren, Mission als obrigkeitliches Anliegen in die neue Charter für die East India Company hineinzuschreiben, dann überrascht, dass in den Gründungsdokumenten wie in den sie begleitenden Predigten und Schriften der Missionsgesellschaften der 1790er Jahre jeder Hinweis auf Obrigkeit fehlt. Wenn irgendwo doch von Obrigkeit gesprochen wurde, dann war damit immer Gott oder Christus gemeint. Kurz: Nicht nur Christologie in der Missionspredigt, Transkonfessionalität in Missionsmethode und nichtklerikales Missionarsideal, sondern auch die Herrschaftsferne der Herrnhuter Brüdergemeine wurden von den Begründern der baptistischen, der independistischen und der methodistischen Missionsgesellschaften übernommen; selbst in der anglikanischen Missionsgesellschaft sind Spuren dieser Ideale und Konzepte noch sichtbar.

Im politischen wie im missionsgeschichtlichen markieren die 1790er Jahre einen Wendepunkt. Von hier aus sind die weiteren Entwicklungen – missionsgeschichtlich die Verknüpfungen der Missions- mit den Christentumsgesellschaften, die Entstehung neuer transkonfessioneller Mis-

[57] *John Clark*: CMS and Mission in Britain. The Evolution of a Policy. In: The Church Mission Society and World Christianity, 1799–1999. Ed. by *Kevin Ward* and *Brian Stanley*. Grand Rapids 2000, 319–343; *Paul Jenkins*: The Church Missionary Society and the Basel Mission. An Early Experiment in Inter-European Cooperation. In: Ebd., 43–65.

[58] *Hole*, Early History [s. Anm. 38], 646–648.

[59] *Hans Cnattingius*: Bishops and Societies. A Study of Anglican Colonial and Missionary Expansion, 1698–1850. London 1952, 43 f.

sionsvereine einerseits, als Reaktion darauf von konfessionell gebundenen Missionsgesellschaften andererseits – sichtbar. Ein halbes Jahrhundert später rückte dann jener Entwicklungsstrang, der aus konfessioneller Bindung lebte, wieder an die Kolonialmächte heran auch in dem Bemühen, deren nackte Gewaltpolitik in Afrika und Asien mit christlichen und zivilisatorischen Werten zu mildern. Zumindest für diesen Teil der Missionsgeschichte war damit das Ende der herrschaftsfernen Mission erreicht; im Unterschied aber zur Entwicklung vor 1740 stand diese Mission nun in direkter Konkurrenz zu den herrschaftsfernen Glaubensmissionen, denen in der Zeit der Dekolonisation, so scheint es, zeitweise wieder das Missionsmonopol zufiel.

Die Geschichte der Mission ist, zumindest für die Jahrhunderte vor der Französischen Revolution, in aller Regel nur aus theologiegeschichtlicher Perspektive dargestellt worden. Ich habe hier versucht, dieser Sicht eine andere Herangehensweise gegenüberzustellen, die sich letztlich aus der bis ins 18. Jahrhundert unauflöslichen Einheit von Konfession und Staat speiste. Aus dieser Perspektive wurden Konstanten zwischen Religionspolitik und Konfessionalisierung, zwischen Wettstreit um die wahre Lehre als Problem der Andersartigkeit von Glaubensgemeinschaften und dem nichtchristlichen Anderen in anderen Kontinenten deutlich. Zugleich zeigte sich, dass auch die Bildung von Netzwerken nicht unabhängig von den Rahmenbedingungen staatlicher Herrschaft betrachtet werden kann. Sie blieben vielmehr so lange herrschaftsnah, wie der Staat von seinen Untertanen forderte, dass sie der Konfession des Herrschers anhingen.[60] Lange nachdem sich private Netzwerke in der Wirtschaft und in Kultur und Wissenschaften gebildet hatten, bildeten sich außerhalb der staatlichen Kontrolle erste religiöse Netzwerke. Wenige davon sind untersucht; immerhin aber sind zumindest die Konturen des Netzwerks der ersten Großen Erweckungsbewegung,[61] des Halleschen Pietismus und der Herrnhuter Brüdergemeine sichtbar. Die Einbettung von Missionskonzepten und der Bildung religiöser Netzwerke in den weiteren Kontext der spätmittelalterlichen und frühneuzeitlichen Herrschaftswirklichkeit eröffnet die Möglichkeit, Mission nicht mehr nur als neues Phänomen des beginnenden achtzehnten Jahrhunderts, sondern als wesentlichen Teil der europäischen Geschichte seit der Zeit der ersten Kreuzzüge zu betrachten.

---

[60] Natürlich bin ich mir bewusst, dass es dazu sowohl in England als auch auf dem Kontinent viele Ausnahmen gibt; aber in beiden wurde bis ins 18. Jahrhundert am Prinzip selbst festgehalten.

[61] *Frank Lambert*: Inventing the „Great Awakening". Princeton, NJ 1999, Kap. 5.

Miszellen

Martin Sallmann

Orthopraxie der Basler Orthodoxie

Puritanische Literatur in Basel (1590–1650)

1. *Einleitung*

Das früh leistungsfähige Buchdruckergewerbe in Basel[1] hat immer wieder von Kontakten zu England profitiert.[2] So hatte in der ersten Hälfte des 16. Jahrhunderts Erasmus von Rotterdam wichtige Verbindungen zu englischen Persönlichkeiten vermittelt.[3] In der zweiten Hälfte des Jahrhunderts waren es etwa marianische Exulanten, die in der Stadt Zuflucht suchten und hier ihre Werke publizierten.[4] Mit dem beginnenden 17. Jahrhundert aber gehörte Basel dann neben Oppenheim[5] und Hanau[6] zu den wichtigsten Druckorten puritanischer Literatur.[7] Diesem Phänomen werde ich im folgenden in drei Schritten nachgehen: Zuerst gebe ich eine knappe Übersicht zu den wichtigsten Schriften puritanischer Erbauungsliteratur, die in Basel gedruckt oder verlegt wurden, betrachte dann exemplarisch ein Ensemble mit Werken von William Perkins und versuche schließlich die Rolle dieses Ensembles für Basel zu erschließen.

---

[1] *Pierre L. Van der Haegen:* Basler Wiegendrucke. Verzeichnis der in Basel gedruckten Inkunabeln mit ausführlicher Beschreibung der in der Universitätsbibliothek Basel vorhandenen Exemplare. Basel 1998; *ders.:* Der frühe Basler Buchdruck. Ökonomische, sozio-politische und informationssystematische Standortfaktoren und Rahmenbedingungen. Basel 2001.

[2] *Manfred Edwin Welti:* Der Basler Buchdruck und Britannien. Die Rezeption britischen Gedankenguts in den Basler Pressen von den Anfängen bis zum Beginn des 17. Jahrhunderts. Basel 1964.

[3] Ebd., 87–94; zum Beispiel wurden die Werke von Thomas Morus in Basel veröffentlicht (115–122).

[4] Ebd., 185–224; *Ashley Null:* The Marian Exiles in Switzerland. In: Jahrbuch für Europäische Geschichte 7, 2006, 3–22, hier 12–15.

[5] *Josef Benzing:* Johann Theodor de Bry, Levinus Hulsius Witwe und Hieronymus Galler als Verleger und Drucker zu Oppenheim (1610–1620). In: Archiv für Geschichte des Buchwesens 9, 1968, 589–642.

[6] *Josef Benzing:* Der Buchdrucker Wilhelm Antonius zu Hanau (1593–1611) als Vermittler englischen Schrifttums. In: Essays in Honour of Victor Scholderer. Hg. v. *Dennis E. Rhodes.* Mainz 1970, 68–89.

[7] Zur Problematik der Terminologie rund um den „Puritanismus“, s. *John Spurr:* English Puritanism, 1603–1689. New York 1998, 3–8.

2. *Übersicht zur puritanischen Erbauungsliteratur aus Basel*

Die deutschen Übersetzungen puritanischer Erbauungsliteratur erschienen oft zuerst in Basel. Die wichtigsten Schriften sind im wesentlichen mit vier Namen verbunden: Von Lewis Bayly kam *The Practise of Pietie* (1611/12) in deutscher Übersetzung 1628 zuerst in Basel bei Ludwig König heraus mit dem Titel *Praxis Pietatis: Das ist, Ubung der Gottseligkeit.*[8] Mögliche Übersetzer sind Johann Jakob Grasser oder Wolgang Mayer.[9] Ein Auszug zum Abendmahl war bereits 1627 übersetzt von Grasser bei Johann Schröter erschienen.[10] Schon im Jahr darauf folgten in Basel und Zürich neue Auflagen der ganzen Schrift,[11] die dann ihren Siegeszug mit immer neuen Auflagen im ganzen deutschen Sprachgebiet antrat.[12] Die *Praxis Pietatis* ruft zu Umkehr und Heiligung auf und gibt genaue Anweisungen zur christlichen Lebensführung.[13]

Nur drei Jahre später ging in Frankfurt am Main im Jahr 1631 die Schrift *Praxis Pietatis. Das ist: Ubung der Gottseligkeit. Ander Theil* in den Druck. Hinter dieser Übersetzung stand Joseph Halls *The Arte of Divine Meditation* (1606), die ohne Nennung des Autors als zweiter Teil der *Praxis Pietatis* von Bayly beigebunden wurde. Verleger war wiederum Ludwig König aus Basel, dem wohl auch die Idee zukommt, die zwei

---

[8] *Edgar C. McKenzie:* A Catalog of British Devotional and Religious Books in German Translation from the Reformation to 1750. Berlin [u. a.] 1997, 71, Nr. 276. Zu Ludwig König als Verleger s. *Josef Benzing:* Die deutschen Verleger des 16. und 17. Jahrhunderts. Eine Neubearbeitung. In: Archiv für Geschichte des Buchwesens 18, 1977, 1077–1322, hier 1191.

[9] *Welti*, Der Basler Buchdruck und Britannien [s. Anm. 2], 258 f. Anm. 44; *Udo Sträter:* Sonthom, Bayly, Dyke und Hall. Studien zur Rezeption der englischen Erbauungsliteratur in Deutschland im 17. Jahrhundert. Tübingen 1987, 77. Zu Johann Jakob Grasser s. *Karl Gauss:* Basilea Reformata. Die Gemeinden der Kirche Basel Stadt und Land und ihre Pfarrer seit der Reformation bis zur Gegenwart. Basel 1930, 77; Basilea reformata 2002. Die Gemeinden und Spezialpfarrämter der Evangelisch-reformierten Kirchen Basel-Stadt und Basel-Landschaft, ihre Pfarrerinnen und Pfarrer von der Reformation bis zur Gegenwart. Hg. v. den Kirchenräten der Evangelisch-reformierten Kirchen Basel-Stadt u. Basel-Landschaft. Basel/Liestal 2002, 180 f.; *Hellmut Thomke:* Die Stellung Johann Jacob Grassers im Umkreis der oberrheinischen und schweizerischen Literatur. In: Schweizerisch-deutsche Beziehungen im konfessionellen Zeitalter. Beiträge zur Kulturgeschichte 1580–1650. Hg. v. *Martin Bircher* [u. a.]. Wiesbaden 1984, 119–134.

[10] *McKenzie*, A Catalog [s. Anm. 8], 71, Nr. 275. Zu Johann Schröter s. *Josef Benzing:* Die Buchdrucker des 16. und 17. Jahrhunderts im deutschen Sprachgebiet. 2., verb. u. erg. Aufl. Wiesbaden 1982, 44, Nr. 53.

[11] *McKenzie*, A Catalog [s. Anm. 8], 71, Nrn. 277 f. In den Jahren 1644 und wahrscheinlich 1649 erschienen weitere Ausgaben in Basel (74 f., Nrn. 292 u. 296, sowie 216, Nrn. 894 u. 898).

[12] Ebd., 72–82, Nrn. 279–344.

[13] *Sträter*, Sonthom [s. Anm. 9], 76–81; *Welti*, Der Basler Buchdruck und Britannien [s. Anm. 2], 258–260; *Martin Schmidt:* Eigenart und Bedeutung der Eschatologie im englischen Puritanismus (Arthur Dent, Lewis Bayly, John Bunyan). In: ThViat 4, 1952, 205–266, hier 224–251; *August Lang:* Puritanismus und Pietismus. Studien zu ihrer Entwicklung von M. Butzer bis zum Methodismus. [Neukirchen-Vluyn 1941]. ND Darmstadt 1972, 186–203.

Werke zu kombinieren.[14] Hall gibt eine genaue Anleitung zur Meditation als geistlicher Übung, die den christlichen Lebenswandel anregen und festigen sollte.[15] Im Schatten von Baylys *Praxis Pietatis* hat Halls Werk einen grandiosen Triumphzug gefunden.[16]

Als drittes ist Daniel Dykes *Nosce Teipsum* zu erwähnen, von dem in Basel 1638 eine Ausgabe bei Georg Decker erschien, allerdings war es der erste Nachdruck der Frankfurter Ausgabe von 1636,[17] der zahlreiche weitere Auflagen folgen sollten.[18] Die Schrift leitet zur Selbstanalyse des Gläubigen an, der mit unerbittlicher Schärfe an den entsprechenden Kennzeichen seinen Gnadenstand überprüft.[19] Auch Dykes Abhandlung zur Buße aus dem Jahr 1616 mit der Überschrift *A Treatise of Repentance* war 1637 in deutscher Übersetzung zuerst in Frankfurt erschienen und wurde dann umgehend 1638 in Basel nachgedruckt.[20] In den folgenden Ausgaben kam die *Betrachtung und Beschreibung der Wahren Busse* meistens zusammen mit der Schrift *Nosce Teipsum* heraus.[21]

Schließlich erschien Thomas Taylors *A Man in Christ; or, A New Creature* (1628) in Übersetzung und umfangreicher Bearbeitung von Wolgang Mayer 1649 bei Georg Decker mit dem Titel *Die geistliche Bad-Cur, oder Tractat von der Wiedergeburt.*[22] Taylor beschreibt ausführlich den Zustand und den Weg der Gläubigen in Christus als neue Schöpfung.

Von den genannten Autoren wurde jeweils ein oder zwei Werke übersetzt, die dann mit Ausnahme von Taylors Abhandlung zahlreiche Auflagen erlangten. Zeitlich gehen diesen mehrere Schriften von William Perkins voraus, die in Basel während einer kurzen Zeitspanne nachgedruckt, übersetzt oder verlegt wurden. Diesem Ensemble wenden wir uns im zweiten Schritt zu.

14 *McKenzie*, A Catalog [s. Anm. 8], 213 f., Nrn. 883 f.; *Sträter*, Sonthom [s. Anm. 9], 83–85.

15 *Sträter*, Sonthom [s. Anm. 9], 85–90.

16 *McKenzie*, A Catalog [s. Anm. 8], 214–225, Nrn. 885–944.

17 Ebd., 168 f., Nrn. 698 f.; *Sträter*, Sonthom [s. Anm. 9], 102 f. Das englische Original mit dem Titel *The Mystery of Self-Deceiving* war 1614 in London erschienen. Georg Decker hatte die Witwe von Johann Schröter geheiratet und dessen Druckerei übernommen, s. *Benzing*, Buchdrucker [s. Anm. 10], 45, Nr. 58, vgl. 44, Nr. 53.

18 *McKenzie*, A Catalog [s. Anm. 8], 169–173, Nrn. 700–716.

19 *Sträter*, Sonthom [s. Anm. 9], 105–111.

20 *McKenzie*, A Catalog [s. Anm. 8], 174, Nrn. 719 f.

21 Ebd., 174–177, Nrn. 721–732 u. 734–736.

22 Ebd., 397 u. 399, Nr. 1635, ohne Hinweis auf die Universitätsbibliothek Basel, wo die Schrift in mehreren Exemplaren vorhanden ist. *McKenzie*, ebd., 397, Nr. 1634, nennt außerdem eine Ausgabe von 1648, verweist dazu allerdings auf einen Katalog aus dem Jahr 1702, ohne ein Exemplar nachzuweisen. Zur Schrift s. *Martin Schmidt:* Die „Geistliche Bad-Cur" Wolgang Mayers in Basel (1649) und ihr literarisches Vorbild. Thomas Taylors Traktat „A Man in Christ or a new Creature" (vor 1629). In: *Ders.:* Wiedergeburt und neuer Mensch. Gesammelte Studien zur Geschichte des Pietismus. Witten 1969, 24–50.

3. Das Basler Ensemble mit Schriften von William Perkins

Schon im letzten Jahrzehnt des 16. Jahrhunderts kamen zwei lateinische Werke von William Perkins in Basel bei Konrad Waldkirch im Nachdruck heraus.[23] Die *Armilla aurea* (1590) erschien in Auflagen aus den Jahren 1594, 1596 und 1599. Perkins zeigt darin die Lehre von Gott und seinen Werken in ihrer Auswirkung auf den Menschen auf. Die Schrift *De praedestinationis modo et ordine* (1598), in der Perkins die Prädestinationslehre in Anlehnung an Johannes Calvin verteidigt, wurde in Auflagen von 1599 und 1603 gedruckt.[24] In den Jahren 1602 bis 1610 veröffentlichte Wolgang Mayer acht Schriften von Perkins, vier in lateinischer und vier in deutscher Sprache, die er teilweise selber übersetzt hatte. Zuvor hatte er vier Jahre in Oxford und Cambridge Theologie studiert, wo er Kontakte zu Angehörigen des Hochadels und zu hervorragenden Gelehrten wie Perkins knüpfen konnte. Nach seiner Rückkehr nach Basel 1602 war er Vikar und später Pfarrer zu St. Alban. 1610 wurde er nach dem Tode von Amandus Polanus zum Doktor der Theologie promoviert und 1612 zum Extraordinarius berufen. Als Abgeordneter des Basler Rates nahm er an der Dordrechter Synode teil. 1630 wurde er zum Archidiakon am Münster gewählt, wo er bis zu seinem Tod 1653 wirkte.[25]

Nach seiner Rückkehr aus England veröffentlichte Mayer 1602 einen

---

[23] Zur Biographie von William Perkins s. *Ian Breward:* Introduction. In: The Work of William Perkins. Hg. v. *dems.* Appleford 1970, 1–131, hier 3–13; *Donald K. McKim:* Ramism in William Perkins' Theology. New York [u. a.] 1987, 5–8; *Martin Sallmann:* William Perkins. Puritaner zwischen Calvinismus und Pietismus. In: Theologen des 17. und 18. Jahrhunderts. Konfessionelles Zeitalter – Pietismus – Aufklärung. Hg. v. *Peter Walter* [u. a.]. Darmstadt 2003, 88–105.

[24] *William Perkins:* Armilla Avrea: Sive Theologiae Descriptio; Mirandam Seriem causarum Salutis & Damnationis Hominum, iuxta Verbum Die, exponens [. . .]. Basel: Konrad Waldkirch 1594; *ders.:* De Praedestinationis Modo Et Ordine: Et De Amplitvdine Gratiae Divinae Christianae & perspicua disceptatio [. . .]. Basel: Konrad Waldkirch 1599; A Short-title Catalogue of Books printed in England, Scotland, and Ireland an of English books printed abroad 1475–1640, first compiled by *A. W. Pollard* and *G. R. Redgrave*. 2nd ed., rev. and enlarged, begun by *W. A. Jackson* and *F.S. Ferguson*, compl. by *Katharine F. Pantzer*. Vol. 1–2, London 1976–1986, Nrn. 19655 u. 19682 (im Folgenden STC). Vgl. dazu *Welti*, Der Basler Buchdruck und Britannien [s. Anm. 2], 249 Anm. 14 u. 16, sowie *Sträter*, Sonthom [s. Anm. 9], 7 Anm. 14. Die Ausgabe der *Armilla aurea* von 1594 (Exemplar vorhanden an der Universitätsbibliothek Tübingen Sig. 1 G 1800; F-3493–3494) ist weder bei Welti noch bei Sträter verzeichnet. Vgl. aber den Verweis bei *Benzing*, Antonius [s. Anm. 6], 82, Nr. 38. *Frank Hieronymus:* Sprache und Übersetzung im Basler Buchdruck bis zum Dreißigjährigen Krieg. Basel 2003, 22 f. nennt mehrere Titel von Perkins' Werken, die in Basel übersetzt oder gedruckt wurden.

[25] *Theodor Zwinger:* Christliche Leich-predigt/ Von dem Ampt vn[d] gnadenreichen Belohnung frommer vnd getrewer Dieneren an dem heiligen Wort Gottes. [. . .] Basel: Johann Jakob Genath [1653], 35–41; *Samuel Kessler:* Delineatio vitae et mortis [. . .] Wolgangi Meyeri [. . .]. Basel: Georg Decker, 1655; *Rudolf Thommen:* Geschichte der Universität Basel 1532–1632. Basel 1889, 139 f.; *Gauss*, Basilea Reformata [s. Anm. 9], 113; Basilea reformata 2002 [s. Anm. 9], 245; *Andreas Staehelin:* Geschichte der Universität Basel 1632–1818. Bd. 1. Basel 1957, 79 u. 248.

Nachdruck der *Prophetica sive de sacra et unica concionandi ratione tractatus*, in der Perkins seine methodischen und hermeneutischen Grundlagen für die Homiletik dargelegt hatte.[26] Perkins förderte einen einfachen, klaren Predigtstil (*plain style*), der nach dem Schema „Lehre" und „Nutzen" (*doctrina* und *usus*) aus dem Wort Gottes die solide Lehre ermittelt, woraus dann ungezwungen die Anwendung für das alltägliche Leben folgen sollte. Schon 1603 kam bei Ludwig König die lateinische Übersetzung von *A discourse of conscience* (1596) unter dem Titel *Anatomia sacra humanae conscientiae* heraus.[27] Perkins beschreibt darin Wesen und Funktion des Gewissens, das sich mit seiner göttlichen Natur zwischen Gott und Mensch befindet und als richterliche Instanz für oder gegen den Menschen urteilt. Später folgte dann die lateinische Übersetzung von *The whole treatise of the cases of conscience* (postum 1606).[28] Das Werk behandelt die christliche Lebensführung in den drei Relationen des Menschen zu sich selbst, zu Gott und zu den Nächsten. Ohne die exklusive Wirkung von Gottes Gnadenwahl zu unterlaufen, macht es an zahlreichen konkreten Fällen anschaulich, wie ein christlicher Lebenswandel sich formieren und ausgestalten sollte.

Das gleiche theologische Problem beschäftigte Perkins in *A treatise of Gods free grace, and mans free will* (1602), das Mayer in lateinischer Übersetzung 1610 nicht in Basel, sondern in Oppenheim bei Hieronymus Galler herausbrachte.[29] In der von Mayer übersetzten Schrift zur Willens-

---

[26] *William Perkins:* Prophetica Sive De Sacra Et Vnica Concionandi Ratione Tractatus [...]. Basel: Konrad Waldkirch, 1602. Die *Prophetica* erschienen erstmals in Cambridge 1592, in englischer Übersetzung 1606 mit dem Titel *The arte of prophecying: or a treatise of preaching*, s. STC 19735 u. 19735.4. *Welti*, Der Basler Buchdruck und Britannien [s. Anm. 2], 260, weist für die Basler Ausgabe Mayers kein Exemplar aus, weshalb ihm Konrad Waldkirch als Verleger unbekannt bleibt (Exemplar vorhanden an der Herzog August Bibliothek Wolfenbüttel, Sig. A: 698.2 Theol. [3]). Zu Konrad Waldkirch s. *Benzing*, Buchdrucker [s. Anm. 10], 44, Nr. 51.

[27] *William Perkins:* Anatomia Sacra Hvmanae Conscientiae [...]. Basel: Ludwig König, 1603. STC 19696. Für *Welti*, Der Basler Buchdruck und Britannien [s. Anm. 2], 251 Anm. 22, sind Ort und Jahr von Mayers Übersetzung ungewiß, der Verleger bleibt ihm unbekannt (Exemplar vorhanden an der Universitätsbibliothek Tübingen Sig. 1 G 1800; F-3494–3496).

[28] *William Perkins:* Aureae Casuum Conscientiae Decisiones [...]. 3 Vol. Basel: Konrad Waldkirch u. Johann Jakob Genath, 1608–1609. STC 19669, vgl. 19668. Das erste der drei Bücher erschien 1608 bei Waldkirch, das zweite 1609 bei Genath, das dritte wieder bei Waldkirch 1609. Zu Johann Jakob Genath s. *Benzing*, Buchdrucker [s. Anm. 10], 44 f., Nr. 56. Im Jahr 1640 erschien in Basel bei Genath eine deutsche Übersetzung von Heinrich Sprüngli, der allerdings eine lateinische Fassung von Thomas Drax als Vorlage benutzt hatte, *McKenzie*, A Catalog [s. Anm. 8], 336, Nr. 1398.

[29] *William Perkins:* De Libera Dei Gratia & Libero Hominis Arbitrio [...] Tractatio. Oppenheim: Hieronymus Galler u. Levinus Hulsius, 1610. STC 19750. *Benzing*, de Bry [s. Anm. 5], 597, Nr. 11. Hieronymus Galler stammte aus Basel und war im Jahr 1600 Bürger der Stadt Frankfurt am Main geworden. Im Herbst 1609 übersiedelte er nach Oppenheim, nachdem Johann Theodor de Bry, Nachfahre eines Lütticher Glaubensflüchtlings und Buchverlegers in Frankfurt, wegen der Ausübung seiner religiösen Überzeugungen in calvinistischer Tradition

freiheit untersucht Perkins den menschlichen Willen in den vier Ständen der Unschuld vor dem Fall, des Verderbens nach dem Fall, der Wiedergeburt nach der Bekehrung und der Vollendung nach dem irdischen Leben. Im Stand der Wiedergeburt ist die Freiheit der Gnade, nämlich zu wollen, was Gott gefällt, wieder hergestellt, doch ist diese mit der Freiheit zur Sünde vermischt, so dass der Mensch bald das Gute, bald das Böse und manchmal beides will. In einer guten Tat wirken Gottes Gnade als erste Ursache und der erneuerte menschliche Wille als Instrument Gottes zusammen.[30]

Überschaut man die vier lateinischen Schriften, so ergibt sich ein Grundzug, nämlich das Ringen um die rechte christliche Lebensführung. In der Predigt folgt aus der recht hergeleiteten Lehre der rechte Lebenswandel. Das Gewissen ist göttliche Instanz im Menschen, das Glauben und Leben prüft und beurteilt. Der erneuerte Mensch dient Gott als Instrument zu guten Werken.

Das gleiche Anliegen durchzieht auch die deutschen Übersetzungen. 1605 erschien die Übersetzung von *A salue for a sicke man, or, the right manner of dying well* (1595) unter dem Titel *ΕΥΘΑΝΑΣΙΑ: Die recht Edle Kunst wol zu Sterben.*[31] Wolgangs Vater Jakob Mayer hatte die Übertragung besorgt, die der Sohn nach dem Tod des Vaters veröffentlichte.[32] Die rechte Vorbereitung auf den Tod geschieht durch rechtes Leben. Wenn der Mensch leben wolle, müssten seine Sünden sterben, wenn er

---

Wohnsitz in der ungefähr 35 Kilometer entfernten kleinen Stadt am linken Ufer des Oberrheins genommen hatte. Im Frühjahr folgte dann auch Maria Hulsius, Witwe des Levinus Hulsius, mit dem Verlagsunternehmen, das ihr Mann hinterlassen hatte. In den Jahren 1610 bis 1620 druckte Galler für die beiden Verlage de Bry und Hulsius sowie für andere Verlage und brachte auch zahlreiche Drucke auf eigene Rechnung heraus. Vor allem Maria Hulsius hatte mehrere englische Theologen im Verlagsprogramm, die auch Galler in eigener Regie herausbrachte. Im Jahr 1616 kam Matthäus Merian aus Basel nach Oppenheim, arbeitete als Kupferstecher für de Bry und erhielt schon zu Beginn des Jahres 1617 dessen älteste Tochter zur Ehefrau. De Bry, der Kupferdruckerei und Buchhandlung in Frankfurt belassen hatte, ging 1619 wieder nach Frankfurt. Möglicherweise hatte Maria Hulsius dasselbe schon 1618 getan. Galler blieb zurück. Sein florierendes Unternehmen kam allerdings zum Erliegen, wobei die Gründe dafür im Dunkeln bleiben. 1620 nahmen spanische Truppen das Städtchen ein, das im folgenden Jahr einem Brand zum Opfer fiel. S. *Benzing*, ebd., 589–594 sowie 594–642 eine Liste der Oppenheimer Drucke 1610–1620 mit Titelregister.

[30] Um der Vollständigkeit willen ist auch die Schrift *A warning against the idolatrie of the last times* (1601; STC 19763.5) zu nennen, die Mayer übersetzte und unter dem Titel *De idololatria postremi huius temporis* im Jahr 1616 wiederum bei Hieronymus Galler in Oppenheim herausgab. *Benzing*, de Bry [s. Anm. 5], 603 f., Nr. 44.

[31] *William Perkins*: ΕΥΘΑΝΑΣΙΑ: Die recht Edle Kunst wol zu Sterben [. . .]. Basel: Ludwig König, 1605. *McKenzie*, A Catalog [s. Anm. 8], 334, Nr. 1390. STC 19742. Die Schrift wurde bei König verlegt und bei Johann Schröter gedruckt, s. *Perkins*, ΕΥΘΑΝΑΣΙΑ, fol. o iij^v. Die Druckerei Schröters übernahm oft Aufträge des Verlegers König, s. *Benzing*, Buchdrucker [s. Anm. 10], 44, Nr. 53.

[32] *Perkins*, ΕΥΘΑΝΑΣΙΑ [s. Anm. 31], fol. (:)(:) iij^v–v^r (Vorwort von Wolgang Mayer).

den Tod des Gerechten sterben wolle, müsse er das Leben des Gerechten leben.[33] Das Pendant zu dieser Schrift, *How to live, and that well* (1601), hat Mayer unter dem Titel *Rechte Edle Kunst wol vnd Christlich zuleben* übersetzt und im Jahr 1610 wiederum bei Hieronymus Galler in Oppenheim herausgebracht.[34] Der Zusammenhang zur vorhergehenden Abhandlung ist deutlich: Das christliche Leben sei der einzige Weg zum seligen Sterben, schreibt Mayer in der Widmung, und in Perkins' Vorrede an den Leser heißt es, wer durch den Glauben nach dem Tod leben wolle, der müsse vor dem Tod im gleichen Glauben leben.[35]

Unter dem Titel *Catechismus* veröffentlichte Mayer 1606 aus verschiedenen Werken von Perkins einen Katechismus mit den klassischen Stücken Zehn Gebote, Vaterunser, Glaubensbekenntnis und Sakramente.[36] Dieser Sammlung stellte er seine deutsche Übersetzung von Perkins *The foundation of christian religion* voraus unter dem Titel *Catechismvs Das ist/ Die Summa der gantzen Christlichen Religion/ in sechs Fundament oder Gru[e]nd zusammen gefaßt.*[37] Die Anordnung der sechs Grundsätze orientiert sich an der Darstellung und Aneignung des Heilsgeschehens in Jesus Christus. Dem Anfang mit dem gerechten und heiligen Gott folgt die Ausführung zum sündhaften Menschen, an welche die Darstellung der Erlösung durch Wesen und Wirken Jesu Christi anschließt. Der ausführlichste Abschnitt beschreibt dann präzis, wie das Heilswerk Christi im Menschen durch Glaube und Buße zur Wirkung kommt. Durchgehend wird der Mensch als Realisierungsgrund von Heil und Unheil hervorgehoben. Herz und Gewissen erhalten eine zentrale Funktion, weil sie die Instanzen der Wahrnehmung und Vergewisserung des Heils sind. Damit hängt schließlich zusammen, dass im sechsten Abschnitt Tod und Gericht

---

33 *Perkins*, ΕΥΘΑΝΑΣΙΑ [s. Anm. 31], 102.

34 *William Perkins*: Rechte Edle Kunst wol vnd Christlich zuleben [...]. Oppenheim: Hieronymus Galler, 1610. *McKenzie*, A Catalog [s. Anm. 8], 328, Nr. 1366. STC 19728.

35 *Perkins*, Kunst zu leben [s. Anm. 34], fol. A iii^{r} u. fol. A iv^{v}.

36 *William Perkins:* Catechismvs [...]. Basel: Jakob Treu, 1606. *McKenzie*, A Catalog [s. Anm. 8], 330 f., Nr. 1375. Es handelt sich um deutsche Übersetzungen der Schriften *The foundation of christian religion* (1590), die Kapitel zu den Zehn Geboten aus *A golden chaine* (1591), *An exposition of the Lords prayer* (1592), *An exposition of the symbole* (1592 oder 1595) sowie ein nicht identifiziertes Werk zu den Sakramenten Taufe und Abendmahl, s. STC 19709, 19657, 19700, 19703. Obwohl Mayer in der Vorrede an die Leserschaft die Übersetzung zu den Sakramenten aus englischen Originalen für sich beansprucht, s. *Perkins*, ebd., fol.):():(iiij^{v}, dürfte sie von Johann Heupel stammen, worauf *McKenzie*, A Catalog [s. Anm. 8], 329, Nr. 1369, u. 330 f., Nr. 1375, hinweist. Zu Jakob Treu s. *Benzing*, Buchdrucker [s. Anm. 10], 44, Nr. 55.

37 *Perkins*, Catechismvs [s. Anm. 36], 1. *McKenzie*, A Catalog [s. Anm. 8], 326 f., Nrn. 1357–1359, vgl. 330 f., Nrn. 1375–1377. Vielleicht schon 1606, sicher aber 1607 erschien auch bei Wilhelm Antonius in Hanau eine Ausgabe des Sammelbandes, die möglicherweise die gleichen Stücke enthielt. Leider läßt sich kein Exemplar aus dem Jahr 1606 nachweisen (331, Nr. 1376); die Ausgabe von 1607 (331, Nr. 1377) enthält aber lediglich die Stücke zu Glaubensbekenntnis, Sakramenten, Zehn Geboten und Herrengebet; vgl. *Benzing*, Antonius [s. Anm. 6], 84, Nr. 46.

thematisiert werden, denn sie verweisen letztlich den Gläubigen zurück in das Leben, wo durch Glaube und Wandel die Entscheidungen für Tod und Gericht vorweggenommen werden.[38]

Schließlich publizierte Mayer 1608 eine Übersetzung von *Consolations for the Troubled Consciences of Weake Christians* unter dem Titel *Ein Trostreiches Gespra[e]ch [. . .] Allen Zu viel erschreckten/ vnnb zweiffelhafftigen Gewissen/ gantz nutzlich zu la[e]sen.*[39] Im Gespräch mit einer angefochtenen Gläubigen zeigt der Prediger theologische Argumente und praktische Hinweise auf, wie sich die Seele ihres Gnadenstandes vergewissern kann.[40]

Im Überblick über die deutschen Übersetzungen zeigt sich die Korrespondenz mit den lateinischen Publikationen. Im Sammelband mit den klassischen Stücken des Katechismus stellte Mayer die notwendige Lehre bereit, die dann Aneignung und Umsetzung des Heils im Lebenswandel ermöglichen sollte. Die zwei Schriften zur *ars moriendi* und zur *ars bene vivendi* verweisen die Gläubigen auf das Leben, in dem sich das Heilswerk Gottes realisiert. Schließlich werden die Zweifelnden in der Vergewisserung ihres Gnadenstandes angeleitet.

---

[38] *Perkins*, Catechismvs [s. Anm. 36], 1–38.

[39] *William Perkins:* Ein Trostreiches Gespra[e]ch [. . .] Allen Zu viel erschreckten/ vnnb zweiffelhafftigen Gewissen/ gantz nutzlich zu la[e]sen [. . .]. Basel: Johann Schröter u. Konrad Foillet, 1608. Die Übersetzung wurde von Konrad Foillet verlegt und bei Johann Schröter in Basel gedruckt. Zu Foillet s. *Benzing*, Buchdrucker [s. Anm. 10], 43, Nr. 49, u. 330 f., Nrn. 1 f., allerdings fehlt ein Eintrag zu Konrad Foillet. Die englische Schrift stammt aus der Publikation *A treatise tending vnto a declaration whether a man be in the estate of damnation or in the estate of grace* (1588 oder 1590), s. STC 19752. Weder *Welti*, Der Basler Buchdruck und Britannien [s. Anm. 2], 261 Anm. 51, noch *McKenzie*, A Catalog [s. Anm. 8], 322, Nr. 1337, konnten ein Exemplar der Übersetzung nachweisen (Exemplar vorhanden an der Staats- und Universitätsbibliothek Dresden unter der Signatur Theol. ev. dogm. 547).

[40] Wolgang Mayer hat neben Perkins weitere Werke englischer Autoren übersetzt und veröffentlicht: *John Napier:* Außlegung der Offenbarung Johannis [. . .]. Frankfurt/Main 1615, eine Übersetzung von *Plaine Discoverie of the Whole Revelation of St John* (1593, ^{2}1611); zu John Napier s. *N. R. Needham:* Art. „John Napier". In: Dictionary of Scottish Church History and Theology. Hg. v. *Nigel M. de S. Cameron* [u. a.]. Edinburgh 1993, 618 f. *William Prynne:* Fvlcimentvm Gladii Christianorum Regum, Principum & Magistratuum [. . .]. O. O. 1649; zu William Prynne s. *William Lamont:* Puritanism and historical controversy. London 1996, 15–25. *Jakob I. von England*: Ein Trewhertzige Ermahnung/ deß Durchleuchtigsten/ vnd Großma[e]chtigsten Ko[e]nigs in groß Britannien Iacobi deß Ersten: [. . .]. O. O. 1609; *McKenzie*, A Catalog [s. Anm. 8], 268, Nr. 1120, vgl. 266, Nr. 1113, die Übersetzung bezieht sich auf König Jakobs I. von England *Triplici nodo, triplex cuneus. Or an Apologie for the Oath of Allegiance*, s. dazu *King James VI and I*: Political Writings. Hg. v. *Johann P. Sommerville.* Cambridge 1994, xx–xxii u. 85–131.

4. *Die Rolle der Schriften von Perkins in Basel*

Das markante Aufkommen theologischer Literatur aus der Feder englischer Autoren in Basel wurde auf die Interessen der lokalen Käuferschicht sowie auf die persönliche Initiative von Wolgang Mayer zurückgeführt.[41] Zu Recht wurde dieser Auffassung entgegengehalten, dass der Erfolg von Perkins' Schriften im deutschen Sprachgebiet keineswegs auf Basel beschränkt gewesen sei.[42] Die Verlagsprogramme von Johann Theodor de Bry, Levinus Hulsius und Hieronymus Galler in Oppenheim sowie von Wilhelm Antonius in Hanau zeigen gewichtige Aktivitäten in der Vermittlung englischer Literatur im allgemeinen und der Werke von Perkins im speziellen.[43] Der Initiative von Mayer, der über die persönlichen Kontakte nach England und die notwendigen sprachlichen Instrumente verfügte, sowie den regionalen und überregionalen Interessen der Verlage sind für Basel sicherlich drei weitere Elemente hinzuzufügen:

Zum einen ist das Wohlwollen von kirchlicher und weltlicher Obrigkeit zu nennen, das Mayers Tätigkeit als Herausgeber und Übersetzer offenbar begleitete. Diese Gunst spiegelt sich in den Veröffentlichungen: Die ΕΥΘΑΝΑΣΙΑ ist dem Antistes der Basler Kirche, Johann Jakob Grynaeus, gewidmet, der im Anhang zudem die Leichenpredigt für den verstorbenen Vater Mayers beigesteuert hat.[44] Die Sammlung von Perkins' Schriften im *Catechismus* ist der weltlichen Obrigkeit zugeeignet.[45] Der Umstand seiner Berufung zum Extraordinarius lässt darauf schließen, daß Mayers theologisches Engagement in der Stadt von den maßgeblichen Kräften gewürdigt wurde.

Zum anderen gilt es zu berücksichtigen, dass die Basler Kirche im letzten Jahrzehnt des 16. Jahrhunderts endgültig den Anschluss vollzog an die reformierte Orthodoxie in Lehre, Ordnung und Gottesdienst.[46] Johann Jakob Grynaeus und sein Schwiegersohn Amandus Polanus waren die wichtigsten Vertreter einer calvinistisch ausgerichteten Theologie, die schließlich die calvinistische Prädestinationslehre in Basel durchsetzten.[47] In diesem Engagement fanden sie sich durch die theologische

---

[41] *Welti*, Der Basler Buchdruck und Britannien [s. Anm. 2], 9 f. u. 248.

[42] *Sträter*, Sonthom [s. Anm. 9], 6.

[43] *Benzing*, de Bry [s. Anm. 5], 589–642; *Benzing*, Antonius [s. Anm. 6], 68–89.

[44] *Perkins*, ΕΥΘΑΝΑΣΙΑ [s. Anm. 31], fol. (:) ij^{r} u. fol. Mj^{r}–Nvij^{r}, vgl. dazu fol. (:)(:) v^{r-v}.

[45] *Perkins*, Catechismvs [s. Anm. 36], fol.):(ij^{r}.

[46] Diese Entwicklung war begleitet von einer verstärkten politischen und wirtschaftlichen Hinwendung zur Eidgenossenschaft, s. *Kaspar von Greyerz:* Basels kirchliche und konfessionelle Beziehungen zum Oberrhein im späten 16. und frühen 17. Jahrhundert. In: Schweizerisch-deutsche Beziehungen im konfessionellen Zeitalter. Beiträge zur Kulturgeschichte 1580–1650. Hg. v. *Martin Bircher* [u. a.]. Wiesbaden 1984, 227–252.

[47] *Max Geiger:* Die Basler Kirche und Theologie im Zeitalter der Hochorthodoxie. Zollikon-Zürich 1952, 40–48. Zu Johann Jakob Grynaeus s. *Andreas Urs Sommer:* Art. „Johann Jakob

Ausrichtung von Perkins bestätigt. Basel ist damit Teil der übergreifenden Entwicklung, in welcher der Calvinismus den Zwinglianismus überflügelte, was auch in Zürich und Bern jeweils in unterschiedlicher Weise beobachtet werden kann.[48]

Zum dritten ist diese theologische Konsolidierung begleitet vom Bestreben, die religiöse Praxis zu stimulieren und zu festigen. Immer wieder wird der Misserfolg der Predigttätigkeit beklagt, und obrigkeitliche Mandate suchen zunehmend das Leben zu normieren. In den Basler Predigten lässt sich zeigen, dass Lehre und Leben deutlich verbunden sind.[49] Polanus hat die Theologie als praktische Wissenschaft definiert, die nicht allein auf die Erkenntnis, sondern das Handeln ziele.[50] Diese praktische Ausrichtung bestätigt Perkins, wenn er Theologie definiert als *„The science of liuing blessedly for euer.“*[51] Sowohl Perkins als auch Polanus waren in der Orientierung an der Praxis – wenn auch in unterschiedlichem Masse – von ramistischen Einflüssen geprägt.[52]

5. Fazit

Sowohl Rudolf Dellsperger als auch Udo Sträter haben darauf hingewiesen, dass die Rolle der englischen Erbauungsbücher in der reformierten Schweiz noch keineswegs geklärt sei.[53] Für Basel kann dazu zusammenfassend *ein* wesentlicher Hinweis gegeben werden. Das Ensemble der Werke von Perkins deckte ein doppeltes Bedürfnis der Basler Kirche: Zum einen unterstützte es die theologische Konsolidierung des Calvinismus, und zum anderen förderte es die Ausrichtung auf die religiöse Pra-

---

Grynaeus“. In: RGG[4] 3, 2000, 1319; *Fritz Buri:* Johann Jakob Grynaeus. In: Der Reformation verpflichtet. Gestalten und Gestalter in Stadt und Landschaft Basel aus fünf Jahrhunderten. Hg. v. Kirchenrat der Ev.-ref. Kirche Basel-Stadt. Basel 1979, 55–58. Zu Amandus Polanus s. *Ernst Staehelin:* Amandus Polanus von Polansdorf. Basel 1955.

48 *Martin Sallmann:* Art. „Zwinglianismus“. In: Lexikon der Kirchengeschichte. Redaktion *Bruno Steimer.* Bd. 2. Freiburg/Br. [u. a.] 2001, 1779–1784.

49 *Martin Sallmann:* Predigten in Basel 1580 bis 1650. Städtische Gesellschaft und reformierte Konfessionskultur. Basel 2003 [Manuskript der Habilitationsschrift].

50 *Amandus Polanus:* Syntagma Theologiae Christianae. 2 Bde. Hanau 1609–1610, 836.

51 *William Perkins:* The Workes of that Famovs and Worthy Minister of Christ in the Vniuersitie of Cambridge, Mr. William Perkins. Vol. 1–3. London: John Legatt u. John Haviland, 1626–1631, I 11a.

52 *McKim,* Ramism in William Perkins' Theology [s. Anm. 23], 119–133; *Heiner Faulenbach:* Die Struktur der Theologie des Amandus Polanus von Polansdorf. Diss. theol. Basel. Zürich 1967, 18–45 u. 63 f.; *Robert Letham:* Amandus Polanus: A Neglected Theologian? In: SCJ 21, 1990, 463–476; *Wolfgang Rother:* Ramus and Ramism in Switzerland. In: The Influence of Petrus Ramus. Studies in Sixteenth and Seventeenth Century Philosophy and Sciences. Hg. v. *Mordechai Feingold* [u. a.]. Basel 2001, 9–37, hier 28 f.

53 *Rudolf Dellsperger:* Die Anfänge des Pietismus in Bern. Quellenstudien. Göttingen 1984, 36 Anm. 18 u. *Sträter,* Sonthom [s. Anm. 9], 1 f.

xis. Damit bereitete es zugleich den Erbauungsbüchern von Bayly, Hall und Dyke die Bahn, welche die Schriften von Perkins schon bald in immer wieder neuen Auflagen überflügeln sollten.

Johannes Wallmann

Noch eine wissenschaftliche Edition der *Pia Desideria*

„Anläßlich des 300. Todestages von Philipp Jakob Spener am 5. Februar 2005 wird seine berühmte Reformschrift ‚Pia desideria' in einer Sonderausgabe vorgelegt, die der Studienausgabe der Werke Philipp Jakob Speners entnommen ist. Damit soll dieser zentrale Text des lutherischen Pietismus für die Benutzung in Forschung und Lehre leichter zugänglich gemacht werden." Mit diesen Worten beginnt die *Editorische Vorbemerkung* von Beate Köster zu einer neuen Edition der *Pia Desideria*[1]. Dass diese Sonderausgabe aus der Studienausgabe auf dem Titelblatt ebenfalls als Studienausgabe ausgegeben wird, ist terminologisch einigermaßen verwirrend. Im Folgenden wird sie von mir als Sonderausgabe bezeichnet, während der Ausdruck Studienausgabe allein der Alandschen Ausgabe von 1996, aus der diese Edition entnommen sein soll, vorbehalten ist.

Damit schließe ich mich dem Sprachgebrauch der vorliegenden Ausgabe an, die sich außer auf dem Titelblatt „Sonderausgabe" nennt. So enthält sie auf den Seiten XXI–XXIV einen „Seiten-Schlüssel zur Ausgabe der Pia Desideria in den ‚Kleinen Texten', der Studienausgabe und der Sonderausgabe". Das heißt, dieser Seitenschlüssel öffnet den Zugang zu den beiden Ausgaben von Aland, derjenigen, die er in der Reihe „Kleine Texte für Vorlesungen und Übungen" vorlegte, die 1940 erstmals erschien und seitdem mehrmals neu aufgelegt und noch öfter nachgedruckt wurde und sich im Gebrauch der Theologischen Fakultäten in Proseminaren und Seminaren und in der Pietismusforschung fest eingebürgert hat, und derjenigen, die Aland 1996 kurz vor seinem Tod in Band I einer Studienausgabe der Werke Speners völlig neu herausbrachte. Der Seitenschlüssel unterscheidet diese drei Editionen zugleich von den beiden von Erich Beyreuther besorgten Editionen der *Pia Desideria*,

[1] *Philipp Jakob Spener*: Pia Desideria. Deutsch-lateinische Studienausgabe. Hg. v. *Beate Köster* (mit folgenden Angaben auf der Rückseite des Titelblatts: Spener Sonderausgabe. Aus: Die Werke Philipp Jakob Speners, Studienausgabe. In Verb. mit *Beate Köster* hg. v. *Kurt Aland* (†). Bd. I: Die Grundschriften. Tl. 1. Gießen 1996, 85–257) Gießen: Brunnen Verlag 2005. – XXIV, 188 S.

von der in neuer Bearbeitung für einen breiteren Leserkreis bestimmten Ausgabe von 1975, die in fünfter Auflage 1995 im Brunnenverlag erschien, und von der eher für den wissenschaftlichen Gebrauch bestimmten Reprintausgabe der *Pia Desideria 1680*, die in Band I der Schriften Speners 1979 im Olmsverlag erschien und auf die gelegentlich in der Sonderausgabe verwiesen wird (XII).

Die von Aland besorgte Studienausgabe habe ich an anderer Stelle bereits ausführlich besprochen (*Eine Neuedition der Pia Desideria.* In: Theologische Rundschau 62, 1997, 208–231). Es müsste deshalb überflüssig sein, dieser Sonderausgabe eine neuerliche Rezension zu widmen und das früher Gesagte noch einmal zu wiederholen. Doch es ist keineswegs überflüssig, denn der Begriff Sonderausgabe ist irreführend und unzutreffend. Tatsächlich handelt es sich um eine eigenständige dritte wissenschaftliche Edition, die mit der Edition in der Studienausgabe weder im Umfang der Quelle noch in der Textgestalt und auch nicht in den Editionsprinzipien identisch ist. Mit der Bezeichnung Sonderausgabe wird der Anschein geweckt, es handele sich um einen Separatdruck der Alandschen Edition. Das ist ein Etikettenschwindel, der bei einer wissenschaftlichen Edition nicht durchgehen kann. Nach den strengen, von Aland aufgestellten Grundsätzen müsste durch diese dritte Edition, weil sie eine neue, eigene Edition ist, die vorangehende in der Studienausgabe als überholt gelten und aus dem Gebrauch in Forschung und Lehre gezogen werden.

Auf die nicht auf den ersten Blick erkennbare Eigenständigkeit dieser Edition muss angesichts der Bedeutung des edierten Textes aufmerksam gemacht werden. Deshalb werden die Unterschiede zwischen der von Kurt Aland 1996 herausgebrachten Studienausgabe und der von Beate Köster besorgten Sonderausgabe im Folgenden herausgestellt.

Aland hatte seine Edition in der Studienausgabe mit einer ausführlichen „Einführung“ begonnen, in der er, wie bei wissenschaftlichen Editionen üblich, über die zugrunde liegenden Quellen, über die Prinzipien und das methodische Vorgehen seiner Edition Rechenschaft ablegt. „Das gelehrte Beiwerk: die ausführlichen Einführungen bis hin zu den Untersuchungen der Druckgeschichte“, schrieb Aland, „[. . .] gehört nun einmal zu einer Studienausgabe, wie sie schon auf der Titelseite heißt“ (Studienausgabe, XVI). Mit spöttischen Worten äußerte er sich über diejenigen, die solches Beiwerk für überflüssig halten. In der Sonderausgabe wird es aber einfach weggelassen. Die 28 Seiten zählende Einführung ist ersatzlos gestrichen. Dies geschieht, ohne dass es mit einem Wort begründet oder auf die fehlende Einführung verwiesen wird. Übernommen ist daraus nur das von Aland der Gliederung des Textes angefügte Verzeichnis der seiner Edition zugrunde liegenden Drucke und ihrer Sigla (VIII–XII). In seiner Einführung hatte Aland aber auch seine Editionsprinzipien begründet. Das geschah vor allem in der Auseinandersetzung mit mir, wobei am Ende die Literatur der zwischen uns geführten Debatte mit genauen Titeln angegeben wurde. Insbesondere setzte sich Aland auseinander mit meinem Beitrag *Postillenvorrede und Pia Desideria Philipp Jakob Speners. Einige Beobachtungen zu Veranlassung und Druck der Programmschrift des lutherischen Pietismus* aus der Festschrift für Martin Schmidt. Durch den Wegfall der Einführung erfährt der Leser nichts über die Alands Edition vorausgehende Debatte. Der Grund ist offenbar, dass Köster die Einführung Alands wegen der in eine Textedition eigentlich nicht gehörenden Polemik nicht aufnehmen will. Von meinen Einwänden gegen Aland scheint sie überzeugt zu sein, denn sie wiederholt die – von mir bestrittene – Kernbehauptung Alands von der lawinenhaften Wirkung der Herbstausgabe von 1675 nirgendwo und redet stattdessen von den *Pia Desideria* bloß als von dem „zentralen Text des lutherischen Pietismus" (VII).

Der knappen Editorischen Vorbemerkung Kösters folgt ein Verzeichnis „Abgekürzte zitierte Literatur". Da es ein Literaturverzeichnis nicht gibt, findet man hier nur Angaben zu den im kritischen Apparat benutzten, großenteils älteren Textausgaben, die sich der Leser in der Edition der „Kleinen Texte" selbst auflösen musste (und konnte). Die Sonderausgabe streicht einiges aus dem entsprechenden Verzeichnis der Studienausgabe, enthält aber zusätzliche Angaben. So werden bei einigen Werken Speners außer den Originaltiteln zusätzlich die inzwischen erschienenen Reprintausgaben vermerkt Allerdings fehlt ausgerechnet bei den *Theologischen Bedenken* Speners die Angabe des Reprints. Dass an erster Stelle AGP = *Arbeiten zur Geschichte des Pietismus, 1967ff.* angegeben wird und unmittelbar darauf Alands Spener-Studien 1943 als in der Reihe AGP erschienen angegeben werden, wird sich der Leser nur schwer erklären können.

Für die Abkürzung „Arndt, Wahres Christentum" füllt fast eine halbe Seite die genaue Titelangabe der von Spener besorgten Ausgabe der *Vier Bücher vom wahren Christentum* Johann Arndts von 1674. Weshalb? Die Edition gebraucht mehrmals die Abkürzung „W.Christent." (127, 133), die im Verzeichnis gar nicht aufgenommen ist, aber in der Regel nicht die angegebene Abkürzung. Ist einmal in einer Anmerkung abgekürzt vom *Wahren Christentum* die Rede, so ist nicht die Ausgabe 1674, sondern Arndts so betitelte Schrift allgemein gemeint (169, Z. 4f.). Der in der Edition häufig verkürzt vorkommende Begriff *Postille* wird nicht in der Liste abgekürzter Literatur aufgeführt. Offenbar soll der Leser sich in diesem Fall an das vorausgehende Verzeichnis der Drucke halten.

Ein weiterer Zusatz der Sonderausgabe sind genaue bibliographische Angaben der von mir herausgegebenen Bände der Frankfurter Briefe Speners. Also: „Spener, Briefe, I (usw.)" steht abgekürzt für die ersten drei Bände der Briefe Speners aus der Frankfurter Zeit. Das Fehlen der modernen Ausgabe der Spenerbriefe war von mehreren Rezensenten der Studienausgabe vermerkt worden, und Köster will offensichtlich diesem Monendum Rechnung tragen. „Allerdings wurden die Zitate aus Briefen Speners auf die bisher erschienenen Bände der neuen Briefedition von Johannes Wallmann umgestellt, um wenigsten im Bereich der Spener-Ausgaben den aktuellsten Stand zu bieten" (XII). Von Umstellung kann aber keine Rede sein. Die Fundorte aus der neuen Ausgabe werden den dadurch eigentlich überflüssigen Angaben aus den alten Drucken einfach hinzugefügt, entweder vorangestellt (125) oder aber – ein geregeltes Verfahren ist nicht zu erkennen – mit einem Schrägstrich nachgestellt (10). Was sollen die doppelten Verweise auf die alten Drucke des 17. Jahrhunderts und auf die moderne Edition? Soll der Benutzer der Ausgabe noch den Nachweisen der alten Drucke nachgehen?

Kösters Vorbemerkungen erwecken den Anschein, als ob die moderne Edition der Spenerbriefe für die erneute Ausgabe der *Pia Desideria* ausgewertet worden sei. Jene Edition enthält aber neben den Briefen Speners auch die Antwortbriefe, die Spener auf die *Postillenvorrede* bzw. die *Pia Desideria* erhielt. So müsste auch der Nachweis des Briefs von Abraham Calov vom 11. Oktober 1675 aus einer Spenerschrift des Jahres 1696 (143) auf den Band 2 der Frankfurter Briefe (Spener, Briefe, II, Nr. 148) umgestellt werden. Das gleiche gilt 154 f. für die Zuschrift von Johann Olearius auf die Postillenvorrede (Spener, Briefe, II, Nr. 149). Zu der Ausgabe der *Imitatio Christi* des Johann Olearius müsste statt des dürftigen Hinweises, den Köster bietet, auf die erheblich sachhaltigere Erwähnung dieser Ausgabe in einem Spenerbrief an Olearius von 1672 hingewiesen werden (Spener, Briefe I, Nr. 137).

Überhaupt müssten in einer heutigen Edition der *Pia Desideria* an vielen Stellen sehr viel aussagekräftigere Belege aus den inzwischen erschienenen Bänden der Spenerbriefe in den Anmerkungen gebracht werden (z. B. für Balthasar Bebel, Gottlieb Spizel, Elias Veiel u. a.). Der kommentierende Apparat ist in dieser Hinsicht völlig veraltet, er ist nur an wenigen Stellen über den 1940 erreichbaren Forschungsstand hinausgekommen. Da aus Kostengründen möglichst die Edition der Studienausgabe für die Sonderausgabe übernommen werden musste und der Seitenumbruch nicht verändert werden durfte (vgl. II), blieb Köster gar nichts anderes übrig, als möglichst alles zu übernehmen. Mit einem Verweis auf die moderne Briefausgabe wird also nur der Anschein erweckt, die Edition stehe auf dem aktuellen Stand der Forschung. Dass aus Kostengründen das Niveau einer wissenschaftlichen Textedition verlassen werden musste, stimmt überaus bedenklich. Für die Verwendung in der wissenschaftlichen Arbeit wie in kirchenhistorischen Seminaren ist die Edition damit nicht geeignet.

Aus der modernen Briefausgabe, zuweilen auch einfach aus der neueren Literatur, hätten auch unschwer sachliche Fehler im Apparat der Studienausgabe korrigiert werden können. So war Johann Heinrich Horb, Verfasser des ersten der *Postillenvorrede* beigefügten *Bedenkens*, Superintendent nicht in dem Ort Sponheim, sondern in Trarbach an der Mosel (in der Hinteren Grafschaft Sponheim). Johann Arndt, zu dessen erneut gedruckter *Postille* Spener die *Vorrede* schrieb, war in seinen frühen Jahren Pfarrer in Badeborn, nicht in Ballenstedt. Der Ulmer Münsterprediger Elias Veiel, der am Ulmer Gymnasium unterrichtete, kann nicht einfach Professor der Theologie genannt werden. Das sind Fehler, die aus der Edition in den „Kleinen Texten“ stammen und in die neue Edition weitergeschleppt werden. Andere Angaben sind unvollständig. Von Taulers *Predigten* mit *Vorwort* Speners gibt es eine Ausgabe Frankfurt 1692, die genannt werden müsste. Bei der Erwähnung Ephraims des Syrers (151) müsste angegeben werden, dass es sich hier um einen beim Vorlesen der *Postillenvorrede* gewünschten Zusatz eines Frankfurter Amtsbruders handelt, den Spener nachträglich aufnahm (vgl. Cons. III. 535). Dass es für Zitatnachweise vorkommen konnte, „daß im Apparat Ausgaben genannt werden, die erst nach Speners Schrift erschienen“ (XV), darf nicht dazu führen, dass zu einer erst 1678 erschienenen Schrift im Apparat angeben wird: „Spener zitiert nach“ (36, Z. 4 ff.; bei Spener, Briefe II, Nr. 5 ist angegeben, wonach Spener zitiert).

An einer Stelle benutzt Köster die Briefausgabe zur Korrektur von Angaben der Studienausgabe. So heißt es hier an der Stelle, wo Spener Johann Ludwig Hartmann seinen vielgeliebten „Schwager“ nennt, im Apparat: „Schwager nicht nur in enger verwandtschaftlicher Bedeutung, sondern auch guter Freund, Bekannter“. Köster streicht diese Angabe und ersetzt sie durch die neue Anmerkung (34, Z. 25): „Schwager: Hartmann war ein angeheirateter Verwandter Speners, vgl. Speners Brief vom 7.3.1672, Spener, Briefe, 1 Nr. 124, S. 503 f.“ Hier wird also einmal ein Fehler in Alands Edition korrigiert. Insofern will die Sonderausgabe doch nicht einfach der Studienausgabe entnommen, sondern eine verbesserte Ausgabe sein – aber eben nur ganz punktuell.

Nun zum Text der *Pia Desideria*. Wie an den genannten Stellen besteht auch hier keine Übereinstimmung zwischen Sonderausgabe und Studienausgabe. Das gilt zunächst vom Umfang des Textes. Aland hat in der Studienausgabe zusätzlich zu der *Postillenvorrede* vom Frühjahr 1675, die er in den „Kleinen Texten“ 1940 allein abgedruckt hatte, auch die beiden von Spener im Herbst 1675 angehängten *Bedenken* von Johann Heinrich Horb und Joachim Stoll abgedruckt. Denn es sei unrichtig, wenn behauptet werde, Speners *Postillenvorrede* vom Frühjahr 1675 sei die Urausgabe und *editio princeps* des pietistischen Programms, und Spener habe im Herbst 1675 die *Postillenvorrede* durch „Zugaben“ erweitert. Die *Postillenvorrede* ist nach Aland nur der Anfang, ja „nur eine Vorstufe“ zu den *Pia Desideria*. Erst der neue Titel und die erneute *Vorrede*, die Spener im Herbst 1675 seiner nun separat gedruckten *Postillenvorrede* geben hat, machten die Eigenart der *Pia Desideria* aus. „Nur vom Separatdruck B im Herbst 1675 ab verdienen sie diese Bezeichnung, die Postillenvorrede stellt nur eine Vorstufe dazu dar“ (Studienausgabe, 81). „Die Pia Desideria sind im Herbst 1675 erschienen, ihre Anfänge (Vorstufe) gehen bis in den Frühling des Jahres zurück“ (Studienausgabe, 64).

Dass Aland in die Studienausgabe den erweiterten Textbestand vom Herbst 1675 aufnahm, ist in seinem Bild vom Entstehen des Pietismus begründet: „Mit dem Druck von Herbst 1675 entsteht sozusagen von einem Tag auf den anderen die Bewegung des Pietismus in Deutschland und wird Spener in die führende Rolle gewissermaßen hineinkatapultiert, die er bis ans Ende seines Lebens behalten hat.“ (Studienausgabe, 74) Wie von dieser Kernbehauptung Alands bei Köster keine Spur mehr zu finden ist, so auch nicht von der daraus folgenden editorischen Entscheidung – einer Entscheidung, die Aland in Auseinandersetzung mit mir gefällt hatte, der ich die *Postillenvorrede* vom Frühjahr als die Urausgabe des pietistischen Programms ansehe und in ihr auch den originalen, weil aus dem Spenerschen Manuskript gedruckten Text erblicke, während in der Herbstausgabe die *Postillenvorrede* nachgedruckt wurde und als *editio princeps* für eine Edition nicht in Betracht kommen sollte. Mit dem Umfang ihrer Sonderausgabe distanziert sich Köster von Aland, ohne das aber ausdrücklich sagen zu können. Ein Teil der Mängel ihrer Ausgabe rührt eben aus diesem Zwitterzustand her, dass einerseits an Alands Edition festgehalten, sie andererseits aber aufgegeben wird.

Aland blieb bei der Edition der Ausgabe vom Herbst 1675 nicht stehen, sondern nahm als „Anhang“ in seine Edition die *Notae quaedam* auf, die Spener der lateinischen Ausgabe der *Pia Desideria* von 1678, dann auch der erneuten Auflage der deutschen *Pia Desideria* von 1680 angefügt hatte. Ich halte dies für einen entscheidenden Fortschritt in der Edition der *Pia Desideria* in der Studienausgabe und bedauere, dass ich es in meiner kritischen Besprechung seinerzeit nicht hinreichend gewürdigt habe. Es handelt sich hier um einen Katalog von Belegstellen aus alten und neueren Kirchenlehrern für die die Hoffnung besserer Zeiten biblisch begründenden Verheißungen von der künftigen Bekehrung der Juden und des größeren Fall Babels. Dieser „Anhang“ ist, wie Aland in der Einführung mit Recht sagt, zum Verständnis der *Pia Desideria* „besonders wichtig“ (82), weil Spener hier ausführlich über Dinge redet, die in der *Postillenvorrede* nur beiläufig behandelt waren. Dabei ist besonders wichtig, dass Spener hier den in der *Postillenvorrede* ausgesagten Gegensatz zu Luther in der Frage der künftigen Bekehrung der Juden zurückgenommen hat. War er doch nach Erscheinen der *Pia Desideria* aufmerksam gemacht worden auf eine Äußerung Luthers in der Kirchenpostille (*Predigt zum Stephanstag*), wo dieser in ähnlicher Weise wie Spener im Anschluss an Röm 11,25 f. seine Hoffnung auf die künftige Bekehrung Israels ausspricht. Spener war froh, dass er sich auch in diesem Punkt der Übereinstimmung mit Luther erfreuen konnte, und hat ab 1678 in den *Pia Desideria* das zuvor konstatierte Abweichen von Luther korrigiert. Für das Verständnis der Wirkungsgeschichte der *Pia Desideria* ist diese Textkorrektur, die Spener nach der lateinischen Ausgabe von 1678 auch in die deutschen Ausgaben übernommen hat, ein äußerst wichtiges Moment. Für das Verhältnis des Pietismus zu den Juden war sie von erstaunlicher Folgewirkung (Näheres in dem Beitrag zur Haltung des Pietismus gegenüber den Juden in Band 4 der *Geschichte des Pietismus*). In der bisherigen Pietismusforschung, die sich bei der Interpretation der *Pia Desideria* meist an der Ausgabe Alands von 1940 orientierte, ist sie allerdings trotzdem meist übersehen worden. Selbst in der neuen *Geschichte des Pietismus* wurde ihre Bedeutung erst im abschließenden Band erkannt: „Die Reihe der Zeugen aus der evangelischen Kirche für die Hoffnung auf die künftige Bekehrung Israels wird in den Pia Desideria ab 1678 von Luther angeführt" (*Geschichte des Pietismus*, Bd. 4, 148). Ausgerechnet dieser Anhang wird nun aber in der Kösterschen Edition fortgelassen. Hatte es zuvor bei Aland geheißen: „S. 345–396 dieses Bandes bringt Spener in einem besonderen Anhang zur Frage einer späteren Bekehrung der Juden zahlreiche Belegstellen aus den Kirchenvätern und den Schriften der mittelalterlichen Theologen, den Schriften Luthers und seiner Nachfolger bis hin zu seinen Zeitgenossen", so dass man diese Berufung auf Luther sofort nachschlagen konnte, sind dem Leser der Separatausgabe durch den Fortfall des Anhangs solche Einsichten erschwert. Auch hier zeigt sich also wiederum: Eine Sonderausgabe aus der Alandschen Ausgabe ist diese Ausgabe nicht.

Das gilt auch für die Textgestalt des deutschen Textes. Ich hatte in meiner Besprechung der Studienausgabe seinerzeit moniert, dass Aland das schon in den „Kleinen Texten" geübte Verfahren verfolgte, einen historischen Text unverändert inklusive der Druckfehler abzudrucken. Wie ich zeigen konnte, liegen offensichtliche Druckfehler erst in der Herbstausgabe der *Pia Desideria*, aber nicht in der nach dem Spenerschen Manuskript gedruckten *Postillenvorrede* vom Frühjahr vor. Meine Folgerung lautete, dass es nicht sinnvoll sei, sich sklavisch an den Text des Separatdrucks zu halten. Ich nannte auch Stellen, wo durch die Alandsche Methode Missverständnisse in der Forschung entstanden sind.

Dieses Argument hat auf Beate Köster offensichtlich Eindruck gemacht, denn sie gibt in der knappen *Editorischen Vorbemerkung* jetzt an: „Um der leichteren Benutzbarkeit willen wurden lediglich absolut eindeutige Druckfehler im Text korrigiert." Die von Aland mit Entschiedenheit verfochtenen Editionsprinzipien (in den „Kleinen Texten" sprach er von diplomatisch getreuer Wiedergabe) werden also an einem wichtigen Punkt geändert. Aber kann man mitten im Strom einer Edition die Pferde, die Prinzipien, wechseln? In einer Liste gibt Köster zwölf

Stellen an, an denen Druckfehler korrigiert sind. Soll das eine vollständige Liste sein oder eine bloße Sammlung von Beispielen? Erkennbar ist das nicht, vermutlich soll die Liste vollständig sein. Außer einigen Drehern wie *u* für *n*, die eigentlich keiner Rede wert sind, finden sich in dieser Liste einige der Druckfehler, die ich einst verzeichnet hatte. Der erste am Beginn eines lateinischen Carmen (36, Z. 5) ist in der Sonderausgabe jetzt korrigiert, taucht aber in der Liste nicht auf. Andere seinerzeit genannte eindeutige Druckfehler sind nicht korrigiert (die gegen alle Handschriften stehende Verdoppelung eines Worts [82, Z. 5] und das Auslassen eines Wortes [30, Z. 5]). Ich behaupte nicht, dass diese kleinen Druckdifferenzen für das Verständnis des Textes entscheidend sind. Aber sie offenbaren eine erstaunliche Willkür im Editionsverfahren. Die unterschiedliche Textform gegenüber der Edition der Studienausgabe lässt diese im Übrigen nicht mehr zitierbar sein.

Schließlich ist diese Ausgabe – und darin liegt der größte Unterschied zur Ausgabe in den „Kleinen Texten" und zugleich eine Übereinstimmung mit der Studienausgabe – eine deutsch-lateinische Ausgabe. Durch die Zweisprachigkeit hat sich der Umfang der Ausgabe, die in den „Kleinen Texten" 85 Seiten zählte, auf das Doppelte des Umfangs und auch des Preises erhöht. Die *Pia Desideria* sind ein Text, der in früheren Jahrhunderten fast nur in deutscher Sprache gedruckt wurde und erst im letzten halben Jahrhundert durch Übersetzung in fremde Sprachen, ins Englische, ins Französische, ins Spanische, Finnische und Italienische eine ökumenische Verbreitung gefunden hat. Die lateinische Übersetzung mag vielleicht an einigen Stellen dienlich sein, um Unklarheiten der deutschen Fassung zu beheben. Aber ist sie notwendig, so dass sie in eine Studienausgabe gehört?

Der Text der lateinischen Übersetzung, die Spener selbst anfertigte, weil ein Freund mit einer für die skandinavischen Lutheraner bestimmten lateinischen Übersetzung wegen Speners langen Sätzen nicht zu Rande kam, hat in der Forschung noch nie Aufmerksamkeit gefunden, außer dass Aland selbst in seinen Spener-Studien von 1943 ihm Beachtung schenkte. Über die Veranlassung der lateinischen Übersetzung erfährt man weder in der Studienausgabe noch in der Sonderausgabe ein Wort. Die unklaren Aussagen, die Aland in der Studienausgabe darüber abgibt (82), zeigen, dass er über die dürftigen Angaben in den Spener-Studien hinaus gar nicht recherchiert hat. Mittlerweile gibt es Forschungen zu diesem Punkt. Dennoch erfährt der Leser der Sonderausgabe, der auf die entsprechenden Ergebnisse in der neueren Literatur unschwer hingewiesen werden könnte, nichts zum Hintergrund der lateinischen Version. Der Stand einer wissenschaftlichen Edition ist hier nicht einmal erstrebt.

Lateinisch-deutsche Ausgaben sind heute sehr beliebt. Solche an und für sich begrüßenswerten Ausgaben sind aber sinnvoll nur bei Texten, die eigentlich in Latein gelesen werden sollen und bei denen die deutsche Übersetzung Hilfestellung leistet, oder bei Werken, die – wie etwa Luthers Freiheitstraktat – vom Verfasser bewusst in zwei gleichgewichtigen Versionen vorgelegt wurde und so mit Gewinn in beiden Fassungen zu lesen sind. Bei Texten, die im Original in deutscher Sprache gedruckt wurden und so zu zitieren sind, ist es aber wenig sinnvoll, eine deutsch-lateinische Ausgabe zu bringen, auch wenn es eine lateinische Fassung gibt. Man könnte eine zweisprachige deutsch-lateinische Ausgabe auch der Lieder Martin Luthers herausbringen, denn lateinische Übersetzungen hat es tatsächlich gegeben und sie wurden in früherer Zeit im Schulunterricht gebraucht. Aber weder textgeschichtlich noch wirkungsgeschichtlich ist es von Bedeutung, wenn wir Luthers Lied „Erhalt uns Herr bei deinem Wort, und steur' des Papst und Türken Mord" neben dem deutschen Original in der lateinischen Übersetzung in einem wissenschaftlichen Seminar behandeln („Verbum tuum da, Domine, Turcae Papaeque vim preme, qui Filium, Jesum tuum, volunt de Throno perditum"). Dergleichen wäre allenfalls geeignet für einen lateinischen Lektürekurs. Tatsächlich wurde an der Theologischen Fakultät der Humboldt-Universität im WS 2006/2007 eine Übung „Pia Desideria (Lateinlektüre)" angezeigt und mit dem bezeichnenden Kommentar angekündigt: „In der Übung sollen wichtige Teile von Speners pietistischem Reformprogramm in der lateinischen Fassung gelesen werden. Gleichzeitig wird das Übersetzen aus dem Lateinischen geübt und die Grammatik wiederholt." Solche sprachliche Übung ist die einzig sinnvolle Verwendung dieser Ausgabe. Aber eine deutsch-lateinische Studienausgabe der *Pia Desideria* für ein kirchenhistorisches Seminar, in dem an einer mit kritischem Apparat versehenen Edition die Kenntnis dieses Textes vermittelt und die historische Methode gelernt werden soll, ist wenig sinnvoll. Sie erschwert eher den Zugang zu diesem Grundtext des Pietismus, weil viele annehmen werden, die wissenschaftliche Beschäftigung mit den *Pia Desideria* erfordere die Berücksichtigung der lateinischen Version.

Aufgrund einer ins Einzelne gehenden Analyse der zweiten Alandschen Edition, also der Studienausgabe, kam ich seinerzeit zu dem Urteil, dass sie für einen Gebrauch in Lehre und Forschung nicht geeignet sei. Dabei war ich davon ausgegangen, dass Aland durch die erneute Edition der *Pia Desideria* seine frühere Edition in den „Kleinen Texten" ersetzen wollte. Dass die erneute Edition der *Pia Desideria*, die ich wegen der herausgehobenen Rolle, die dieser Text im kirchengeschichtlichen Studium spielt, hier eingehender, als es sonst bei Texteditionen geschieht, untersucht, gewürdigt und kritisiert habe, keinen Grund gibt, von meinem damaligen Urteil zugunsten der Ausgabe in den „Kleinen Texten" abzugeben, geht aus dieser Besprechung wohl deutlich hervor. Zwar enthält die Sonderausgabe manche Verbesserung gegenüber der Studienausgabe, doch daneben stehen eben vielfältige Verschlechterungen, außer vielen Fehlern vor allem der Fortfall von Einführung und Anhang und der Wechsel in den Editionsprinzipien, die sie für eine Verwendung im kirchenhistorischen Unterricht, wo nur zuverlässige Textausgaben zu gebrauchen sind, ungeeignet macht.

Kurz, auch die Studienausgabe füllt die Lücke nicht, die die nicht mehr erhältliche Ausgabe in den „Kleinen Texten" gelassen hat. Doch wir brauchen eine Ausgabe, wie sie dort geboten wurde, eine für den akademischen Unterricht geeignete, in Text und Kommentar zuverlässige Ausgabe der *Pia Desideria* unbedingt. M. a. W., es bedarf einer Neuausgabe, die der Alandschen Ausgabe in den „Kleinen Texten" entspricht, die sich seit Jahrzehnten im Gebrauch von Forschung und Lehre durchgesetzt hat. Sie müsste nach einheitlichen editorischen Prinzipien gemacht und auf dem neuesten wissenschaftlichen Stand sein; als Zusatz wären ihr nicht die Bedenken von Horb und Stoll, aber der Belegstellenkatalog zur Hoffnung besserer Zeiten beizufügen. Wenn das nicht gelingt, wird der zentrale Text des Pietismus, der durch die „Kleinen Texte" zu einem Grundbaustein des akademischen Unterrichts geworden ist, aber auch ein zunehmendes Interesse in anderen Disziplinen gefunden hat, in Zukunft in keiner allgemein zugänglichen und wissenschaftlich brauchbaren Ausgabe mehr verfügbar sein. Die Konsequenzen, die das mit sich brächte, sollten uns nachdenklich machen.

Rezensionen

Zur Rezeption mystischer Traditionen im Protestantismus des 16. und 19. Jahrhunderts. Beiträge eines Symposiums zum Tersteegen-Jubiläum 1997. Hg. v. *Dietrich Meyer* u. *Udo Sträter*. Köln: Rheinland Verlag 2002 (Schriftenreihe des Vereins für Rheinische Kirchengeschichte, 152). – 350 S.

Die Beiträge dieses Bandes gehen auf ein Symposium zurück, das anlässlich des 300. Geburtstags Gerhard Tersteegens in Halle stattfand. Da Tersteegen als „der grösste, theologisch tiefste, gedanklich reichste evangelische Mystiker" (so Martin Schmidt) gilt und dem Pietismus im Allgemeinen (so etwa in Gestalten wie Johann Arndt, Pierre Poiret, Gottfried Arnold, Philipp Jakob Spener, Nikolaus Ludwig von Zinzendorf) eine besondere Nähe zur Mystik bescheinigt wird, wollte das Symposium der Frage nachgehen, was eine bestimmte Gestalt oder Gruppe des Pietismus unter Mystik versteht und inwiefern diese etwa mystische Traditionen aufnimmt.

Als erstes ist festzustellen, dass die Autoren mit einem weiten und einem engen Mystik-Begriff arbeiten müssen, um den untersuchten Gestalten des frühneuzeitlichen Protestantismus gerecht zu werden. Während unter dem ersten die intensiv gelebte Frömmigkeit eines überzeugten Christen verstanden wird, meint der zweite bestimmte Formen und Wege mystischer Tradition zur Vereinigung mit Gott. Ein Wesensmerkmal protestantischer Mystik dürfte der anti-intellektualistische Impetus sein, d. h. das Interesse eher am erwecklichen Affekt denn an den spekulativen Traditionen neuplatonischer Mystik.

In einem sorgfältig argumentierenden Beitrag widerlegt Johannes Wallmann die These Albrecht Ritschls, wonach sich der Pietismus aus der katholischen Mystik des Mittelalters, genauer von Bernhard von Clairvaux, ableite. Für Wallmann gilt dies eher für die Lutherische Orthodoxie. In einem weiteren Beitrag über Spener zeigt Wallmann, dass dieser der Unterscheidung zwischen scholastischer und mystischer Theologie zustimmte, die zweite aber aus protestantischer Sicht für anschlussfähig hielt. Die Wertschätzung der mystischen Theologie ist bei Arnold, Poiret und Tersteegen noch deutlicher, die sie als die wahre vorbildliche Theologie schlechthin betrachten. Andere, wie Zinzendorf, zeichnen sich eher durch eine mystikkritische Haltung aus und halten die Mystik für eine typisch katholische Frömmigkeitsbewegung. Dass allen behandelten Gestalten eine schöpferische Aufgeschlossenheit und eklektizistische Vielseitigkeit in der Verwendung mystischer Terminologie bescheinigt wird, ist nicht verwunderlich, handelt es sich doch bei ihnen nicht um Repräsentanten einer mystischen Schule oder Richtung, sondern um Anwälte der protestantischen Öffnung für mystische Traditionen überhaupt. Ebenso wenig erstaunt, dass die *via triplex* (*purgativa*, *illuminativa*, *unitiva*) klassischer Mystik von keinem der untersuchten evangelischen Vertreter zur Grundlage seines geistlichen Lebens gemacht wird (Zinzendorf polemisierte gegen das mystische Aufstiegsschema). Der eigenen Konfessionsprägung gemäß knüpfen sie eher an die Christusmystik eines Bernhard von Clairvaux an. Dass dies jedoch auch der Kern der vom Pietismus sehr geschätzten spanischen Mystiker Teresa von Avila und Johannes vom Kreuz war, wird leider kaum ausdrücklich thematisiert. Auch wenn es immer schwer ist, die Beiträge eines Sammelbandes näher zu gewichten, so verdienen aus der Sicht des Rezensenten die über Spener und die Mystik (J. Wallmann), Poiret und die Mystik (M. Chevallier), die Erfahrungstheologie bei Arnold, Tersteegen und Zinzendorf (D. Meyer) und Tersteegen als Mystiker (H. Ludewig) besondere Erwähnung, nicht zuletzt weil sie die Kernfrage des Symposiums betreffen.

Abschließend sei es dem Rezensenten erlaubt, einige Aspekte zu nennen, die in der weiteren Forschung beachtet werden sollten. Die Herausgeber sind sich dessen bewusst, dass der Verzicht auf eine Darstellung der von Martin Luther rezipierten mystischen Tradition ein Manko darstellt, zumal sich die meisten protestantischen Mystiker auf Luther beriefen. Künftige Forschung wird dem mystischen Charakter protestantischer Gründergestalten (auch Calvins) mehr Aufmerksamkeit widmen müssen. Desgleichen gilt für die Frage nach dem Charakter der „Kirchenkritik" aus dem Geist der Mystik. Wenn ein Herausgeber in der Einleitung schreibt, dass nicht Kirchenkritik, sondern Überparteilichkeit den Mystiker auszeichnet, so wird hier „Kirchenkritik" offenbar negativ konnotiert, während sie für den Mystiker aller Zeiten und Konfessionen eine Form der aufbauenden Kirchenreform ist. So verstanden würde man durchaus viele und wichtige kirchenkritische Impulse bei den behandelten protestantischen Mystikern finden.

Mit Ausnahme des Einflusses Bernhards von Clairvaux wird der Rezeption mystischer Traditionen im Protestantismus kaum konsequent nachgegangen. Dies gilt für den Quietismus, dessen Nicht-Thematisierung sich die Herausgeber wiederum bewusst sind, vor allem aber für die spanische Karmeliter-Mystik. Eines ist, z. B., hier und da anzumerken, dass Poiret und Tersteegen Teresa von Avila und Johannes vom Kreuz zitieren. Ein anderes freilich wäre der Frage nachzugehen, inwieweit bestimmte zentrale Motive derselben wie etwa die innere Burg Teresas oder die dunkle Nacht und die Selbstverleugnung Johannes' oder die „Kreuzesmystik" beider im Protestantismus rezipiert wurden – und welche Autoren und Übersetzungen die Vermittler waren. In diesem Bereich ist m. E. noch viel zu tun.

Diese kritischen Bemerkungen sollen aber die Verdienste des Bandes nicht schmälern, der Neuland betritt und einige Beiträge enthält, die in der Forschung nicht unbeachtet bleiben sollten. Der Band gehört zu jener bemerkenswerten Forschungsliteratur, die in der jüngsten Zeit Albrecht Ritschls These vom absoluten Gegensatz zwischen katholischer Mystik und reformatorischem Christentum aufzuweichen und zu relativieren versucht. In diesem Sinne dient der Band dem ökumenischen Gespräch in einem bisher eher vernachlässigten Bereich. Denn frühneuzeitliche „Mystiker" haben ein Christentum eingeklagt, das durchaus über die Konfessionsgrenzen hinweg alle Christen verbinden könnte. Bei ihnen wird klar, dass es durch alle Jahrhunderte der Kirchenspaltung immer *eine* gemeinsame Wurzel und *eine* Gemeinschaft des Geistes gegeben hat: Es war, wie Jürgen Moltmann sagt, „die Bewegung, die Erfahrung und die Theologie der Mystik".

Mariano Delgado　　　　　　　　　　　　　　　　　　　　Fribourg

Der Pietismus und seine Nachwirkungen im östlichen Europa. Beiträge zur ostdeutschen Kirchengeschichte. Folge 6. Hg. im Auftrag des Vereins für ostdeutsche Kirchengeschichte u. in Verb. mit dem Ostkirchen-Institut Münster v. *Peter Maser*, *Dietrich Meyer* u. *Christian-Erdmann Schott*. Münster: Verein für Ostdeutsche Kirchengeschichte 2004. – VI, 194 S.

Der mit einem Vorwort von Christian-Erdmann Schott, dem stellvertretenden Vorsitzenden des Vereins für ostdeutsche Kirchengeschichte, eingeleitete Sammelband liest sich fast wie ein Ergänzungsband zur vierbändigen *Geschichte des Pietismus* (1990–2005). Diese hatte bei der Darstellung des Pietismus in den einzelnen europäischen Ländern der jahrzehntelangen Spaltung Europas vor der Wende notgedrungen allzu sehr Rechnung getragen und, während die Erweckungsbewegung in den westeuropäischen und den skandinavischen Ländern gründlich dargestellt wurde, für das Kapitel „Die Erweckungsbewegung in Ostmitteleuropa" nur einen Bearbeiter für die Tschechoslowakei und hier fast ausschließlich für die Slowakei gefunden. So kann der Eindruck entstehen, von den Nachwirkungen des Pietismus sei im östlichen Europa nichts Erhebliches zu melden. Im Vorwort zum Sammelband *Halle und Osteuropa. Zur europäischen Ausstrahlung des hallischen Pietismus* (Hallesche Forschungen, 1, 1998) ist die defizitäre Lage der Erforschung des Pietismus hinsichtlich Osteuropas ausführlich beschrieben worden. Deshalb ist der vorliegende Band als ein wichtiger Schritt zur Rückgewinnung eines jahrzehntelang unbestellten Feldes der Pietismusforschung sehr zu begrüßen. Ich beschränke mich in dieser Rezension auf diejenigen Teile des Jahrbuches, die dem Titel des Bandes *Der Pietismus und seine Nachwirkungen im östlichen Europa* entsprechen und damit die Leser unseres Jahrbuches interessieren werden. Das sind ungefähr zwei Drittel des Bandes, der eine Tagung zu dokumentieren sucht, die der Fachausschuss Kirchengeschichte der Evangelischen Kommission für Mittel- und Osteuropa in Verbindung mit dem Konvent der ehemaligen evangelischen Ostkirchen e. V. und dem Ostkirchen-Institut Münster 2002 in Prag veranstaltet hat.

Der einleitende Beitrag von Martin Greschat *Orthodoxie und Pietismus* ist eine überarbeitete und verkürzte (nicht erweiterte, wie in der einleitenden Anmerkung irrtümlich angegeben wird) Fassung der Einleitung Greschats zu Band 7 der Reihe „Gestalten der Kirchengeschichte“ (1982), der unter dem Titel *Orthodoxie und Pietismus* erschien. Er enthält die Abschnitte V–VII der genannten Einleitung und ergänzt sie um ein Zitat eines englischen Puritaners. Er ist wohl als allgemeine Einführung in die Erforschung des Pietismus gedacht, enthält aber keinen Bezug auf den Pietismus in den osteuropäischen Ländern.

Der umfassendste Beitrag stammt von Gerd Stricker, *Reflexe des Pietismus und Neu-Pietismus auf russischem Boden* (39–66). Mit Stricker, der in der im Siedler-Verlag erschienenen Reihe „Deutsche Geschichte im Osten Europas“ den umfangreichen Band *Rußland* (1997) herausgegeben und wesentliche Teile selbst verfasst hat, ist der wohl beste Kenner dieser Thematik gewonnen worden. Stricker stellt eine Fülle von Phänomenen vor, die auf dem Boden des einstigen russischen Reiches, in der Sowjetunion und in den postkommunistischen GUS-Ländern anzutreffen waren und zuweilen noch anzutreffen sind. Im Unterschied zu den anderen Beiträgen dieses Bandes verfolgt er neben der eigentlichen Geschichte des Pietismus in Russland die Nachwirkungen bis in die unmittelbare Gegenwart unter den Russlanddeutschen, spannt zudem den Rahmen weit und bezieht die Freikirchen (Mennoniten, Baptisten, Adventisten) in seine Darstellung ein. Dabei geht er zurück bis zu den frühen pietistischen Einflüssen auf die orthodoxe Kirche (Todorskij) schildert die deutsche Einwanderung in das russische Reich, besonders die Wolgabesiedlung und die stark pietistisch gefärbte Siedlung im Schwarzmeerraum. Für die Erweckungszeit findet das Wirken von Ignaz Lindl und Johann Evangelista Goßner besondere Beachtung. Schließlich wird der Untergang der lutherischen Kirche unter Stalin und das Schicksal der Russlanddeutschen nach dem verhängnisvollen Dekret vom 28. August 1941, durch das diese aus ihren Wohngebieten deportiert und hinter dem Ural angesiedelt wurden, einschließlich der Folgen für das religiöskirchliche Leben beschrieben, aber auch die Wiederzulassung einer lutherischen Kirche in nachkommunistischer Zeit. Ein beeindruckendes Panorama eines großen, von der Wissenschaft wenig behandelten Gebiets der neueren Kirchengeschichte. Die Anschaffung des Bandes lohnt sich allein schon wegen dieses einzigartigen, sonst nirgendwo ähnlich zu findenden umfassenden Überblicks. Man wünscht sich, dass bei einer zweiten Auflage der *Geschichte des Pietismus* der Beitrag von Stricker in Band 3 oder 4 zur Füllung der empfindlichsten Lücke aufgenommen wird.

Die übrigen Beiträge sind zeitlich und territorial beschränkter, betreten aber z. T. Neuland der Forschung. Aus dem Polnischen übersetzt wurde der Beitrag von Grzegorz Jasinski aus Olstyn (Allenstein) *Die Anfänge der Gemeinschaftsbewegung in Masuren: Die Gruppe der ‚Heiligen' (Kreis Ortelsburg) um die Wende vom 18. zum 19. Jahrhundert* (11–24). Aus deutschen wie aus polnischen Quellen wird hier eine um 1810 entstandene religiöse Gruppe unter Masuren und Litauern dargestellt, die wegen ihrer rigoros-asketischen Lebensführung „Heilige" genannt wurden. Eine bemerkenswerte Erweiterung unserer Kenntnis der Erweckungsbewegung.

Arnulf Baumann behandelt in seinem Beitrag *Bessarabische Frömmigkeit oder erweckliche Frömmigkeit bei den Lutheranern Bessarabiens. Auswirkungen des Glaubens im täglichen Leben früher und heute* (67–73) ein spezielles Thema aus dem großen Panorama von Stricker. Die Landkarte der Frömmigkeit Bessarabiens, die man im 20. Jahrhundert grob als erwecklich charakterisieren kann, zeigt in der Anfangszeit ein aus ganz unterschiedlichen Bewegungen und Richtungen zusammengesetztes buntes Bild. Neben den sog. Warschauer Kolonisten, die aus dem zeitweiligen Herzogtum Warschau kommend der Einladung Zar Alexanders I. in das neu gewonnene Bessarabiens folgten, waren es teils Schwaben, teils Kaschuben genannte Niederdeutsche, teils durch die erweckliche Missionstätigkeit Ignaz Lindls gebildete Gemeinden, schließlich die aus Württemberg zugewanderten chiliastischen Stundenbrüder, die bis zur Mitte des 19. Jahrhunderts in Bessarabien Gemeinden bildeten. Anfangs in ihrer religiösen Mentalität völlig unterschiedlich, die Stundenbrüder auch kritisch gegenüber der Amts- und Pastorenkirche, wuchsen doch die verschiedenen Richtungen im 19. Jahrhundert zu einer erwecklichen Frömmigkeit zusammen, die bis zu ihrer Vertreibung 1940 eine innerlich fest gegründete Kirchlichkeit kennzeichnet. Die überwiegend evangelische Bevölkerung Bessarabiens, deren 100 000 Glieder 1940 aus ihrer Heimat vertrieben und zunächst im Warthegau angesiedelt wurden, ist seit dem Kriegsende über ganz Deutschland zerstreut. Für ihren weiteren Zusammenhalt ist es wichtig, ihre besondere Geschichte zu kennen.

Zoltán Csepregi, Professor an der Evangelischen Universität Budapest, behandelt den *Pietismus in Ungarn 1700–1758* (25–38). Der Beitrag ist überaus interessant, aber nahezu inhaltsgleich mit dem Beitrag *Der Pietismus in Transdanubien (1700–1760)* in Band 26 dieses Jahrbuchs, offensichtlich nur eine andere Übersetzung desselben ungarischen Textes. Für die Forschung, in der man zitieren möchte, wäre es besser gewesen, den früher bereits gedruckten Text noch einmal abzudrucken, statt eine neue Übersetzung des nahezu gleichen ungarischen Originals zu bringen. Der

Beitrag weckt das Interesse an den übrigen Teilen Ungarns, einschließlich der früher als Oberungarn bezeichneten Gebiete in der Slowakei, wo am stärksten im Gebiet der von Deutschen besiedelten Zips der Pietismus verbreitet war.

Außergewöhnlich umfangreich ist der Beitrag von Ralph Hennings *Aus dem Tagebuch eines bekehrten russischen Rabbiners. Ein adversus-judaeos-Text aus der evangelisch-lutherischen Kirche in Rußland* (74–105). Es handelt sich um den Bericht des südrussischen Rabbiners Rudolf Gurland (1831–1705), der nach seiner Bekehrung lutherischer Pfarrer wurde und zeitweilig in der Judenmission tätig war, bis er nach einem Judenpogrom in Mitau starb. Der Bericht über eine Disputation, die der Rabbiner wegen seiner Konversion zum Christentum mit jüdischen Glaubensbrüdern in einer Synagoge in Kischinew in Bessarabien hielt, war schon 1864 in drei Folgen im „Friedensboten für Israel", einem Organ der Berliner Judenmissionsgesellschaft und 1865 noch einmal in drei Folgen im „St. Petersburgischen Evangelischen Sonntagsblatt" abgedruckt worden. 1869 wurde er erneut und 1911 ein viertes Mal gedruckt, so dass man ihn einen klassischen Text der Judenmission nennen kann. Hennings, der den Text für den erneuten Abdruck mit einer Reihe von Anmerkungen versehen hat, charakterisiert ihn im Untertitel als *adversus judaeos*-Text, wohl um deutlich zu machen, dass der Abdruck nicht im Interesse der Judenmission geschieht. Das ist gut gemeint, aber missverständlich, denn der wiederholte Abdruck soll doch die zwar auf Bekehrung bedachte, aber judenfreundliche Haltung der lutherischen Christen Russlands bezeugen, was dabei untergeht. Durch ihre freundliche Haltung gegenüber den Juden unterschied sich die lutherische Kirche in Rußland von der schroffen Ablehnung, mit der sich die orthodoxe Kirche Russlands und das Judentum gegenüberstanden In hohem Maße interessant ist die Bemerkung von Hennings, das Wort „Goi" hätten die Juden in Russland nur auf die orthodoxen Christen, nicht auf die lutherischen Christen angewandt. Die Judenfreundlichkeit der Judenmission in Russland kann man wohl zu den Nachwirkungen des Pietismus rechnen. Allerdings sollte man dabei die eingangs gemachte Bemerkung Hennings beachten, dass dieser Beitrag die Fenster in versunkene Welten öffnet. Besondere Freundlichkeit gegenüber den Juden findet sich heute unter den zu uns gekommenen, häufig aus pietistischer Tradition stammenden Russlanddeutschen leider nicht mehr.

Johannes Wallmann Berlin

Die Hungarica-Sammlung der Franckeschen Stiftungen zu Halle. Teil 1: Porträts. Hg. v. *Brigitte Klosterberg* u. *István Monok*, bearb. v. *Attila Verók* u. *György Rózsa*. Tübingen: Verlag der Franckeschen Stiftungen Halle im Max Niemeyer Verlag 2003 (Hallesche Quellenpublikationen und Repertorien, 7). – XXX, 269 S.; Abb.

Als Ergebnis einer langjährigen Forschungsarbeit kam es nun zur Publikation des Hungarica-Materials der reichen Sammlungen in den Franckeschen Stiftungen zu Halle. Das Vorwort von Helmut Obst verweist auf den Plan, die Hungarica herauszugeben. Das im Jahre 2000 begonnene Projekt verspricht in Zukunft Repertorien verschiedenster Dokumente: Über die Handschriften und Archivalien hinaus einen Katalog der im weitesten Sinne als Hungarica geltenden Bücher der historischen Sammlung. Es kann nicht oft genug darauf aufmerksam gemacht werden, dass unter dem Attribut Hungarica eine größere Region zu verstehen ist als das heutige Ungarn. Es bezeichnet praktisch das Karpatenbecken. Das Attribut Hungarus meint alle seit Jahrhunderten auf diesem Gebiet lebenden Ungarn, Slowaken, deutschstämmigen Zipser bzw. Siebenbürger Sachsen. Hier befindet sich der größte protestantische Block der Frühen Neuzeit im Osten Europas, der von der Reformation bis zum Pietismus intensive Kontakte zu den deutschen Zentren unterhielt (die Reformierten darüber hinaus auch zu den Niederlanden). Die Franckeschen Stiftungen zeigen seit ihrer Neubelebung produktives Interesse an den von dieser Region ausgehenden Kontakten zu Halle und zum Pietismus.

Der vorliegende erste Band des Hungarica Projektes ist die Darstellung der Porträts mit Ungarn-Bezügen aus der Bötticherschen Sammlung. Den Band eröffnen die Studien von Brigitte Klosterberg und István Monok. Brigitte Klosterberg stellt in ihrer Arbeit den Sammler und seine Sammlung vor. István Monok skizziert die Geschichte der ungarischen Kontakte, die Quellenlage und den Forschungsstand. Diesen Schriften folgt die Zusammenfassung von Attila Verók, der die Auswahl der Porträts vorgenommen hat. György Rózsa wertet das Material aus kunsthistorischer Sicht aus.

Jacob Gottfried Bötticher (1692–1762) war der Inspektor der Waisenhaus-Buchhandlung und ein begeisterter Sammler von Porträts. Es wurde auch im Katalog der Franckeschen Stiftungen vermerkt, dass die Sondersammlung 12.895 Abbildungen von 6739 Personen enthalte. Aus den einleitenden Studien erhält der Leser genaue und gründliche Informationen darüber. Es gingen zahlreiche Bilder in den Bestand der Bibliothek über, die jedoch bei weitem nicht alle Originale sind. Die Leistung des Sammlers war, dass er die ab dem 16. Jahrhundert erschienenen Emblem- und Porträtssammlungen zerlegte, sortierte und neu ordnete. Der Großteil der Bilder stammt aus den bekannten Bänden des 16./18. Jahrhunderts, wie z. B. von Paolo Giovio, Nicolaus Reusner, Jacques Boissard,

Paul Freher und Johann Jacob Bruckner. Böttichers origineller Beitrag ist, dass er den meisten der auf Pappe geklebten Porträts einfache Gedichtchen hinzufügte, die des Öfteren davon zeugen, dass er die besagte Person persönlich kannte.

Die Hungarica-Auswahl besteht aus 198 Porträts von 99 Personen. Die Struktur des ausgewählten Materials, die Proportionen entsprechen im Großen und Ganzen denen der vollständigen Sammlung, aber wirklich nur im Großen und Ganzen. Auffällig ist die geringe Zahl der Gelehrtenporträts, die Kaiser aus dem Hause Habsburg – die gleichzeitig auch ungarische Könige waren – verschieben das Gewicht gewissermaßen auf die Herrscherporträts. Selbstverständlich sind sie alle mit Recht vertreten, da in die Auswahl auch Soldaten, Heerführer sowie Ärzte, Lehrer, Prediger, ja sogar Reisende aufgenommen wurden, die länger oder kürzer auf dem Gebiet des damaligen Ungarns dienten, – das heißt alle, die eine bestimmte Lebensphase in Ungarn verbracht haben. Wenn man sie jedoch außer Acht lässt, ist die Zahl der Hungari nicht bedeutend: 32 Personen und die vier Stecher (unter letzteren gibt es wenige, die zum ungarischen Ethnikum gehören). In Anbetracht des Zeitalters und der Person des Sammlers wäre mit Recht zu erwarten, dass uns mehrere Vertreter der Halleschen Richtung, des Pietismus begegnen. Es sind jedoch nur der Pressburger Matthias Bél und der 1712 bis 1713 im siebenbürgischen Hermannstadt und ab 1717 bis zu seinem Tode (1732) in Schemnitz in Oberungarn wirkende Christoph Nikolaus Voigt zu finden, deren Fall aber um so interessanter ist. Von Bél gibt es zwei Bilder, und die diesen beigefügten Verse („mein guter Bel") dürften auf eine persönliche Bekanntschaft hindeuten. Voigt ist deshalb von Bedeutung, weil sowohl Bild als auch Gedicht aus seiner weniger dokumentierten Schemnitzer Zeit stammen. Über die ungarländischen Humanisten wie Andreas Dudith, Johannes Sambucus hinaus bilden die ungarischen und deutschen Flüchtlinge der so genannten Trauerdekade eine bemerkenswerte Gruppe. In der ungarischen Geschichtsliteratur wird das Jahrzehnt nach 1670 mit seiner brutalen Protestantenverfolgung auf diese Weise bezeichnet. Es wurden protestantische Prediger angeklagt, zwangsbekehrt. Insofern sie Widerstand leisteten, wurden harte Urteile gefällt: Haft- oder Galeerenstrafe. Viele der Verfolgten konnten fliehen (Günther, Kemelius, Klesch, Moller, Pilarik, Planckenauer), und diejenigen, die aus dem Ausland stammten, kehrten in das Reich zurück. Zu letzteren gehörte J. N. Röser, der in Eperjes, später in Leutschau unterrichtete. Wichtige Schulen wurden aufgelöst, so auch das Gymnasium in Eperjes, dessen aus Wittenberg stammender Professor Samuel Pomarius ging auch in seine Heimat, an seine Universität zurück (er fehlt im Band, sein Porträt ist in der Bötticher Sammlung unter der Signatur B 4071 zu finden). Die Auseinandersetzung mit den Flüchtlingen der Trauerdekade ist schon deshalb begründet, weil viele von ihnen mit Spener in Beziehung standen, der sich ihrer Sache angenommen hatte, und einige die Rezeption der pietistischen Ideen aus Halle in Ungarn erlebt und sogar unterstützt haben (sie haben keine Porträts im Band). Bötticher war offensichtlich kein systematischer Sammler der ungarländischen Porträts, er verfügte jedoch auf manchen Gebieten über genaue und fundierte Kenntnisse und war einschlägig belesen.

Den in hervorragender Qualität reproduzierten Porträts wurde jeweils eine kurze Biographie der dargestellten Person mit den wichtigsten bibliographischen Hinweisen beigefügt. Diese Lebensläufe sind korrekt und von gutem Niveau. Man hat nur selten das Gefühl, dass etwas aus der Biographie fehlen würde. So hätte man z. B. auf die ausgedehnte literarische Tätigkeit von Daniel Klesch hinweisen können (z. B. Karl F. Otto: *Bibliographia Kleschiana: the writings of a Baroque family*. Columbia, SC: Camden House 1996). Der biographischen Zusammenfassung folgen die Angaben zum Bild: Beschreibung, Technik, Inschrift, Sockelinschrift, Stecher oder Maler, Quelle und natürlich die Gedichte von Bötticher. Der Band enthält Register der dargestellten Personen, der Stecher und Maler, der Ortsnamen und natürlich der angewandten Literatur.

In der gründlichen Arbeit sind nur einige kleinere Fehler sowie Flüchtigkeitsfehler in der Transkription festzustellen. Das Vorhaben der Herausgeber, nach Möglichkeit alles in deutscher Sprache zu veröffentlichen, finden wir problematisch. So wichen sie vom Standard der ungarischen und nicht-ungarischen Fachliteratur ab. Die siebenbürgischen Fürsten werden immer zusammen mit dem Familiennamen bezeichnet, also Georg Rákóczi II., während im Text Georg II. (Rákóczi) steht. Im Register wird – richtig – beim Familiennamen auf den Vornamen verwiesen. Der in der ungarischen Kultur einigermaßen bewanderte Leser erkennt bestimmte Orte nur schwer oder eben gar nicht. Der ungarische Wirkungsort von Comenius ist in maßgebenden Handbüchern und in allen anderen Literaturen Sárospatak und nicht Potok. Der Renaissance Palast von Matthias Corvinus stand in Visegrád (Plintenburg ist nicht gebräuchlich). Zum Glück hilft dem Leser dabei das Register. Nirgendwo steht aber Enyed oder Nagyenyed, der Name der über Jahrhunderte bedeutsamsten Schule (eigentlich ein *gymnasium illustre*) der siebenbürgischen Reformierten. Das anstatt dessen verwendete Strassburg am Mieresch dürfte dem deutschen Leser vertraut klingen, der Orientierung hilft es aber gar nicht.

Alles in allem ist der Band eine gehaltvolle, informative und schöne Arbeit. Aus der Darstellung der Personen geht zwar keine systematische Geschichte hervor, nichtsdestotrotz wird dem Leser eine Kostprobe aus der ungarischen Geschichte, aus der Geschichte des ungarländischen Protestantismus und der Intelligenz geboten, von der seit dem Humanismus verbreiteten Porträtgraphik ganz zu schweigen. Letztere überschreitet jedoch die Kompetenz der Verfasserin dieser Rezension.

Die wohl durchdachte Struktur des Bandes kann ähnlichen Repertorien als Muster dienen.

Zsuzsa Font — Szeged

Die Geburt einer sanften Medizin. Die Franckeschen Stiftungen zu Halle als Begegnungsstätte von Medizin und Pietismus im frühen 18. Jahrhundert. Hg. v. *Richard Toellner.* Halle a. d. Saale: Verlag der Franckeschen Stiftungen zu Halle 2004. – 174 S.

Der Band enthält einen größeren Teil der Beiträge eines internationalen Symposiums, das unter der Leitung von Richard Toellner im April 1998 in den Franckeschen Stiftungen stattfand. Es führte Wissenschaftler zusammen, die, aus unterschiedlichen Disziplinen kommend, die Phänomene einer Symbiose zwischen pietistischer Frömmigkeit, institutioneller Krankenfürsorge und reformerischen Tendenzen in der Medizin an der Universität Halle untersuchten und diskutierten. Dabei zeichnete sich die Bedeutung der Franckeschen Stiftungen als Dreh- und Angelpunkt einer religiös wie ökonomisch motivierten Arzneiversorgung, Popularisierung medizinischer Kenntnisse und Diskussionen medizintheoretischer Fragen zwischen den beiden in Halle begründeten medizinischen Schulen von Georg Ernst Stahl und Friedrich Hoffmann deutlich ab.

In seiner Einführung würdigt Richard Toellner unter dem Titel *Die Geburt einer sanften Medizin – die Begegnung von Pietismus und Medizin in den Franckeschen Stiftungen* die historische Entwicklung dieser Institution in ihrer Beziehung zur Heilkunde und stellt die Bedeutung der Gründung einer „ärztlichen Mission" heraus. Die *cura animae* und die *cura corporis* waren untrennbar verbunden und führten bereits Studenten der Theologie und der Medizin am Krankenbett in den Stiftungen zusammen. Toellner gibt sodann, ausgehend von einer heute zu beobachtenden Tendenz in der Medizin, die er als „technomorph" bezeichnet, einen kurzen Abriss zur Geschichte der Medizin der letzten 350 Jahre und arbeitet die Gegensätze der durch Stahl aufgestellten psychodynamischen Lehre und der cartesianisch geprägten „mechanistischen" Theorie, wie sie durch Hoffmann vertreten wurde, heraus. Ob es zulässig ist, Stahls „Anima"-Paradigma als Grundlage einer „sanften Medizin" zu sehen, sei dahingestellt. Der heute gebrauchte, sehr unscharfe Begriff weckt jedenfalls Vorstellungen, die sich mit der Praxis Stahls und seiner Anhänger nicht vereinbaren lassen. Diese sah zwar in der Selbstheilkraft der Natur in Krankheitsprozessen einen entscheidenden Faktor, dem man durch die Regel, sich therapeutisch abwartend zu verhalten, – ein Standpunkt, den nicht erst Stahl, sondern schon Thomas Sydenham (1624–1689) vertrat – Rechnung trug. Das Therapiekonzept umfasste jedoch, humoralpathologisch begründet, das ganze Programm von ausleerenden und schweißtreibenden Arzneimitteln, Aderlässen und Klistieren, dazu noch eine bei den pietistischen Stahlianern vom Patienten geforderte Bereitschaft zur Buße für sündhaftes, die Krankheit auslösendes Verhalten, so dass hier der Begriff „sanfte Medizin" durchaus fragwürdig erscheint. Er spielt auch in den folgenden Beiträgen keine Rolle mehr.

Jürgen Helm geht in seiner Analyse der von Christian Friedrich Richter 1705 publizierten Schrift *Kurtzer und deutlicher Unterricht von dem Leibe und natürlichen Leben des Menschen* der Frage nach, ob dieser im Stahlschen Geist verfasste Traktat die „Medizinische Programmschrift des Halleschen Pietismus" sei. Helms Ausführungen machen deutlich, dass ihm dieser Rang in der Tat zukommt. Der junge Waisenhausarzt Richter hat hier Stahls Lehre popularisiert und mit den theologischen Auffassungen von August Hermann Francke so eng verbunden, dass sich die „Zielgruppe", eine Leserschaft von Erbauungsbüchern, angesprochen fühlen musste. Das Buch diente der medizinischen Bildung der Schüler des Pädagogiums an den Stiftungen und der Medizinstudenten, erfüllte aber auch die Funktion einer Werbeschrift für die Waisenhausmedikamente. Dass es spezifisch pietistische Züge trägt und damit über ein stahlianisch orientiertes Aufklärungsbuch hinausgeht, zeigt der Vergleich z. B. mit einem ebensolchen, ebenso erfolgreichen Buch des Arztes Christian Weisbach (1684–1715), *Wahrhafte und gründliche Cur aller dem menschlichen Leibe zustossenden Kranckheiten* (1712). Hier finden wir nichts von den durch Helm herausgearbeiteten Ratschlägen zur Abkehr von Sünden und Bekehrung zu Gott als Voraussetzung zur Heilung des Leibes, sondern nur den Rat: „Werde ein Christ". Auch sind im Unterschied zu Richter keine Arzneimittel erwähnt, die als Geheimmittel verschickt werden, sondern nur Rezepturen, die jede Apotheke anzufertigen verstand.

Über die ökonomisch motivierte pharmazeutische Institution in Halle berichtet Hans-Joachim Poeckern unter dem Titel *Waisenhaus-Apotheke und Medikamenten-Expedition der Franckeschen Stiftungen zu Halle a. d. Saale.* Er schildert den Ausgangspunkt, Aufbau und Werdegang der Apotheke und ihre Arzneimittelproduktion, die sich weitgehend unter Geheimhaltung der Rezepturen und Herstellungsweise vollzog. Wenngleich wir von Poeckern, der die erhaltenen Manuskripte bereits edierte, wissen, dass die meisten Mittel in den Pharmakopoen dieser Zeit durchaus gängig waren, so genoss doch die *essentia dulcis*, eine Goldtinktur, die besondere Aura einer göttlich inspirierten und gottgefälligen Panazee, und die Waisenhaus-Apotheke war im protestantischen Einflussbereich die einzige Versandapotheke im 18. Jahrhundert, die sich mit den erfolgreichen

Jesuitenapotheken vergleichen lässt, die jüngst durch Sabine Anagnostou bearbeitet worden sind (*Jesuitenapotheken vom 16. bis 18. Jahrhundert und ihr Publikum.* In: Apotheke und ihr Publikum Hg. v. Christoph Friedrich u. Wolf-Dieter Müller-Jahncke. Stuttgart 2003 [Veröff. zur Pharmaziegeschichte, 3], 53–70). Poeckerns Aufsatz spannt den Bogen der wechselvollen Geschichte der Waisenhaus-Apotheke bis in die aktuelle Zeit und zeigt auch, wie die Zusammensetzung der Mittel, die meist chemieatrische Präparate waren und Antimonverbindungen sowie andere ‚heroische' Substanzen enthielten, durchaus nicht „sanft" wirkten und erst in der Mitte des 18. Jahrhunderts allmählich ‚entschärft' wurden. Hier dürfte insbesondere Johann Juncker, der erste Waisenhausarzt, der die Stahlsche Lehre, eine pietistische Grundhaltung und die Medizin der Aufklärung in seiner Person vereinte, von entscheidendem Einfluss gewesen sein. Mit einer bisher wenig bekannten Periode seiner Vita befasst sich der Aufsatz von Helga Zöttlein *Der Mediziner als Theologe, Johann Juncker (1679–1759) im waldeckischen Damenstift Schaaken (1702–1705).* Als Prediger radikalpietistischer Auffassungen kam er in der Hochburg des separatistischen Pietismus in Berleburg, wo er die Gräfin Charlotte Sophie von Waldeck heiratete, durch den Arzt Johann Samuel Carl zur Medizin und absolvierte wohl dessen medizinisches Propädeutikum. (Die von der Verfasserin zu Carl zitierte Arbeit von Christa Habrich wird leider fälschlich als „Diss. med. Münster" zitiert; es handelt sich um die Habilitationsschrift an der medizinischen Fakultät der LMU München). Nach den „wilden Jahren" und dem Skandalon einer übrigens glücklichen Ehe, die Standesunterschiede nivellierte, etablierte sich der mit Francke engverbundene Juncker an der Universität und auch als Waisenhausarzt in Halle. Unter seinem Dekanat wurde 1754 Dorothea Christiane Erxleben als erste Frau in Deutschland zum Doktor der Medizin promoviert.

Der Gedanke einer „ärztlichen Mission" ging von Halle aus, und wenngleich das Projekt nur kurz verwirklicht werden konnte und letztlich scheiterte, war es der erste moderne Versuch, die Fürsorge für Leib und Leben in Gemeinde und Schule der Mission mit der natürlichen Umgebung und der indigenen Bevölkerung zu verbinden, auf die kein missionarischer Druck ausgeübt wurde und grosse Offenheit herrschte. Diesen Nachweis führt Christopher Grundmann in seiner Untersuchung *Von der caritas in missionibus zur ärztlichen Mission – Ein Gang durch die Frühgeschichte missionsärztlicher Arbeit in Übersee unter besonderer Berücksichtigung des Beitrags Halles.*

Über *Die Bedeutung der Basler Ärztlichen Mission in ihren südindischen Missionsgebieten in der Zeit von 1886–1914* berichtet Maya Trapp. Sie beschreibt unter anderem die Spannungen, die in der Kolonialzeit unter politischem Druck die missionsärztliche Arbeit belasteten, wobei hervorzuheben ist, dass es besonders diese war, die den planmäßigen Kampf gegen die Lepra und andere Infektionskrankheiten aufnahm. – Leben und Leistung eines deutschen Theologen ist der Beitrag von Wolfgang U. Eckardt gewidmet: *Reichgottesarbeit nicht Reichsarbeit – Theodor Christlieb und die Idee einer deutschen ärztlichen Mission in der Wilhelminischen Epoche*. Der aus dem württembergischen Pietismus stammende Theologieprofessor sah seinen Einsatz für die ärztliche Mission auch als Gegenpol und Widerstand gegen die ‚naturalistische' und atheistische Einstellung der Schulmedizin in Deutschland. Die Missionare seien notgedrungen immer auch ein wenig ‚Medikaster', so sollten die Ärzte aber auch etwas ‚Theologaster' sein. Die Entwicklung bis zur Gründung des „Vereins für ärztliche Mission in Stuttgart" 1898 ging letztendlich auf die Vorarbeit Christliebs zurück. Dass der württembergische Pietismus nicht erst im 19. Jahrhundert an medizinischen Fragen im theologischen Zusammenhang interessiert und aktiv war, verdeutlicht Katharina Ernst in einer Kurzfassung *Krankheitsnorm in einer altwürttembergisch-pietistischen Zirkularkorrespondenz* aus ihrer Dissertation: *Krankheit und Heiligung. Die medikale Kultur württembergischer Pietisten im 18. Jahrhundert* (Stuttgart 2003). Im Mittelpunkt der in dieser Pfarrerkorrespondenz geführten Diskurse stehen die Ideen und Gedanken von Bernhard Walter Marperger, Johann Reinhard Hedinger, Samuel Urlsperger, Johann Albrecht Bengel und Magnus Friedrich Roos. Die Korrespondenz stellt eine hervorragende Quelle für die Vorstellungen über Krankheit und Kranksein im Pietismus dar und gibt wertvolle Aufschlüsse über die seelsorgerliche Praxis am Krankenbett. Leider fügt die Verfasserin ausser dem Hinweis auf ihre Dissertation keine weiteren Belege an, für den Leser des Sammelbandes nicht gerade komfortabel.

Drei Arbeiten befassen sich mit medizin- und pharmaziehistorischen Themen, die nicht unmittelbar mit dem Pietismus im Zusammenhang stehen. Jürgen Konert geht der Frage nach *Hoffmann oder Stahl?* und berichtet über die Verbindungen zwischen medizinischer Fakultät und Franckeschen Stiftungen in der Gründungsära. Der einen ausführlichen Exkurs über die medizinischen Ideen und Praktiken von Friedrich Hoffmann als Antipode Stahls enthaltende Beitrag zeigt, dass der später durch die Stahlianer verstärkte Gegensatz zwischen den beiden Protagonisten in der Realität so gewaltig nicht war und Hoffmann auf die Medizin und Gesundheitsprophylaxe in den Stiftungen gerade in der frühen Zeit einen gewichtigen Einfluss ausübte. Der zur Physikotheologie tendierende, mit Francke befreundete Professor war gegenüber dem Waisenhaus durchaus großzügig und zugetan. Das Phänomen, dass fast alle Pietisten Stahlianer, aber nicht alle Stahlianer Pietisten waren, ergab sich letztlich auch daraus, dass die Stilisierung Stahls zu einem von Gott erleuchteten Arzt besonders durch Christian Friedrich Richter katalysiert worden ist. Dessen *essentia dulcis* bot den Anlass für John K. Crellins Beitrag *Commercial medicines, physician's prescriptions, and chemistry. Three medical worlds of the eighteenth century, or one?* In klarer Form wird hier der Arzneimittelmarkt des 18. Jahrhunderts mit seinen drei „Arenen" strukturiert und analysiert und der Übergang von Geheimmitteln über Präparate der Pharmakopöen bis zu pharmazeutisch-chemischen Produkten einer frühen Industrie dargestellt und mit dem medizinischen Diskurs über die Therapie jener Zeit, besonders in England, verbunden. Dass hier auch die Ideen Stahls durch William Cullen für chemische und therapeutische Ansätze adaptiert wurden, unterstreicht die Wirkmächtigkeit der von Halle ausgehenden Lehre.

Colin Jones schließlich fordert in dem Beitrag *Medical Core and Medical Penumbra in Early modern France* die Medizinhistoriker dazu auf, die medizinische ‚Maginot-Linie' zu überschreiten, die durch fälschliche Annahme einer dichotomen medizinischen Welt – hier ‚Schulmedizin' und Professionalisierung der Heilberufe für eine Elite der Patienten, dort Heiler aus dem ‚Volk' für die übrige Bevölkerung – an der Realität vorbei gehe. Einen Paradigmawechsel von den in den 1960er Jahren aufgestellten Thesen der Mentalitätsgeschichte vorschlagend, wird am Beispiel Frankreichs dargelegt, dass im 18. Jahrhundert eine Durchlässigkeit der durch die Grenzen als getrennt postulierten medizinischen Felder bestand und keine fest gefügte Struktur das Verhältnis von Mediziner, Heiler und Patient, ob arm oder reich, gebildet oder ungebildet, einengte. Man darf hinzufügen: Auch im deutschsprachigen Raum erreichten gerade die Waisenhauspräparate und der populäre Stahlianismus aus Halle alle Schichten der Bevölkerung, von den Palästen bis zu den Hütten!

Christa Habrich Gießen

Missionsberichte aus Indien im 18. Jahrhundert. Ihre Bedeutung für die europäische Geistesgeschichte und ihr wissenschaftlicher Quellenwert für die Indienkunde. Hg. v. *Michael Bergunder*. Halle: Verlag der Franckeschen Stiftungen zu Halle 1999 (Neue Hallesche Berichte, 1). – 260 S.

Das Buch enthält Vorträge, die auf der von den Franckeschen Stiftungen am 20./21. November 1997 als interdisziplinäre Fachtagung unter dem Thema „Missionsberichte aus Indien im 18. Jahrhundert" veranstalteten Tagung gehalten wurden. Im Zentrum stehen die *Halleschen Berichte*.

Neben dem Vortrag von Robert Eric Frykenberg, *The Halle Legacy in Modern India: Information and the Spread of Education, Enlightenment and Evangelization* wurde noch der Aufsatz von Hugold Grafe, *Hindu Apologetics at the Beginning of the Protestant Mission Era in India* hinzugefügt.

Sehr hilfreich ist die Auswahlbibliographie zur christlichen Mission in Indien im 18. Jahrhundert, die einen ersten Überblick über den bisherigen Forschungsstand vermittelt.

Es waren vornehmlich pietistisch geprägte Missionare der Herrnhuter Brüdergemeine, die August Hermann Francke dem dänischen König zur Verfügung stellte und die mit Hilfe indischer Christen eine „information revolution" in Tranquebar in Südindien einleiteten. Während die Dänen nur am profitablen Handel interessiert waren, wollten die Missionare der Herrnhuter Brüdergemeine (wie ihr Gründer Graf Nikolaus von Zinzendorf) den gekreuzigten Jesus Christus in Indien verkündigen. Sie gründeten deshalb christliche Schulen und erforschten die einheimische Tamil-Sprache. Neben *Bartholomäus Ziegenbalg* und *Heinrich Plütschau* förderte vor allem *Christian Friedrich Schwartz* einheimische „Helfer". *Vedanyakam Sastri* ist neben dem späteren Herrscher von Tranquebar der wohl bedeutendste. Beide hinterließen profunde Markenzeichen in der Tamil Kultur bis zum heutigen Tag. Sie begründeten ein „public Enlightenment of India" (Robert Eric Frykenberg) und sahen als ein „Zeichen der Zeit", dass durch die Missionsberichte „unser Indien [. . .] dem geliebten Europa immer bekannter wird" (33).

Die *Indienmission im Weltaspekt* beschreibt Hans-Werner Gensichen (30–43). Ziel der Missionare war: „Der Heiland will [. . .] eine Hütte Gottes unter den Menschen", nicht aber „eine auf lutherischem Fuß eingerichtete christliche Kirche aus den Heiden" (42).

S. Rajamanickam kommt in der Untersuchung der Geschichte der *Madurai und Tranquebar* Mission (44–68) zum Ergebnis, dass nie mehr als 14 europäische Missionare dieser Mission im Lande waren, jedoch ein gutes Dutzend Zentren über das ganze Gebiet von Tamil Nadu verstreut waren. Diese von Anfang an indische Mission litt sehr unter der Trennung zwischen katholischer und protestantischer Mission.

Hugold Grafe unterstreicht in seinem Beitrag, *Hindu Apologetics at the Beginning of the Protestant Mission Era in Indien* (69–93), dass der Dialog der Religionen immer eine wichtige Rolle spielte, auch wenn dann im 18. Jahrhundert die Höflichkeit im religiösen Diskurs die Oberhand gewann und einen vertieften, der Sache dienenden Dialog verhinderte, weil spätere Missionare nicht mehr wie Ziegenbalg ehrlich und leidenschaftlich versuchten, sich in den Hinduismus hineinzudenken.

Daniel Jeyaraj konzentriert sich auf *Hallesche Berichte: Quelle zur Südindienkunde* (94–110). Er ist überzeugt, „dass die Halleschen Berichte Südindien mit Deutschland, Dänemark und England verbanden", weil die Missionare es verstanden, die Entwicklung der Mission in Südindien, die dortige Kultur, Religion und Lebenswelt der Tamilen den europäischen Lesern verständlich zu beschreiben. Sie sind auch heute noch „eine unverzichtbare Quelle zur Südindienkunde" (109).

Michael Bergunder betont in seinem Referat *Die Darstellung des Hin-*

duismus in den Halleschen Berichten (111–125) die Vielschichtigkeit des Inhalts der Hinduismusforschung. Er bezieht sich auf drei umfangreiche Werke Ziegenbalgs, nämlich *Das Malabarische Heidenthum*, *Die Malabarische Korrespondenz* und *Die Genealogie der malabarischen Götter*. Hinzu kommt der 40seitige so genannte *Yajur-Veda*. Wichtig war den Missionaren die Vermittlung religiöser Inhalte (115 ff.) wie beispielsweise die zehn *Avataras Vishnus* (117 ff.), die Beschreibung von Wallfahrten (119) und die religiöse Bewältigung von Krankheiten (121 ff.), bei der vornehmlich weibliche Dorf-Gottheiten eine wichtige Rolle spielten. Da die Missionare viel unterwegs waren, beschrieben sie auch ausführlich, wie beispielsweise Missionar Geister 1734, die Bestattungszeremonien (123 ff.). Bergunder ist überzeugt, „dass in den Halleschen Berichten noch viele Quellen zum Studium des Hinduismus verborgen sind [...], die es verdienen als solche gewürdigt zu werden, weil sie wichtige Einblicke in den südindischen Hinduismus des 18. Jahrhunderts in Tamilnadu" (125) geben.

Gita Dharampal-Frick referiert über *Malabarisches Heidenthum: Bartholomäus Ziegenbalg über Religion und Gesellschaft der Tamilen* (126–52). „Die Besonderheit von Ziegenbalgs proto-indologischen Schriften und ihre vielleicht eigenständigsten Leistungen" seien Alternativen zu bereits bestehenden „eingespielten und zu scheinbaren Gewißheiten verfestigten Sichtweisen späterer Generationen von Indologen" und „eine wichtige Ergänzung und in mancher Hinsicht auch ein Korrektiv" langzeitig einseitig dominierenden sanskritistisch geprägten Auffassungen. Eine Neubeschäftigung mit Ziegenbalgs Forschungen könnte zu einem Revisionsprozess der Forschung und zu einem differenzierteren Verständnis des bereits in vollem Gange befindlichen frühneuzeitlichen Indien beitragen (152).

Heike Liebau weist in ihrem Vortrag *Der Islam in Südindien im Spiegel der dänisch-halleschen Missionsquellen* (153–174) nach, dass das Interesse am Islam aus den Berichten und Abhandlungen der Missionare deutlich nachzuweisen sei. Sie seien bis heute Quellen von unschätzbarem kulturhistorischem Wert, besonders auf linguistischem, philosophischem und teilweise naturwissenschaftlichem Gebiet.

Andreas Nehring beschäftigt sich in seinem Referat mit *Natur und Gnade: Zu Theologie und Kulturkritik in den Neuen Halleschen Berichten* (220–245). Das anfängliche Interesse der Beschreibung der Religion und Gesellschaft wich später dem Interesse an naturwissenschaftlichen Erkenntnissen. So erhielt beispielsweise 1795 Peter Rottler (1749–1836) von der Universität Erlangen die Ehrendoktorwürde für seine Leistungen in der Botanik.

Gegen Ende des Jahrhunderts solidarisierten sich die Missionare mehr und mehr mit den Armen und Unterdrückten. Ursachen der Armut seien weniger das Kastensystem als vielmehr politische und kulturelle Probleme.

Deshalb konzentrierten sich die Missionare auf die Verbesserung der sozialen und wirtschaftlichen Gesetzgebung für die Paraiyar. Missionar John erhoffte sich die Verbesserung der Gesellschaft durch die „Gründung einer christlichen Kultur“ in Indien. Dazu sollte die Schularbeit ihren Beitrag leisten. John ist der Ansicht, dass „die Europäer von tamilischer Literatur, von den indischen Sprachen und von indischer Medizin und Chemie einiges lernen könnten“ (235). Doch „das beste Mittel, die hiesigen Einwohner zu verbessern, wird immer dieses seyn und bleiben, dass man die Herzen durch christlichen Unterricht für Jesum zu gewinnen sucht [...] und dahin arbeitet, sie weiser und glücklicher zu machen, ihre Kinder zu unterrichten, für den Staat zu erziehen, für ihre Witwen und Armen zu sorgen, und Gewerbe, Fleiß und allgemeinen Wohlstand zu befördern“ (237). Hier finden wir erste Ansätze zu dem, was man dann im 20. Jahrhundert „Christian nationbuilding“ nannte.

Der umfangreichste und für mich wichtigste Beitrag ist der von Indira Viswanathan Peterson, *Science in the Tranquebar Mission Curriculum. Natural Theology and Indian Responses* (175–219). Die Missionsgeschichte steht in enger Verbindung mit der Wirtschaftsgeschichte. Das weltweite Netz, das wir heute Globalismus nennen, wurde zwischen 1450 und 1800 langsam immer enger gesponnen und brach schließlich seine Ketten, um sich, beginnend mit der Industriellen Revolution in England, im Zeitalter des Imperialismus, heute zum alles umfassenden *Internet* zu verdichten.

In dieses „Human Web“ (J. R. McNeill & William H. McNeill) eingesponnen ist auch die Missionsgeschichte. Indien und China stehen wie im 18. Jahrhundert heute wieder im Fokus des religiösen und wirtschaftlichen Interesses der Europäer. Zu Beginn des 18. Jahrhunderts errichtete der dänische König Friedrich IV. in der kleinen Handelskolonie Tranquebar an der Südostküste Indiens eine protestantische Mission. Zwei Schüler *August Hermann Franckes*, dem Begründer der Franckeschen Stiftungen zu Halle, Bartholomäus Ziegenbalg (1682–1719) und Heinrich Plütschau (1677–1752), erreichten nach abenteuerlicher Reise am 9. Juli 1706 die Küste Südindiens. Mit großer Behutsamkeit nahmen sie den Dialog mit den Menschen vor Ort auf. Sie erlernten die Landessprache Tamil und begannen mit Übersetzungen religiöser Schriften, die sie, der Tradition des Landes folgend, auf Palmblätter schrieben. Aufmerksam erkundeten sie die neue Lebenswelt und berichteten regelmäßig und ausführlich nach Halle. Auszüge wurden in den *Halleschen Berichten* der Öffentlichkeit zugänglich gemacht; sie fanden über die Grenzen Deutschlands hinaus Verbreitung und prägten maßgeblich die Wahrnehmung Indiens in weiten Kreisen bis hin zu Johann Wolfgang von Goethe.

Die Dänisch-Hallesche Mission steht für den beständigen Kulturdialog zwischen Indien und Europa. Ein Beispiel des positiven Kulturaustauschs ist die Geschichte von Tanjore in Südindien zur Zeit der Herrschaft von Raja Serfoji II. (1798–1832). In Indien entstand durch Raja Serfoji zwischen 1770 und 1820 ein Netzwerk von Ideen und einer wissenschaftlichen Praxis, die dem europäischen Vorbild in nichts nachstand. Ein kleines Königreich verstand es im frühen 19. Jahrhundert in Südindien auf die Schwelle zur Modernität zu springen. Diese Geschichte ist bislang nicht hinreichend erforscht worden.

Der am 24. September 1777 im königlichen Haus des Maratha Königs, Chattrapathy Shivaji geborene und am 7. März 1832 gestorbene Serfoji II. war der letzte absolute Herrscher der unabhängigen Maratha principality of Tanjore. Seine Nachkommen tragen bis heute den Titel Maharajahs of Thanjavur. Raja Thulajah, der König von Thanjavur adoptiere ihn 1787 als Sohn, „indem er ordnungsgemäß alle frommen Riten durchführte". Er vertraute Serfoji der Obhut des christlichen Missionars Christian Friedrich Schwartz an. Als Amar Singh sich 1787 des Thrones bemächtigte und dem jungen Prinzen eine gute Ausbildung verweigerte, sandte Schwartz den jungen Prinzen zum lutherischen Missionar Wilhelm Gericke nach Madras, der ihm eine vorzügliche Ausbildung ermöglichte. Auf diese Weise lernte Serfoji Tamil, Telugu, Urdu, Sanskrit, Französisch, Deutsch, Dänisch, Holländisch, aber auch klassisches Griechisch und Latein. So wurde er zu einem der Gebildetsten seiner Zeit. Schließlich setzten ihn die Dänen als *raja* (König) ein.

Raja Serfoji organisierte eine Bildungsreform und gründete in diesem Zusammenhang die berühmte Schule Navavidhya Kalanidhi Sala, in der neben Sprachen und Literatur auch Naturwissenschaften und Kunst sowie handwerkliche Fertigkeiten zusätzlich zum Vedas und zu den Shastras unterrichtet wurden. Er ließ Frauen zu Lehrerinnen ausbilden und reformierte so das ganze Erziehungswesen. Serfoji führte außerdem 1805 die erste indische Handpresse in Südindien ein. Für die Bauern ließ er Wasserspeicher konstruieren und viele Brunnen graben, verbunden mit einem unterirdischen Entwässerungssystem für die ganze Stadt Thanjavur.

Das Forschungsinstitut Dhanavantari Mahal sammelte Kräuter (Ayurvedic) und stellte daraus Medizin für Menschen und Tiere her. Ärzte forschten auf den unterschiedlichsten Gebieten und stellten Kräuter und Tinkturen für medizinische Heilung her. Sie produzierten im Laufe der Jahre achtzehn Bände medizinisches Forschungsmaterial. Die aus Kräutern gewonnene Medizin wurde im Aushadak Kottadi, einer riesigen Apotheke, aufbewahrt. Die im *Sarabhendra Vaidhya Muraigal* gesammelten Gedichte schildern, wie die verschiedenen Krankheiten zu behandeln sind.

Aus den im September 2003 vom 6. Nachkommen des Königs Serfoji II., dem gegenwärtigen Prinzen von Thanjavur, veröffentlichten 200 Jahre alten Manuskripten der Saraswathi Mahal Bibliothek wird deutlich, dass Serfoji II. selber Augenoperationen durchführte. Serfoji II. gründete auch den ersten Zoo in Tamil Nadu und ließ eine Werft bei Manora, rund fünfzig Kilometer von Thanjavur entfernt, einrichten sowie eine meteorologische Station, um den Handel zu erleichtern, sowie eine Gewehrfabrik, eine Marinebibliothek und einen Marinespeicher mit allen Arten von Navigationsinstrumenten. Er förderte traditionelle indische Tänze und Musik, führte aber gleichzeitig westliche Musikinstrumente wie Klarinette und Violine in der Carnatic Musik ein. An der bis heute bestehenden fünfstöckigen Sarjah Mahadi Bibliothek im Thanjavur Palast ließ er die Geschichte der Bhonsle Dynastie auf der südwestlichen Wand einschreiben. Diese gilt als längste Inschrift in der Welt.

Serfoji war sehr tolerant und unterstützte Kirchen, christliche Missionsschulen, hinduistische Tempel und islamische Einrichtungen. An seiner Beisetzung am 7. März 1832, nach fast 40jähriger Herrschaft, nahmen über 90.000 Menschen teil.

Eng verbunden mit Serfoji ist auch Vedanayakam Sastri (1774–1864). Auch er verdankt seine Ausbildung Missionar Schwartz. Der christliche Dichter schrieb in Tamil über das Kastenwesen und Christentum. Er gilt als einer der bedeutendsten Dichter in Tamil Nadu. Dem Beispiel August Hermann Franckes in Halle folgend, schuf der pietistische Tamile Sastri Indira Viswanathan Peterson zufolge „ample room for wonder, and thereby in the flow and interchange of ideas regarding science during the Age of Enlightenment, which, paradoxically, eventually rendered the Kunstkammer obsolete“ (218).

Karl Wilhelm Rennstich Reutlingen

The Distinctiveness of Moravian Culture. Essays and Documents in Moravian History in Honor of Vernon H. Nelson on his Seventieth Birthday. Ed. by *Craig D. Atwood* and *Peter Vogt*. Nazareth, Pennsylvania: A Moravian Historical Society Publication 2003. – 297 S.

Mit dieser Publikation wird Vernon H. Nelson als Archivar und langjähriger Leiter der „Archives of the Moravian Church – Northern Province“ Bethlehem Pa./USA geehrt. Ein Lebenslauf des Jubilars nebst Werkverzeichnis durch Otto Dreydoppel Jr. (Moravian Theological Seminary, Bethlehem, Pa.) schließt die Festschrift ab. Die Herausgeber und Verfasser der Einzelbeiträge sind Kenner der Geschichte der Brüdergemeine, überwiegend in den USA tätig.

Der programmatische Titel *The Distinctiveness of Moravian Culture* sowie eine Einleitung von Peter Vogt (Pfarramt Niesky) und ein Nachwort von Craig D. Atwood (WFU Divinity School, Winston-Salem, N.C.)

halten die 15 Originalbeiträge zusammen, die dergestalt eingeordnet sind: „Part 1: Moravian Aesthetics and Liturgy; Part 2: Moravians in the New World; Part 3: Zinzendorf and Moravian Theology". Fast alle Aufsätze bieten bisher unveröffentlichtes Archivmaterial aus der Mitte des 18. Jahrhunderts in Übersetzung mit sehr knapp gehaltenen Einführungen. Teilweise wurde das deutschsprachige Original der Quelle mit abgedruckt. Inwiefern jedoch eine spezifische „Moravian Culture" im Unterschied zur Kultur anderer zeitgenössischer religiöser Gruppierungen im 18. Jahrhundert sichtbar wird, muss sich der Leser weitgehend selbst erarbeiten.

Als historisches Quellenmaterial werden bearbeitet drei Lebensläufe von Gemeingliedern, ein Geburtstagsgedicht, ein brüderisches Lied, die brüderischen Liturgien, ein Seereisetagebuch, eine Predigt, ein Haushaltsbuch, ein Brief aus Anlass des Todes des Grafen N. L. von Zinzendorf. Weitere Beiträge befassen sich mit der Kommunikation zwischen den Brüdern und den Gemeinden, mit Zinzendorfs Theologie vom Sabbat, mit den Grundlinien seiner Theologie. Zwei Beiträge widmen sich Synodalbeschlüssen aus der Nach-Zinzendorf-Zeit.

Die Lebenslauf-Kultur ist in der Brüdergemeine erst allmählich um 1750 entstanden. Die hier vorgelegten Lebensläufe stammen von dem Komponisten Simon Peter (1743–1819) – bearbeitet von C. Daniel Crews (Winston-Salem, N. C.); von dem Komponisten Johann Christian Till (1762–1844) – bearbeitet von Alice M. Caldwell (Lehrtätigkeit in Connecticut); von dem Indianermissionar Johann Georg Jungmann (1720–1808) – bearbeitet von Katherine M. Faull (Bucknell University). Paul Peucker (Moravian Archive Bethlehem, Pa.) rekonstruiert erstmals den Lebensweg des vergessenen Malers Johann Jacob Müller (1712–1781), der Zinzendorf als Schreiber diente und von dem zahlreiche Predigten des Grafen niedergeschrieben worden sind. Ausgangsquelle ist ein ihm gewidmetes Geburtstagsgedicht aus dem Jahre 1744, das mit dem zentralen Motiv ‚der Blut- und Wundentheologie' der 1740er Jahre ‚spielt'. Einen unerwarteten Zugang zu einem Lebenslauf nimmt eine Untersuchung von Mark A. Tudor (Moravian Historical Society, Nazareth, Pa.). Er fragt nach den Folgen der Bekehrung im Leben eines Indianers. Anhand des ‚Haushaltsbuches' des Abraham (Mitglied der brüderischen Indianersiedlung Gnadenhütten) wird dessen geänderte Lebensgestaltung erhoben. Wurden Lebensläufe in der kirchengeschichtlichen Forschung lange Zeit eher als Belegquellen für bestimmte Ereignisse herangezogen, so gerät mit ihnen jetzt der Einzelne als Glaubender und Mitglied der Gemeinschaft in den Blick.

Beverly B. Smaby (Clarion University in Pennsylvania) bearbeitet das Reisetagebuch der Anna Johanna Piesch, die 1752 mit 16 Schwestern von London nach New York reist. Die Aufzeichnungen schildern die Schwierigkeiten dieser Seereise, aber eben auch die täglich erfahrenen

Tröstungen in und mit der Gemeinschaft. Wie schon bei den Lebensläufen zeigt diese intensive geistliche Betrachtung der Lebenserfahrungen einen typischen Zug brüderischer Kultur.

Die Untersuchung von Carola Wessel (†) hebt ab auf die hohe Bedeutung des Schriftverkehrs zwischen brüdergemeindlichen Niederlassungen bzw. zwischen einzelnen Brüdern und Schwestern. Begrenzt auf die Jahre 1772 bis 1774 wird das „network of communication" zwischen „Moravians in Germany, in Bethlehem, Pa., and in the mission settlement of the Ohio valley" untersucht. Die Mittel werden aufgezeigt, mit denen sich die weltweit tätige und also verstreut lebenden Gemeinden untereinander gleichwohl als „eine" Brüdergemeine erfahren konnte.

Dieter Gembicki (Genf) untersucht einen Brief des Londoner Buchverlegers James Hutton (1715–1795), einem der frühesten Anhänger der Brüdergemeine in England. Als Hutton von dem Tode des Grafen erfuhr, schrieb er einen Brief zur Unterrichtung an Johann Jakob Bodmer (1698–1783) in Zürich. Dieser entschiedene Vertreter der Aufklärung erhielt damit nicht nur eine Nachricht eines Freundes, sondern mit der Schilderung des Lebens und Lebensende des Grafen vor allem eine ‚missionarische Einladung' eines von der Herzensreligion bewegten ‚Herrnhuters'.

Einen Auszug aus dem Diarium der Siedlung Bethlehem, Pa., vom 11. Februar 1758 bearbeitet Katherine Carté Engel (University of Wisconsin-Madison). Sichtbar werden sowohl die Schwierigkeiten dieser seit 1741 in gemeinsamer Haushaltung lebenden Brüdergemeinschaft, aber auch deren Bewältigung durch ihren Leiter A. G. Spangenberg. Bedeutsam ist der Hinweis, dass „Moravian communalism never included any explicit challenge to the economic order of the mid-18th century" (121). Folglich konnte diese besondere Lebensgestaltung als Kultur wieder aufgelöst werden, als sie der ursprünglichen Absicht der Mission und der Hingabe des Lebens für den Heiland nicht mehr dienlich war.

Gemeinschaft verlangt nach Gestaltung und nach Lösung der von innen oder außen an sie herangetragenen Anfragen. Am Beispiel eines altböhmisch-brüderischen Liedes zeigt Nola Reed Knouse (Moravian Music Foundation, Winston-Salem, N. C.) wie die – englische – Übersetzung dieses alten Liedes für heutige Zeit gelingen kann. Mit den in der frühen Zeit der Herrnhuter Brüdergemeine täglich gesungenen Liturgien befasst sich Craig D. Atwood. „Their usefullness as historical documents has been largely overlooked" (47). Die Übersetzung dieser Quellen macht sie erstmals einer breiteren Erforschung in den USA zugänglich. Eine ausführliche Einleitung beschreibt ihren Inhalt, deren Gebrauch und stellt fest: „The church litanies expressed the official theology of the Moravians in a way that continually reinforced that theology in the lives of the individuals living in Bethlehem" (57).

Peter Vogt widmet sich in seinem Beitrag *Zinzendorf's Theology of the*

Sabbath. Zinzendorf pflegte die Sabbat-Heiligung privat und konnte sie einzig in der Gemeine von Bethlehem, Pa., einführen. Die Ausführungen machen am Beispiel des Sabbats aufmerksam darauf, dass der gelebte Vollzug des Geglaubten wiederum den Inhalt des Glaubens ‚reicher' und ‚vielgestaltiger' werden lässt.

Nach Zinzendorfs Tod musste die Brüdergemeine ihren Standort bestimmen. Dietrich Meyer (Herrnhut) befasst sich mit dem von Zinzendorf vermutlich 1741 bei einem Besuch in Genf aufgegriffenen Begriff „Theocratie". Er zeigt, wie das Verständnis von Gemeine als ‚Theocratie' nach Zinzendorfs Tod 1760 sowohl festgehalten als doch auch eingeschränkt wird.

Zwischen 1764 und 1782 arbeiteten mehrere Synoden der Brüdergemeine daran, ihre Lehre abschließend zu erfassen. James D. Nelson (United Theological Seminary, Ohio) legt für die weitere Forschung vier Schlüsselelemente daraus in Übersetzung vor und beschreibt ihren Entstehungsprozess. Dieser Vorgang zeigt, dass für die Brüdergemeine eine Zeit der Konsolidierung angebrochen war.

Der Beitrag von Arthur Freeman (Moravian Theological Seminary, Bethlehem, Pa.) versucht, Zinzendorfs theologische Grundanschauungen in sechs Punkten zu erfassen und als Glaubensgrundlage für die Gemeinglieder heute im Umfeld anderer religiöser Anschauungen anzusagen. Zinzendorfs ganz spezieller Beitrag wird so gesehen: „What we can learn from Zinzendorf is that theology can be open both to the legacy of the past and to new language, insights, and leadings of the Spirit. Zinzendorf wanted his theology to speak of God's living reality to the people of his age. Moravians today face a similar task" (281).

Damit sind Inhalt und Forschungsrichtung der Aufsätze dargestellt. Die Anordnung seitens der Herausgeber wurde hier bewusst übergangen. So wird erkennbar, dass sich fast alle Beiträge letztendlich mit der Gestalt der Gemeine bzw. des Glaubenslebens des Gemeinglieds befassen. Denn diese „Distinctiveness of Moravian Culture" interessiert gegenwärtig, weil sie Impulse zur Gestaltung des religiösen Lebensvollzuges für Christen der evangelischen Landeskirchen setzt.

Blicken wir noch abschließend auf Einleitung (Peter Vogt) und Nachlese (Craig D. Atwood). Beide Herausgeber weisen selbstverständlich auf die Verdienste von Rev. Vernon N. Nelson für die Erforschung der Geschichte der Brüdergemeine hin. Beide reflektieren auch, in welchem Sinne überhaupt die „Distinctiveness" der brüdergemeindlichen Kultur zutreffend ist. P. Vogt merkt an, dass diese Kultur nicht wirklich in sauber getrennten Kategorien zu erfassen ist. Alles ist zu sehr miteinander verwoben. Zudem scheine die besondere Sprache („a particular way of speaking") einen bedeutenden Auslöser zur „Distinctiveness of Moravian Culture" darzustellen. Doch wird dieser Aspekt leider nicht weiter ausgeführt.

Craig D. Atwood ist überzeugt, das, was alles als „Distinctiveness of Moravian Culture“ bezeichnet werden könnte, „were all part of a theological frame work that proclaimed that God has blessed human existence“ (292). Dieser alles einbindende Rahmen sei Zinzendorfs Theologie. Darum sei zukünftig eine zweifache Aufgabe zu leisten, „that we examine both his theology and the lived experience of his followers“ (293). Es wäre wert, nun auch Zinzendorfs Theologie viel mehr im Rahmen ihrer Wechselbeziehungen mit dieser brüdergemeindlichen Kultur zu beschreiben.

Kai Dose Bad Kreuznach

Harm Cordes: Hilaria evangelica academica. Das Reformationsjubiläum von 1717 an den deutschen lutherischen Universitäten. Göttingen 2006 (Forschungen zur Kirchen- und Dogmengeschichte, 90). – 361 S.

Gegenstand der Arbeit ist ein einzelnes Reformationsjubiläum. In der zeitlichen Mitte zwischen dem lutherisch-orthodoxen Jubiläum 1617 und dem von Spätaufklärung und Nationalgedanken geprägten Jubiläum 1817 fällt die Säkularfeier 1717 in eine Zeit des Übergangs. Welchen Einfluss lutherische Orthodoxie, lutherischer Pietismus und theologische Aufklärung auf die Reformations- und Lutherdeutung zu diesem Zeitpunkt hatten, will der Autor zeigen. Zugleich soll der Zustand des Protestantismus geschildert werden, wie er sich im Jubiläum darstellt. Methodisch ist die Untersuchung in einen „historischen“ und einen „theologischen“ Hauptteil gegliedert. Historisch werden Vorgeschichte und Verlauf der Feiern betrachtet, theologisch geht es um die „Darstellung und Beurteilung der Kirchengeschichte in den akademischen Jubiläumsschriften“ (130). Die große Leistung der Arbeit liegt in ihrer Perspektive auf die akademischen Jubelfeiern, die so bisher noch nicht untersucht wurden. Die Konzentration auf die Feiern an den zwölf lutherischen Universitäten im deutschen Sprachraum ist mit deren Repräsentativität für das deutsche Luthertum begründet. Die „maßgeblichen theologischen Lehrer“ (19) wirkten hier. Die Hauptquelle der Untersuchung, Ernst Salomon Cyprians *Hilaria evangelica*, wird ergänzt durch umfangreiches Archivmaterial und separat veröffentlichte akademische Jubiläumsschriften.

Für die Vorgeschichte des Jubiläums zeigt Harm Cordes das Scheitern einer einheitlichen Feier aufgrund divergierender politisch-konfessioneller Positionen und Interessen. Das Verdienst am Zustandekommen der

Feiern schreibt er der Initiative von Einzelpersonen wie dem Landgrafen von Hessen-Darmstadt, Ernst Ludwig, und dem Konsistorialrat am Hof von Sachsen-Gotha, Ernst Ludwig Cyprian sowie dem Engagement der lutherischen Reichsstände zu. Anhand der Auseinandersetzungen um die Anklageschrift gegen die Jubiläen „Dica Jubileorum" des Juristen und Pro-Rektors der Universität Halle, Johann Peter Ludewig, analysiert er das innerprotestantische Ringen um eine angemessene Feier als Streit um Veräußerlichung und Verinnerlichung des Gedenkens.

Der Durchgang durch die Jubiläumsfeiern an den zwölf Universitäten ist nach dem Maß der theologischen „Fortschrittlichkeit" von fast rein lutherisch-orthodox bis dominierend pietistisch geordnet: Wittenberg, Leipzig, Jena, Tübingen, Rostock, Greifswald, Kiel, Königsberg, Helmstedt, Gießen, Halle. Altdorf als kleinste fällt mit nur einer Feierstunde als Appendix aus dem Jubiläumsrahmen. Für alle zwölf bietet Cordes einleitend eine Zusammenfassung der Universitätsgeschichte in der Zeit vor 1717, „um sie hinsichtlich ihres Bekenntnisstandes" einzuordnen. Diese Zusammenfassungen sind äußerst instruktiv. Für 1717 werden detailliert jeweils alle Professoren an den Universitäten aufgeführt, exakt die Festabläufe in ihren Elementen rekonstruiert und die lokalen Besonderheiten vom Pomp in Wittenberg über das Verbrennen einer Papstpuppe in Leipzig bis hin zur eher kargen Feier in Halle geschildert. Eine systematische Analyse der Feiern bietet der Autor dabei nicht. Der „äußere Verlauf" wird „nachgezeichnet" (130).

Das theologische Kapitel beginnt mit einem Überblick über die „historiographische Methode" (130). Cordes zeigt die Verschiebungen im Vergleich zur traditionellen lutherisch-orthodoxen Geschichtsschreibung auf: In der Anwendung der Bibel zur Deutung der Reformationsgeschichte wird das Schema von Verheißung und Erfüllung vom Denken in Strukturanalogien zwischen biblischem Text und historischem Ereignis abgelöst. Die Heilige Schrift dient stärker zur Legitimation der eigenen Position als zur Kritik des zeitgenössischen Katholizismus. Die Reformation erscheint nicht mehr als abgeschlossenes Ereignis sondern als eine – wenngleich maßgebliche – Reformation in einer Reihe von vergangenen, biblisch bezeugten, und weiteren gegenwärtigen – wie im Pietismus – und zukünftig zu erwartenden Reformationen. Zudem verbindet sich eine quellengestützte Einordnung der Reformation in den historischen Kontext mit der traditionellen flacianischen Deutung. Im Einzelnen belegt Cordes, wie letztere für die Darstellung des Mittelalters als einer Zeit des Verfalls und der Herrschaft des Antichrist, in der nur wenige Zeugen der Wahrheit den wahren Glauben bewahren, nachwirkt. Als Indikatoren für eine sich wandelnde Deutung arbeitet er die neue Hochschätzung der Bedeutung des Humanismus für die Reformation, ein sich allmählich freundlicher färbendes Melanchthonbild, das Interesse für die Verbindung von Reformation und Reichspolitik für die

Zeit von 1521 bis 1555 und eine im Ganzen „positive Bewertung Hadrians VI." (188) heraus. Dagegen wird in den Abschnitten zu Luther deutlich, wie sehr hier historische und damit immer auch relativierende Sichten von den damaligen Universitätstheologen vermieden werden, weil die Legitimität der Reformation ganz eng an die Person Luthers geknüpft wird. In diesem Zusammenhang stellt sich die Frage, ob Elemente der volkstümlichen Verehrung Luthers als eines Heiligen, die im akademischen Kontext auftauchen, so leicht zu den „Auswüchsen" (230) gerechnet werden können, wie Cordes das tut. Sie können ebenso als kultureller Ausdruck des Anspruchs auf Legitimation gesehen werden, den die Theologen teils kritisieren, den sie aber modifiziert auch affirmativ aufgreifen.

Als biblische Motive für die Beschreibung der „Wirkung" der Reformation findet Cordes die „Befreiung aus der Gefangenschaft" und die „Verdrängung der Finsternis durch das wahre Licht" (234). Als wichtigste Bedeutungen der Reformation analysiert er die „Heilige Schrift als Fundament von Glauben und Kirche" (236) sowie die „Rechtfertigung des Sünders und seine Heiligung" (241). Beide Schwerpunkte sind nicht ohne die Auseinandersetzung mit katholischer Lehre einerseits und Pietismus andererseits zu denken. Fragen des Sakramentsverständnisses treten als lutherisches Identitätsmerkmal dagegen in den Hintergrund. Die akademische Sicht auf die ethischen Auswirkungen der Reformation nimmt Cordes unter den Überschriften: „Verbesserungen im öffentlichen Leben, Staat und Kirche, Lehre und Leben" (250–272) in den Blick. Bessere Bildung, Machtzuwachs für die weltliche Obrigkeit und die Aufforderung zu einer christlichen Lebensführung macht er als deren Hauptinhalte aus. Seine Fixierung auf das 1717 vorherrschende Geschichtsbild in der Theologie lässt ihn dabei Reden von Nichttheologen, von Angehörigen der Philosophischen Fakultät sowie von Medizinern und Juristen, in denen nichttheologische Gegenstände verhandelt werden, als Ausnahmen beurteilen. Die darin vorkommende Gegenwartsdeutung, die in der Frage nach der Wirkung über das Historische hinaus mitgeführt wird, kommt wenig in den Blick. Die konstatierte „Distanz zur aktuellen politischen und kirchlichen" Lage in den Feiern erscheint als abschließendes Urteil nach dem im Buch präsentierten reichhaltigen Material doch zu kurz gegriffen und auch dem methodischen Ansatz geschuldet. So ist z. B. die von Cordes konstatierte nur indirekte Kritik an der Konversion von lutherischen Herrschern zum Katholizismus in ihrer Form durch politische Zurückhaltung bedingt, aber sie bleibt dennoch deutlich Kritik. Wenig kommt ebenfalls zum Tragen, dass in der Theologie im Medium scheinbar rein dogmatischer oder historischer Fragen fast immer auch Gegenwartsdeutung geschieht. Situationsangemessene und zukunftsfähige Theologie im Jubiläumsjahr 1717 erkennt Cordes primär in den Darlegungen pietistischer Theologen, „die anläßlich des Reformationsjubiläums zusätzliche Reformen der christlichen Kirche im Sinne Luthers einfordern, anstatt lediglich die Vollkommenheit der Reformation Luthers zu preisen" (296 f.). Das ist im Blick auf die Kirchen- und Theologiegeschichte völlig einleuchtend. Die Einflüsse der Aufklärung erscheinen am Ende der Untersuchung doch eher marginal. Über das in seiner Weise grundlegende Buch hinaus dürften weitere Forschungen in der systematischen Analyse der Reformationsjubiläen als Gesamtphänomen und in der Erschließung der Gegenwartsdeutung anläßlich von Reformationsgedenken, gerade auch im universitären Kontext, ein reiches Feld finden.

Sebastian Kranich — Halle a. d. Saale

Wolfgang Flügel: Konfession und Jubiläum. Zur Institutionalisierung der lutherischen Gedenkkultur in Sachsen 1617–1830. Leipzig 2005 (Schriften zur Sächsischen Geschichte und Volkskunde, 14). – 355 S.

Die vorliegende Arbeit ist im Rahmen des DFG-Sonderforschungsbereichs 537 „Institutionalität und Geschichtlichkeit" im Teilprojekt „Das historische Jubiläum. Genese, Ordnungsleistung und Inszenierungsgeschichte eines institutionellen Mechanismus" an der TU Dresden entstanden. Der Autor untersucht anhand der lutherischen Konfessionsjubiläen in Sachsen von 1617 bis 1830 die Entstehung und Entwicklung eines „Jubiläumsmechanismus". Die Grundlage dieses Mechanismus ist ein historisches Schlüsselereignis, das in regelmäßigem Zeitabstand als eigene normsetzende Vergangenheit vergegenwärtigt und mit aktuellem Sinn gefüllt wird. Doch handelt es sich bei diesem besonderen Typ von Geschichtsfeier nicht um etwas Starres, wie es im Terminus „Mechanismus" anklingt. Im Wandel ihrer Inszenierungen, Trägergruppen, Funktionen und Sinndeutungen wird die Vorstellung von Identität, Stabilität und Kontinuität erzeugt. Mit seiner Konzentration auf einen institutionellen Mechanismus, dessen Stabilisierungsleistung wesentlich auf Wiederholung basiert, überschreitet der Autor den Horizont von Studien, die jeweils nur ein Jubiläumsjahr in den Blick nehmen. Mit seinem differenzierten methodischen Herangehen bietet er anderes als vorwiegend ideengeschichtliche bzw. kirchengeschichtliche Arbeiten zum Thema. Sein Fokus liegt nicht auf den historischen Details der Jubiläumsjahre und auf theologischen Feinheiten, soweit sie für den Mechanismus nichts austragen. Die Arbeit basiert auf intensiven Quellenstudien in mitteldeutschen Staats-, Universitäts-, Stadt- und Ephoralarchiven und fast 200 gedruckten Quellen. Im diachronen Gang durch die Jahrhunderte eröffnen sich ganz neue Sichten auf das Phänomen Jubiläum.

Für das 17. Jahrhundert analysiert Wolfgang Flügel Genese und Verfestigung des Reformationsjubiläums. Er zeigt dessen Entstehung durch die Feierinitiative der Universität Wittenberg 1617, die vom Kurfürsten Johann Georg I. aufgegriffen, ausgeweitet und in Abstimmung mit weltlichen und geistlichen Behörden für die Folgezeit als kirchliches Hochfest mit Elementen des landesherrlichen Zeremoniells etabliert wird. Den Kurfürsten sieht Flügel primär politisch motiviert. Ihm sei es um eine Machtdemonstration im eigenen konfessionellen Lager und um seine Stilisierung als Glaubensvorbild für die Untertanen gegangen. Die theologische Antwort auf die lutherische Identitätskrise verortet er ganz beim Oberkonsistorium und beim Oberhofprediger Matthias Hoë von Hoënegg. Diese Rollenverteilung ist auf Basis der angeführten Quellen einleuchtend, doch scheint die vom Autor konstatierte „enge Verzahnung von Religion und Politik im konfessionellen Zeitalter“ (51) so nicht vollständig eingeholt. Müssen doch für Johann Georg I., dessen vielleicht wichtigster Ratgeber der Oberhofprediger war, ein lutherisches Obrigkeitsverständnis in seinem Verhältnis zum Kaiser und eine anticalvinistische Haltung zum Pfälzer Kurfürsten festgestellt werden, die Einfluss auf seine Politik hatten. Im Blick auf die theologischen Inhalte rekonstruiert Flügel eine Gedächtnisfeier, in der Dank für Bewahrung und Bitte um Beistand in der Krise im Mittelpunkt standen und in der „weltliche Zukunftshoffnung“ zugleich „Jenseitshoffnung“ (76) war. Ohne größeren weltlichen Zukunftshorizont sei diese „strenggenommen“ nur „eine Vorform des modernen historischen Jubiläums“ (268) gewesen. Als theologische Definition für das „Jubelfest“ in der ersten Hälfte des 17. Jahrhunderts nennt Flügel die Schlagworte Hoë von Hoëneggs: „Denck-, Lob- und Dankfest, Buß- und Betfest“ (77). In der dreitägigen Festdauer findet er eine Gleichsetzung mit den Gründungsereignissen des Christentums, die auch dreitägig gefeiert wurden. Das Confessio-Augustana-Jubiläum 1630 stellt der Autor nach Inhalt und Struktur als Kopie des Jubiläums von 1617 vor: ein Zeichen für die Durchsetzung des neuen Mechanismus. Mit dem Religionsfriedensjubiläum 1655 zeigt er beginnende Veränderungen in der inhaltlichen Ausgestaltung auf. Das Interesse Johann Georgs I. an diesem Jubiläum sei durch die neue zukunftsorientierte theologische Verbindung des Fortbestands des kurfürstlichen Hauses mit dem Fortbestand des Luthertums geweckt wurden, einer Vorstellung von Gottesgnadentum, die ihren Niederschlag auch in der Gestaltung von Medaillen fand. Wie ein Reformationsfest endgültig zum höfischen Repräsentationsfest wird – man möchte fast sagen: verkommt – schildert Flügel eindrücklich am Konkordienjubiläum 1676 unter Johann Georg II. in Torgau. Daneben richtet er sein Augenmerk auf das erste verkürzte evangelische Jubiläumsintervall, die 150-Jahr Feier des Thesenanschlags 1667, die Einführung des jährlichen Reformationstags 1668 oder die erfolglosen Versuche lokaler Theologen, 1680 ein Konkordiengedenken zu organisieren, was auf die „Ausweitung der initiativgebenden Sozialgruppen" (121) hinweist. Für den Erfolg und die Flexibilität des Jubiläumsmechanismus führt er Personaljubiläen, Ehejubiläen oder das Buchdruckerjubiläum 1640 an, in denen sich der Mechanismus von seiner genuinen Bezugsgröße, dem Kirchenfest, ablöste.

Das „zweite Jubiläumsintervall: Zwischen Orthodoxie und Aufklärung" (125) im 18. Jahrhundert beschreibt der Autor als Phase der Verdichtung und Erweiterung der konfessionellen Jubiläumskultur. Neben die Thesenanschlags-, Augustana- und Religionsfriedensfeiern treten lokale Gedenken zum Todestag Luthers 1746 und zur Einführung der Reformation im albertinischen Sachsen 1739. Letztere wurde in einer Leipziger Jubiläumsschrift auf eine fiktive Feier im Jahr 1639 zurückgeführt, was ein Schlaglicht auf das Funktionieren des Mechanismus werfe, zu dem Kontinuitätsbehauptungen und der selbstreferenzielle Rekurs auf die Eigengeschichte gehörten. Auf die Bedeutung einer inhaltlich bestimmten Eigenzeit verweise das Festprogramm der Universität Wittenberg mit der Datumsangabe: „Anno a Christo nato MDCCXVII. Antichristo manifesto CC" (215). Durch den Abschnitt zum 18. Jahrhundert zieht sich die Spannung zwischen den katholischen Kurfürsten, denen die Anordnung von Kirchenfesten oblag, und dem lutherischen Bürgertum, das ein Interesse an den Jubiläen hatte. Flügel zeichnet die verschieden austarierten Interessen- und Machtbalancen anhand der einzelnen Jubiläen nach, die mit unterschiedlicher inhaltlicher und ästhetischer Ausgestaltung der Jubiläen einherging. Insgesamt beobachtet er eine Ausweitung des Feierraums in der Stadt, aufwändigere Inszenierungen, und vor allem eine deutliche Ausweitung der Trägergruppen auf das Stadtbürgertum, das u. a. durch die Einbindung von Kindern in das Jubiläum die Bedeutung der Reformation für die Bildung verdeutlichte. Ab der Jahrhundertmitte konstatiert der Autor ein Nachlassen der konfessionellen Polemik unter dem Einfluss der Aufklärung und ein Nachlassen des konfessionellen Bedrohungsgefühls in einer Phase erlebter Stabilität, verbunden mit positiven Zukunftserwartungen. Der Pietismus spielt in diesem Abschnitt keine Rolle.

Der dritte Hauptteil des Buches ist kurz. Für das 19. Jahrhundert beschränkt sich Flügel auf die Reformationsjubiläen 1817 und 1830 und einen Ausblick über 8 Seiten bis 1883. Zunächst weist er nach, dass die schon zeitgenössisch überraschende Begeisterung für das Thesenanschlagsjubiläum mehr mit dem Ende der Nahrungskrise im Herbst 1817 als mit dem Ende der Befreiungskriege zu tun hatte. Dann analysiert er die Kompensation der sächsischen Verluste an Land und politischer Bedeutung in der aufkommenden Rede von Sachsen als „Mutterland der

Reformation“ und in der Gestaltung des Jubiläums als sächsischem Nationalfest, die mit einer Nationalisierung von Luther und der Verbindung von Reformation und Befreiungskriegen sowie von geistiger und nationaler Befreiung einher ging. Das Schwergewicht liegt auf den Unruhen zum Augustana-Jubiläum Ende Juni 1830 in Dresden und Leipzig. An diesen Beispielen erläutert Flügel, wie ein Jubiläum scheitern kann, wenn sich politisch unzufriedene Menschen in der Feier nicht ausreichend repräsentiert sehen und Behörden nicht zu einem Krisenmanagement in der Lage sind. Im Ersatzjubiläum am Reformationstag des Jahres gelang es dagegen, eine neue Gemeinsamkeit von Obrigkeit und Bürgern über deren Integration in der Vorbereitung und Teilhabe an der Inszenierung her- und darzustellen. Als deutliches Zeichen für die „Gleichstellung von bürgerlicher Freiheit und lutherischer Konfession“ wertet Flügel die Einführung der ersten Stadtverordneten Dresdens am Reformationstag auf dem Altmarkt. Damit sei zugleich ein wichtiger Punkt im „Prozess der Verbürgerlichung des Reformationsjubiläums“ (258) erreicht. Für den Schluss der ausführlichen Untersuchung an dieser Stelle mag sprechen, dass diese Ereignisse zu einem Prozess gehören, an dessen Ende 1831 die erste sächsische Verfassung und die konstitutionelle Monarchie standen, womit nach Flügel „das Ende der frühen Neuzeit und der Beginn der Moderne in Sachsen“ bezeichnet ist. Zudem sind spätestens ab 1883 die Reformationsjubiläen primär im nationalen und nicht im sächsischen Sinne gefeiert worden. Etwas wüsste man im Rückblick auf die methodisch innovative und historisch gründliche Untersuchung noch gern: Warum wurde der Geburtstag Luthers, der seit 1617 kein Bestandteil der lutherischen Gedenkkultur war, 1883 so groß gefeiert?

Sebastian Kranich — Halle a. d. Saale

Werner Anetsberger: Tröstende Lehre. Die Theologie Johann Arndts in seinen Predigtwerken. München: Herbert Utz Verlag 1999. – 410 S.

Die Theologie Johann Arndts – danach wird in der Forschung erst neuerdings gefragt, wobei es allerdings ganz verschiedene Antworten gibt. Albrecht Ritschl, der mit seinem Kapitel „Das wahre Christenthum von Johann Arndt“ in Band 2 seiner *Geschichte des Pietismus* (1884) am Beginn der neueren Arndtforschung steht, begriff Arndt nicht von seiner Theologie her. Ritschl ging, die Unterscheidung von reiner Lehre und christlichem Leben voraussetzend, davon aus, dass Arndt sich um die Lehre gar nicht gekümmert habe, sondern dass es ihm allein um das christliche Leben, die Veränderung des Herzens durch die Buße und ein entsprechendes frommes Handeln gegangen sei. Arndt gehörte demnach nicht in die Geschichte der christlichen Lehre, der Theologie, sondern in die Geschichte des christlichen Lebens, der Frömmigkeit. Das Interesse an Arndt konzentrierte sich seitdem, Ritschl folgend, besonders aber seit Wilhelm Koepps gründlichem Buch *Johann Arndt. Eine Untersuchung über die Mystik im Luthertum* ([Berlin 1912]. ND Aalen 1973), ganz auf die Mystik, die Arndt durch seine Edition mystischer Autoren und durch ihre Verarbeitung in seinen Büchern vom *Wahren Christentum* in das evangelische Christentum eingebracht habe. Von einer Theologie Arndts war nie die Rede.

Ritschl sah in der Konzeption der *Vier Bücher vom wahren Christentum* keinen besonderen Sinn, achtete nur auf die ersten drei Bücher und leitete sie aus dem mystischen Dreischritt Reinigung (Buße), Erleuchtung, Vereinigung ab. Das vierte Buch bezeichnete er als einen mit seinem mystischen Anliegen nur lose zusammenhängenden bloßen „Anhang" (*Geschichte des Pietismus*. II, 37). Außer dem die bernhardinische Frömmigkeit rezipierenden Gebetbuch *Paradiesgärtlein* widmete Ritschl den übrigen großen Predigtbänden Arndts, also seinen *Katechismuspredigten*, den *Psalterpredigten* und der *Evangelienpostille*, keine Aufmerksamkeit. Johann Arndt, das waren die ersten drei Bücher vom *Wahren Christentum* und das *Paradiesgärtlein*. Dabei ist es bis in die jüngste Zeit bei der Beschäftigung mit Arndt geblieben.

Die neueste Arndtforschung fragt nicht mehr nach der Frömmigkeit Arndts, sondern will ihn als Theologen begreifen, ordnet ihn nicht mehr allein in die Geschichte der Frömmigkeit ein, sondern in die Geschichte der „Frömmigkeitstheologie" (B. Hamm) oder einfach in die Geschichte der Theologie. Die Beschäftigung mit dem Theologen Arndt geht zusammen mit einer Neubewertung der *Vier Bücher vom wahren Christentum*. Deren Konzeption müsse, das wird unausgesprochen gegen Ritschl geltend gemacht, in systematischem Sinn als theologisches Programm ernst genommen werden. Das vierte Buch verliert damit seine Kennzeichnung als Anhang, ja es soll sogar als Schlüssel zum Gesamtwerk dienen. Da im vierten Buch der Einfluss des paracelsischen Denkens, das den jungen Arndt schon in seiner Basler Studienzeit prägte, die Einflüsse der in den ersten drei Büchern greifbaren Mystik überwiegt, werden die *Vier Bücher vom wahren Christentum* als Programm einer spiritualistisch-hermetischen Theologie begriffen, wie es Hermann Geyer in seinem voluminösen Werk über Arndt getan hat, der Arndt nicht mehr als einen genuin lutherischen Theologen versteht, sondern ihn vom Ansatz her dem Spiritualismus zuordnet.

Eine andere Richtung sieht bei Arndt nur spiritualistische Anklänge in der Sprachgestalt seines theologischen Denkens, vor allem seinen Frühschriften und den *Vier Büchern vom Wahren Christentum*, die in dem

Maße, in dem Arndt sein lutherisches Kirchenamt ernst nahm und in seinem letzten Jahrzehnt als lüneburgischer Generalsuperintendent in Celle sogar eine hohe leitende Funktion in der lutherischen Kirche der Orthodoxie innehatte, ganz zurücktreten hinter einem theologischen Denken, das vorbehaltlos als im Rahmen der Lutherischen Orthodoxie bleibend angesehen werden muss. Wolfgang Sommer hat diesen Schritt von der Beschäftigung mit dem früheren Arndt zum späteren Arndt zuerst getan und vor allem Arndts kirchenleitendes Handeln als Visitator bei der braunschweigisch-lüneburgischen Generalkirchenvisitation untersucht, in deren Gefolge Arndt mit der Ausarbeitung der neuen lüneburgischen Kirchenordnung von 1619 beauftragt wurde. Nach Sommer verbleibt Arndts kirchenleitendes Handeln ganz innerhalb der Grenzen der Lutherischen Orthodoxie. Sommer spricht allerdings nicht von der Theologie Arndts, sondern allenfalls von seinem theologischen Denken und verbleibt bei der üblichen Rede von Arndts Frömmigkeit. „Arndtsche Frömmigkeit ist in ihrem Ansatz kirchliche Frömmigkeit". Die Predigten des Generalsuperintendenten Arndt zeigen zwar im Obrigkeitsverständnis nicht geringe Differenzen zu Luther, insofern hier der Obrigkeit größere Kirchengewalt eingeräumt wird und Luthers scharfe Unterscheidung der zwei Reiche verloren gegangen ist. Arndt verbleibt damit aber im konventionellen Rahmen des orthodoxen Luthertums, und es gibt keinen Grund, die von ihm erstrebte Reformation des Lebens nicht der Lutherischen Orthodoxie zuzurechnen. Die Grundproblematik der gegenwärtigen Arndtforschung besteht nach Meinung Sommers darin, dass man zur Bewertung Arndts allein das *Wahre Christentum* und nicht die kompakte Masse der großen Predigtbände, die 900 Predigten in den Sammlungen der *Katechismuspredigten*, der *Evangelienpostille* und der *Psalterpredigten*, herangezogen habe. Ohne Berücksichtigung dieses gewichtigen Quellenfundus sei eine theologische Standortbestimmung Arndts nicht vorzunehmen.

Anetsberger ist Schüler von Wolfgang Sommer und wendet sich wie dieser dem reifen Arndt in seiner Zeit als lüneburgischer Generalsuperintendent in Celle zu. Allerdings untersucht Anetsberger Arndt nicht in seiner Praxis als über eine Landeskirche gesetzter Generalsuperintendent, sondern er untersucht allein das Predigtwerk, das Arndt in dieser Zeit veröffentlichte. Anders als Sommer und übereinstimmend mit Geyer stellt er die Frage nach Arndts *Theologie*. Die drei großen Foliobände der *Katechismuspredigten* (1616), der *Psalterpredigten* (1617) und der *Postille* (1616) sind der Gegenstand seiner Untersuchung. Indem er an die in den späten Sammlungen veröffentlichten Predigten zugleich die Frage nach ihrer Entstehung richtet, weitet sich der Horizont vom späten Arndt auf dessen frühe Jahre. Denn die Predigten gehen, etwa im Falle der *Psalterpredigten*, auf die Quedlinburger Zeit zurück. Die Untersuchung der späten Predigtwerke Arndts ist also nicht einfach eine Untersuchung über die Theologie des späten Arndt, sondern beansprucht, über das Erbauungsschrifttum des *Wahren Christentums* hinausgehend, Arndt in seiner kirchlichen Wirksamkeit als Prediger überhaupt in den Blick zu nehmen.

In dem Eingangskapitel „Johann Arndt in der Forschungsgeschichte" (18–63), das in der Besprechung der neuerdings reichlich sprießenden Arndtliteratur der letzten hundert Jahre etwas oberflächlich bleibt und das geleitet wird von der Frage, ob Arndt als orthodoxer Theologe oder als Spiritualist begriffen werde, kommt Anetsberger zu dem Ergebnis, dass Arndt in seiner Haupttätigkeit als lutherischer Pfarrer und Prediger bisher kaum wahrgenommen wurde. Damit ist er bei seinem Thema: Das Predigtwerk Arndts muss endlich als Ganzes untersucht werden.

Nach einem kurzen grundsätzlichem Kapitel über „Johann Arndt und die Predigt" (64–85) werden die drei Predigtwerke unter einer Reihe verschiedener, durchaus nicht gleicher Fragestellungen untersucht: am ausführlichsten die *Katechismuspredigten*, etwas knapper Arndts umfänglichstes Predigtwerk, die 451 *Predigten über den ganzen Psalter Davids*, schließlich etwas summarisch und nur „Inhaltliche Grundzüge" herausstellend die *Kirchenpostille*, deren Untersuchung Nebenuntersuchungen über Arndts Verhältnis zu Luthers *Kirchenpostille*, zu der *Postille* Johann Taulers und zur *Theologia Deutsch* folgen sowie Aufstellungen über die in den Predigtwerken begegnenden Zitate.

Die Untersuchung der einzelnen Predigtwerke geschieht nicht so, dass nur nach der Theologie Arndts gefragt wird. Zunächst werden die üblichen Einleitungsfragen behandelt, also wann der Predigtband erschienen ist und wann die in dem Band enthaltenen Predigten gehalten worden sind. Hier wird weithin aus der bisherigen Literatur zitiert und, soweit ich sehen kann, nichts entscheidend Neues gebracht. So sind die *Katechismuspredigten* zuerst wohl in der Braunschweiger Zeit Arndts gehalten, später aber in Eisleben und Celle wieder gehalten worden. Bei den *Psalterpredigten* ist aus Arndts Selbstzeugnissen bekannt, dass er bereits in Quedlinburg über den ganzen Psalter gepredigt hat. Die ganze Forschungsgeschichte zu einem angeblichen frühen Druck der *Psalterpredigten* vor 1617 wird wiederholt mit dem Ergebnis, dass ein solcher früher Psalterdruck nicht anzunehmen ist. Wie die *Katechismuspredigten* werden auch die *Psalterpredigten* in die Braunschweiger Zeit datiert, allerdings in die späte Zeit ab 1605. Bei der *Postille* wird ebenfalls angenommen, dass sie auf Predigten der Braunschweiger Zeit zurückgeht. Das bedeutet, dass das Predigtwerk der großen Bände nicht einfach dem späten Arndt zugeschrieben werden kann, sondern in zeitlicher Nähe zu dem Arndt steht, der das *Wahre Christentum* verfasst hat: „Aus den Predigtwerken spricht nicht der ‚späte' Arndt, sondern derselbe, der das *WChr* kompiliert hat" (374). Anetsberger hat damit ausgeschlossen, eine Entwicklung zwischen dem *Wahren Christentum* und den späten Predigtwerken anzunehmen. Unnötigerweise liest man viel über die weiteren Auflagen des

17. Jahrhunderts bis zu dem Druck der Postille von 1675, zu dem Spener seine später so genannten *Pia Desideria* als Vorwort schrieb. Auch die Drucke ab 1700 bis 1910 erfahren eine etwas ermüdende Auflistung.

Zur Beantwortung der ihn leitenden Frage nach der Theologie Arndts geht Anetsberger davon aus, dass sich das Profil der Theologie Arndts anhand der *Katechismuspredigten* besonders gut erschließt (102), weil sie weniger weitschweifig sind und pointierter die wahre Lehre herausstellen als die *Psalterpredigten* und die *Postille*. Die Hauptlinien des theologischen Denkens Arndts werden deshalb anhand seiner *Katechismuspredigten* herausgestellt, und das hier Erarbeitete kann zugleich für die übrigen Predigtbände gelten. Anetsberger geht nun in loser Anbindung an die *loci theologici* eine Reihe von theologischen Topoi durch und stellt mit Regelmäßigkeit fest, dass Arndt die lutherisch-orthodoxe Deutung vertritt und nirgendwo spiritualistische Positionen einnimmt, auch noch keine von der Orthodoxie sich lösenden Positionen des Pietismus. Das gelte von der Anthropologie, wo Arndt Röm 7 weiterhin auf die christliche Existenz deutet (was übrigens Spener auch getan hat!) und beim Verständnis der Erbsünde vollständig im Rahmen der Konkordienformel bleibt, für das Verständnis von Beichte und Buße, für Christologie und Rechtfertigung, für Gesetz und Evangelium, für das Verständnis des Glauben und für die Lehre von den Sakramenten, wo Arndt beim Abendmahl die lutherische Lehre von der *manducatio oralis* und *manducatio impiorum* vertritt, für die Lehre von der Kirche und das Predigtamt, wo sich nirgendwo die im mystischen Spiritualismus übliche Klage über die unerleuchteten Prediger findet, für das Verhältnis von äußerem zu innerem Wort, schließlich für die Eschatologie. An einzelnen Punkten findet Anetsberger keine Eindeutigkeit, z. B. ob die Höllenfahrt Christi dem Stande seiner Erhöhung oder dem der Erniedrigung zuzurechnen sei. Zuweilen scheint eine einzelne Stelle spiritualistisch gedeutet werden zu können, was Anetsberger aber abweist (160 f.). Arndts angeblichen Brief an Johann Gerhard vom 16. März 1603, in dem Seneca und neben ihm „keine einem orthodoxen Lutheraner würdige ‚Ahnengalerie'" maßgeblicher theologischer Traditionen empfohlen wird (192 f.), erklärt Anetsberger mit der älteren Forschung gegen Hans Schneider für unecht, was bei seiner sonst durchweg sich auf literarische Gewährsmänner berufenden Behutsamkeit auffällt. Dem Durchgang durch die theologischen Loci, der überall Arndts Bemühen, in Übereinstimmung mit dem Konkordienwerk zu lehren, nachweist, ist angehängt ein Abschnitt über die Beschäftigung Arndts mit den Naturwissenschaften, in dem zu diesem im vierten Buch vom *Wahren Christentum* so wichtigen Thema Fehlanzeige gemeldet wird, ausgenommen ein Passus über den Nutzen des Winters für die Pflanzen in einer Predigt über den Tischsegen. Die Schöpfungsaussagen zeigten keinerlei naturkundliche Erwägungen und keine Berührung mit den paracelsischen Quellen. Eine Überprüfung sämtlicher Zitate aus den Kirchenvätern oder den antiken Autoren, die Arndt in seine Predigten einflicht, zeigt keine Besonderheiten. Gemessen an der großen Zahl biblischer Belege wirken sie ohnehin als schmückendes Beiwerk, das die Gelehrsamkeit Arndts unterstreichen soll (205). Schließlich zeigen die Predigten, dass Arndt die durchschnittliche *theologia polemica* der Orthodoxie gegen Calvinisten, Papisten, Täufer, Spiritualisten und Schwenckfelder teilt. Über fünfzigmal spricht sich Arndt in seinen Predigten gegen Irrlehren aus, oft verbunden mit herber Polemik. Einen protestantischen Ireniker kann man ihn nicht nennen.

Die Untersuchung der *Psalterpredigten* und der *Evangelienpostille* bringt kein anderes Ergebnis. Als Quellen für Arndts *Psalterpredigten* werden Luthers *Vorrede zum Psalter* 1545, ferner die *Kirchengeschichte* des Lucas Osiander und der *Psalmenkommentar* des Hieronymus Weller identifiziert. Auch Einflüsse Johann Taulers sind bemerkbar. Doch hat Arndt nie dessen „Versenkungsmystik“ rezipiert. Ähnlich verhält es sich bei der*Postille*. „Mit seinen theologischen Gedanken in der Postille bewegt sich Arndt in dem Rahmen, den wir anhand der Psalterpredigten und der Katechismuspredigten abgesteckt haben“ (314).

In der gut lesbaren „Zusammenfassung“ wird noch einmal deutlich, dass es Anetsberger darum geht, die neuerdings vertretene These, Arndt sei von seiner Theologie her nicht der Lutherischen Orthodoxie zuzurechnen, von seinem Predigtwerk her in Frage gestellt zu haben.

Nun räumt Anetsberger allerdings ein, dass er nicht eine Gesamtdeutung des theologischen Denken Arndts unternommen habe. Der Auffassung Geyers, dass Arndt ein Programm der spiritualistischen Theologie vorgelegt habe, will er merkwürdigerweise nicht widersprechen. Sie mag für das *Wahre Christentum* gelten. Anetsberger räumt ein, dass es eine „augenscheinliche Differenz zwischen dem Arndt des *WChr* und dem Arndt der Predigtwerke“ gibt. Er gibt ein Bündel von Erklärungen, womit diese Differenz plausibel gemacht werden kann. „Ganz offensichtlich hat sich Arndt als Erbauungsschriftsteller doch eine größere Freiheit erlaubt, als ihm dies im Rahmen der kirchlichen Verkündigung möglich und angebracht war“ (373). Anetsberger macht „gattungsspezifische Abgrenzungen“, d. h. den Unterschied zwischen Erbauungsschriften und Predigtwerken geltend, außerdem den verschiedenen Adressatenhorizont zwischen den Lesern von Erbauungsschriften und denen von Predigten. Er postuliert, dass der „zu differenzierende Zielhorizont zwischen dem *WCh* und den Predigten ein Rolle spielte“. Einen „wie immer gearteten Gegensatz widerstreitender Theologiekonzeptionen *innerhalb* der Persönlichkeit Arndts“ zu statuieren, hält er aber nicht für zwingend geboten. Aber wie will Anetsberger diesem Dilemma eigentlich entgehen? Wenn man den Prediger Arndt ernst nimmt, muss man mit jemand anderem als dem Verfasser des *Wahren Christentums* rechnen. Denn tatsächlich führt ja, was Anetsberger auch gar nicht leugnet, seine Frage nach der Theologie Arndts zu einer ganz andersartigen Theologiekonzeption als derjenigen, die neuerdings dem *Wahren Christentum* unterstellt wird. Anetsberger hätte den Mut haben sollen, nicht nur die Echtheit des angeblichen Briefes an Johann Gerhard zu bestreiten, sondern von seinem Ergebnis her die These von einem dem *Wahren Christentum* zugrunde liegenden Konzept einer spiritualistischen Theologie in Frage zu stellen. Oder man hat zu fragen, ob die von Ritschl wegführende Frage nach der Theologie Arndts eine wirklich sachgemäße, sinnvolle Frage ist, die mit der von Anetsberger angewandten Methodik beantwortet werden kann.

Johannes Wallmann Berlin

Eckhard Düker: Freudenchristentum. Der Erbauungsschriftsteller Stephan Praetorius. Göttingen: Vandenhoeck & Ruprecht 2003 (AGP, 38). – 360 S.

Der Salzwedeler Pfarrer Stephan Prätorius (1536–1603), Verfasser einer großen Zahl lateinischer und deutschsprachiger, nicht auf Gelehrsamkeit, sondern auf Erweckung lebendiger Frömmigkeit zielender Traktate, ist im alten Luthertum des späten 16. Jahrhunderts einer der Wegbereiter des Pietismus. Seine deutschsprachigen Traktate sind dadurch der Nachwelt erhalten geblieben, dass Johann Arndt kurz vor seinem Tod eine umfangreiche Sammlung von 58 Traktaten herausgab. Aus ihnen hat der Danziger Pfarrer Martin Statius die *Geistliche Schatzkammer der Gläubigen* zusammengestellt, eines der beliebtesten und verbreitetsten Erbauungsbücher des alten Luthertums, nach seiner Empfehlung durch Philipp Jakob Spener besonders im Pietismus beliebt und bis in 19. Jahrhundert wieder aufgelegt.

Albrecht Ritschl hat in seiner *Geschichte des Pietismus* Stephan Prätorius als ersten Lutheraner, bei dem er den Einfluss der mittelalterlichen Mystik nachweisen konnte, dargestellt noch vor Philipp Nicolai und Johann Arndt. Gleichwohl hat er ihn als einen „musterhaften Lutheraner" gewürdigt. Insofern ist es nicht ganz richtig, dass Düker ihn im ersten Satz zu den „bisher eher unentdeckten" Gestalten der evangelischen Kirchen- und Frömmigkeitsgeschichte zählt. Mit „bisher" kann Düker nur die neueste, sich der Frömmigkeitsgeschichte, vor allem Johann Arndt zuwendende Phase der evangelischen Kirchengeschichtsschreibung gemeint haben. In keiner der bisherigen *Geschichten des Pietismus* bleibt Praetorius unerwähnt. Auch in Skandinavien hat man ihn wiederholt gewürdigt. Aber niemand hat sich in der Tat der Biographie des Prätorius und einer bibliographischen Untersuchung seines Schrifttums angenommen. Das Buch von Düker unternimmt erstmals eine gründliche Untersuchung von Leben, Denken und Nachwirkung.

Abgesehen von einem dritten Teil „Anhang" (304–360), der außer Abkürzungs- und Literaturverzeichnis eine genaue Bibliographie der Schriften des Prätorius bietet, umfasst das Buch zwei Teile. Der „Erste Teil – Leben und Werk von Stephan Praetorius" (1–204) ist doppelt so lang wie der „Zweite Teil – Die Rezeption und Wirkung der Praetoriusschriften" (210–306), ist aber in sehr viel weniger Kapitel und Unterabschnitte gegliedert. Hier kann, besonders bei der biographischen Schilderung von Herkunft, Studium und Amtstätigkeit, zusammenhängender berichtet werden. Praetorius hat nur in Rostock studiert. Sein hauptsächlicher Lehrer in Rostock war David Chytraeus. Überraschend angesichts des üblichen Herleitung von Praetorius' Freudenchristentum aus dem Einfluss Luthers ist die von Düker vorgenommene Charakterisierung des Praetorius als „melanchthonischen" Theologen, was vor allem an seiner Betonung der imputativen Rechtfertigungslehre gezeigt wird, Melanchthon und Luther werden, in dieser Reihenfolge, als die beiden genannt, von denen her seine Theologie verstanden werden soll. Daneben werden osiandrische Einflüsse vermutet. Auch solche, die nicht genauer bezeichnet werden können, etwa wenn Praetorius den Sibyllinischen Weissagungen Glauben schenkt.

Der Biographie folgen zwei Kapitel „Die lateinischen Schriften" (65–110) und „Die deutschen Schriften" (111–203), die einzeln besprochen werden. Die lateinischen Traktate sollen eher an Studenten und Gelehrte, die deutschen Traktate an Bürger und Frauen adressiert sein. Die lateinischen Traktate werden sehr viel ausführlicher referiert als die deutschen Traktate, obwohl sie für den zweiten Teil der Arbeit, für die Rezeptionsgeschichte, weniger erheblich sind. Das führt dazu, dass das theologische Profil von Praetorius vor allem von seiner Herkunft aus der Rostocker Schule, vor allem durch seine Schülerschaft von David Chyträus bestimmt wird. Die Charakterisierung als melanchthonischen Theologen ist verwunderlich, weil die charakteristische Eigenart des Praetorius, das auf die Taufe gegründete Freudenchristentum, von Johann Arndt und Philipp Jakob Spener, die Praetorius schätzten, primär auf Luther zurückgeführt wurde. „Seine starke Betonung der Taufe, die Bedeutung der Seligkeit für sein theologisches Denken und die besondere Rolle der Freude der Gläubigen lassen sich auf Luther zurückführen, den er als ‚Engel aus dem Himmel' verehrt und aus dessen Kirchenpostille er häufig zitiert." (207) Trotz solcher Formulierungen wird theologischer Einfluss überwiegend im Blick auf Melanchthon aufgewiesen, während hinsichtlich Luthers von Verehrung gesprochen wird. „Als Theologe melanchthonischer Herkunft ist er gleichwohl ein ausgeprägter Verehrer Luthers" (208). Bei der Rezeptionsgeschichte geht es nicht allein um Aufnahme der Traktate, sondern mehrenteils um die mittelbare Weiterwirkung des Stephan Praetorius durch die zahlreichen Auflagen und Übersetzungen in fremde, besonders die nordeuropäischen Sprachen der *Geistlichen Schatzkammer* des Martin Statius. Hier besteht ein Missverhältnis zwischen Teil 1 und Teil 2 (und 3) der Arbeit. Während in Teil 1 Leben und Werk des Praetorius behandelt werden, geht es in Teil 2 (und in höherem Maße in Teil 3) über weite Strecken um die Rezeption der *Geistlichen Schatzkammer*. So handelt Kap. II des zweiten Teils von „Spuren der Rezeption des Praetorius bzw. der Geistlichen Schatzkammer in Deutschland". Der ausführliche Abschnitt „Beurteilung und Empfehlung der Geistlichen Schatzkammer durch Philipp Jakob Spener" (3.1.–3.8., 251–271) behandelt nur im letzten Abschnitt 3.8. „Die Rezeption und Bedeutung der Praetoriusschriften bei Spener." Ähnlich wird im hallischen Pietismus, bei der Herrnhuter Brüdergemeine und bei Württemberg, wo Christian Gottlob Pregizer wegen der gründlichen Untersuchung von Gotthold Müller verständlicherweise eine relativ kurze Darstellung erfährt, „Die Bedeutung der Praetoriusschriften und der Geistlichen Schatzkammer für den Pietismus" (299 f.) behandelt. Der zweite Teil über die Rezeption und Wirkungsgeschichte der Praetoriusschriften und der *Geistlichen Schatzkammer* umgreift einen weiten Zeitraum, der vom 17. bis zum 19. Jahrhundert reicht. Düker untersucht gründlich die vier Stationen oder Punkte, die für die Wirkungsgeschichte wichtig sind. Das ist erstens die Sammlung der deutschen Traktate des Praetorius durch Johann Arndt und ihre Herausgabe unter dem Titel *Von der Güldenen Zeit*. Dass Arndt diesen Titel eines der letzten Traktate für die – wie Düker im Einzelnen zeigt, nicht ganz vollständige, dabei um zwei von anderen Verfassern stammende Traktate ergänzte – Gesamtausgabe wählt, nutzt Düker nicht zu der Überlegung, ob Arndt sich damit von der zu dieser Zeit anschwellenden Welle chiliastischer Traktate von der Güldenen Zeit abgrenzen will.

Der zweite Punkt ist die von dem Danziger Pfarrer Martin Statius veranstaltete Überarbeitung der Traktate zu dem Erbauungsbuch *Geistliche Schatzkammer*. Hier untersucht Düker die Veranlassung der Schrift durch die Danziger Auseinandersetzungen um Arndts *Wahres Christentum*. Das dritte Moment, von Düker überschrieben „Beurteilung und Empfehlung der Geistlichen Schatzkammer durch Philipp Jakob Spener" (251–272). Hier kann Düker voraussetzen, dass ich in meinem Spenerbuch Speners durch einen Frankfurter Theologiestudenten veranlasste gründliche Beschäftigung mit der *Geistlichen Schatzkammer* des Martin Statius und den von Spener sorgsam angestellten Vergleich mit der Ausgabe der ursprünglichen Traktate des Praetorius, der ihn zu einer kritischeren Haltung gegenüber Praetorius führte, untersucht habe. Bei der mehrmaligen Erwähnung des Studenten Tieffenbach, durch den Spener zur näheren Beschäftigung mit Praetorius gekommen ist, hätte erwähnt werden können, dass es nicht irgendein Student, sondern einer der zwei Männer war, die Spener den Anstoß zur Gründung des *collegium pietatis* gegeben haben. Schließlich nimmt in der Wirkungsgeschichte des Praetorius Christian Gottlob Pregizer eine besondere Rolle ein, der durch Gotthold Müllers Untersuchung über Pregizer von 1962 hinreichend bekannt ist. Die zwischen diesen vier Momenten liegende Zeit der Wirkungsgeschichte sucht Düker aufzufüllen durch eine Fülle von Personen aus lutherischer Orthodoxie, Spiritualismus und Pietismus bestehender Personen, bei denen sich eine besondere Beziehung zu Praetorius, teils Hochschätzung, teils Kritik, nachweisen lässt. Es versteht sich von selbst und wird auch von Düker deutlich ausgesprochen, dass diese Liste unvollständig ist und durch weitere Personen oder weitere Belege aufgefüllt werden kann. So berichtet August Hermann Francke, wie er in seiner frühen Zeit in Hamburg einen Theologiestudenten kennen gelernt hat, der durch Johann Heinrich Horb auf die *Schatzkammer* hingewiesen wurde und dadurch eine Erweckung erlebte. Doch die von Düker dargestellte Kette von Zeugnissen ist erheblich.

Die Arbeit macht einen sorgsamen und einen durchweg zuverlässigen Eindruck. Der Behauptung, die älteren Darstellungen vor dem 19. Jahrhundert, würden Praetorius entweder als Ketzer verwerfen oder als Heiligen verehren, kann ich nicht folgen. Die umfangreiche, in einer über drei Jahre kontinuierlich publizierte *Lebens-geschichte des sel. Stephani Praetorii*, die Johann Adam Steinmetz in seiner *Theologia Pastoralis Practica* 1744–1746 herausgab, „die bis dahin ausführlichste Darstellung von Leben, Werk und Wirken des Stephan Praetorius" (283), ist sicherlich als erbauliche, aber nicht hagiographische Lebensgeschichte anzusehen. Die Kritik, die Spener bei aller Wertschätzung der *Geistlichen Schatzkammer* an Praetorius selbst ausübt, wird von Steinmetz nicht verschwiegen. Da er bis dahin unbekannte Details der Biographie des Statius mitteilt, hätte diese Lebensbeschreibung eigentlich zu Beginn bei dem Resümee der Forschungsgeschichte erwähnt werden müssen. – Auf Seite 225 Anm. 5 hätte, wenn die Anmerkung sinnvoll ist, statt einer Ausgabe 1721 eine Ausgabe 1621 genannt werden müssen (die allerdings im VD 17 nicht nachgewiesen ist). – Auf Seite 210 hätte der zweite Satz eigentlich lauten müssen: die Schriften des Praetorius wären vermutlich bald in Vergessenheit geraten, wenn *nicht* die deutschen Traktate auf Veranlassung Arndts neu erschienen wären. – Seite 243 ist die Anm. 40 nicht ausgeschrieben, Seite 59 ist Anm. 234 unverständlich abgekürzt.

Johannes Wallmann Berlin

Frank Hartmann: Johann Heinrich Horb (1645–1695). Leben und Werk bis zum Beginn der Hamburger pietistischen Streitigkeiten 1693. Tübingen: Verlag der Franckeschen Stiftungen Halle im Max Niemeyer Verlag 2004 (Hallesche Forschungen, 12). – XI, 389 S.

In der Reihe der *Halleschen Forschungen*, die ihren Schwerpunkt bei Veröffentlichungen zu Themen rund um den von August Hermann Francke in Halle geprägten Pietismus hat, findet sich mit dem Band 12 auch ein Beitrag, der zurückreicht in die von Philipp Jakob Spener bestimmten Anfänge des Pietismus. Die 1999 an der Evangelisch-Theologischen Fakultät der Ruhr-Universität Bochum angenommene Dissertation von Frank Hartmann beschäftigt sich mit dem Theologen, Pfarrer und Superintendenten Johann Heinrich Horb (1645–1695). Horb war Schwager, Schüler und Freund Philipp Jakob Speners. Er hat seinen festen Platz in einer Geschichte des Pietismus schon allein durch die Tatsache, dass er zu Speners Programmschrift des Pietismus, den *Pia Desideria* von 1675, eines von zwei mit abgedruckten Gutachten mit eigenen Reformgedanken beisteuerte. Bekannt geworden ist er darüber hinaus auch als der erste pietistische Pfarrer, der seines Amtes enthoben wurde. Trotz seiner Bekanntheit fehlte aber, wie die knappe Einleitung Hartmanns (1–3) ausführt, bisher in der Forschung eine umfassende Gesamtsicht auf sein Leben und Werk. Hartmann wollte ursprünglich eine solche „Gesamtdarstellung von Horbs Leben und Wirken" (2) erarbeiten, musste allerdings wegen des zu umfangreichen Quellenmaterials den letzten Lebensabschnitt Horbs mit den Hamburger pietistischen Streitigkeiten 1693/94 unbehandelt lassen.

Die Arbeit gliedert sich in fünf Teile, die – bis auf den vierten, seiner Theologie gewidmeten Teil – an den äußeren Lebensstationen Horbs orientiert sind und jeweils Vorbemerkungen zu Quellen und Literatur enthalten. Der erste Teil hat die bislang weitgehend unbekannt gebliebene „Jugend- und Studienzeit" (5–46) Horbs zum Inhalt, die ihn nach dem Besuch von Gymnasien in Colmar und Straßburg vor allem an die Universität in Straßburg führte (1664–1667), später zu weiteren Studien über Jena nach Leipzig (1667–1669) und (jeweils nur kurze Zeit) Wittenberg, Helmstedt und Kiel, bis er schließlich seine akademische Bildungsreise nach Holland, England und Frankreich antrat (1669–1670). Die Analyse der akademischen Frühschriften Horbs erweist ihn als folgsamen Schüler spätorthodoxer Theologie und „standfesten und streitbaren Lutheraner" (38). Er schloss sich vor allem dem von ihm zeitlebens hoch geschätzten Kontroverstheologen Johann Conrad Dannhauer an und entwickelte im Fahrwasser von dessen polemischer Grundausrichtung einen eigenen Schwerpunkt in häresiegeschichtlichen wissenschaftlichen Arbeiten, in denen er sein Interesse für Kirchengeschichte und Polemik miteinander verbinden konnte.

Der zweite Teil gilt dem „Pfarrer, Konsistorialrat und Superintendent in Trarbach an der Mosel" (47–128), zu dem Horb 1671 berufen wurde. In das gleiche Jahr fällt seine Eheschließung mit Sophia Cäcilia, der Schwester Speners, mit dem Horb schon seit seiner Studienzeit in Straßburg in Kontakt stand und zeitlebens als sein Schüler verbunden blieb (50, vgl. 19 u. 217–220). Trarbach an der Mosel gehörte zur Hinteren Grafschaft Sponheim, einer lutherischen Enklave mit der Besonderheit eines Kondominats des katholischen Markgrafen von Baden-Baden und des lutherischen Grafen von Pfalz-Birkenfeld. Horb agierte in den ersten Jahren seiner neuen Tätigkeit vor allem mit Mitteln der Kirchenzucht (Visitationen und Zensurmaßnahmen) und trat nach dem Zeugnis Speners mit seinem Eifer „‚gegen die Papisten und Reformirte/ so dann in causa der sontagsfeyer und einiger böser aber öffentlich eingeschlichener mißbrauche'" (60) hervor. Er bewegte sich also noch ganz im orthodoxen Rahmen trotz der erstmalig zu beobachtenden Verwendung mystischer Vorstellungen, deren pauschale Herleitung von einer möglichen Lektüre Johann Arndts durch Hartmann (62 f.) allerdings ohne konkrete Belege auskommen muss. In die Trarbacher Zeit Horbs fällt aber nun auch seine Hinwendung zum Pietismus, die Hartmann zunächst in den Jahren 1674 bis 1676 verortet und an drei Merkmalen (*collegia pietatis*, Hoffnung besserer Zeiten, Stellenwert der Bibel) festmacht, in denen ein Wandel in Horbs Beurteilung zu beobachten ist (76–81). Seine Bedenken zu Speners *Pia Desideria* von 1675 (65–75) sind dabei ein „Dokument des Übergangs" (75), in dem Horb unter gewissen Modifikationen (etwa in der stärkeren Betonung der Notwendigkeit der Kontroverstheologie) den Vorschlägen Speners einschließlich der Einrichtung von *collegia pietatis* bereits weitgehend zustimmen kann, aber nicht in Bezug auf seine die orthodoxe Eschatologie verlassende „Hoffnung besserer Zeiten". Folgenschwer war dann die intensive Begegnung mit den so genannten Frankfurter „Saalhofpietisten" um den Juristen Johann Jakob Schütz und die Adelsfrau Johanna Eleonora von Merlau im Jahr 1677, unter deren Einfluss Horb endgültig für den Pietismus entflammte und aktiv mit Neuerungen begann (90–112). Dazu gehörten das permanente Predigen von der Notwendigkeit der Nachfolge, die Einrichtung eines *collegium pietatis*, Kontakt mit gleichgesinnten Theologen, Betonung der Mystik, neue Wertschätzung der Bibel und eschatologische Erwartungen. Hartmann sieht in diesen Veränderungen eher eine „Intensivierung" als eine „Bekehrung" und stellt für die Jahre 1677 bis 1679 eine „besonders intensive pietistische Phase" Horbs fest (110 f.), deren weitest reichende Folge die Entlassung Horbs aus seinem Amt im Jahr 1678 war. Hartmann kann aber aus den Quellen auch weitere Begleitumstände der Entlassung Horbs herausarbeiten: Persönliche Differenzen mit dem Diakon Johann Justus Arnoldi, kirchenpolitische Spannungen um die Einrichtung eines Konsistoriums und die Tatsache, dass Horb zwischen die Fronten eines Kompetenzstreites der beiden regierenden Fürsten geriet.

Der dritte Teil der Arbeit schildert die Zeit Horbs als „Pfarrer und Superintendent in Windsheim“ (129–192). In der Freien Reichsstadt Windsheim in Franken wurde Horb durch Spenerfreunde protegiert, seine Berufung Ende 1678 wird von Hartmann aber nach Auswertung der Ratsprotokolle auch in einen Zusammenhang mit den Bürgerunruhen in der Stadt gestellt. Der Schwerpunkt seiner Wirksamkeit lag bei dem Bemühen um eine christliche Erziehung und die Erneuerung des Schulwesens (147–160). Auf die Einrichtung von *collegia pietatis* scheint Horb – entgegen anders lautenden Angaben in der Literatur – verzichtet zu haben (162 f.). Nachdem er zwei Berufungen nach Oettingen und Düsseldorf abgelehnt hatte, nahm Horb schließlich Anfang 1685 die Wahl zum Hauptpastor an der St. Nicolaikirche in Hamburg an. In Windsheim, wo er trotz einiger Konflikte mit dortigen Geistlichen nach Hartmann seine „segensreichste“ (192) Tätigkeit entfalten konnte, ließ man ihn nur ungern ziehen.

Der chronologische Gang der Darstellung wird nun durch den vierten Teil unterbrochen, der unter der Überschrift „Seelsorge, Predigt und Theologie nach 1680“ (193–220) eine zusammenfassende Beschreibung des Wirkens und Denkens von Horb versucht im Rückblick auf seine Windsheimer und Vorausblick auf seine Hamburger Zeit. Hartmann würdigt Horb als einfühlsamen Prediger und Seelsorger und betont unter den Hauptlinien seiner Theologie den „evangelischen Ansatz des Frömmigkeitsstrebens“ (203), die Vorordnung der Rechtfertigung vor der Heiligung, das Festhalten am effektiven Charakter der Taufe, die mystische Vorstellung von der „Verinnerlichung“ (208), die zentrale Stellung der Bibel in Verbindung mit der eigenen Erfahrung und die „Hoffnung besserer Zeiten“. Dieses Kapitel hätte vielleicht in Form einer Gesamtauswertung besser am Ende der Arbeit gestanden.

Der fünfte und umfangreichste Teil der Arbeit ist schließlich der Zeit Horbs als „Pfarrer an St. Nicolai in Hamburg (1685–1693)“ gewidmet (221–357). Diese Periode seines Lebens hat besondere Aufmerksamkeit nicht nur in der Kirchengeschichtsschreibung erhalten, sondern wegen des Zusammenhangs von kirchlichen Unruhen und bürgerlichen Verfassungskämpfen in der Stadt auch bei Historikern der frühneuzeitlichen Stadtgeschichte. Hartmann verweist für eine Gesamtdarstellung der Bürgerunruhen in der Hansestadt auf die umfangreiche Arbeit von Hermann Rückleben (*Die Niederwerfung der hamburgischen Ratsgewalt. Kirchliche Bewegungen und bürgerliche Unruhen im ausgehenden 17. Jahrhundert.* Hamburg 1970) und beschränkt seine eigene Darstellung, für die ihm mit 204 Abschriften von Briefen Horbs an Spener aus dieser Zeit eine umfangreiche neue Quelle zur Verfügung steht, auf besondere Themenschwerpunkte, mit denen er auch Ursachen und Entstehungsbedingungen des Streites von 1693/94 ausleuchtet. Hierzu nur einige Schlaglichter: Horb, der sich in Hamburg intensiv um die Armenfürsorge kümmerte, geriet zwischen die Fronten politischer und sozialer Auseinandersetzungen, weil sein Fall von verschiedenen Seiten (Ministerium, Ämter/Zünfte, Bürgerschaft) bewusst genutzt wurde, um eigene Ansprüche durchzusetzen (232–251). Dabei verhinderten Spannungen zwischen Horb und seinen beiden Kollegen Johann Winckler und Johann Hinckelmann ein einheitliches Vorgehen der drei pietistisch gesinnten Hauptpastoren (252–260). Anders als in Windsheim lässt sich in Hamburg die Einrichtung von *collegia pietatis* durch Horb für Hausangestellte und Kinder einerseits und für Studenten und Gelehrte andererseits nachweisen, daneben förderte er auch „Hauskirchen" ohne Beteiligung des Pfarrers (263–273). Horbs erstaunlich stark ausgebildetes Verhältnis zu den radikalen Pietisten in Hamburg war gleichzeitig geprägt von einer differenzierenden Betrachtungsweise und einer Unsicherheit in der Beurteilung (u. a. in seiner Stellung zu Jakob Böhme, zum Chiliasmus und zu außerordentlichen Offenbarungen), was dazu führte, dass er schließlich zwischen allen Stühlen saß (274–348). Schließlich kann Hartmann plausibel machen, dass der Auslöser der schließlich zu Horbs Absetzung führenden Hamburger pietistischen Streitigkeiten erst in zweiter Linie die bisher immer genannte Verteilung einer Schrift Pierre Poirets durch Horb war. Zeitlich eher kam es zu der von einer Magd erhobenen falschen Anklage, Horb habe sie in eine anrüchige „Quäkerversammlung" geführt (349–357).

Ein umfangreiches Quellen- und Literaturverzeichnis (359–379) listet auch die überlieferten Briefe und Schriften Horbs auf und legt nicht zuletzt ein Zeugnis ab von dem immensen Fleiß des Verfassers bei seinen Archivrecherchen. Ein Abkürzungsverzeichnis, ein Personen- und ein Ortsregister sowie ein Bibelstellenverzeichnis schließen den Band ab.

Die gut lesbare Arbeit Hartmanns stellt ohne Zweifel einen wichtigen Beitrag für die Erforschung des frühen Pietismus dar. Seine gründlichen Quellenerhebungen tragen an vielen Stellen bei zur Erhellung unbekannter Zusammenhänge, zur Korrektur bisheriger Annahmen und zur profilierten Sicht auf eine bedeutende Gestalt des Pietismus Spenerscher Prägung. Die differenzierte Darstellung beachtet auch die Überlagerung theologischer Auseinandersetzungen zwischen Orthodoxie und Pietismus durch verschiedenste andere politische und soziale Interessensgruppen und Kräfte. Die ursprünglich ganz ungebrochene Beheimatung von Horb in der lutherischen Streittheologie einerseits, seine markante Hinwendung zum Pietismus und zumindest phasenweise starke Beeinflussung durch die zum radikalen Pietismus abdriftenden Frankfurter Frommen um Johann Jakob Schütz andererseits ergeben ein reizvolles Spannungsbild. Horb gewinnt Kontur als ‚Überläufer' von der Orthodoxie zum Pietismus bzw. als ein ‚Grenzgänger' in dem umstrittenen und nach wie vor in der Forschung noch nicht präzise vermessenen Grenzgebiet zwischen kirchlichem und radikalem Pietismus. Man wird gerade deswegen bedauern, dass Hartmann die eigentlichen Hamburger Streitigkeiten nicht mehr in seine Darstellung einbeziehen und für eine systematische Gesamtauswertung fruchtbar machen konnte. Das ändert nichts daran, dass diese Arbeit von jedem an der Geschichte des Pietismus Interessierten mit Gewinn gelesen werden kann.

Andreas Deppermann Dorsten

Christoph Rymatzki: Hallischer Pietismus und Judenmission. Johann Heinrich Callenbergs Institutum Judaicum und dessen Freundeskreis (1728–1736). Tübingen: Verlag der Franckeschen Stiftungen Halle im Max Niemeyer Verlag 2004 (Hallesche Forschungen, 11). – XIV, 554 S.

Es handelt sich um die überarbeitete Fassung einer Dissertation, die der Vf. im Mai 2000 der Theologischen Fakultät Halle vorgelegt und im September 2001 verteidigt hat. Im Vorwort dankt er den drei Gutachtern, Udo Sträter, Arno Sames und Johannes Wallmann, deren Hinweise „in diese Arbeit eingeflossen sind". Zugleich verweist er auf „die kooperative Zusammenarbeit" mit Christoph Bochinger „bei der Quellenerschließung". Diese Zusammenarbeit wurde bereits in den Jahren 1993 ff. in mehreren Tagungsbeiträgen über das „Institutum Judaicum-Muhammedicum" dokumentiert (vgl. die entsprechenden Titelangaben im Literaturverzeichnis 536). Bochinger hat „als Religionswissenschaftler" vor allem „die Tätigkeit des Institutum Muhammedicum auf die Begegnung des Christentums mit dem Islam des 18. Jahrhunderts hin" untersucht und sich 1996 mit einer Arbeit zu diesem Thema habilitiert. Da seine „Archivstudien [. . .] zeitgleich mit denen für die vorliegende Arbeit betrieben" wurden, habe sich, auch „angesichts der Quellenfülle, [. . .] eine thematisch abgegrenzte Kooperation" nahegelegt. Deshalb habe der Vf. „im Folgendem, vor allem in der Frage von Callenbergs Islammission und in seiner Tätigkeit als Arabist auf die Arbeit von Bochinger verwiesen" (32). Der Begriff „Institutum" bedürfe allerdings mit Blick auf seine Verwendung bei Callenberg einer Erläuterung. „Bei Beginn seiner judenmissionarischen Unternehmungen im Frühjahr 1728" habe Callenberg den Begriff „lediglich im Sinne einer Unternehmung oder eines Vorhabens" verstanden. „Ein Institutsverständnis im Sinne einer öffentlichen Einrichtung" lasse sich erst nach der Ende 1732 erfolgten Erteilung des königlichen Druckereiprivilegs belegen. Zu der in den Quellen häufig verwendeten Doppelbezeichnung bemerkt der Vf. dann abschließend, dass Callenberg „sein Institut entsprechend der eigentlichen

Schwerpunktsetzung“ vornehmlich als „Institutum Iudaicum“ bezeichnet habe, „sofern aber auch die in geringerem Umfang betriebene Islammission berührt oder ausschließlich behandelt wurde“, habe er die Doppelbezeichnung „Institutum Judaicum et Muhammedicum“ benutzt. Dagegen spräche Callenberg „bei Missionsaktivitäten, die sich ausschließlich auf die Juden richteten“, nur vom „Institutum Judaicum“. Deshalb beschränke „sich auch die vorliegende Arbeit entsprechend ihrer thematischen Ausrichtung“ auf diesen Sprachgebrauch (33 f.).

Der Vf. legt eine sorgfältig gegliederte Arbeit vor. In dem einleitenden 1. Kapitel (1–34) gibt er nach einer kurzen Hinführung zum Thema (1 f.) und einigen kurzen Bemerkungen zur Quellenlage (3–7) einen umfassenden Überblick zum Forschungsstand (8–28) und äußert sich abschließend zu Ziel und Methode der Arbeit (29–34). Im 2. Kapitel (35–122) untersucht er die Anstöße, die J. H. Callenberg zur Gründung des Institutum Judaicum innerhalb der Franckeschen Anstalten veranlasst haben. „Die Herausbildung des Institutum Judaicum unter der Leitung von J. H. Callenberg“ in der Zeit von 1728 bis 1736 ist das Thema des 3. Kapitels (123–304). Dabei werden nacheinander die vier Schwerpunkte der Arbeit des Instituts vorgestellt: Die Verlagstätigkeit (124–190), die Reisetätigkeit (191–237), die Betreuung von getauften Juden und Taufkandidaten (238–264) und die Ausweitung des Freundeskreises (265–304). Die Entwicklung dieses Freundeskreises bis 1736 ist das Thema des 4. Kapitels (305–452). In einer kurzen „zusammenfassende[n] Betrachtung“ reflektiert der Vf. dann noch einmal Zielstellung und Ergebnisse seiner Arbeit (453–459). In einem 5. Kapitel wird eine ergänzende „Materialsammlung“ angefügt, die im Wesentlichen Inhaltsangaben zu den im Verlag gedruckten Schriften enthält (461–488). Abschließend folgen Abkürzungs-, Quellen- und Literaturverzeichnisse (489–544) und ein Personenregister (545–554).

Der Vf. hat erstmalig eine umfassende Auswertung des umfangreichen handschriftlichen Quellenmaterials für die Vorgeschichte, die Entstehungsgeschichte von 1728 bis 1736 und den Freundeskreis des Instituts vorgelegt. Für den Benutzer wäre es sicherlich hilfreich gewesen, wenn der Vf. sich bei dem einleitenden Überblick über die handschriftlichen Quellen (3–7) nicht nur über den Bestand, sondern auch über die unterschiedlichen Überlieferungsformen (Ausfertigung, Abschrift, Extrakt) geäußert hätte, um später in den Anmerkungen auf solche Besonderheiten hinweisen zu können. Das hätte dem Leser bei der Bewertung der Belege geholfen und ihn in manchen Fällen vor möglichen Missverständnissen bewahrt. So spricht der Vf. z. B. bei der Darstellung des Freundeskreises in Stolp (329–331) von dem Bemühen Callenbergs, D. J. Dimpel, zu dieser Zeit Pfarrer in Vessin bei Stolp, als Institutsvertreter für Stolp und Umgebung heranzuziehen und nennt als Beleg dafür in der entsprechenden Anmerkung ein nicht näher gekennzeichnetes Schriftstück Callenbergs: „Vgl. Callenberg an J. C. Lerche mit Kopie u. a. für D. I. Dimpel, Halle, 17.8.1731" (330 speziell Anm. 155). Diese Mitteilung überrascht, weil der Vf. bereits vorher von Aktivitäten Dimpels berichtet und mit Schreiben Dimpels an Callenberg aus dem Jahre 1730 belegt hat (329 f. speziell Anm. 154). Versucht der Leser sich anhand des Personenregisters über Lerche zu informieren, erfährt er, dass dieser zu diesem Zeitpunkt als Gesandtschaftsprediger in Wien weilte (vgl. die Belege im Personenregister 549, speziell 199–201). Warum also dann dieser Umweg von Halle über Wien nach Stolp zu dem bereits mit Callenberg in Korrespondenz stehenden Dimpel? Das Rätsel löst sich, wenn man dann noch einmal alle angegebenen Stellen für Lerche durchgeht. Hier stößt man bei der ersten Belegstelle in einer Anmerkung auf die spezielle Überlieferungsform des hier zitierten Briefes. Weil sich bei dem Druck der Institutsberichte Verzögerungen ergaben, „wählte Callenberg die Methode, diverse neueste Ereignisse an Institutsfreunde brieflich mitzuteilen und die allgemeineren Passagen des Briefes kopieren und an Gönner mit ähnlichen Interessen verschicken zu lassen" (131). In der entsprechenden Anmerkung verweist er dann u. a. auf diesen Brief Callenbergs „mit Angaben von 22 weiteren Kopieempfängern, vor allem Geistliche" (131, Anm. 29).

Verdienstvoll ist auch die Auswertung der vom Institut für den genannten Zeitraum herausgegebenen gedruckten Berichte und Schriften zur Judenmission (124–190), die inhaltliche Erläuterung der gedruckten Schriften in der ergänzenden Materialsammlung (461–484), die erstmalige Bibliographie der Publikationen des Instituts von 1718 bis 1775 (494–530) und das Verzeichnis der gedruckten Quellen und der Literatur bis 1800 (531–534). Speziell mit Blick auf die ersten Institutsberichte hat der Vf. dabei erstmalig das handschriftliche Material zur kritischen Auswertung heranziehen können (124–139, vgl. die entsprechende Auswertung der ersten Reiseberichte 191–237).

Für den Franckeforscher bietet vor allem das zweite Kapitel über „die Anfänge des Institutum Judaicum" wichtige weiterführende Erkenntnisse (35–122). Der Vf. beginnt mit einem kurzen Überblick „zur Biographie J. H. Callenbergs" (35–49) und geht dann den in den Quellen erkennbaren „Einflüsse[n] auf die Entstehung des Institutum Judaicum" nach (50–104). Er wehrt zunächst kurz zwei in der Forschung verhandelte Thesen ab, die „vom Einfluß J. A. Hochstetters auf die Entstehung des Institutum Judaicum" oder von möglichen „Einflüsse[n] des Collegium Orientale" sprechen (50–57). Dann geht er auf die in Halle nachweisbaren Einflüsse ein: Er verweist auf J. Loders Engagement für die Judenmission und sein Wirken in Halle (57–68), würdigt „H. Milde und seine Rolle bei der Institutsentstehung" (68–70) und äußert sich in diesem Kontext auch zu den bei Callenberg zunächst vorherrschenden Plänen „einer Traktat- und Orientmission unter Muslimen" (70–74) und zu dessen „Beziehungen zum Judentum bis 1728" (82–86). Eingefügt wird ein Exkurs über die „Beziehungen zwischen Juden und Christen in Halle" (60–68) und ein Überblick über „Christlich-jüdische Begegnungen im Umfeld des Waisenhauses" (74–82). Dem stellt der Vf. die nachweisbaren externen Einflüsse gegenüber. Hier verweist er vor allem auf J. Müller in Jena (86–99) und nennt ferner den aus Breslau stammenden Proselyten und Halleschen Medizinstudenten H.C.I. Frommann (99–104). Verwunderlich ist für den an A.H. Francke interessierten Leser, dass in diesem Kapitel ein spezieller Abschnitt über ihn und seine Stellung zur Judenmission fehlt. Das liegt vermutlich daran, dass dieser, wie das Personenregister belegt, eigentlich in jedem Abschnitt mehrfach erwähnt wird und immer wieder entscheidend in die Entwicklung Callenbergs und seiner Freunde eingreift. Zwei Punkte sind mir dabei besonders aufgefallen: Einerseits hat Francke offensichtlich auch in seinem Alter die Fähigkeit behalten, junge Menschen für die Ziele des Pietismus zu begeistern, ihre speziellen Anliegen zu fördern und sie in die richtigen „Fußstapfen" zu lenken. Andererseits hat er selbst offenbar die endzeitlichen „Naherwartungen", die sich mit der Hoffnung auf die „Bekehrung der Juden" verbanden und die sein Handeln in seiner Frühzeit bis 1695 entscheidend bestimmten, mit der Gründung der „Anstalten" keineswegs aufgegeben, sondern hat auch hier auf die „Fußstapfen" Gottes gewartet und deshalb J. Loder zur Judenmission nach Halle geholt, Callenbergs Pläne einer Orientmission, vermutlich auf Grund früherer Erfahrung, umzulenken versucht, ihn deshalb ab 1721 zur Mitarbeit an den Stiftungen herangezogen, ihn dann aber bei dem Versuch, eine Schrift von J. Müller erneut zu drucken, tatkräftig unterstützt. So trägt er sich als erster auf die entsprechende Spendenliste ein, und zwar mit dem zusätzlichen Hinweis auf die „endlich bald" eintretende Judenbekehrung (109). Dabei wird man bedenken müssen, dass Callenberg 1721 bis 1727 engster Mitarbeiter von Francke war und deshalb mit Sicherheit vieles zwischen ihnen besprochen worden ist, ohne dass es einen Niederschlag in den schriftlichen Quellen gefunden hat.

Eine besondere Leistung des Vf. ist ohne Zweifel die Erfassung des Freundeskreises des Institutum Judaicum. Dabei ist zu beachten, dass er bereits am Schluss des 2. Kapitels auf die Entstehung des Freundeskreises bis zum Jahre 1728 hingewiesen hat (105–122). Ebenso wird am Schluss des dritten Kapitels ausführlich auf die Ausweitung des Freundeskreises unter der Leitung von Callenberg eingegangen (265–304). Anschließend wird dann ein spezielles umfangreiches Kapitel über den Freundeskreis bis 1736 angefügt, in dem der Vf. in einem ersten Hauptteil die vielfältigen, weit verstreuten Hinweise erstmals geographisch ordnet (305–400) und dann zusammenfassend „Theorie und Praxis der judenmissionarischen Bemühungen" innerhalb dieses Freundeskreises darstellt (401–452). „Angesichts der Fülle von über eintausend Namen und hunderten von Herkunftsorten" sah der Vf. seine Aufgabe vor allem darin, „das gesamte Netzwerk des Freundeskreises in seiner Struktur und in seinem Werden differenziert nach Größe, Verbreitung und lokalen Zentren in den Blick zu nehmen" (305 f.). Hinsichtlich der geographischen Ausbreitung nennt er für Brandenburg-Preußen 13 (310–355), für den sächsischen Bereich 7 Gebiete (335–347), ferner verweist er auf 18 „Freundeskreise in den übrigen Reichsgebieten" (347–384), und abschließend werden „der Freundeskreis in Europa und weltweite Institutskontakte" aufgezählt (385–400).

Hier gibt es zunächst ein kleineres terminologisches Problem. In der Regel verwendet der Vf. den Begriff Freundeskreis im Singular, also im allgemeinen Sinn, doch bei der geographischen Aufgliederung notiert er dann jeweils einen Freundeskreis für eine bestimmte Stadt oder ein bestimmtes Gebiet und spricht in einem Fall bei der Zwischenüberschrift sogar von Freundeskreisen im Plural (347). Das erweckt den Eindruck, als ob es sich hier um fest institutionalisierte Gruppen handelt. Das ist aber offensichtlich nicht gemeint. Das bestätigen auch die beigefügten Zahlen, wo mehrfach nur von wenigen Personen gesprochen wird.

Gezählt werden dabei nur diejenigen, zu denen ein fester langjähriger Kontakt bestand, bzw. diejenigen, die in dem 1736 begonnenen neuen, nach Orten gegliederten Katalog als Adressaten für die einzelnen Orte notiert worden sind (vgl. die Vorbemerkungen 305–310, bzw. die ergänzende Materialsammlung 485–487). Dabei geht der Vf. von insgesamt 496 Personen aus. Allerdings ergeben sich hier im Einzelnen bei der Zählung Schwierigkeiten. So zählt er für den „Freundeskreis in Hinterpommern" insgesamt 34 Personen (326), wiederholt diese Zahl in der beigefügten Materialsammlung und differenziert sie auf die im Text genannten vier Städte, wobei sich als Gesamtsumme allerdings nur die Zahl von 32 Personen ergibt (vgl. 485). Solche Unstimmigkeiten finden sich gelegentlich auch bei den übrigen statistischen Angaben. Doch wichtiger als solche geringfügigen Unterschiede in der Zählung scheint mir die Tatsache zu sein, dass bei der Darstellung dieser „Freunde" des Institutum Judaicum in den einzelnen Gebieten keineswegs alle gezählten Personen genannt werden. So wird für Stolp zwar die Gesamtzahl von 16 Personen angegeben (vgl. 485), und diese Zahl wird in der Darstellung selbst am Schluss auch in einer zusammenfassenden Anmerkung notiert. Doch in der anschließenden Auswahl nennt der Vf. nur acht Namen und fügt dann noch die Namen von zwei „in Dechsel bei Stolp" wirkenden Geistlichen hinzu (331 Anm. 160). Bei dieser letzten Angabe handelt es sich eindeutig um einen territorialgeschichtlichen Irrläufer. Denn Ort und Personen finden sich nicht im pommerschen Pfarrerbuch, sondern im entsprechenden Pfarrerbuch für Brandenburg, und die genannten Geistlichen gehörten deshalb in den „neumärkischen Freundeskreis", in dem der Landsberger Inspektor L. Gensichen eine entscheidende Rolle gespielt hat (vgl. 331 Anm. 160 mit den Angaben 324–326, speziell 324 Anm. 115 u. 116). Zählt man die anderen im laufenden Text genannten Personen zu den in der Anmerkung angegebenen acht Personen dazu, kommt man zwar rechnerisch auf die angegebene Gesamtzahl, aber bei mehreren wird ausdrücklich erwähnt, dass sie 1736 nicht mehr in Stolp weilten, so der am Schluss genannte reformierte Hofprediger T.Chr. Stubenrauch, der 1732 nach Berlin berufen wurde und deshalb bereits vorher beim Freundeskreis in Berlin erwähnt worden ist (vgl. 331 Anm. 161, wo sich eine umfangreiche Anmerkung mit Quellenbelegen und biographischen Angaben zu seiner Berliner Tätigkeit findet, mit 321–324, speziell 323 Anm. 107), oder der als erster Mitarbeiter genannte Rektor Chr. Schiffert, der 1731 dem ebenfalls in einer Anmerkung erwähnten Superintendenten F. A. Schultz nach Königsberg gefolgt ist, und die deshalb beide auch dort noch einmal genannt werden (vgl. 329 f., speziell 329 Anm. 148 und die Übersicht über den „Königsberger Freundeskreis" 332–334).

Wichtiger als diese statistischen Unklarheiten ist die geographische Aufgliederung des Materials selbst, die ohne Zweifel von grundlegender Bedeutung für eine weiterführende territorialgeschichtliche Auswertung ist. Hier liegt aber zugleich ein spezielles Problem der Arbeit. Denn dem Vf. war es nur begrenzt möglich, selbst alle genannten Personen und die jeweils angegebenen Fakten territorialgeschichtlich zu verifizieren (vgl. seine entsprechenden Hinweise 305–310 und im Vorwort). So sind z. B. die Angaben zu dem bereits erwähnten Dimpel unzureichend geblieben, weil der Vf. in dem entsprechenden Pfarrerverzeichnis für Pommern im Personenregister zu Dimpel nur die Belegstelle für seine spätere Wirksamkeit in Brüskow gefunden hat (329 Anm. 152). Ebenso hat er nicht bemerkt, dass der anschließend im Text erwähnte „neue Propst Schulze" identisch ist mit dem bereits in einer vorangehenden Anmerkung genannten F. A. Schultz, der von 1729 bis 1731 Superintendent in Stolp war und dann nach Königsberg berufen wurde (vgl. 330 mit 333 u. 329 Anm. 148). Es geht mir hier nicht darum, den wissenschaftlichen Wert dieses geographischen Überblicks über den Freundeskreis in Frage zu stellen. Vielmehr gilt insgesamt, dass hier wichtiges, bisher unbekanntes Quellenmaterial für die weitere territorialgeschichtliche Pietismusforschung bereitgestellt worden ist. So bin ich z. B. bei meinen territorialgeschichtlichen Forschungen zu den Anfängen des Pietismus in Stolp und im Stolper Kirchenkreis erst durch die Hinweise des Vf.s auf die Bedeutung Dimpels aufmerksam gemacht worden.

Allerdings fehlt für die Auswertung dieses umfangreichen Materials durch die territorialgeschichtliche Forschung ein Ortsregister! Zwar kann sich der territorialgeschichtlich interessierte Nutzer anhand der differenzierten Gliederung durchaus orientieren und findet in vielen Fällen dort auch die ihn interessierenden Ortsnamen. Eine weitere Orientierung ist sicherlich auch über das Personenregister möglich. Aber beides kann ein alphabetisch geordnetes Verzeichnis der in der Arbeit erwähnten Orte und Länder nicht ersetzen. Auch dafür bieten die Bemerkungen über Dimpel einen indirekten Beleg. Hätte der Vf. auch das Ortsregister des pommerschen Pfarrerbuches herangezogen, hätte er dort natürlich einen Stellenbeleg für Vessin und dann an der angegebenen Stelle einen entsprechenden Hinweis auf Dimpels Wirksamkeit gefunden, der von 1707 bis 1740 Pfarrer in Vessin gewesen ist und im Streit mit seinem Patronatsherrn F. A. von Bandemer die Pfarrstelle verlassen musste.

Dieser Hinweis auf den Konflikt Dimpels mit seinem Patronatsherrn erfährt durch die Angaben zu dem Freundeskreis in Stolp eine interessante Ergänzung. Hier wird u. a. berichtet, dass in den Jahren 1730 f. von Stolp aus arabische Traktate zur Mission in das von Russland besetzte Grenzgebiet nach Persien gesendet worden sind (329 f., speziell 330 Anm. 154). Dass aus Stolp, also aus dem hintersten Hinterpommern Traktatmission in Persien betrieben worden ist, verwundert zunächst. Doch das Wunder ist einfach zu erklären. Auch hier geht es wieder um Dimpel. Denn er gehört zu den Vermittlern, weil dessen Patronatsherr F. A. von Bandemer, vom Vf. nur als „Gemeindeglied“ bezeichnet, seit 1727 als Oberst in russischen Diensten in diesem Grenzgebiet zu Persien weilte (vgl. 330 Anm. 153 f.). Dass es sich hier um ein durchaus weitläufig angelegtes Unternehmen handelte, wird durch einen Hinweis in der entsprechenden Anmerkung deutlich, wonach die Versendung dieser Traktate teilweise über Petersburg gelaufen ist (330 Anm. 154). Folgt man diesem Hinweis und schaut bei dem Abschnitt über den Freundeskreis in Russland nach, findet man entsprechende Belege für Petersburg, allerdings ohne Hinweis auf die Verbindung mit Stolp (vgl. 385–388, speziell 387 Anm. 500 f.). Einmal auf derartige Aktivitäten aufmerksam gemacht, entdeckt man bei der weiteren Lektüre, dass es sich hier um die Verwirklichung von Zielen handelt, die Callenberg bereits früher geplant hatte (vgl. 70–74) und die er 1729 f. auch mit Freunden in Regensburg und Amsterdam vom Westen aus über Konstantinopel nach Nordafrika und Vorderasien realisiert hat (vgl. 286 u. 378 speziell Anm. 450). Das alles muss man sich über Querverweise und die Belegstellen im Personenregister selbst zusammen suchen, weil ein entsprechendes Ortsregister fehlt.

Nun könnte der Vf. darauf verweisen, dass, wie einleitend vermerkt, für diese Thematik Chr. Bochinger zuständig war, auf dessen, leider immer noch nicht gedruckte, Habilitationsschrift er immer wieder verweist. Doch fehlt für Stolp ein Verweis auf Bochingers Arbeit bzw. an den anderen Stellen ein entsprechender Querverweis auf Stolp.

Das Fehlen eines Ortsregisters macht sich z. B. auch im Blick auf die Kontakte zu Polen bemerkbar, die in den Anfängen der Reisetätigkeit eine wichtige Rolle spielen und in dem entsprechenden Abschnitt auch ausführlich ausgewertet worden sind (vgl. 202 ff.). Doch da sich daraus keine dauerhaften Verbindungen mit Polen ergeben haben, fehlen polnische Orte bei dem Überblick über internationale Kontakte, und erst bei der Lektüre der Vorgeschichte erfährt man dann, dass Kontakte zu Juden aus Polen bereits lange vorher bestanden (vgl. z. B. 82 und speziell für Callenberg 84–86). Ebenso bleibt dem an Stolp Interessierten bis auf einen in einer Anmerkung notierten Brief von J. A. Manitius vom 23. Oktober 1731 aus Schlawe unbekannt, dass Stolp bei der ersten Reise eine wichtige Station auf dem Wege von Polen über Danzig oder Königsberg nach Halle gewesen ist (vgl. 208 f. speziell Anm. 99 f. mit 329 Anm. 151).

Ein besonderes Gewicht für die Beurteilung der Ergebnisse der Arbeit haben die Ausführungen über Theorie und Praxis der Judenmission in Halle und im Freundeskreis des Instituts. Laut Vf. war die Frage der Judenmission im 18. Jahrhundert der erste entscheidende Anstoß für seine Untersuchungen (vgl. 1 und die zusammenfassende Betrachtung 453–460). Tatsächlich erörtert er diese Fragen auch durchaus sowohl für die Vorgeschichte in Halle wie für den Freundeskreis selbst und weist auf die Vielfalt der Motive hin. Allerdings überzeugt mich sein Versuch, die Bedeutung der jeweiligen Position mit statistischen Angaben zu untermauern, nicht. So wird z. B. darauf hingewiesen, dass „neben der unmittelbaren Erwartung einer endzeitlichen Judenbekehrung [. . .] in Kreisen der Institutsfreunde auch das pietistische Bekehrungsverständnis einen wesentlichen Einfluss auf die Einstellung zum Judentum" hatte, „wie sich an 14 Beispielen belegen ließ". Man konnte also „die endzeitliche Judenmission als Bußpredigt für die ganze Christenheit auffassen und in die Bitte um Bekehrung nicht nur Juden, sondern auch Christen und sich selbst mit einschließen". In der dazu gehörigen Anmerkung werden dann vier entsprechende Aussagen als Beispiel herangezogen. Dabei verweist der Vf. auch auf Dimpel, der in einem Schreiben an Callenberg vom 11. April 1736 „bekannte, dass er für ‚diese miserable Leute', aber auch ‚für die Bekehrung der unächten Christen' bete" (425 Anm. 143). Es handelt sich hier also nur um eine kurze Bemerkung in einem längeren Schreiben, und man müsste bei der Bewertung sicherlich nicht nur den Kontext des ganzen Briefes im Blick haben, sondern auch die sonstigen Aussagen Dimpels zur Judenmission beachten. Leider wird der betreffende Brief von Dimpel im Abschnitt über Stolp nur kurz erwähnt (vgl. 331 Anm. 160). Der Vf. könnte sich aber für seine Sicht z. B. auf den Spendenaufruf Dimpels aus dem Jahre 1733 berufen, in dem dieser „beim allgemeinen göttlichen Heilswillen für alle Menschen (1. Tim 2,4) seinen Ausgangspunkt" genommen hat, „die Notwendigkeit einer ‚rechtschaffenen bekehrung' erläuterte", kurz die Traktatherstellung und den Reisedienst des Instituts beschrieb, „um schließlich dazu aufzurufen, den Glauben durch tätige Liebe zu beweisen" (330 Anm. 157). Auch hier handelt es sich allerdings nur um eine Zusammenfassung, aber man wird davon ausgehen können, dass der Vf. sicherlich auch die Hoffnung auf die endzeitliche Judenbekehrung erwähnt haben würde, wenn Dimpel darauf hingewiesen hätte.

Für die Gesamtbeurteilung der Aussagen zur Theorie und Praxis der Judenmission innerhalb des Freundeskreises hat sicherlich die Beobachtung des Vf. besonderes Gewicht, dass die zu Anfang betonte Verbindung der Judenmission mit endzeitlichen Erwartungen sehr bald in den Institutsberichten zurückgenommen und das allgemeine Motiv der christlichen Nächstenliebe herausgestellt worden ist (vgl. 296–301, 454 f. u. 457 f.). Ich stimme dem Vf. zu, dass es Callenberg bei diesem Argumentationswechsel darum geht, sein Institut vor möglicher Kritik zu schützen. Doch heißt das nicht ohne weiteres, dass damit diese entzeitlichen Erwartungen grundsätzlich aufgegeben worden sind. Vielmehr folgte Callenberg hier wahrscheinlich dem Vorbild Franckes, der in seiner Frühzeit ebenfalls zunächst auf die universalen und endzeitlichen Erwartungen hingewiesen hat, die sich für ihn mit der Gründung seiner Anstalten verbanden, der dann aber in seinen Projekten für die weitere Ausgestaltung dieser Anstalten ihren Nutzen für die Ausbildung von geeigneten Theologen für Deutschland und Europa betont, und in den offiziellen Berichten in den *Fußstapfen* vor allem den Nutzen der Anstalten für das Land nachweist.

Zusammenfassend lässt sich sagen, dass der Vf. mit der vorliegenden Arbeit, trotz mancher Kritik im Einzelnen, insgesamt für alle behandelten Bereiche, die Vorgeschichte, die Entstehungsgeschichte von 1728 bis 1736, die Ausbreitung des Freundeskreises und die in diesem Kreis erkennbare Theorie und Praxis der Judenmission im hallischen Pietismus wertvolles Quellenmaterial und wichtige weiterführende Untersuchungsergebnisse vorgelegt hat.

Friedrich de Boor — Halle a. d. Saale

Jürgen Helm: Krankheit, Bekehrung und Reform. Medizin und Krankenfürsorge im Halleschen Pietismus. Tübingen: Verlag der Franckeschen Stiftungen Halle im Max Niemeyer Verlag 2006 (Hallesche Forschungen, 21). – VII, 245 S.; graph. Darst.

Die Medizingeschichte hat in den vergangenen Jahren den Pietismus wieder entdeckt. Im Unterschied zu früher haben wir es nicht mehr mit der herkömmlichen Ideengeschichte zu tun. Erfreulicherweise liegen inzwischen auch sozialgeschichtlich orientierte Studien vor. Dass es sich lohnt, den Pietismus nicht nur unter kirchen- oder geistesgeschichtlichen, sondern auch unter medizinhistorischen Aspekten zu untersuchen, hat unter anderem die innovative Heidelberger Dissertation von Katharina Ernst bewiesen (*Krankheit und Heiligung. Die medikale Kultur württembergischer Pietisten im 18. Jahrhundert*. Stuttgart 2003). Diese knüpft thematisch an die ältere Arbeit von Endre Zsindely (1962) an, bleibt jedoch nicht mehr bei der normativen Sicht auf Krankheit und Heilung stehen. Als Quellen für ihre Untersuchung zur medikalen Kultur des württembergischen Pietismus in seiner Blütezeit (1724–1780) zieht Ernst sowohl Erbauungsschriften bekannter und einflussreicher Pietisten (Philipp Jakob Spener, Samuel Urlsperger, Magnus Friedrich Roos) als auch insbesondere Ego-Dokumente (Briefe, Tagebücher und Autobiographien) heran. Zusätzlich wurde von ihr eine Vielzahl ungedruckter Briefe ausgewertet, in denen das Thema Krankheit, Gesundheit, Heil und Heilung immer wieder auftaucht.

Mit der jetzt vorliegenden Halleschen Habilitationsschrift von Jürgen Helm wird diese erfreuliche historiographische Entwicklung fortgeführt. Zwar ist die Krankenfürsorge der Franckeschen Stiftungen schon früher immer wieder einmal in den Blickpunkt von Medizinhistorikern geraten (man denke in diesem Zusammenhang etwa an die zahlreichen einschlägigen Studien von Wolfram Kaiser und Werner Piechocki sowie von Renate Wilson), doch fehlte es bislang an einer systematischen Studie des in großer Zahl überlieferten Quellenfundus im Archiv der Franckeschen Stiftungen.

Als erstes macht sich Helm an die schwierige Aufgabe zu definieren, was man unter ‚pietistischer Medizin' versteht. Mit Recht kritisiert er die begriffliche Unschärfe, die man in den Arbeiten von Christa Habrich und Johanna Geyer-Kordesch antrifft. So kann man seiner Meinung nach Ärzte wie Georg Ernst Stahl nicht einfach als „Pietisten" bezeichnen, nur weil sie von Medizinern in den Franckeschen Anstalten rezipiert worden sind. „Stahls Konzept", so Helm, „lieferte Medizinern wie Richter und Alberti die theoretische Grundlage für ihre an der pietistischen Psychagogik orientierten Anweisungen für Ärzte und Patienten. Erst die pietistischen Mediziner machten damit aus Stahls Theorie ein ‚pietistisches' Konzept, das durch seinen eingeengten Seelenbegriff die Intentionen Stahls nur unzureichend wiedergeben konnte" (47). ‚Pietistische Medizin' ist in der ersten Hälfte des 18. Jahrhunderts also mehr als nur angewandter ‚Stahlianismus'. Um das zu begreifen, muss man sich, wie Helm betont, auch mit körpergeschichtlichen Ansätzen einer Begriffsbestimmung nähern. Dazu untersucht der Autor die pietistische Sprache über den Körper in den Briefen Gotthilf August Franckes, des Sohnes des Anstaltsgründers. Methodologisch konnte Helm hier an die bereits erwähnte Studie Katharina Ernsts anknüpfen. Deutlich wird in diesen Quellen die für den Pietismus so typische Verbindung von „Introspektion, Glaubenszweifeln und körperlichen Beschwerden" (17).

Heilung von körperlichen Leiden war ein Gebot, denn nach pietistischer Auffassung ließ sich jemand, dem man in seiner Krankheit geholfen hatte, auch von der Notwendigkeit einer seelischen Gesundung überzeugen. Anhänger des Pietismus waren also keinesfalls leibfeindlich, ganz im Gegenteil: „Der Körper galt ihnen als Instrument der Seele, durch das der Wille Gottes in der Welt ausgeführt werden sollte. Die in der Wiedergeburt angestrebte Erneuerung betraf daher nicht nur die Seele, sondern auch den Körper.“ (26 f.) Wie Helm außerdem aufzeigt, waren die einzelnen Merkmale einer ‚pietistischen Medizin‘ weder neu noch originell, denn die Deutung von Krankheit als Sündenstrafe oder als Spiegel der kranken Seele findet man immer wieder in der Geschichte der Medizin. Das Besondere am Pietismus sei die Konsequenz gewesen, mit der man dieses Konzept auf den verschiedensten Ebenen umgesetzt habe.

Im Hauptteil untersucht Helm, wie die ‚pietistische Medizin‘ im oben genannten Sinne in den Franckeschen Anstalten in der ersten Hälfte des 18. Jahrhunderts umgesetzt wurde. Zunächst räumt der Autor mit dem weit verbreiteten Missverständnis auf, dass die Krankenfürsorge sich nur auf das *collegium clinicum*, das man oft als eine Art Zentralkrankenhaus im Waisenhauskomplex deutete, beschränkte. Die Krankenfürsorge erstreckte sich vielmehr auf alle Einrichtungen der Franckeschen Stiftungen und war somit ständisch gegliedert. Aufschlussreich sind in diesem Zusammenhang auch die kurzen Ausführungen des Autors zu der „Krankenkasse“, die Francke für die Schüler der von ihm errichteten Lateinschule eingeführt hatte. Besonders hilfreich ist die Unterscheidung zwischen dem, was an Krankenanstalten von Francke und seinen Mitstreitern geplant war, und was dann baulich und institutionell umgesetzt wurde. Auch werden die normativen Aspekte der in großer Zahl überlieferten Ordnungen immer wieder mit den in anderen Quellen (z. B. Protokollen, Rechnungsbüchern) überlieferten Informationen verglichen. Insofern erfüllt diese Habilitationsschrift ihr in der Einleitung genanntes Ziel, die Praxis der Krankenfürsorge in den Halleschen Anstalten zu beschreiben, geradezu vorbildlich. So erfahren wir beispielsweise, dass die Krankenpflege meist von Frauen ausgeübt wurde, dass in Ausnahmefällen aber auch Krankenwärter beschäftigt wurden, wenn die „Sittlichkeit“ es erforderte.

Besonders verdienstvoll sind die Ausführungen Helms zu den Krankheiten, an denen die in den Franckeschen Anstalten untergebrachten Personen litten. Dabei vermeidet der Autor die Fallstricke einer retrospektiven Diagnostik und beschränkt sich auf die Einteilung in so genannte „Krankheitstypen“ (Hauterkrankungen, Infektionskrankheiten etc.). Kaum überraschend kommt der Befund, dass die am häufigsten genannte Krankheit die „Krätze“ ist. Sie war damals so verbreitet, dass Samuel Hahnemann (1755–1843) ein Jahrhundert später sie zu den „chronischen Krankheiten“ zählte, die sich auch homöopathisch nur schwer heilen ließen. Eher selten, weil tabuisiert, ist von der „stummen Sünde“, der Onanie, die Rede, die im Laufe des 18. Jahrhunderts als Wurzel einer Vielzahl lebensbedrohlicher Krankheiten angesehen wurde. Was Helm gleichwohl in den Quellen gefunden hat, verdient die Aufmerksamkeit der Medizinhistoriker, handelt es sich doch um frühe Belege für den Onanie-Diskurs, und dazu noch aus dem pietistischen Umfeld.

Genauso wichtig wie die Krankenpflege war die Prophylaxe. Helm beschreibt, dass außer auf Ernährung und Hygiene vor allem auch auf „Motion", also körperliche Bewegung, geachtet wurde. Weiterhin fehlte damals der Aderlass nicht im Repertoire der gesundheitserhaltenden Maßnahmen. Doch eine der wichtigsten Maßnahmen der Krankheitsverhütung, die häufig übersehen wird, war die Entscheidung der Anstaltsleitung, kranken Kindern die Aufnahme zu verweigern. So überrascht nicht, dass die Mortalitätsrate im Waisenhaus mit durchschnittlich 7,93 Prozent erstaunlich niedrig war, niedriger jedenfalls als in vergleichbaren Institutionen. Die Sterblichkeitsziffer bei den Lateinschülern war noch geringer (durchschnittlich 1,43 Prozent), was Helm damit erklärt, dass die geringere Mortalität mit dem höheren Aufnahmealter dieser Zöglinge zusammenhänge.

Bedauerlich ist, dass sich keine detaillierten Angaben über die so genannte „Armensprechstunde" erhalten haben. Wir erfahren aus den Quellen nur, wie viel arme Patienten aus Halle und Umgebung von den Ärzten der Franckeschen Anstalten kostenlos behandelt worden sind (ca. 12.000 Patienten pro Jahr!). Dass dieser Ansturm nur mit der Hilfe von Medizinstudenten bewältigt werden konnte und zudem große Finanzmittel erforderte, liegt auf der Hand. So gab es in den Halleschen Anstalten keinen Unterricht am Krankenbett, wie immer wieder in der Literatur behauptet wird; die „Klinik" beschränkte sich auf die „Armensprechstunde" und hatte mit der Ausbildung an der medizinischen Fakultät der Universität Halle nur indirekt etwas zu tun, indem nämlich pietistisch gesinnte Medizinstudenten hier reichlich Gelegenheit bekamen, ihr Wissen unter Aufsicht in der Praxis zu erproben.

Eine weitere Frage, die Helm in seiner Studie nachgeht, ist die Bedeutung der Franckeschen Anstalten für das Gesundheitswesen der Stadt Halle. Es kann kein Zweifel bestehen, dass die Armensprechstunde eine wichtige Versorgungslücke schloss und auch als eine Form der Medikalisierung angesehen werden kann. Der Einfluss der ‚pietistischen Medizin' auf das preußische Gesundheitswesen ist dagegen bislang, so der Autor, meist überschätzt worden. Denn es gab fundamentale Interessenskonflikte: „Während der preußische Staat die Kontrolle über das Gesundheitswesen zu gewinnen suchte und einzelne Bereiche dieses Sektors (etwa die Zulassung von Heilpersonen oder den Vertrieb von Medikamenten) einer zunehmenden Regulierung unterwarf, propagierten die Franckeschen Anstalten weiterhin die laienmedizinische Praxis, engagierten nicht-autorisierte Behandler und hielten an alten Privilegien wie dem freien Verkauf der Waisenhausmedikamente fest." (198)

Dass einzige Manko dieser ansonsten sehr gelungenen Studie ist, dass sie auf die Finanzierung der aufwändigen Krankenpflege („Krankenkassen“, Verkauf von Waisenhausmedikamenten) nur am Rande eingeht. Das mag man bedauern, doch ergibt sich daraus nicht zuletzt der Vorzug, dass die Arbeit mit etwas über 200 Druckseiten, auch für ein breites Publikum lesbar bleibt.

Robert Jütte Stuttgart

Benjamin Marschke: Absolutely Pietist. Patronage, Factionalism, and State-Building in the Early Eighteenth-Century. Prussian Army Chaplaincy. Tübingen: Verlag der Franckeschen Stiftungen Halle im Max Niemeyer Verlag 2005 (Hallesche Forschungen, 16). – VIII, 216 S.

Die Pietisten waren die Seelsorger der altpreußischen Armee. In der an der University of California, Los Angeles entstandenen Dissertation von Benjamin Marschke sind die pietistischen Angehörigen des preußischen Militärkirchenwesen Untersuchungsgegenstand und zugleich Gradmesser für die Günstlingswirtschaft, den Parteigang und der frühneuzeitlichen Staatsbildung. Der Begriff „chaplaincy“ aus dem Titel der Arbeit bezeichnet übergreifend das Militärkirchenwesen, das Feldpredigerwesen, das Feldministerium und die Militärseelsorge (15).

Der etwa 180 Seiten umfassende Text ist in sechs Kapitel gegliedert. Ausgehend von einem ereignisgeschichtlichen Abriss der Entwicklung des Militärkirchenwesens unter den preußischen Landesherrn, vom Großen Kurfürsten bis zum König Friedrich II., werden im zweiten Kapitel die Aufgaben der Militärprediger erläutert. Daran anschließend argumentiert der Autor, dass die Soldaten durch die Militärgeistlichen auf eine religiöse Art diszipliniert wurden und stellt die Zentralisierung sowie Bürokratisierung des Feldpredigerwesens dar, um letztlich das Netzwerk der Pietisten aufzuzeigen. Die Bibliographie ist thematisch in sieben Bereiche gegliedert.

Das zentrale Thema der Arbeit ist die Entwicklung der institutionellen Militärseelsorge in Preußen. Die Herausbildung vom Militärkirchenwesen am Anfang des 18. Jahrhunderts ist ein übergreifendes europäisches Phänomen.[1] Doch in Preußen wuchs mit der institutionellen Struktur

[1] Beispielsweise vgl. *Claudia Ham*: Von den Anfängen der Militärseelsorge bis zur Liquidierung des Apostolischen Feldvikars im Jahr 1918. In: Militärseelsorge in Österreich: Zwischen Himmel und Erde. Hg. v. *Roman-Hans Gröger*. Graz [u. a.] 2001, 13–98.

der Seelsorge der Einfluss jener Theologen, die in Halle studierten und sich dort verortet fühlten. Es waren Pietisten, die mit der Unterstützung König Friedrich Wilhelms I. die preußische Militärkirche schufen. Entsprechend der generellen Verschmelzung von Religion und Regierung in Preußen wurde die preußische Militärseelsorge zentralisiert. Diese Zentralisierung wurde durch die Vernetzung der pietistischen Theologen gefördert.

Die pietistischen Netzwerke manifestierten sich in der Militärkirche, so dass sich die Pietisten über ihre strukturelle Einbindung in der Militär- und Kirchenverwaltung auswiesen. Die Voraussetzung dafür bildete die Identifikation des einzelnen Predigers mit der religiösen Bewegung (120). Im letzten Kapitel dieser Arbeit wird durch zwei Fallbeispiele die Praxis der Interaktionen zwischen Patron, Broker und Klient dargelegt. Anhand Johann Ulrich Christian Köppens, eines Predigers des Regiments Gens d'Armes und anhand des Potsdamer Militärwaisenhauses wird die Funktionsweise des pietistischen Patronagesystems auf der Quellenbasis von Briefwechseln erläutert. In den Briefen verständigten sich über die sozialen Beziehungen und die Protektion unter anderem der Berliner Garnisonspfarrer und Feldpropst Lampertus Gedicke sowie Carl Hildebrand von Canstein mit August Hermann Francke. Durch die große Bedeutung Franckes für die Pietismusbewegung beginnt sich nach seinem Tod das pietistische Netzwerk aufzulösen, wie die Quellenabnahme nach 1727 vermuten lässt.

Der Betrachtungszeitraum der Arbeit beginnt in der Mitte des 17. Jahrhunderts und wird bis zum Siebenjährigen Krieges fortgeführt. Der diachrone Teil der Arbeit hebt Brüche in der Entwicklung des Militärkirchenwesens hervor (19 f.). Die Quellenbasis dieser Arbeit bilden die bereits erwähnten Briefwechsel der Pietisten, ergänzt um weitere Schreiben, Predigttexte, Gesetzeserlasse und Militärkirchenbücher. Basierend auf den daraus wiedergegebenen Aussagen wird die Verflechtung von Pietismusbewegung und preußischem Staat betont. Zu einer stringenten, den Text strukturierenden These baut Marschke diesen Befund indes nicht aus. Indem Aussagen in den einzelnen Kapiteln wiederholt werden, wirken diese wie isolierte Aufsätze[2]. Der Textkohärenz hätte unter anderem eine Zusammenfassung zum Vorteil gereicht.

Die mangelnde Verknüpfung der einzelnen Kapitel mag den unterschiedlichen methodischen Ansätzen geschuldet sein. Benjamin Marschke beansprucht mit Verweis auf Hans Medick, die Alltagsgeschichte einfließen zu lassen. Jene Geschichte des Alltagslebens, die der Autor im zweiten Kapitel liefern will, besteht allerdings zu stark in einer Beschrei-

---

2 Den Aufsatzcharakter beschreibt bereits *Dietrich Blaufuß* in seiner Rezension dieses Werkes, in: sehepunkte 7, 2007, Nr. 2 [15.02.2007], URL: http://www.sehepunkte.de/2007/02/10662.html (14.03.2007).

bung statt in einer Analyse des Alltagslebens der Militärgeistlichen, das allenfalls ansatzweise, wie von Marschke angestrebt, in die historische Sozialwissenschaft eingebettet wird (41). So bietet die vorliegende Arbeit zwar detaillierte Informationen über den Karriereverlauf der Prediger, über Auswahl, Examina, Ordination und Berufung der Militärgeistlichen und über die Rolle der Pietisten beziehungsweise Förderer von Franckes Schüler; ferner werden ihr Studium und ihre Tätigkeiten vor und nach der Militärzeit erwähnt (52–55). Jedoch deutet das Ergebnis, ein „komplexes Bild der Militärprediger“ (68), den Widerspruch zwischen den obrigkeitlichen Regulierungen und der Praxis im militärseelsorgerischen Alltag leider nur an, ohne Parameter für diese Vielschichtigkeit zu entwickeln und eine sozial- oder kulturhistorische Kontextualisierung zu leisten.

Um die Netzwerke aufzuzeigen, wird ein prosopographischer Ansatz verfolgt (13–15); die Sozialgeschichte sollte der Einleitung nach in diesen gleichsam eingebunden werden. Diese sich vermeintlich ergänzenden Methoden behindern sich aber insofern, als dass sie nicht miteinander verzahnt sind. Dadurch wird der methodische Anspruch in der Argumentation nur ansatzweise eingelöst. Beansprucht wurde die genannten unterschiedlichen Quelle zu den Militärpredigern vergleichend zu diskutieren, um keiner „history of everything about the chaplaincy“ (14) zu dienen.

Anregend ist immerhin, dass in dieser Arbeit das Forschungsfeld des preußischen Militärkirchenwesens mit der Pietismusforschung zusammengeführt wird. Dabei werden die bisherigen älteren Forschungsarbeiten nicht selten als direkte Verweise in der Argumentation genutzt statt sie aus Distanz zu überprüfen. Beispielsweise beinhaltet Carl Hinrichs Monographie „Preußentum und Pietismus“ aus den 1930er Jahren, die erst nach seinem Tod 1971 unvollendet gedruckt wurde, das Kapitel „Militarismus und Pietismus“, in welchem ansatzweise die Rolle der Pietisten im Militär gewertete wurde. Während an dortiger Stelle einzelne Ereignisse herausgestellt wurden[3], wollte Marschke die strukturellen Mechanismen aufzuzeigen.

Im Vergleich zu Hinrichs wird in der vorliegenden Arbeit jedenfalls sehr gelungen der einzelne pietistische Feldprediger in den Mittelpunkt gestellt. Allerdings läuft das Ziel, parallel die Entstehung, die Struktur und die Praxis des Feldpredigerwesens zu analysieren – „to describe why and how the Pietists and the Prussian state organized the chaplaincy and how it functioned in practice“ (10) – auf eine Beschreibung der gesetzlichen Normen und einer Bestätigung der theoretischen Überlegungen

[3] Vgl. *Carl Hinrichs*: Preußentum und Pietismus. Der Pietismus in Brandenburg-Preußen als religiös-soziale Reformbewegung, Göttingen 1971, bes. 126–174, Kap. „Pietismus und Militarismus im alten Preußen“.

der bisherigen Forschung hinaus. Ein Beispiel dafür bietet die Aussage, dass Mitte des 18. Jahrhunderts die Mehrheit der Geistlichen in Preußen wenigstens kurzzeitig als Feldprediger tätig waren, während neben der sozialen und beruflichen Anerkennung der Feldprediger ihre Einbindung in die pietistischen Netzwerke zunahm (107 f.).

Der verwendete Pietismusbegriff ist allgemein gehalten (16–18). Sicherlich stellt der Pietismus begriffsgeschichtlich und phänomenologisch ebenso eine Herausforderung dar wie der Begriff vom „Staat" in der Frühen Neuzeit. Beide zentralen Größen werden nämlich nicht hinterfragt, sind aber bereits durch den Titel *Absolutely Pietist* dem Leser angekündigt. Wenn auch das durch die Pietisten geprägte Militärkirchenwesen Gelegenheit gegeben hätte, den Begriff des „preußischen Absolutismus" als eines auf den Landesherrn und König ausgerichteten zentralistischen Herrschaftssystems zu relativieren oder zu negieren, so stellt Marschke im Rahmen seiner Ausführungen über das Phänomen Absolutismus die Rolle des preußischen König nicht grundlegend in Frage. Es bleibt der Einfluss von Hartmut Lehmann offensichtlich, der mit seinem Werk *Das Zeitalter des Absolutismus. Gottesgnadentum und Kriegsnot*[4] hervortrat.

Dabei liefert der Autor der heutigen Kritik der Forschung an einem absolutistisch gedachten Staat in der Frühen Neuzeit, welche stärker die Einschränkung der königlichen Macht und der Kirche betont, durchaus Material. Zum Beispiel erläuterte Stefan Brakensieck die Handlungsspielräume der Amtsträger bei der Herrschaftsdurchsetzung und ihre Einbindung in die Verwaltungsebenen. Über die Reflexion der bedingten Zentralisierung hinaus schlägt er ein Modell zur Annäherung an diese Komplexität vor.[5] In der Folge bleibt also die grundsätzliche Frage nach dem Verhältnis von Bewegung und Individuum, in diesem Fall von Pietismus und Militärseelsorger im preußischen Militär zur Stabilisierung beziehungsweise Destabilisierung von frühneuzeitlichen, vormodernen Herrschaftsstrukturen.

Angela Strauß — Potsdam

---

[4] *Hartmut Lehmann*: Das Zeitalter des Absolutismus. Gottesgnadentum und Kriegsnot, Stuttgart 1980.

[5] Vgl. *Stefan Brakensiek*: Lokale Amtsträger in deutschen Territorien der Frühen Neuzeit. Institutionelle Grundlagen, akzeptanzorientierte Herrschaftspraxis und obrigkeitliche Identität. In: Staatsbildung als kultureller Prozess. Strukturwandel und Legitimation von Herrschaft in der Frühen Neuzeit. Hg. v. *Ronald G. Asch*, Köln 2005, 49–67.

Peter Findeisen: Von Barby nach Gnadau. Architektur der Herrnhuter an der Elbe. Hg. v. Landesamt für Denkmalpflege und Archäologie Sachsen-Anhalt. Halle 2005 (Denkmalorte – Denkmalwerte, 2). – 143 S.; Ill., Kt.

Der vorliegende Band gehört in den Kreis zahlreicher Arbeiten, die das zunehmende wissenschaftliche Interesse an der Architektur der Herrnhuter Brüdergemeine bekunden. Es ist die bisher genaueste Erfassung und Darstellung Herrnhuter Architektur an einem bestimmten Ort, in diesem Fall handelt es sich um architektonische Spuren in dem Elbe-Städtchen Barby und in der nahe gelegenen Siedlung Gnadau. In Barby hielt sich die Brüdergemeine zwischen 1748 und 1809 auf und nutzte vornehmlich das von ihr gepachtete Schloss, das zeitweise sogar als Sitz der Kirchenleitung und des Theologischen Seminars diente. Gnadau wurde 1767 als selbständiger „Gemeinort" angelegt und erlangte im 19. Jahrhundert durch seine Mädchenschulen und die Unitätsdruckerei eine überregionale Bedeutung.

Die Herausgeberschaft des Landesamts für Denkmalpflege lässt ein hohes fachliches Niveau erwarten. Und in der Tat, der Band besticht durch die gründliche Beschreibung des vorhandenen Baubestands unter Berücksichtigung vielfältiger schriftlicher und graphischer Quellen. Geleitet von dem Interesse, das überkommene architektonische Erbe in Barby und Gnadau in seiner Eigenart zu würdigen und Hinweise zu seinem Erhalt zu geben, zeichnet der Autor den Weg der baugeschichtlichen Genese nach. Viel Raum ist zahlreichen Abbildungen gewidmet, die sowohl das historische Plan- und Bildmaterial wiedergeben als auch durch Fotografien den jetzigen Zustand der Gebäude und Anlagen dokumentieren. Die vorliegende Literatur zur Architektur der Brüdergemeine (leider ohne eigenes bibliographisches Verzeichnis) ist weitgehend rezipiert. So ergibt sich eine differenzierte Darstellung, die den geschichtlichen Entwicklungen und heutigen denkmalpflegerischen Erwägungen gleichermaßen Rechnung trägt.

Der erste Abschnitt, der sich mit Barby beschäftigt, ist vorwiegend historisch geprägt. Findeisen zeigt, wie die Brüdergemeine das barocke Barbyer Schloss nach ihren Bedürfnissen umzugestalten suchte, dabei aber aufgrund der baulichen Gegebenheiten die eigene architektonische Prägung nur begrenzt zur Geltung bringen konnte. Spuren typisch herrnhutischer Bautradition haben sich kaum erhalten. Im Gegensatz dazu bietet der Ort Gnadau, dem der zweite Abschnitt gewidmet ist, das Bild einer weitgehend intakten brüderischen Mustersiedlung. Findeisen behandelt zunächst den für die Ortsanlage grundlegenden Bebauungsplan und geht dann auf die einzelnen architektonischen Elemente des Ortes ein: Kirchensaal, Chorhäuser, Wohnhäuser sowie die landschaftsgärtnerische Gestaltung von Platz, Straßen und Gottesacker. Es zeigt sich, dass das Gesamtbild des Ortes als ein planmäßig angelegtes organisches Ganzes verstanden werden muss, dessen architektonische Konzeption eng mit der brüderischen Gemeindestruktur korrespondiert. Maßgeblich für die architektonische Gestaltung waren einerseits die besonderen Organisationsformen und Bedürfnisse der Gemeinde, andererseits ein bestimmtes, religiös geprägtes Stilempfinden, das in der um 1760 bereits etablierten Bautradition der Brüdergemeine zum Tragen kam.

Da sich das Augenmerk des Verfassers vornehmlich auf den Denkmalort Gnadau richtet, kommt die Frage nach den überregionalen Zusammenhängen brüderischer Architektur nur in einem abschließenden Exkurs zur Sprache. Der Blick auf andere brüderische Siedlungsgründungen zeigt, dass Gnadau geradezu als ein Musterbeispiel eines Herrnhuter Gemeinorts gelten kann. Der Gnadauer Baubestand muss darum in dem größeren Zusammenhang einer vorgegebenen Bautradition interpretiert werden, zumal in der zweiten Hälfte des 18. Jahrhunderts eine zentrale Baudirektion streng über die Planung und Ausführung brüderischer Bauvorhaben wachte. Bestimmte und in allen Siedlungen ähnlich umgesetzte architektonische Formen brachten innerhalb der Brüdergemeine ein übergreifendes Gemeinschafts- und Identitätsbewusstsein zum Ausdruck und dienten zugleich der Abgrenzung nach außen. Eine besondere Rolle spielt dabei der zentrale quadratische Platz, der das grundlegende Strukturelement für die Gesamtanlage bildet. Die Aussage, dass diese Grundform zum ersten Mal 1767 in Gnadau verwirklicht wurde, müsste allerdings im Blick auf die 1738 gegründete Siedlung Herrnhaag relativiert werden. Die in der Literatur wiederholt angesprochene Frage, ob es überhaupt so etwas wie eine spezifisch „Herrnhutische Architektur" gibt, beantwortet Findeisen mit einem vorsichtigen Ja, das aber nur unzureichend konkretisiert wird. Offen bleiben etwa die Fragen, in welchem Maß die Herrnhuter Bautradition bestimmte theologische Inhalte verkörpert und inwieweit sie kulturgeschichtlich an Vorbilder barocker Planstädte und Stadtutopien anknüpft. Insofern spiegelt Findeisens Darstellung den gegenwärtigen Stand der Diskussion wider, geht aber nicht darüber hinaus.

Die Relevanz des vorliegenden Bands für die Pietismusforschung liegt vor allem darin, dass er die architektonischen Ausdrucksformen einer pietistischen Glaubensgemeinschaft bis ins Detail dokumentiert und Ansätze aufzeigt, wie Theologie, Sozialstruktur und Bautradition miteinander korrespondieren. Wenn man davon ausgeht, dass der Pietismus die geistliche Durchdringung aller Lebensbereiche anstrebte, liegt es auf der Hand, dass auch die Architektur Spuren pietistische Frömmigkeit trägt. Im Fall der Brüdergemeine stellt sich die Aufgabe, diesen Verbindungen genauer nachzugehen und den spezifisch religiösen „Gehalt" der brüderischen Bautradition herauszuarbeiten. Dabei muss stärker als bisher die überregionale Verbreitung der Brüdergemeine und die damit verbundene Frage nach Einheit und Vielfalt brüderischer Architektur Berücksichtigung finden. Dass sich – entsprechend der internationalen Vernetzung der Brüdergemeine im 18. und 19. Jahrhundert – Beispiele brüderischer Baukultur nicht nur in Europa finden, sondern auch in Nordamerika, Mittelamerika und Südafrika ist innerhalb des Pietismus ein einzigartiges Phänomen. Allerdings steht die Forschung bei der Wahrnehmung, Interpretation und Würdigung dieses Phänomens erst am Anfang. Gleichermaßen stellt sich auch die Frage nach Ähnlichkeiten mit Siedlungen anderer religiöser Kommunitäten, etwa der radikalpietistischen Anlage Ephrata in Pennsylvanien oder den Shaker-Siedlungen in Neu-England. Methodisch erfordert beides den wesentlich verstärkten Einsatz einer vergleichenden Analyse, deren Instrumentarium geeignet ist, übergreifende Zusammenhänge aufzuspüren; jedoch wird eine gründliche Beschreibung des jeweils lokalen Baubestands, so wie sie Findeisen für Gnadau vorgelegt hat, für beide Forschungsaufgaben unabdingbar sein.

Peter Vogt Niesky

Dorette Seibert: Glaube, Erfahrung und Gemeinschaft. Der junge Schleiermacher und Herrnhut. Göttingen: Vandenhoeck & Ruprecht 2003. – 367 S.

Die theologiegeschichtliche Untersuchung von Dorette Seibert zum Einfluss herrnhutischer Theologie auf die Entwicklung von Friedrich Schleiermachers Denken setzt mit dem Jahr 1787 ein. Der achtzehnjährige Schleiermacher beschließt aus dem Predigerseminar der Brüdergemeine in Barby auszutreten. In seinen Lebenserinnerungen schildert er 1794 seinen Konflikt mit herrnhutischer Theologie und den aus ihr resultierenden Lebensvollzügen, der sich vor allem daran entzündet, dass die Brüdergemeine für Schleiermacher keine auf das Leben vorbereitende Gemeinschaft darstellt. Weder kann er sich mit dem übernatürlichen Erfahrungsverständnis des Herrnhutertums, noch mit dessen Interpretation des Umgangs mit Jesus identifizieren. Zudem fühlt sich der jugendliche Schleiermacher durch Reglementierung der Gemeinschaft in seiner intellektuellen Entwicklung beschränkt: „Meine Begriffe gingen bald so weit von dem System der Brüdergemeine ab, daß ich nicht länger glaubte mit gutem Gewissen ein Mitglied derselben bleiben zu können“,[4] schreibt Schleiermacher rückblickend.

[4] *Friedrich Schleiermacher*: Selbstbiographie. In: Aus Schleiermachers Leben. In Briefen. Erster Band: Von Schleiermacher's Kindheit bis zu seiner Anstellung in Halle, October 1804. [Berlin 1860]. ND Berlin, New York 1974, 10 ff.

Schleiermachers Abschied aus der Brüdergemeine und seine Kritik am Herrnhutertum führten in der Schleiermacherrezeption dazu, seine theologische Entwicklung jenseits möglicher Bezüge zu einer frühen herrnhutischen Prägung oder gar als völlige Abkehr von herrnhutischer Theologie zu interpretieren. Schleiermacher selbst hat sich in seinen theologischen Schriften explizit nie mit herrnhutischer Theologie auseinandergesetzt. Dass er sich selbst als ‚Herrnhuter höherer Ordnung'[2] bezeichnet und herrnhutischen Einflüssen eine große Bedeutung für die eigene Denkentwicklung zusprach, verweist auf ein ambivalentes Verhältnis Schleiermachers zu Herrnhut.

In ihrer 2000 vorgelegten Dissertation untersucht Dorette Seibert das „Verhältnis von Kritik und Kontinuität gegenüber dem Herrnhutertum" (17) beim jungen Schleiermacher ausgehend von der Hypothese, dass sich herrnhutische Einflüsse schon in Schleiermachers Jugendschriften und frühen Predigten nachweisen lassen, die als „fortgesetzte Auseinandersetzung mit den Denk- und Lebensformen der Herrnhuter" (26) gelesen werden können.

Die Autorin stellt die These auf, dass Schleiermachers Abschied aus der Brüdergemeine zwar gleichzeitig den Abschied von explizit religiös/theologischen Begründungszusammenhängen in seiner Philosophie bedeutet, er aber in seinen Argumentationsfiguren herrnhutisches Denken weiter tradiert. Seine Kritik am Herrnhutertum, so Seibert, wandelt Schleiermacher in philosophisch/theologische Fragestellungen um, mit denen er sich in den frühen Schriften und Predigten auseinander setzt (25).

Die Autorin konzipiert Schleiermachers ‚Denkentwicklung' in seinen Schriften von 1788 bis 1796 als „biographische Bewältigungsstrategie" (17 f.) aus dem Herrnhutertum heraus. Ins Zentrum ihrer Analyse stellt sie die Kategorien Erfahrung und Gemeinschaft die sowohl im Herrnhutertum als auch in Schleiermachers Jugendschriften in einem dialektischen Verhältnis gedacht werden.

Die Untersuchung ist in vier Teile gegliedert: Nach der Darstellung der Forschungsstands und methodischen Vorüberlegungen (Teil A) untersucht Seibert den Einfluss des Herrnhutertums auf Schleiermachers Leben und seine Denkentwicklung (Teil B). Für ihre biographische Analyse arbeitet sie Schleiermachers herrnhutische Prägung durch das Elternhaus und die Erziehung in der Brüdergemeine heraus, um daraus die Gründe für seinen Abschied aus dieser Gemeinschaft darzustellen. Anschließend wird das Erfahrungs- und Gemeinschaftsverständnis bei Zinzendorf und Spangenberg vorgestellt, deren Theologien die Brüdergemeine maßgeblich prägten. Damit ist ein theologisches Panorama ausge-

[2] Friedrich Schleiermacher an Georg Reimer, Gnadenfrei, den 30. April 1802. In: Aus Schleiermachers Leben [s. Anm. 1], 295.

breitet, vor dessen Hintergrund in den folgenden Teilen (C und D) die Untersuchung von Schleiermachers frühen philosophischen Schriften und Predigten anhand der Motive Erfahrung und Gemeinschaft unter der eingangs genannten Fragestellung vorgenommen werden kann. Die Analyse trennt die Autorin sowohl nach den literarischen Gattungen als auch nach Phasen, in denen sich Schleiermacher mit Aristoteles und Kant (Teil C) sowie Jacobi und Spinoza (Teil D) auseinander setzt.

Analog zu dieser Gliederung kommt Seibert zu folgenden Forschungsergebnissen:

Im Untersuchungsteil zu Schleiermachers herrnhutischer Prägung (Teil B, Kapitel II) belegt die Autorin, dass Schleiermacher seine Kritik am Herrnhutertum auf das Erfahrungsverständnis und die Gemeinschaftsformen bezieht, die er während seiner Aufenthalte in der Brüdergemeine kennen lernte.

Sie erarbeitet die theologischen Positionen Nikolaus Ludwig von Zinzendorfs und August Gottlieb Spangenbergs anhand der Kategorien Erfahrung und Gemeinschaft, um anschließend beide aufeinander beziehen zu können (Teil B, Kapitel III u. IV). Seibert kommt zu dem Ergebnis, dass das Erfahrungsverständnis und die Bedeutung von Gemeinschaft sowie das Verhältnis beider Motive zueinander sich veränderten und „in Bezug auf die Vorstellungen von Frömmigkeit, Denken und Leben in der Brüdergemeine zu einem spannungsvollen Nebeneinander unterschiedlichster Ansätze“ führten (345). Die Rekonstruktion dieses theologischen und historischen Hintergrundes der Spannungen ist in dieser Untersuchung unverzichtbar, um Schleiermachers Kritik am Herrnhutertum herauszuarbeiten und zugleich die inhaltlichen und strukturellen Widersprüche im Herrnhutertum „als kreatives Entwicklungspotential für Schleiermachers Denken“ zu deuten (ebd.).

Zinzendorf (Teil B, Kapitel III) hatte in seiner Theologie den menschlichen Erfahrungen einen umfassenden Glaubens- und Lebensbezug zugestanden, in dessen Zentrum der ‚tägliche Umgang mit dem Heiland‘ den Gläubigen Handlungsimpulse für die sittliche und soziale Gestaltung des Alltags vermitteln sollte. Seibert zeigt, dass die Verhältnisbestimmung von religiöser und weltlicher Erfahrung historisch bedingt, in der Brüdergemeine modifiziert werden musste.

Im folgenden Kapitel analysiert die Autorin das sich wandelnde Erfahrungsverständnis unter Zinzendorfs Nachfolger Spangenberg (Teil B, Kapitel IV). Dieser nimmt eine widersprüchliche Verhältnisbestimmung von natürlichen, sinnlichen und übernatürlichen, religiösen Erfahrungen vor. Im Bereich übernatürlicher Erfahrungen wurde der tägliche Umgang mit dem Heiland zur Grundlage christlichen Glaubens und Lebens. Dieser übernatürliche Erfahrungsbezug musste durch Selbst- und Fremdbeobachtung im Leben der Gläubigen vergewissert werden. Bezog sich Zinzendorfs übernatürliches Erfahrungsverständnis stärker auf die Betonung individueller Sittlichkeit, weist Seibert nach, dass unter Spangenberg der übernatürliche Erfahrungsbezug stärker mit der Moralität der Lebensführung als Kontrollinstanz korrelierte. In diesem Zusammenhang merkt sie an, dass die Modifikation des Erfahrungsverständnisses bei Spangenberg sich nicht etwa auf seine systematisch-theologische Kritik an der Theologie seines Vorgängers gründet, sondern durch die Entwicklung der Brüdergemeine zu einer freikirchlichen Gemeinschaft historisch bedingt war (129).

Mit den Erfahrungsverständnissen beider Theologen kommt Schleiermacher zwangsläufig sowohl auf theologischer als auch auf lebenspraktischer Ebene während seiner Herrnhuter Zeit in Kontakt. Dass er sich auch nach dem Abschied aus der Brüdergemeine mit diesen Erfahrungs- und Gemeinschaftsverständnissen auseinander setzt, zeigt Seibert in Schleiermachers Jugendschriften an drei Problemfeldern:

1.) bemüht sich Schleiermacher um eine Verhältnisbestimmung von natürlichen und übernatürlichen Erfahrungen; 2.) fragt er nach den Bezügen zwischen Sittlichkeit und Individualität und 3.) will er für natürliche Erfahrungen eine religiöse Deutung vornehmen.

Seibert resümiert folgende Erkenntnisse:

Zu 1.) In Auseinandersetzung mit dem herrnhutischen Erfahrungsverständnis lehnt Schleiermacher übernatürliche Erfahrungen ab. Dies wird deutlich im Zusammenhang mit seiner Christologiekritik, in deren Anschluss er in das Zentrum seiner Theologie die Schöpfungsdimension als Gegensatz zur übernatürlichen Erfahrungsdimension herrnhutischer Christologie stellt. Schleiermacher nimmt eine Aufwertung des natürlichen Erfahrungsbereichs der Menschen vor und behält die soziale Dimension bei, die ebenfalls in der Christologie der Herrnhuter eine wichtige Rolle einnimmt (348).

Zu 2.) Zur Verhältnisbestimmung von Sittlichkeit und Individualität setzt Schleiermacher sich mit Kant (Teil C, Kapitel VI) auseinander über die Frage, inwiefern eine sittliche Zurechnung von Handlungen und die Übernahme von Verantwortung für bestimmte Handlungen in der individuellen Lebensgestaltung erfolgen können. Schleiermacher bestimmt weltliche Zusammenhänge als Kausalitätszusammenhänge und gesteht den Menschen eine sittliche Verantwortung zu für ihr Handeln, welches von der prinzipiellen Möglichkeit der Dominanz des sittlichen Gefühls im Begehrungsvermögen ausgeht.

Zu 3.) Schleiermacher lernte unter Spangenberg ein Erfahrungsverständnis kennen, in dem durch die Vergewisserung des übernatürlichen Erfahrungsbezugs natürliche Erfahrungen eine Abwertung erfuhren und Religiosität mit übernatürlichen Erfahrungen identifiziert wurde. Ausgehend von diesem Erfahrungsverständnis stellt Schleiermacher sich die Frage, wie er trotz seiner Ablehnung übernatürlicher Erfahrungszusammenhänge an Religion festhalten und wie er sie bestimmen kann. Diese Verhältnisbestimmung nimmt Schleiermacher in seiner Auseinandersetzung mit Jacobi und Spinoza (Teil D, Kapitel VIII) vor. In seiner Jacobi-Rezeption zeigt Seibert, dass Schleiermacher eine religiöse Dimension im Gefühl neu entdeckt, wie sie ihm schon aus dem Herrnhutertum vertraut ist. Durch Aufnahme von Motiven aus Spinozas Inhärenz-Theologie entwickelt Schleiermacher die Möglichkeit einer religiösen Deutung von natürlichen Erfahrungen.

Schleiermachers Gemeinschaftsverständnis ist zentriert um die Frage, welche Bedeutung der menschlichen Gemeinschaft für die Gestaltung des sittlichen und religiösen Lebens der Menschen zukommt. Zinzendorf entwickelte seine Vorstellungen von *fides* und *communio* als sich gegenseitig ergänzende und bereichernde Formen christlicher Lebensgestaltung, während Spangenberg die menschliche Gemeinschaft auf ihre Bedeutung für das individuelle Glaubensleben funktionalisierte. Während Zinzendorf die kirchliche Gemeinschaft als Darstellungsform der Gottebenbildlichkeit konzipierte, diente sie bei Spangenberg zur Förderung des individuellen Umgangs mit dem Heiland und zugleich als Kontrollinstanz für Moralität und Sittlichkeit der Gläubigen. In diesem Spannungsverhältnis sieht Seibert einen weiteren Ansatzpunkt für die Entwicklung von Schleiermachers Gemeinschaftsverständnis, für dessen Bestimmung er sich mit Aristoteles auseinander setzt (Teil C, Kapitel VI). Wie im Herrnhutertum bezieht Schleiermacher die Bedeutung von Gemeinschaft auf Sittlichkeit, er entfaltet aber jenseits reiner Kontrollmechanismen neue Dimensionen: „Menschliche *Gemeinschaft* führte zur Wahrnehmung, Anerkennung, Ausbildung und Weiterentwicklung von Individualität und Sittlichkeit und errang auf diese Weise einen bedeutenden Stellenwert im Denken Schleiermachers“ (351).

Um die ethische Dimension von Erfahrung und Gemeinschaft in Schleiermachers Denkentwicklung bestimmen zu können, untersucht Seibert Schleiermachers philosophische Auseinandersetzung mit Aristoteles und Kant. Sie weist nach, dass Schleiermachers Gemeinschaftskonzeption und sein Freundschaftsverständnis ähnlichen Beziehungsvorstellungen wie im Herrnhutertum zugrunde liegen. Schleiermacher will jedoch die Gemeinschaftsvorstellungen aus dem Herrnhutertum aus ihren religiösen Bezügen lösen und im sozialen Raum verorten. Über seine Jugendschriften hinaus, entwickelt Schleiermacher seine Konzeption von Gemeinschaft weiter, die er 1799 in dem *Versuch einer Theorie des geselligen Betragens* darstellt[3]. Schleiermacher verfolgt mit der Entwicklung seines Gemeinschaftsgedankens das Ziel, die ihm aus dem Herrnhutertum vertrauten und bedeutsamen Aspekte der Sittlichkeit und Gemeinschaft zusammen zu denken. Seine Theologie entwickelt er in einer

[3] *Friedrich Daniel Ernst Schleiermacher*: Versuch einer Theorie des geselligen Betragens (1799). In: *Ders.*: Schriften aus der Berliner Zeit 1796–1799. Hg. v. *Günter Meckenstock*. Berlin 1984, 165–185.

schöpfungstheologisch fundierten Anthropologie in der die sinnliche Vermittlung eines sittlichen Ideals eine wichtige Rolle spielt. Im Gegensatz zum Herrnhutertum betont Schleiermacher die Natürlichkeit der Gefühle, die entscheidend die Versittlichung der Menschen befördern können. Neben Gefühlen spielen die sozialen Beziehungen der Menschen in Schleiermachers Theologie eine entscheidende Rolle. Bei Spangenberg war diese Dimension auf Überwachung der Sittlichkeit funktionalisiert, während Schleiermacher seine Vorstellungen in Anlehnung an Zinzendorfs trinitätstheologisch begründete christliche Gemeinschaft entwickelt (292).

Seibert geht davon aus „dass Schleiermacher sein theologisches und philosophisches Denken durch eine Vielzahl von Einflüssen und Motiven entwickelt hat, die weder zur Gänze als herrnhutisch noch als kantisch noch als spinozistisch verstanden werden können. Sie stellen Modifikationen der ihnen zugrunde liegenden Motive und Denkfiguren dar, indem sie eine eigene Gewichtung durch Schleiermacher erfahren." (300).

Abschließend stellt Seibert Schleiermachers eigenen Entwicklungsansatz vor (Teil D, Kapitel X, Unterkapitel 3), den sie aus seiner Verhältnisbestimmung von Biographie, Religion und Denkentwicklung herleitet. Schleiermacher beschreibt menschliche Entwicklung als Wechselspiel zwischen kulturell-historisch und sozial vermittelten Erfahrungen:

> Nehmen wir jedoch Schleiermachers Entwicklungsansatz auf und beziehen ihn auf sein Verhältnis zum Herrnhutertum, so müssen wir auch in dieser Hinsicht davon ausgehen, dass Schleiermacher zwar mit bestimmten Einstellungen und Ansätzen des Herrnhutertums brach, andere jedoch aufnahm und im Laufe seiner philosophischen Studien weiter entwickelte. Schleiermachers Denkungsart kann so als lebendiges Resultat seiner eigenen Geschichte, gerade auch seiner Herrnhuter Herkunft, verstanden werden. Aus diesem Hintergrund [. . .] kann trotz der ambivalenten Haltung Schleiermachers seine Selbstaussage neu gehört werden: Er verstehe sich als ‚Herrnhuter höherer Ordnung' (356).

Dorette Seibert hat in ihrer Untersuchung eindrucksvoll belegt, dass und wie Schleiermacher herrnhutische Denkfiguren und Motive in seiner Denkentwicklung aufnahm und modifizierte.

Dazu war sie mit der Schwierigkeit konfrontiert, wie sich die Herrnhuter Prägung auf Schleiermacher belegen lässt, da er sich nie explizit mit herrnhutischer Theologie auseinandersetzte. Seibert macht für ihre Analyse Schleiermachers eigenes Entwicklungsverständnis fruchtbar, in dem sie die Entwicklung des Denkens in engen Bezügen zu sozialen, kulturellen und historischen Determinanten beschreibt. Damit geht sie mit ihrer These als auch ihrer Methode neue Wege in der Schleiermacherforschung. Sie möchte in Schleiermachers vorwiegend philosophischen Reflexionen theologische Einflüsse des Herrnhutertums nachweisen, die sich auf den ersten Blick nicht auf herrnhutische Theologie beziehen lassen. In dem sie die Kategorien Erfahrung und Gemeinschaft ins Zentrum ihrer Analyse stellt, gelingt es Seibert erstmals einen möglichen Bezug zwischen Herrnhuter Theologie und Schleiermachers theologisch/philosophischem Ansatz herzustellen. In dem die Autorin Schleiermachers Jugendschriften chronologisch, jedoch nicht losgelöst voneinander untersucht, kann sie Schleiermachers Denkentwicklung als einen Prozess darstellen, in dem die Kontinuität und die Veränderung seines Verständnisses von Erfahrung und Gemeinschaft als Ausdruck seines ambivalenten Verhältnisses zum Herrnhutertum sichtbar wird.

Die Untersuchung ist nicht für Einsteiger in die Forschungen über Schleiermacher oder die Herrnhuter Brüdergemeine geeignet, weil sie spezifische und fundierte Kenntnisse über die Forschungsfelder voraussetzt. In diesem Sinne wäre es hilfreich, wenn ein eigenes Kapitel zur Herrnhuter Brüdergemeine der Untersuchung zur Erleichterung der Einordnung in historische Kontexte vorangestellt wäre.

Jessika Piechocki — Halle a. d. Saale

Bibliographie

Udo Sträter und Christian Soboth

Pietismus-Bibliographie

unter Mitarbeit von: Shirley Brückner, Brigitte Klosterberg und Benjamin Berthold (Halle/Saale) sowie Claudia Mai (Herrnhut)

Anschrift für Bibliographie- und Rezensionsteil des Jahrbuchs:
Prof. Dr. Udo Sträter, Interdisziplinäres Zentrum für Pietismusforschung der Martin-Luther-Universität Halle-Wittenberg, Franckeplatz 1, Haus 24, 06110 Halle a. d. Saale

IV.07	Sonstige
V.	Übergreifende Themen
V.01	Theologie und Frömmigkeit
V.02	Sozial- und Staatslehre, Pädagogik
V.03	Ökumene und Mission
V.04	Philosophie, Literatur und Kunst
V.05	Medizin, Naturwissenschaften und Psychologie
V.06	Ökonomie, Industrialisierung

Es gelten die Abkürzungen des Abkürzungsverzeichnisses der TRE.
Im Folgenden bedeutet:

ABQ	American Baptist Quarterly
AGP	Arbeiten zur Geschichte des Pietismus
AKG	Arbeiten zur Kirchengeschichte
ARG	Archiv für Reformationsgeschichte
ASSR	Archives de sciences sociales des religions
BHTh	Beiträge zur historischen Theologie
BLT	Brethren life and thought
BPfKG	Blätter für pfälzische Kirchengeschichte und religiöse Volkskunde
BSHPF	Bulletin de la Société de l'Histoire du Protestantisme Français
BSHST	Basler und Berner Studien zur historischen und systematischen Theologie
BWKG	Blätter für Württembergische Kirchengeschichte
ChH	Church history
ChM	Churchman
CrSt	Cristianesimo nella storia
CScR	Christian scholar's review
CTQ	Concordia Theological Quarterly
CV	Communio viatorum
DeP	Doctrina et Pietas
DNR	Documentatieblad Nadere Reformatie
ETR	Études théologiques et religieuses
EvQ	The Evangelical quarterly
EvTh	Evangelische Theologie
FBPG	Forschungen zur brandenburgischen und preußischen Geschichte
FiHi	Fides et historia
FZPhTh	Freiburger Zeitschrift für Philosophie und Theologie
GeGe	Geschichte und Gesellschaft
GlLern	Glaube und Lernen
HistJ	Historical Journal
HJ	Historisches Jahrbuch
HThR	Harvard theological review
HoLiKo	Homiletisch-liturgisches Korrespondenzblatt

HS	Historische Studien
HSR	Historical Social Research/Historische Sozialforschung
HTS	Hervormde teologiese studies
JBBKG	Jahrbuch für Berlin-Brandenburgische Kirchengeschichte
JBLG	Jahrbuch für brandenburgische Landesgeschichte
JEH	Journal of ecclesiastical history
JES	Journal of ecumenical Studies
JETh	Jahrbuch für evangelikale Theologie
JETS	Journal of the Evangelical Theological Society
JGNKG	Jahrbuch der Gesellschaft für Niedersächsische Kirchengeschichte
JGPrÖ	Jahrbuch für die Geschichte des Protestantismus in Österreich
JHKGV	Jahrbuch der Hessischen Kirchengeschichtlichen Vereinigung
JLT	Journal of literature and theology
JRH	Journal of religious history
JSKG	Jahrbuch für schlesische Kirchengeschichte
JWKG	Jahrbuch für westfälische Kirchengeschichte
KHÅ	Kyrkohistorisk årsskrift
KuD	Kerygma und Dogma
LKW	Lutherische Kirche in der Welt
LuThK	Lutherische Theologie und Kirche
LuthQ	Lutheran Quarterly
MdKI	Materialdienst des Konfessionskundlichen Instituts Bensheim
MEKGR	Monatshefte für evangelische Kirchengeschichte des Rheinlandes
MethH	Methodist history
MGB	Mennonitische Geschichtsblätter
Miss	Missiology
MoTh	Modern theology
MSR	Mélanges de science religieuse
MuK	Musik und Kirche
MWF	Missionswissenschaftliche Forschungen
NAKG	Nederlands archief voor kerkgeschiedenis
NV	Nova et vetera. Revue catholique pour la Suisse romande
NZfM	Neue Zeitschrift für Musik
ÖEBB	Ökumenische Existenz in Berlin-Brandenburg
OGE	Ons geestelijk erf
OiC	One in Christ. A catholic ecumenical review
PosLuth	Positions Luthériennes
PuN	Pietismus und Neuzeit
PWS	Pietist and Wesleyan studies
QSt	Quaderni storici
RestQ	Restoration quarterly
RExp	Review and expositor
RGG	Religion in Geschichte und Gegenwart
RHE	Revue d'histoire ecclésiastique
RHPhR	Revue d'histoire et de philosophie religieuses
RHR	Revue de l'histoire des religions
RKZ	Reformierte Kirchenzeitung
RoJKG	Rottenburger Jahrbuch für Kirchengeschichte

RSLR	Rivista di storia e letteratura religiosa
SCJ	The Sixteenth century journal
SDLKG	Studien zur deutschen Landeskirchengeschichte
SVRKG	Schriftenreihe des Vereins für Rheinische Kirchengeschichte
TGA	Theologie der Gegenwart
ThBeitr	Theologische Beiträge
ThFPr	Theologie für die Praxis
ThR	Theologische Rundschau
ThRv	Theologische Revue
ThRef	Theologia reformata
TJT	Toronto journal of theology
TRE	Theologische Realenzyklopädie
TrSt	Trinity studies. Trinity Evangelical Divinity School
TrZ.B	Trierer Zeitschrift für Geschichte und Kunst des Trierer Landes – Beiheft
TThZ	Trierer theologische Zeitschrift
TTK	Tidsskrift for teologi og kirke
TynB	Tyndale bulletin
UnFr	Unitas Fratrum
WeZ	Wereld en Zending
WF	Westfälische Forschungen
WThJ	Westminster Theological Journal
WTJ	Wesleyan Theological Journal
WuD	Wort und Dienst. Jahrbuch der Kirchlichen Hochschule Bethel
ZBKG	Zeitschrift für bayerische Kirchengeschichte
ZfG	Zeitschrift für Geschichtswissenschaft
ZGO	Zeitschrift für die Geschichte des Oberrheins
ZHF	Zeitschrift für Historische Forschung
ZKG	Zeitschrift für Kirchengeschichte
ZMiss	Zeitschrift für Mission
ZNThG	Zeitschrift für neuere Theologiegeschichte
ZP	Zeitschrift für Pädagogik
ZPT	Zeitschrift für Pädagogik und Theologie
ZRGG	Zeitschrift für Religions- und Geistesgeschichte
ZSKG	Zeitschrift für schweizerische Kirchengeschichte
ZSRG.K	Zeitschrift der Savigny-Stiftung für Rechtsgeschichte. Kanonistische Abteilung
ZThK	Zeitschrift für Theologie und Kirche
Zwing.	Zwingliana. Zürich
ZWLG	Zeitschrift für württembergische Landesgeschichte

I. Allgemeines

I.01 Bibliographien, Forschungsberichte

1. Lehmann, Hartmut: Die Geschichte der Erforschung des Pietismus als Aufgabe. In: PuN 32 [s. Nr. 16], 17–36.
2. Mai, Claudia: Bibliographische Übersicht der Neuerscheinungen über die Brüdergemeine. In: UnFr 57/58 [s. Nr. 20], 209–222.
3. Pfarrerbuch der Kirchenprovinz Sachsen. Hg. v. Verein für Pfarrerinnen und Pfarrer der Evangelischen Kirche in der Kirchenprovinz Sachsen e. V. in Zusammenarbeit mit dem Interdisziplinären Zentrum für Pietismusforschung der Martin-Luther-Universität Halle-Wittenberg in Verbindung mit den Franckeschen Stiftungen zu Halle/Saale und der Evangelischen Kirche der Kirchenprovinz Sachsen. Bd. 4: Biogramme He-Kl. Leipzig: Evangelische Verlagsanstalt 2006. – 594 S.
4. Pfarrerbuch der Kirchenprovinz Sachsen. Hg. v. Verein für Pfarrerinnen und Pfarrer der Evangelischen Kirche in der Kirchenprovinz Sachsen e. V. in Zusammenarbeit mit dem Interdisziplinären Zentrum für Pietismusforschung der Martin-Luther-Universität Halle-Wittenberg in Verbindung mit den Franckeschen Stiftungen zu Halle/Saale und der Evangelischen Kirche der Kirchenprovinz Sachsen. Bd. 5: Biogramme Kn-Ma. Leipzig: Evangelische Verlagsanstalt 2007. – 551 S.
5. Quellenbestände der Indienmission 1700–1918 in Archiven des deutschsprachigen Raums. Hg. v. Erika Pabst u. Thomas Müller-Bahlke. Halle/Saale: Verlag der Franckeschen Stiftungen 2006 (Hallesche Quellenpublikationen und Repertorien, 9). – XIII, 112 S.
6. Sträter, Udo u. Christian Soboth: Pietismus-Bibliographie. In: PuN 32 [s. Nr. 16], 325–356.

I.02 Sammelwerke, Festschriften

7. Confessionalism and Pietism. Religious reform in early modern Europe. Hg. v. Fred van Lieburg. Mainz: von Zabern 2006. – 324 S. – [enthält Nr. 22, 23, 25, 68, 76, 82, 118, 195, 332]
8. Encyclopedia of Fundamentalism. Hg. v. Brenda E. Brasher. New York [u. a.]: Routledge 2001. – 576 S.
9. Encyclopedia of Millenialism and Millenial Movements. Hg. v. Richard Landes. New York [u. a.]: Routledge 2000. – 512 S.
10. Encyclopedia of Pentecostal and charismatic Christianity. Hg. v. Stanley M. Burgess. New York [u. a.]: Routledge 2006. – 500 S.
11. Europäische Aufklärung und protestantische Mission in Indien. Hg. v. Michael Mann. Heidelberg: Draupadi 2006. – 265 S. – [enthält Nr. 213, 217, 221, 231, 242, 247, 272, 280, 289, 311, 314]
12. Geliebtes Europa – Ostindische Welt. 300 Jahre interkultureller Dialog im Spiegel der Dänisch-Halleschen Mission. Jahresausstellung der Franckeschen Stiftungen zu Halle vom 7. Mai bis 3. Oktober 2006. Hg. v. Heike Liebau.

Halle/Saale: Verlag der Franckeschen Stiftungen 2006 (Kataloge der Franckeschen Stiftungen, 16) . – 255 S.; Abb. – [enthält Nr. 220, 222, 224, 226–228, 230, 233–237, 239, 240, 243, 248–250, 253, 265, 275, 297, 305–307]

13. Gott ist mein Lobgesang. Philipp Friedrich Hiller (1699–1769). Der Liederdichter des württembergischen Pietismus. Bad Wildbad: Verlag Linea 2007. [Neuaufl.] – 238 S. – [enthält Nr. 324, 338–344]
14. Halle and the Beginning of Protestant Christianity in India. Hg. v. Andreas Gross, Y. Vincent Kumaradoss u. Heike Liebau. Bd. 1: The Danish-Halle and the English-Halle Mission, Bd. 2: Christian Mission in the Indian Context, Bd. 3: Communication between Indian and Europe. Halle/Saale: Verlag der Franckeschen Stiftungen 2006. – 1574 S. – [enthält Nr. 212, 214, 215, 218, 219, 223, 225, 229, 232, 245, 246, 251, 252, 254–258, 260–264, 266–271, 273, 274, 277–279, 283–286, 288, 290–292, 294–296, 299–304, 308–310, 312, 315–322]
15. Irenik und Antikonfessionalismus im 17. und 18. Jahrhundert. Hg. v. Harm Klueting. Hildesheim [u. a.]: Olms 2003. – 335 S. – [enthält Nr. 103, 130, 193, 194]
16. Pietismus und Neuzeit. Ein Jahrbuch zur Geschichte des neueren Protestantismus. Bd. 32. Im Auftrag der Historischen Kommission zur Erforschung des Pietismus hg. v. Martin Brecht, Rudolf Dellsperger, Ulrich Gäbler, Hartmut Lehmann, Hans Schneider, Udo Sträter u. Johannes Wallmann. Göttingen: Vandenhoeck & Ruprecht 2006. – 375 S. – [enthält Nr. 1, 6, 69, 108, 111, 116, 117, 121, 201, 328, 336, 353]
17. Pietistisk och herrnhutisk väckelsekultur i Norden. Föreläsningar vid Nordvecks konferens i Christiansfeld 25.–27.8 2005. Hg. v. Sixten Ekstrand. Åbo: Åbo akademi 2006. – 153 S. – [enthält Nr. 81, 83, 87, 89, 93, 97, 99, 106]
18. Schneider, Hans: Der fremde Arndt. Studien zu Leben, Werk und Wirkung Johann Arndts (1555–1621). Göttingen: Vandenhoeck & Ruprecht 2006. – 282 S. – [enthält Nr. 30–38]
19. Stephan, Christian: Die stumme Fakultät. Biographische Beiträge zur Geschichte der Theologischen Fakultät der Universität Halle. Dössel: Stekovics 2005. – 250 S. – [enthält Kurzbiographien von: Johann Heinrich Callenberg, August Hermann Francke, Gotthilf August Francke, Gottlieb Anastasius Freylinghausen, Georg Christian Knapp, Joachim Lange, Johann Heinrich Michaelis, Christian Benedict Michaelis, Johann Ludwig Schulze, Friedrich August Gottreu Tholuck und Julius Schniewind]
20. Unitas Fratrum. Zeitschrift für Geschichte und Gegenwartsfragen der Brüdergemeine. Im Auftrag des Vereins für Geschichte und Gegenwartsfragen der Brüdergemeine hg. v. d. Evangelischen Brüder-Unität. Bd. 57/58. Herrnhut: Herrnhuter-Verlag 2006. – 200 S. – [enthält Nr. 2, 84, 86, 88, 92, 95, 105, 107].
21. Philipp Jakob *Spener* – Leben, Werk, Bedeutung. Bilanz der Forschung nach 300 Jahren. Hg. v. Dorothea Wendebourg. Halle/Saale: Verlag der Franckeschen Stiftungen 2007 (Hallesche Forschungen, 23). – 280 S. – [enthält Nr. 39–45, 47–49, 51–54]

22. Lehmann, Hartmut: Four competing concepts for the study of religious reform movements, including pietism, in early modern Europe and North America. In: Confessionalism and pietism [s. Nr. 7], 313–322.
23. Lieburg, Fred van: Conceptualizing religious reform movements in early modern Europe. In: Confessionalism and pietism [s. Nr. 7], 1–10.
24. Ward, W. Reginald: Early evangelicalism. A global intellectual history (1670–1789). Cambridge: Cambridge University Press 2006. – 220 S.

II. Vorgeschichte, begleitende Strömungen

25. Noll Venables, Mary: Pietist fruits from orthodox seeds. The case of Ernst the Pious of Saxe-Gotha-Altenburg. In: Confessionalism and pietism [s. Nr. 7], 91–109.
26. Weigelt, Horst: Von Schlesien nach Amerika. Die Geschichte des Schwenckfeldertums. Köln [u. a.]: Böhlau 2006. – 288 S.
27. Koloch, Sabine [u. a.]: Akkumulation von Ansehenskapital. Die Gedenkschrift für Johann Valentin *Andreae*. Edition mit einer Bibliographie der gedruckten Werke von Gottlieb Andreae. In: Daphnis 35, 2006, 1/2, 51–132.
28. Brecht, Martin: Johann Valentin *Andreaes* Beziehungen zu den süddeutschen Städten. In: ZBKG 75, 2006, 31–43.
29. McKee, Elsie Ann: Katharina Schütz Zell and Caspar *Schwenckfeld*. A Reassessment of their relationship. In: ARG 97, 2006, 83–105.

III. Deutschland

III.01 Frömmigkeitsbewegung seit Johann Arndt

30. Schneider, Hans: Johann *Arndt* und Martin Chemnitz. Zur Quellenkritik von Arndts ‚Ikonographia'. In: Ders.: Der fremde Arndt [s. Nr. 18], 43–60.
31. Ders.: Johann *Arndt* als Lutheraner? In: Ders.: Der fremde Arndt [s. Nr. 18], 61–82.
32. Ders.: Johann *Arndt* als Paracelsist. In: Ders.: Der fremde Arndt [s. Nr. 18], 135–155.
33. Ders.: Johann *Arndt* und die Mystik. In: Ders.: Der fremde Arndt [s. Nr. 18], 216–246.
34. Ders.: Johann *Arndt* und die makarianischen Homilien. In: Ders.: Der fremde Arndt [s. Nr. 18], 9–42.
35. Ders.: Johann *Arndts* Studienzeit. In: Ders.: Der fremde Arndt [s. Nr. 18], 83–129.
36. Ders.: Noch einmal: Johann *Arndts* Studienzeit. In: Ders.: Der fremde Arndt [s. Nr. 18], 130–134.

37. Ders.: Johann *Arndts* ‚verschollene' Frühschriften. In: Ders.: Der fremde Arndt [s. Nr. 18], 156–196.
38. Ders.: Johann *Arndts* „Vier Bücher von wahrem Christentum". Offene Fragen der Quellen- und Redaktionskritik. In: Ders.: Der fremde Arndt [s. Nr. 18], 197–215.

III.02 Philipp Jakob Spener

39. Beutel, Albrecht: *Spener* und die Aufklärung. In: Philipp Jakob Spener [s. Nr. 21], 205–226.
40. Bunners, Christian: *Spener* und die Kirchenmusik. In: Philipp Jakob Spener [s. Nr. 21], 241–266.
41. Deppermann, Andreas: *Spener*, Johann Jakob Schütz und die Anfänge des Pietismus. In: Philipp Jakob Spener [s. Nr. 21], 35–52.
42. Friedrich, Martin: Philipp Jakob *Spener* – Leben, Werk, Bedeutung. In: Philipp Jakob Spener [s. Nr. 21], 1–16.
43. Gräb, Wilhelm: *Spener* und der Neuprotestantismus. In: Philipp Jakob Spener [s. Nr. 21], 227–240.
44. Heinrich, Gerd: *Spener* in Berlin und Brandenburg. In: Philipp Jakob Spener [s. Nr. 21], 71–88.
45. Laasonen, Pentti: *Spener* in den nordischen Ländern. In: Philipp Jakob Spener [s. Nr. 21], 123–134.
46. Lienhard, Marc: Philippe Jacques *Spener* et l'Alsace. In: RHPhR 86, 2006, 2, 217–229.
47. Ders.: *Spener* und das Elsaß. In: Philipp Jakob Spener [s. Nr. 21], 17–34.
48. Lindberg, Carter: *Spener* and North America. In: Philipp Jakob Spener [s. Nr. 21], 135–158.
49. Meyer, Dietrich: *Spener*, Graf Zinzendorf und die Herrnhuter Brudergemeine. In: Philipp Jakob Spener [s. Nr. 21], 105–122.
50. Philipp Jakob *Spener*. Briefwechsel mit August Hermann *Francke* (1689–1704). Hg. v. Johannes Wallmann u. Udo Sträter in Zs.arb. mit Veronika Albrecht-Birkner Tübingen: Mohr Siebeck 2006. – 891 S.
51. Sträter, Udo: *Spener* und August Hermann Francke. In: Philipp Jakob Spener [s. Nr. 21], 89–104.
52. Wartenberg, Günter: *Spener* in Kursachsen. In: Philipp Jakob Spener [s. Nr. 21], 53–70.
53. Windhorst, Christof: *Spener* und die Gemeinde. In: Philipp Jakob Spener [s. Nr. 21], 159–186.
54. Brecht, Martin: *Speners* Verhältnis zu Martin Luther. In: Philipp Jakob Spener [s. Nr. 21], 187–204.

III.03 August Hermann Francke und der hallische Pietismus

55. Frühmoderne Bücherwelten. Die Bibliothek des 18. Jahrhunderts und das hallesche Waisenhaus. Katalog zur Jahresausstellung der Franckeschen Stif-

tungen vom 6. Mai bis 7. Oktober 2007. Hg. v. Bodo M. Baumunk im Auftrag der Franckeschen Stiftungen. Halle/Saale: Verlag der Franckeschen Stiftungen 2007 (Kataloge der Franckeschen Stiftungen, 19). – 224 S.

56. Klosterberg, Brigitte: Die Bibliothek der Franckeschen Stiftungen im 18. Jahrhundert. In: Frühmoderne Bücherwelten [s. Nr. 55], 13–30.

57. Marschke, Benjamin: Die Sozial- und Alltagsgeschichte der preußischen Feldprediger im frühen 18. Jahrhundert. In: Geistliche Lebenswelten. Zur Sozial- und Mentalitätsgeschichte der Geistlichen in Spätmittelalter und Früher Neuzeit. Hg. v. Manfred Jakubowski-Tiessen. Neumünster: Wachholtz 2005, 225–252.

58. Oberschelp, Axel: Das Hallesche Waisenhaus und seine Lehrer im 18. Jahrhundert. Lernen und Lehren im Kontext einer frühneuzeitlichen Bildungskonzeption. Tübingen: Verlag der Franckeschen Stiftungen im Max Niemeyer Verlag 2006 (Hallesche Forschungen, 19). – VI, 404 S.; Ill.

59. Orbis Pictus. Landkarten aus der Sammlung der Franckeschen Stiftungen. Katalog zur Ausstellung im Historischen Waisenhaus vom 5. November 2006 bis 14. Januar 2007. Halle/Saale: Verlag der Franckeschen Stiftungen 2006 (Kataloge der Franckeschen Stiftungen, 17). – 56 S.

60. Kirn, Hans M.: The penitential struggle („Bußkampf") of August Hermann *Francke* (1663–1727). A model of pietistic conversion? In: Paradigms, poetics and politics of conversion. Hg. v. Jan N. Bremmer [u. a.]. Leuven [u. a.]: Peeters 2006, 123–132.

61. Krenzlin, Ulrike: Franckesche Stiftungen zu Halle. *Francke*-Denkmal. Regensburg: Schnell & Steiner 2004. – 14 S.

62. Bach, Thomas Parnell: Throne and altar: *Halle* Pietism and the Hohenzollerns. A contribution to the history of church state relations in eighteenth-century Brandenburg-Prussia. Diss. Univ. Syracuse 2005. – 301 S.

63. Dolezel, Eva: Inszenierte Objekte. Der Indienschrank in der Kunst- und Naturalienkammer der Franckeschen Stiftungen zu *Halle*. In: Zeitschrift für Kulturwissenschaften 1, 2007, 29–38.

[s. a. Nr. 12, 50, 118, 352]

III.04 Radikaler Pietismus

64. Grutschnig-Kieser, Konstanze: „Inspiriertes", „inspirierendes", und „improvisiertes" Singen. Zur Singpraxis im radikalen Pietismus. In: IAH-bulletin / Instituut voor Liturgiewetenschap 30, 2004, 127–130.

65. Geldbach, Erich: Nachwirkungen des Hohenlieds im Pietismus am Beispiel Gottfried *Arnolds* und des Reichsgrafen von Zinzendorf. In: ZThK 11, 2006, 57–88.

66. Lehmann-Brauns, Sicco: Spiritueller Kommentar und pietistische Gelehrsamkeit. Gottfried *Arnolds* Kommentardichtung zum „Hohen Lied" und ihre Verankerung in der Sophienmystik. In: Der Kommentar in der Frühen Neuzeit. Hg. v. Ralph Häfner. Tübingen: Max Niemeyer 2006, 21–39.

67. Seidel, J. Jürgen: Baron Carl Joseph von *Campagne* und die Gichtelianer in

der Schweiz. Ein Beitrag zum Radikalpietismus im Zürcher Oberland. Zürich: Dreamis 2006. – 191 S.

68. Shantz, Douglas H.: Politics, prophecy and pietism in the *Halberstadt* Conventicle 1691–1694. Pietism and the confessional state in Brandenburg. In: Confessionalism and pietism [s. Nr. 7], 129–147.
69. Meier, Marcus: *Horch* und Petersen. Die Hintergründe des Streits um die Apokatastasis im radikalen Pietismus. In: PuN 32 [s. Nr. 16], 157–174.
70. Breuer, Dieter: „Der Bekräfftigte Origenes". Das Ehepaar *Petersen* und die Leugnung der Ewigkeit der Höllenstrafe. In: Heterodoxie in der Frühen Neuzeit. Hg. v. Hartmut Laufhütte. Tübingen: Max Niemeyer 2006, 413–424.
71. The life of Lady Johanna Eleonora *Petersen*, written by herself. Pietism and women's autobiography. Hg. v. Barbara Becker-Cantario. Chicago/Ill.: University of Chicago Press 2005. – 140 S.
72. Schwöbel, Gerlind: Sehnsucht nach dem Vollkommenen. Johanna Eleonora von und zu Merlau verheiratete *Petersen* im Dialog mit Philipp Jakob Spener und Johann Jakob Schütz. Frankfurt/Main: Lembeck 2007. – 111 S.
73. Grutschnig-Kieser, Konstanze: Der „Geistliche Würtz=Kräuter und Blumen=Garten" des Christoph *Schütz*. Ein radikalpietistisches „Universal-Gesang=Buch". Göttingen: Vandenhoeck & Ruprecht 2006 (AGP, 49). – 346 S.
74. Bernet, Claus: Der lange Weg aus der Konfession in den radikalen Pietismus. Von Basel in das himmlische Jerusalem. Am Beispiel von Leonhard C. *Sturm*, Elias Eller und „Chimonius". In: Confessionalism and pietism [s. Nr. 7], 255–281.

III.05 Reformierter Pietismus

75. Deursen, Arie T. van: Geschiedschrijving van de christelijke gemeente. In: DNR 30, 2006, 1, 58–67.
76. Hof, Willem J. op't: Protestant pietism and medieval monasticism. In: Confessionalism and pietism [s. Nr. 7], 31–50.
77. Schoenborn, Ulrich: „. . . ich sehe die Fußstapffen der Providentz Gottes". Zum Wirken des hessischen Theologen Conrad *Mel* (1666–1733) in Mitau, Memel und Königsberg. Berlin [u. a.]: LIT 2006. – 137 S.
78. Lieburg, Fred van: Geesjen *Pamans* (1731–1821). Geistliche Mutter des Bentheimer reformierten Pietismus. In: Nederland en Bentheim. Vijf eeuwen kerk aan de grens. Die Niederlande und Bentheim. Fünf Jahrhunderte Kirche an der Grenze. Vijftiende verzameling bijdragen van de Vereniging voor Nederlandse Kerkgeschiedenis. Hg. v. P. H.A. M. Abels. Delft: Eburon 2003, 159–173.
79. Hof, Willem J. op't: Deverhouding tussen Franciscus *Ridderus* en Jacobus Koelman. In: DNR 30, 2006, 1, 28–47.
80. Ros, Ad: Dichterlijke aspecten in het werk van Franciscus *Ridderus*. In: DNR 30, 2006, 1, 48–57.

81. Andreasson, Hans: Kontinuitet och kontrast. Svenska Missionsförbundet och det herrnhutiska väckelsearvet. In: Pietistisk och herrnhutisk väkkelsekultur [s. Nr. 17], 52–74.
82. Atwood, Craig D.: Separatism, ecumenism and pacifism. The Bohemian and Moravian brethren in the confessional age. In: Confessionalism and pietism [s. Nr. 7], 71–90.
83. Bach-Nielsen, Carsten: Den danske statsmission i Dansk Vestindien. In: Pietistisk och herrnhutisk väckelsekultur [s. Nr. 17], 26–41.
84. Becchi, Egle: Paradigmatische Autobiografien aus pädagogischer Sicht. In: UnFr 57/58 [s. Nr. 20], 1–16.
85. Damaschke, Karin: Diktatur und Kirche. Die Herrnhuter Brüdergemeine in der Zeit des Nationalsozialismus. In: Neues Lausitzisches Magazin 10, 2007, 1, 75–92.
86. Faull, Katherine: ‚Girls Talk' – das „Sprechen" von Kindern. Herrnhutische Seelsorge an den Großen Mädchen im 18. Jahrhundert. In: UnFr 57/58 [s. Nr. 20], 183–196.
87. Jarlert, Anders: Själavårdsbrev, genus och gemenskap. En inledande projektpresentation. In: Pietistisk och herrnhutisk väckelsekultur [s. Nr. 17], 142–153.
88. Klink, Cornelia: Mehrsprachigkeit im Unterricht der Herrnhuter Schulen in den Missionsgebieten. In: UnFr 57/58 [s. Nr. 20], 57–80.
89. Larsen, Kurt E.: Pietismebegrebet og Danmark. In: Pietistisk och herrnhutisk väckelsekultur [s. Nr. 17], 11–25.
90. Lasch, Alexander: Beschreibungen des Lebens in der Zeit. Zur Kommunikation biographischer Texte in den pietistischen Gemeinschaften der Herrnhuter Brüdergemeine und der Dresdner Diakonissenschwesternschaft im 19. Jahrhundert. Berlin [u. a.]: LIT 2005. – 295 S.
91. Lost, Christine: Das Leben als Lehrtext. Lebensläufe der Herrnhuter Brüdergemeine. Hohengehren: Schneider-Verlag Hohengehren 2007. – 337 S.
92. Dies.: Die Pädagogik der Lebensläufe. In: UnFr 57/58 [s. Nr. 20], 17–36.
93. Østtveit Elgvin, Lilly A.: Herrnhutisk spiritualitet, „vek og sentimental"? In: Pietistisk och herrnhutisk väckelsekultur [s. Nr. 17], 89–112.
94. Schmid, Pia: „In Christo ist weder Mann noch Weib". Zur Aufwertung des Weiblichen in der Herrnhuter Brüdergemeine im 18. Jahrhundert. In: Bildungsgeschichten. Geschlecht, Religion und Pädagogik in der Moderne. FS für Juliane Jacobi zum 60. Geburtstag. Hg. v. Meike Sophia Baader [u. a.]. Köln [u. a.]: Böhlau 2006, 103–118.
95. Dies.: Die Entdeckung der Kindheit sub specie religionis. Kindheitsbild und Kindererziehung in der Herrnhuter Brüdergemeine des 18. Jahrhunderts. In: UnFr 57/58 [s. Nr. 20], 37–56.
96. Teigeler, Otto: Die Herrnhuter in Russland. Ziel, Umfang und Ertrag ihrer Aktivitäten. Göttingen: Vandenhoeck & Ruprecht 2006. – 726 S.
97. Nordbäck, Carola: Nedslag i den radikalpietistiska idévärlden. Den teologiska polemiken mellan Johann Conrad *Dippel* och den svenska lutherska ortodoxin under 1730-talet. In: Pietistisk och herrnhutisk väckelsekultur [s. Nr. 17], 113–141.

98. Johann Leonhard *Dober* und der Beginn der Herrnhuter Mission. Hg. v. Rüdiger Kröger. Herrnhut: Comenius-Buchhandlung 2006 (Schriften aus dem Unitätsarchiv, 1). – 164 S.

99. Swanström, André: Väckelsekultur möter våldskultur. Den våldtagna separatistpigan Kirstin *Hansdotters* historia. In: Pietistisk och herrnhutisk väkkelsekultur [s. Nr. 17], 75–88.

100. Schneider-Böklen, Elisabeth: „Amen, ja, mein Glück ist groß". Henriette Louise von *Hayn* (1724–1782) – eine Dichterin des Herrnhuter Pietismus. Diss. Univ. Marburg 2005. – 326 Bl.

101. Bernet, Claus: The Heavenly Jerusalem as a central belief in radical pietism in the eighteenth century. Ronsdorf and *Herrnhaag*. In: The Covenant quarterly 63, 2005, 3–19.

102. Graf, Matthias: Herrnhuter in Hessen. Der *Herrnhaag* in der Grafschaft Büdingen. Frankfurt/Main [u. a.]: Peter Lang 2006. – 241 S.

103. Meyer, Dietrich: Daniel Ernst *Jablonski* und seine Unionspläne. In: Irenik und Antikonfessionalismus [s. Nr. 15], 153–176.

104. Fillbrunn, Günter: Als Missionar in Grönland. Johann Valentin *Müller* – ein vergessener Sohn Neckarhausens. Edingen-Neckarhausen: Edition Ralf Fetzer 2006. – 168 S.

105. Doerfel, Marianne: Die brüderischen Schulen in *Neuwied*. In: UnFr 57/58 [s. Nr. 20], 81–168.

106. Rønne, Finn A.: Brydninger mellem pietistisk og herrnhutisk vaekkelseskultur, belyst ud fra C. O. *Rosenius'* syn på laeren om universel retfaerdiggørelse. In: Pietistisk och herrnhutisk väckelsekultur [s. Nr. 17], 42–51.

107. Vogt, Peter: „Ohne Kopf und Ungescheid". Vernunfts- und bildungsfeindliche Tendenzen bei *Zinzendorf*. In: UnFr 57/58 [s. Nr. 20], 169–182.

108. Ders.: „Gloria Pleurae!". Die Seitenwunde Jesu in der Theologie des Grafen von *Zinzendorf*. In: PuN 32 [s. Nr. 16], 175–212.

[s. a. Nr. 17, 49, 65, 190–192, 345, 356]

III.07 Württembergischer Pietismus

109. Fritz, Eberhard: Separatistinnen und Separatisten in Württemberg und in angrenzenden Territorien. Ein biographisches Verzeichnis. Stuttgart: Verein für Familien- und Wappenkunde in Württemberg und Baden 2005. – 168 S.

110. Schnabel, Hermann: 100 Jahre Zellerstift. 150ste Lichtmess-Missionskonferenz. Nagold: Verein für Heimatgeschichte 2006. – 34 S.

111. Durnbaugh, Donald F.: The Anthropological Teachings of Conrad *Beissel*, Founder of the Ephrata Society. In: PuN 32 [s. Nr. 16], 220–232.

112. Gaese, Heino: Johann Albrecht *Bengels* theologische Anmerkungen zu zwei griechischen Vätern. In: BWKG 104, 2004 [2006], 195–254.

113. König, Hans: Christian *Dietrich* II. * 8.4.1844 Gschwend, † 21.2.1919 Stuttgart [Rektor am Evangelischen Töchterinstitut; vom Webersbuben

zum Pietistengeneral]. In: Literarische Vielfalt – Gschwender Autoren. Hg. v. Hans König. Schwäbisch Gmünd: Bahnmayer 2005, 36–45.
114. Scheffbuch, Rolf: Das „Heilige *Korntal*" und die weite Welt. Stuttgart: Evang. Gemeindepresse 2006. – 77 S.
[s. a. Nr. 281, 338–344]

III.08 Regionalgeschichte

115. Burkhardt, Johannes: Reformierte, Lutheraner, Pietisten. Ein Beitrag zur Konfessionsgeschichte Wittgensteins vom 17. bis 19. Jahrhundert. In: WF 56, 2006, 89–116.
116. Drese, Claudia: „Ich solte auß den rätzeln rathen was die gute freunde meineten" – Kontakte und Konflikte in Hinterpommern. In: PuN 32 [s. Nr. 16], 101–118.
117. Zaepernick, Gertraud: Fromme Höfe im 18. Jahrhundert. In: PuN 32 [s. Nr. 16], 213–219.
118. Strom, Jonathan: Conversion, confessionalization and pietism in *Dargun*. In: Confessionalism and pietism [s. Nr. 7], 149–168.
119. Grether, Wally: Leben und Wirken des Pietisten Karl *Köllner* in Sitzenkirch. In: Das Markgräflerland 2, 2005, 121–130.
120. Koch, Ernst: Die Anfänge des Pietismus in der Reichsstadt *Mühlhausen* in Thüringen. In: Zeitschrift des Vereins für Thüringische Geschichte 59/60, 2005/06, 99–130.
121. Boor, Friedrich de: Dubislav Gneomar von *Natzmer* (1654–1739) als Patronatsherr der Pfarre Groß Jannewitz bei Lauenburg in Hinterpommern. In: PuN 32 [s. Nr. 16], 119–156.
122. Friemel, Franz G.: Erinnerung an die Beziehung Johann Michael *Sailers* zur Allgäuer Erweckungsbewegung und zu Johannes Ev. Goßner. In: TGA 49, 2006, 4, 280–286.
123. Schuster, Susanne: Aemilie Juliane von *Schwarzburg-Rudolstadt* und Ahasver Fritsch. Eine Untersuchung zur Jesusfrömmigkeit im späten 17. Jahrhundert. Leipzig: Evangelische Verlagsanstalt 2006. – 240 S.
124. Weiß, Ulrich: Johann Georg *Siebels* Briefwechsel mit Jung-Stilling in den Jahren 1802 bis 1816. In: JWKG 102, 2006, 307–366.
125. Peters, Christian: Die „*Versmolder* Bewegungen" von 1748 ff. Eine westfälische Erweckung vor der Erweckung. In: JWKG 102, 2006, 139–216.
[s. a. Nr. 282]

III.09 Orthodoxie und Aufklärung in ihren Beziehungen zum Pietismus

126. Döring, Detlef: Gelehrte Gesellschaften in Pommern im Zeitalter der Aufklärung. In: Die Universität Greifswald in der Bildungslandschaft des Ostseeraums. Hg. v. Dirk Alvermann [u. a.]. Berlin [u. a.]: LIT 2007, 123–153.
127. Heterodoxie in der Frühen Neuzeit. Hg. v . Hartmut Laufhütte u. Michael Titzmann. Tübingen: Max Niemeyer 2006. – 490 S.

128. Horn Melton, James van: A microhistory of the emigration of Salzburg Protestants to colonial Georgia, 1734–1776. The Rise of the Public in Enlightenment Europe. Cambridge: Cambridge University Press 2001. – 275 S.
129. Ders.: Pietism, Politics, and the Public Sphere in Germany. In: Religion and Politics in Enlightenment Europe. Hg. v. James E. Bradley u. Dale Van Kley. Notre Dame, Ind.: Univ. of Notre Dame Press 2001, 294–333.
130. Hornig, Gottfried: Das Abflauen der konfessionellen Polemik in der protestantischen Aufklärungstheologie des 18. Jahrhunderts. In: Irenik und Antikonfessionalismus [s. Nr. 15], 177–192.
131. Kertscher, Hans-Jochen: Literatur und Kultur in Halle im Zeitalter der Aufklärung. Aufsätze zum geselligen Leben in einer deutschen Universitätsstadt. Hamburg: Kovac 2007. – 550 S.
132. Kuhn, Thomas K.: Praktische Religion. Der vernünftige Dorfpfarrer als Volksaufklärer. In: Volksaufklärung. Eine praktische Reformbewegung des 18. und 19. Jahrhunderts. Hg. v. Holger Böning. Bremen: Ed. Lumière 2007, 89–108.
133. Wollgast, Siegfried: Religion und die deutsche Frühaufklärung. In: ZP 51, 2005, 15–32.
134. Sommer, Wolfgang: Die lutherischen Hofprediger in *Dresden*. Grundzüge ihrer Geschichte und Verkündigung im Kurfürstentum Sachsen. Stuttgart: Steiner 2006. – 319 S.
135. Albrecht-Birkner, Veronika u. Udo Sträter: Lutherische Orthodoxie in *Halle*. Theologische Profile, Frömmigkeit und die Auseinandersetzung mit den Pietisten. In: Geschichte der Stadt Halle, Bd. 1: Halle im Mittelalter und in der Frühen Neuzeit. Hg. v. Werner Freitag u. Andreas Ranft. Halle: Mitteldeutscher Verlag 2006, 333–349.
136. Frey, Edmund: „So lange noch die Creatur auf besseres Leben hofft“. Georg Paul *Hönn* (1662–1747) zwischen Pietismus und Aufklärung. In: Coburg aus dem „Dintenfas“. Literarische Streifzüge durch vier Jahrhunderte. Hg. v. Edmund Frey u. Reinhard Heinritz. Bucha bei Jena: Quartus-Verlag 2006, 107–114.
137. Paulin, Roger: Der Fall Wilhelm *Jerusalem*. Zum Selbstmordproblem zwischen Aufklärung und Empfindsamkeit. Hg. v. der Lessing-Akademie Wolfenbüttel. Göttingen: Wallstein 1999 (Kleine Schriften zur Aufklärung, 6). – 168 S.
138. Wolff, Jens: „Lutherus gibt gut Teutsch“. Der Streit um Renatus *Kortums* Hiob-Kommentar von 1708 als Modell für die dynamische Relationalität von Pietismus, Orthodoxie und Aufklärung. In: Christentum im Übergang. Neue Studien zur Kirche und Religion in der Aufklärungszeit. Hg. v. Albrecht Beutel. Leipzig: Evangelische Verlagsanstalt 2006 (Arbeiten zur Theologie- und Kirchengeschichte, 19), 15–31.
139. Urbanität als Aufklärung. Karl Wilhelm *Ramler* und die Kultur des 18. Jahrhunderts. Hg. im Auftr. des Gleimhauses von Laurenz Lütteken. Göttingen: Wallstein 2003. – 516 S.; Ill., Notenbsp.
140. Prodöhl, Ines: Aufklärung und Pietismus. Die Darstellung des Pietismus in Zedlers „Universal-Lexicon“. Mag. Univ. Leipzig 2002. – 115 S.
141. Dies.: „Aus den besten Scribenten“. Zedlers Universal-Lexicon im Span-

nungsfeld zeitgenössischer Lexikonproduktion. In: Das Achtzehnte Jahrhundert 29, 2005, 82–94.
[s. a. Nr. 39]

III.10 Übergang zur Erweckungsbewegung

142. Benrath, Gustav A.: Die Erweckungsbewegung in der Pfalz 1818–1871. In: BPfKG 73, 2006, 37–74.
143. Friedrich, Martin: Kirche im gesellschaftlichen Umbruch. Das 19. Jahrhundert. Göttingen: Vandenhoeck & Ruprecht 2006. – 293 S.
144. Beutel, Harald: Die Sozialtheologie Thomas *Chalmers* (1780–1847) und ihre Bedeutung für die Freikirchen. Eine Studie zur Diakonie der Erweckungsbewegung. Diss. Univ. Heidelberg 2004. – 305 Bl.
145. Flick, Andreas: „Auf Widerspruch waren wir gefaßt . . .“ Leben und Werk des reformierten Erweckungstheologen Theodor *Hugues*. Celle: Verlag der Deutschen. Hugenotten-Gesellschaft 2004. – 298 S.
[s. a. Nr. 122, 124]

III.11 Strömungen und Entwicklungen nach 1830

146. Armbruster, Bernt: „. . . dass wir das noch erleben durften“. Pietistische Kindheiten in den 50er Jahren. Berlin: Pro Business 2006. – 289 S.
147. Büttner, Annett: Das internationale Netzwerk der evangelischen Mutterhausdiakonie. In: Ariadne – Forum für Frauen- und Geschlechtergeschichte 49, 2006, 64–71.
148. Voigt, Karl Heinz: Freikirchen in Deutschland. (19. und 20. Jahrhundert). Leipzig: Evangelische Verlagsanstalt 2004 (Kirchengeschichte in Einzeldarstellungen, 3/6). – 263 S.
149. Köser, Silke: Denn eine Diakonisse darf kein Alltagsmensch sein. Kollektive Identität *Kaiserswerther* Diakonissen 1836–1914. Leipzig: Evangelische Verlagsanstalt 2006. – 573 S.
150. Geck, Albrecht: Autorität und Glaube – Edward Bouverie *Pusey* und Friedrich August Gottreu Tholuck im Briefwechsel (1825–1865), Teil 3. In: ZNThG 13, 2006, 1, 41–124.
151. Pope, Robert: Demythologising the Evan *Roberts* revival, 1904–1905. In: JEH 57, 3, 2006, 515–534.
152. Albrecht, Ruth: Adeline Gräfin *Schimmelmann*. Deutsche Evangelistin nach amerikanischem Vorbild? In: Transatlantische Religionsgeschichte 18. bis 20. Jahrhundert. Hg. v. Hartmut Lehmann. Göttingen: Wallstein 2006, 72–108.
153. Mager, Inge: Weibliche Theologie im Horizont der Hamburger Erweckung. Amalie *Sieveking* (1794–1859) und Elise Averdieck (1808–1907). In: 500 Jahre Theologie in Hamburg. Hamburg als Zentrum christlicher Theologie und Kultur zwischen Tradition und Zukunft. Hg. v. Johann Anselm Steiger. Berlin [u. a.]: de Gruyter, 2005, 189–224.
[s. a. Nr. 90, 113, 142]

IV. Andere Länder

IV.01 England und Schottland

154. Haykin, Michael A.: „Draw Nigh unto My Soul“. English Baptist Piety and the Means of Grace in the Seventeenth and Eighteenth Centuries. In: Southern Baptist Convention. The Southern Baptist journal of theology 10, 2006, 4, 54–73.
155. Evangelicals and Catholics in nineteenth-century Ireland. Hg. v. James Murphy. Dublin: Four Courts Press 2005. – 252 S.
156. Holmes, Janice: Irish evangelicals and the British evangelical community, 1820s-1870s. In: Evangelicals and Catholics [s. Nr. 155], 209–222.
157. Raser, Harold E.: „Christianizing Christianity“. The holiness movement as a church, the church, or no church at all? In: WTJ 41, 2006, 1, 116–147.
158. Wood, Laurence W.: The meaning of Pentecost in early Methodism. Rediscovering John *Fletcher* as Wesley's vindicator and designated successor. Lanham, Md. [u. a.]: Scarecrow Press 2002 (Pietist and Wesleyan studies, 15). – 401 S.
159. Tyson, John R.: In the midst of early Methodism. Lady *Huntingdon* and her correspondence. Lanham, Md. [u. a.]: Scarecrow Press 2006 (Pietist and Wesleyan studies, 19). – 331 S.
160. Cray, Robert E.: High style and low morals. John Newland *Maffitt* and the Methodist Church 1794–1850. In: MethH 45, 2006, 1, 31–42.
161. Charles *Wesley*. Die Predigten. Deutsche Auswahlausgabe. Hg. v. Martin Brose. Göttingen: Edition Ruprecht 2007. – 140 S.
162. Heitzenrater, Richard P.: John *Wesley* und der frühe Methodismus. Göttingen: Edition Ruprecht 2007. – 394 S.
163. Price, James M.: The influence of personalism on the theology and education of H. Orton *Wiley*. In: WTJ 41, 2006, 2, 142–160.

[s. a. Nr. 151, 259]

IV.02 Niederlande

164. Lieburg, Fred van: Living for God. Eighteenth century Dutch pietist autobiography. Lanham, Md. [u. a.]: Scarecrow Press 2006 (Pietist and Wesleyan studies, 18). – 170 S.
165. Ders.: Pietism beyond Patria. A Dutch religious heritage in North-America. In: Morsels in the Melting Pot. The persistence of Dutch immigrant communities in North America. Hg. v. Georg Harinck u. Hans Krabbendam. Amsterdam: VU Uitgeverij 2006, 43–54.
166. Ders.: Remarkable providences. The Dutch reception of English wonder-stories. In: The Low Countries as a Crossroads of Religious Beliefs. Hg. v. Arie-Jan Gelderblom [u. a.]. Leiden [u. a.]: Brill 2004, 197–219.
167. Ders.: Sara *Nevius* (1632–1706). The pietist ministry of Dutch Reformed minister's wife. In: Studia Historiae Ecclesiasticae 30, 2004, 52–74.

[s. a. Nr. 78, 323]

IV.03 Schweiz

168. Hodel, Paul B.: Présupposés philosophiques et théologie. Deux exemples tirés de l'histoire du calvinisme genevois. In: NV 81, 2006, 4, 79–89.
169. Jecker, Hanspeter: Von Pietisten, Separatisten und Wiedertäufern. Ungereimte Geschichten aus dem Baselbiet. Liestal: Verlag des Kantons Basel-Landschaft 2003. – 86 S.
170. *Annoni*, Hieronymus: Dem rechten Glauben auf der Spur. Eine Bildungsreise durch das Elsaß, die Niederlande, Böhmen und Deutschland. Das Reisetagebuch des Hieronymus Annoni 1736. Hg. v. Johannes Burkardt. Zürich: TVZ, Theol. Verlag 2006. – 342 S.
171. Opitz, Peter: „Fortgekämpft und fortgerungen . . ." J. C. *Lavaters* Verkündigung der Gnade im Rahmen seiner Christusreligion. In: Zwing. 33, 2006, 169–203.

[s. a. Nr. 67, 216, 354]

IV.04 Skandinavien

172. Austad, Torleiv: Dåp og omvendelse i lys av brytningen mellom lutherdom og pietisme. In: TTK 77, 2006, 4, 271–280.
173. Nordbäck, Carola: Samvetets röst. Om mötet mellan luthersk ortodoxi och konservativ pietism i 1720-talets Sverige. Umeå: Univ., Inst. för historiska studier 2004. – 432 S.
174. Dies.: Gender and popular religion. Women as religious leaders and participants in revivalist movements in northern Sweden, 1770–1870. In: Ecology of spirit. Conference. Cultural plurality and religious identity in the Barents Region (Umeå University 1996 September 19th-21st). Hg. v. Sölve Anderzén u. Roald Kristiansen. Umeå: Univ., Dept. of Religious Studies 1998, 167–173.
175. Swanström, André: Separatistisia virtauksia lännestä itään. Kääntymykseen johtaneet vaikuttimet 1700-luvun Pohjanmaan separatististen pietistien ajattelussa ja elämässä. In: Kahden puolen Pohjanlahtea. Bd. 1: Ihmisiä, yhteisöjä ja aatteita Ruotsissa ja Suomessa 1500-luvulta 1900-luvulle. Hg. v. Gabriel Bladh u. Christer Kuvaja. Helsinki: Suomalaisen kirjallisuuden seura 2006, 108–152.
176. Sannes, Kjell O.: Guds Ord og bekjennelsen. En samtale med Leiv *Aalen*. In: TTK 77, 2006, 4, 291–301.

[s. a. Nr. 17, 45, 81]

IV.05 Nordamerika

177. Hempelmann, Reinhard: 100 Jahre Azusa-Street-Erweckung. In: Evangelische Zentralstelle für Weltanschauungsfragen Stuttgart. Materialdienst der EZW 69, 2006, 4, 123–130.

178. Little, Thomas J.: The origins of southern evangelicalism. Revivalism in South Carolina, 1700–1740. In: ChH 75, 2006, 4, 768–808.
179. Zakai, Avihu: Order, ordination, subordination. German Lutheran missionaries in eighteenth-century Pennsylvania. In: The creation of the British Atlantic world. Hg. v. Elizabeth Mancke u. Carole Shammas. Baltimore [u. a.]: Johns Hopkins Univ. Press 2005, 326–374.
180. Schrader, Hans-Jürgen: Conrad *Beissels* Ephrata-Gemeinschaft und seine Poesie. Ein philadelphisch-mystisch-arkanes „Vorspiel der neuen Welt". In: Transatlantische Religionsgeschichte [s. Nr. 152], 31–63.
181. Atwood, Craig D.: Community of the cross. Moravian piety in colonial *Bethlehem*. University Park, Pa.: Pennsylvania State University Press 2004. – 283 S.
182. Hirst, Julie: Jane *Leade*. Biography of a seventeenth-century mystic. Aldershot, Hants, England [u. a.]: Ashgate Pub 2006. – 160 S.
183. Gaspar, David Barry: From Catholicism to Moravian pietism. The world of *Marotta*/Magdalena, a woman of Popo and St. Thomas. In: The creation of the British Atlantic world [s. Nr. 179], 164–199.
184. Flowers, Margaret G.: A sometime diversion. The hymn translations and original hymns of John *Wesley*. In: MethH 41, 2002, 1, 295–308.
185. Snyder, Howard A.: „Live while you preach". The autobiography of methodist revivalist and abolitionist John *Wesley* (1810–1863). Lanham, Md. [u. a.]: Scarecrow Press 2006 (Pietist and Wesleyan studies, 17). – 412 S.
186. Ders.: John *Wesley* Redfield. A study in 19th-century American Methodist revivalism. In: WTJ 41, 2006, 1, 205–222.
187. The Moravian mission diaries of David *Zeisberger* (1772–1781). Hg. v. Hermann Wellenreuther u. Carola Wessel. University Park, Pa.: Pennsylvania State University Press 2005. – 666 S.
[s. a. Nr. 48, 165]

IV.06 Östliches Mitteleuropa, Osteuropa, Südosteuropa

188. Tyrlík, Tomás: Die spirituellen und charismatischen Bewegungen in der Schlesischen Evangelischen Kirche A. B. [Augsburgischen Bekenntnisses] in Tschechien. In: LKW 54, 2007, 123–137.
189. Malura, Jan: Jiří Sarganek – pietistický pedagog a spisovatel z Těšínska. In: Śląska Republika Uczonych = Schlesische Gelehrtenrepublik. Bd. 2. Hg. v. Marek Halub u. Anna Manko-Matysiak. Wrocław: Oficyna Wydawn. ATUT 2006, 137–156.

IV.07 Sonstige

190. Moravians in the Eastern Cape, 1828–1928. Four accounts of Moravian mission work on the Eastern Cape frontier. Hg. v. Timothy Keegan. Cape Town: Van Riebeeck Society for Publication of South African Historical Documents 2004. – 308 S.

191. Musomba, Angetile Yesaya: The Moravian Church in Tanzania Southern province. A short history. Nairobi: IFRA 2005. – 92 S.
192. Tillman, Benjamin Farr: La influencia morava en el paisaje de la Mosquitia hondureña. Tegucigalpa: Guaymuras 2004. – 319 S.
[s. a. Nr. 12, 216]

V. Übergreifende Themen

V.01 Theologie und Frömmigkeit

193. Bernard, Bruno: Jansenismus und Irenik. In: Irenik und Antikonfessionalismus [s. Nr. 15], 193–209.
194. Brecht, Martin: Pietismus und Irenik. In: Irenik und Antikonfessionalismus [s. Nr. 15], 211–222.
195. Eller, David B.: The recovery of the love feast in German pietism. In: Confessionalism and pietism [s. Nr. 7], 11–30.
196. Grünschloß, Andreas: Diskurse um „Wiedergeburt" zwischen Reinkarnation, Transmigration und Transformation der Person. Versuch einer systematisch-religionswissenschaftlichen Orientierung. In: Wiedergeburt. Hg. v. Reinhard Feldmeier. Göttingen: Vandenhoeck & Ruprecht 2005, 11–44.
197. Hindmarsh, D. Bruce: The evangelical conversion narrative. Spiritual autobiography in early modern England. Oxford: Oxford Univ. Press 2005. – 384 S.
198. Krauter, Stefan: Römer 7 in der Auslegung des Pietismus. In: KuD 52, 2006, 2, 126–150.
199. Lieburg, Fred van: Reformed doctrine and Pietist conversion. The historical interplay of theology, communication and experience. In: Paradigms, poetics and politics of conversion [s. Nr. 60], 133–148.
200. Moore, Cornelia Niekus: Patterned lives. The Lutheran funeral biography in early modern Germany. Wiesbaden: Harrassowitz 2006. – 403 S.
201. Trepp, Anne-Charlott: Zur Differenzierung der Religiositätsformen im Luthertum des 17. Jahrhunderts und ihre Bedeutung für die Deutungen von ‚Natur'. In: PuN 32 [s. Nr. 16], 37–56.
202. Dies.: Zwischen Inspiration und Isolation. Naturerkundung als Frömmigkeitspraxis in der ersten Hälfte des 18. Jahrhunderts. In: zeitenblicke 5, 2006, 1, URL: http://www.zeitenblicke.de/2006/1/Trepp/index_html
203. Zwischen Bekehrungseifer und Philosemitismus. Texte zur Stellung des Pietismus zum Judentum. Hg. v. Peter Vogt. Leipzig: Evangelische Verlagsanstalt 2007 (Kleine Texte des Pietismus, 11). – 128 S.
204. Zimmerling, Peter: *Bonhoeffer* und der Pietismus. In: ThBeitr 37, 2006, 5, 246–261.
205. Schröter, Marianne: August Hermann *Niemeyer* und die hallesche theologische Tradition. In: Protestantismus zwischen Aufklärung und Moderne.

FS für Ulrich Barth. Hg. v. Roderich Barth. Frankfurt/Main [u. a.]: Peter Lang 2005, 17–29.

206. Müller, Juliane: Die Bedeutung der Struktur von Zeit für *Schleiermachers* Rechtfertigungslehre. Leipzig: Evangelische Verlagsanstalt 2005. – 240 S.

[s. a. Nr. 54, 65, 86, 171]

V.02 Sozial- und Staatslehre, Pädagogik

207. Baader, Meike Sophia: Christen und Weiber in der Freundschaft? Freundschaft im Pietismus und in der Romantik. In: Bildungsgeschichten. Geschlecht, Religion und Pädagogik in der Moderne. FS für Juliane Jacobi zum 60. Geburtstag. Hg. v. Meike Sophia Baader [u. a.]. Köln [u. a.]: Böhlau 2006, 255–274.

208. Lehrer, Lehrerbild und Lehrerbildung. Bilder zur Geschichte des Lehrerberufs in Mitteldeutschland. Katalog zur Ausstellung der Franckeschen Stiftungen vom 28. Januar bis 25. März 2007. Hg. v. Hartmut Wenzel. Halle/Saale: Verlag der Franckeschen Stiftungen 2007 (Kataloge der Franckeschen Stiftungen, 18). – 96 S.

209. Paris, Jenell W.: A pietist perspective on love and learning in cultural anthropology. In: CScR 35, 2006, 3, 371–385.

210. Dreier, Helke: Pietismus und Patriotismus als Garanten des Friedens. Vorstellungen vom Frieden bei Friedrich Karl von *Moser*. In: „Der Friede ist keine leere Idee …" Bilder und Vorstellungen vom Frieden am Beginn der politischen Moderne. Hg. v. Thomas Kater. Essen: Klartext-Verlag 2006, 47–63.

[s. a. Nr. 58, 84, 88, 189]

V.03 Ökumene und Mission

211. Altena, Torsten: „Brüder" und „Väter im Herrn". Notizen zum inneren Machtgefüge protestantischer deutschsprachiger Missionsgesellschaften 1884–1918. In: Mission und Macht [s. Nr. 244], 51–70.

212. Andersen, Dan H.: The State of Denmark in 1705. In: Halle and the Beginning of Protestant Christianity in India. Bd. 1 [s. Nr. 14], 81–88.

213. Binder, Katrin: Die Basler Mission in Karnataka und Kerala. In: Europäische Aufklärung und protestantische Mission [s. Nr. 11], 203–224.

214. Feldtkeller, Andreas: The History of Christian Mission in the Eighteenth Century. In: Halle and the Beginning of Protestant Christianity in India. Bd. 1 [s. Nr. 14], 37–56.

215. Fernando, Leonard: The First Encounters between Catholics and Lutherans on Indian Soil. In: Halle and the Beginning of Protestant Christianity in India. Bd. 2 [s. Nr. 14], 783–796.

216. Fluck, Marlon Ronald: Basler Missionare in Brasilien. Auswanderung, Erweckung und Kirchenwerdung im 19. Jahrhundert. Bern [u. a.]: Peter Lang 2004. – 420 S.

217. Frenz, Matthias: „Das Werck der Bekehrung“. Überlegungen zum Verhältnis von Pietismus, Aufklärung und Mission im frühen 18. Jahrhundert. In: Europäische Aufklärung und protestantische Mission [s. Nr. 11], 33–56.
218. Glebe-Møller, Jens: The Realm of Grace Presupposes the Realm of Power. The Danish Debate about the Theological Legitimacy of Mission. In: Halle and the Beginning of Protestant Christianity in India. Bd. 1 [s. Nr. 14], 89–106.
219. Hinze, Hans-Jörg: Christian Missionaries and their Perceptions of Hinduism. Intercultural Encounters. In: Halle and the Beginning of Protestant Christianity in India. Bd. 2 [s. Nr. 14], 885–902.
220. Hommel, Karsten: Summary. Studies in Natural History. In: Geliebtes Europa – Ostindische Welt [s. Nr. 12], 177–179.
221. Icke-Schwalbe, Lydia: Die Herrnhuter Brüder-Mission auf den Nikobaren. Eine historische Reminiszenz an die „Insel unter dem Wind“. In: Europäische Aufklärung und protestantische Mission [s. Nr. 11], 165–182.
222. Jeyaraj, Daniel: Summary. Day-to-day Mission Life. In: Geliebtes Europa – Ostindische Welt [s. Nr. 12], 88–89.
223. Jürgens, Hanco: On the Crossroads: Pietist, Orthodox and Enlightened Views on Mission in the Eighteenth Century. In: Halle and the Beginning of Protestant Christianity in India. Bd. 3 [s. Nr. 14], 7–36.
224. Ders.: Summary. Studies in Language and Religion. In: Geliebtes Europa – Ostindische Welt [s. Nr. 12], 133–135.
225. Juneja, Monica: Mission, Encounters and Transnational History – Reflections on the Use of Concepts across Cultures. In: Halle and the Beginning of Protestant Christianity in India. Bd. 3 [s. Nr. 14], 1025–1046.
226. Liebau, Heike: Die Bevölkerung. In: Geliebtes Europa – Ostindische Welt [s. Nr. 12], 66–69.
227. Dies.: Buchdruck und Übersetzung. In: Geliebtes Europa – Ostindische Welt [s. Nr. 12], 102–104.
228. Dies.: Die Entwicklung der einheimischen Kirche. In: Geliebtes Europa – Ostindische Welt [s. Nr. 12], 208–210.
229. Dies.: Faith and Knowledge: The Educational System of the Danish-Halle and English-Halle Mission. In: Halle and the Beginning of Protestant Christianity in India. Bd. 3 [s. Nr. 14], 1181–1216.
230. Dies.: Die Halleschen Berichte. In: Geliebtes Europa – Ostindische Welt [s. Nr. 12], 97–101.
231. Dies.: Das Hallesche Waisenhaus und die Tranquebarmission. In: Europäische Aufklärung und protestantische Mission [s. Nr. 11], 125–142.
232. Dies.: The Indian Pastors in the Danish-Halle and the English-Halle Mission. In: Halle and the Beginning of Protestant Christianity in India. Bd. 2 [s. Nr. 14], 719–736.
233. Dies.: Indo-Europäische Synthesen. In: Geliebtes Europa – Ostindische Welt [s. Nr. 12], 151–156.
234. Dies.: Mission und Forschung. In: Geliebtes Europa – Ostindische Welt [s. Nr. 12], 160–162.
235. Dies.: Missionsstruktur. In: Geliebtes Europa – Ostindische Welt [s. Nr. 12], 90–93.

236. Dies.: Pädagogen und Schüler. In: Geliebtes Europa – Ostindische Welt [s. Nr. 12], 148–150.
237. Dies.: Reisen im Missionsalltag. In: Geliebtes Europa – Ostindische Welt [s. Nr. 12], 94–96.
238. Dies.: Religionsunterricht und Sprachenfrage. Zu den Auseinandersetzungen zwischen der Leipziger Mission und der britischen Kolonialregierung über die Gestaltung des Schulwesens in Südindien. In: Mission und Macht [s. Nr. 244], 101–117.
239. Dies.: Summary. Education. In: Geliebtes Europa – Ostindische Welt [s. Nr. 12], 146 f.
240. Dies.: Die Tamilische Evangelisch-Lutherische Kirche. In: Geliebtes Europa – Ostindische Welt [s. Nr. 12], 211.
241. Löffler, Roland: The metamorphosis of a pietistic missionary and educational institution into a social services enterprice. The case of the Syrian Orphanage, 1860–1945. In: Europäer in der Levante. Hg. v. Dominique Trimbur. München: Oldenbourg 2004, 77–106; wieder in: New faith in ancient lands. Western missions in the Middle East in the nineteenth and early twentieth centuries. Hg. v. Heleen Murre van den Berg. Leiden [u. a.]: Brill 2006, 151–174.
242. Mann, Michael: Karnatak. Politik, Wirtschaft und Gesellschaft im 18. Jahrhundert. In: Europäische Aufklärung und protestantische Mission [s. Nr. 11], 57–80.
243. Ders.: Südindien im 18. Jahrhundert – politische und wirtschaftliche Entwicklung. In: Geliebtes Europa – Ostindische Welt [s. Nr. 12], 41–53.
244. Mission und Macht im Wandel politischer Orientierungen. Europäische Missionsgesellschaften in politischen Spannungsfeldern in Afrika und Asien zwischen 1800 und 1945. Hg. v. Ulrich van der Heyden u. Holger Stoecker. Stuttgart: Franz Steiner 2005. – 700 S.
245. Moritzen, Niels-Peter: The Bövingh Controversy. In: Halle and the Beginning of Protestant Christianity in India. Bd. 3 [s. Nr. 14], 1283–1288.
246. Muthiah, Subbiah: Giving India the Printed Word. In: Halle and the Beginning of Protestant Christianity in India. Bd. 3 [s. Nr. 14], 1241–1248.
247. Nagel, Jürgen G.: Predikanten und Ziekentrooster. Der Protestantismus in der Welt der Verenigden Oostindischen Compagnie. In: Europäische Aufklärung und protestantische Mission [s. Nr. 11], 101–124.
248. Nehring, Andreas: Summary. The Mission Legacy. In: Geliebtes Europa – Ostindische Welt [s. Nr. 12], 206–207.
249. Neumann, Josef N.: Summary. Intercultural Interest in Medical Treatment. In: Geliebtes Europa – Ostindische Welt [s. Nr. 12], 192–195.
250. Nørgaard, Anders: Summary. The Beginnings of the Mission. In: Geliebtes Europa – Ostindische Welt [s. Nr. 12], 27 f.
251. Ders.: The Mission's Relationship to the Danes. In: Halle and the Beginning of Protestant Christianity in India. Bd. 1 [s. Nr. 14], 161–208.
252. Ders.: The Mission Instruction. In: Halle and the Beginning of Protestant Christianity in India. Bd. 3 [s. Nr. 14], 1277–1282.
253. Obst, Helmut: Bekehrung – Mission – Weltreformation im Halleschen Pietismus. In: Geliebtes Europa – Ostindische Welt [s. Nr. 12], 35–40.
254. O'Connor, Daniel: The Church of England and the Mission in India. In:

Halle and the Beginning of Protestant Christianity in India. Bd. 1 [s. Nr. 14], 129–140.
255. Ders.: Lutherans and Anglicans in South India. In: Halle and the Beginning of Protestant Christianity in India. Bd. 2 [s. Nr. 14], 767–782.
256. Oddie, Geoffrey A.: An Anglican Chaplain and the Lutheran Mission. In: Halle and the Beginning of Protestant Christianity in India. Bd. 3 [s. Nr. 14], 1289–1294.
257. Pabst, Erika: The Wives of Missionaries: Their Experiences in India. In: Halle and the Beginning of Protestant Christianity in India. Bd. 2 [s. Nr. 14], 685–704.
258. Pfänder, Stefan: Linguistic Variations in Everyday Life: The Portuguese Language in the Protestant Mission of Eighteenth Century South East India. In: Halle and the Beginning of Protestant Christianity in India. Bd. 3 [s. Nr. 14], 1155–1162.
259. Rivers, Isabel: The first Evangelical Tract Society. In: The HistJ 50, 2007, 1, 1–22.
260. Tamcke, Martin: Early Protestant Missionaries and their Contacts with the Armenians. In: Halle and the Beginning of Protestant Christianity in India. Bd. 2 [s. Nr. 14], 813–830.
261. Ders.: Lutheran Contacts with the Syrian Orthodox Church of the St. Thomas Christians and with the Syrian Apostolic Church of the East in India (Nestorians). In: Halle and the Beginning of Protestant Christianity in India. Bd. 2 [s. Nr. 14], 831–880.
262. Vaitheespara, Ravindiran: Christianity, Missionary Orientalism and the Origins of Tamil Modernity. In: Halle and the Beginning of Protestant Christianity in India. Bd. 2 [s. Nr. 14], 973–1020.
263. Waligora, Melitta: Bengal in the Eighteenth Century. In: Halle and the Beginning of Protestant Christianity in India. Bd. 1 [s. Nr. 14], 407–420.
264. Walls, Andrew F.: The Society for Promoting Christian Knowledge and the Missionary Movement in Britain. In: Halle and the Beginning of Protestant Christianity in India. Bd. 1 [s. Nr. 14], 107–128.
265. Yaldiz, Marianne: Summary. Art and Religion in Southeast India. In: Geliebtes Europa – Ostindische Welt [s. Nr. 12], 64 f.
266. Liebau, Heike: *Aaron* – the First Indian Pastor. In: Halle and the Beginning of Protestant Christianity in India. Bd. 3 [s. Nr. 14], 1295–1298.
267. Gross, Andreas: The First Protestant Missionaries at *Calcutta* (1758–1798). In: Halle and the Beginning of Protestant Christianity in India. Bd. 1 [s. Nr. 14], 421–440.
268. Kent, Eliza F.: Raja *Clarinda* – Widow, Concubine, Patroness: Women's Leadership in the Indian Church. In: Halle and the Beginning of Protestant Christianity in India. Bd. 2 [s. Nr. 14], 659–684.
269. Alexander, Elizabeth Susan: *Cuddalore* in the Eighteenth and Nineteenth Centuries: A Political and Social Overview. In: Halle and the Beginning of Protestant Christianity in India. Bd. 1 [s. Nr. 14], 363–380.
270. Gross, Andreas: Some Aspects of the English-Halle Mission in *Cuddalore* (1737–1829). In: Halle and the Beginning of Protestant Christianity in India. Bd. 1 [s. Nr. 14], 381–406.
271. Kamath Rajan, Rekha: Johann Philipp *Fabricius* and the History of the

Tamil Bible. In: Halle and the Beginning of Protestant Christianity in India. Bd. 3 [s. Nr. 14], 1299–1308.
272. Nehring, Andreas: „Wo Wahn und Weisheit um die Wette brüten" – Die Studienreise des Leipziger Missionsdirektors Karl *Graul* nach Südindien 1849–1853. In: Europäische Aufklärung und protestantische Mission [s. Nr. 11], 183–202.
273. Jürgens, Hanco: German Indologists Avant la Lettre: Changing Horizons of the *Halle* Missionaries in Southern India. In: Halle and the Beginning of Protestant Christianity in India. Bd. 3 [s. Nr. 14], 1047–1090.
274. Müller-Bahlke, Thomas: The Mission in India and the Worldwide Communication Network of the *Halle* Orphan-House. In: Halle and the Beginning of Protestant Christianity in India. Bd. 3 [s. Nr. 14], 57–80.
275. Sames, Arno: Beziehungen zwischen *Halle*, Kopenhagen und London. In: Geliebtes Europa – Ostindische Welt [s. Nr. 12], 29–34.
276. Schaaf, Georg-Friedrich: Der Beitrag Ostfrieslands zur Evangelischen Mission in Palästina im 19. und 20. Jahrhundert, namentlich zur Mission des Syrischen Waisenhauses in *Jerusalem*. In: BWKG 104, 2004 [2006], 255–286.
277. Hommel, Karsten: Physico-Theology as Mission Strategy: Missionary Christoph Samuel *John's* (1746–1813) Understanding of Nature. In: Halle and the Beginning of Protestant Christianity in India. Bd. 3 [s. Nr. 14], 1115–1134.
278. Liebau, Heike: Christoph Samuel *John's* Essay on Education Policy. In: Halle and the Beginning of Protestant Christianity in India. Bd. 3 [s. Nr. 14], 1323–1334.
279. Nehring, Andreas: The Indian Miracle-Worker in the Garden of Species. Christoph Samuel *John's* Notes on South Indian Folk-Religiosity. In: Halle and the Beginning of Protestant Christianity in India. Bd. 3 [s. Nr. 14], 1309–1322.
280. Frasch, Tilman: Das Wort und die Worte. Adoniram *Judson* und die American Baptist Mission in Birma. In: Europäische Aufklärung und protestantische Mission [s. Nr. 11], 225–240.
281. Eber, Jochen: Johann Ludwig *Krapf*. Ein schwäbischer Pionier in Ostafrika. Riehen/Basel: ArteMedia 2006. – 271 S.
282. Neumann, Reinhard: Pastor Johannes *Kuhlo* (1856–1941). Seine politischen Einstellungen als Vorsteher der Westfälischen Diakonenanstalt Nazareth von 1893–1922 und darüber hinaus. In: JWKG 102, 2006, 367–403.
283. Reller, Jobst: Oluf *Maderup* – A Danish Missionary in Tranquebar. In: Halle and the Beginning of Protestant Christianity in India. Bd. 2 [s. Nr. 14], 595–610.
284. Alexander, Elizabeth Susan: Social and Political History of *Madras* in the Eighteenth and Nineteenth Centuries: An Overview. In: Halle and the Beginning of Protestant Christianity in India. Bd. 1 [s. Nr. 14], 295–310.
285. Gross, Andreas: *Madras* and the English-Halle Missionaries (1726–1836). In: Halle and the Beginning of Protestant Christianity in India. Bd. 1 [s. Nr. 14], 311–344.
286. Klosterberg, Brigitte: „How many People can an Elephant carry?" Questions from Johann David *Michaelis* to the Missionaries in East India. In:

Halle and the Beginning of Protestant Christianity in India. Bd. 3 [s. Nr. 14], 1091–1114.
287. Viljoen, Russel Stafford: Jan *Paerl*, a Khoikhoi in Cape colonial society, 1761–1851. Leiden [u. a.]: Brill 2006. – 213 S.
288. Tamcke, Martin: Heinrich *Plütschau*: The Man in Ziegenbalg's Shadow. In: Halle and the Beginning of Protestant Christianity in India. Bd. 2 [s. Nr. 14], 547–566.
289. Berkemer, Georg: Der Missionar und die Könige. Quellenkritische Überlegungen zu Ernst *Pohls* „Aus den Anfängen unserer Breklumer Mission". In: Europäische Aufklärung und protestantische Mission [s. Nr. 14], 241–260.
290. Visvanathan, Susan: *Ringeltaube* in the Midst of the Natives – 1813 and the Narratives of Distress. In: Halle and the Beginning of Protestant Christianity in India. Bd. 2 [s. Nr. 14], 645–658.
291. Liebau, Kurt: Benjamin *Schultze* – Childhood and Youth. In: Halle and the Beginning of Protestant Christianity in India. Bd. 2 [s. Nr. 14], 567–594.
292. Satyanarayana, Adapa: The Contribution of Benjamin *Schultze* to Telugu Language and Learning. In: Halle and the Beginning of Protestant Christianity in India. Bd. 3 [s. Nr. 14], 1163–1180.
293. Carmel, Alex: Die württembergische Familie *Schumacher* in Palästina. In: „Palaestina exploranda". Studien zur Erforschung Palästinas im 19. und 20. Jahrhundert. Anläßlich des 125jährigen Bestehens des Deutschen Vereins zur Erforschung Palästinas. Hg. v. Ulrich Hübner. Wiesbaden: Harrassowitz 2006, 164–173.
294. Bliese, Richard H.: *Schwartz* and his Contribution to Mission today. In: Halle and the Beginning of Protestant Christianity in India. Bd. 2 [s. Nr. 14], 631–644.
295. Frykenberg, Robert Eric: Raja-Guru and Sishiya-Sastriar: Christian Friedrich *Schwartz* and his Legacy in Tanjavur. In: Halle and the Beginning of Protestant Christianity in India. Bd. 1 [s. Nr. 14], 471–496.
296. Sicard, Sigvard von: Christian Friedrich *Schwartz* and the Muslims. In: Halle and the Beginning of Protestant Christianity in India. Bd. 2 [s. Nr. 14], 611–630.
297. Liebau, Heike: *Serfoji* II. und Vedanayakam Shastri. In: Geliebtes Europa – Ostindische Welt [s. Nr. 12], 157–159.
298. Ustorf, Werner: Missionarsreligion und säkulare Religion bei Jakob *Spieth* (1856–1914). In: ZKG 117, 2006, 1, 63–84.
299. Oddie, Geoffrey A.: The Context of the Mission in *Tanjavur* and Tiruchirappalli Districts. In: Halle and the Beginning of Protestant Christianity in India. Bd. 1 [s. Nr. 14], 441–470.
300. Thomas, Job: History of Protestant Christianity in *Tirunelveli*. In: Halle and the Beginning of Protestant Christianity in India. Bd. 1 [s. Nr. 14], 497–528.
301. Clauson-Kaas, Jørgen: The *Tranquebar* Box Medal from Augsburg. In: Halle and the Beginning of Protestant Christianity in India. Bd. 1 [s. Nr. 14], 275–290.
302. Grafe, Hugald: The First Lutheran Indian Christians in *Tranquebar*. In: Hal-

le and the Beginning of Protestant Christianity in India. Bd. 1 [s. Nr. 14], 209–228.
303. Krieger, Martin: *Tranquebar* in 1706. In: Halle and the Beginning of Protestant Christianity in India. Bd. 1 [s. Nr. 14], 147–160.
304. Kryger, Karin: The Churches of *Tranquebar* in the Danish Period 1620–1845. In: Halle and the Beginning of Protestant Christianity in India. Bd. 1 [s. Nr. 14], 229–264.
305. Liebau, Heike: Ein archäologischer Fund in *Tranquebar*. In: Geliebtes Europa – Ostindische Welt [s. Nr. 12], 70–72.
306. Dies.: *Tranquebar* um 1700. In: Geliebtes Europa – Ostindische Welt [s. Nr. 12], 73–75.
307. Dies.: *Tranquebar* heute. In: Geliebtes Europa – Ostindische Welt [s. Nr. 12], 212–215.
308. Moritzen, Niels-Peter: The Danish Church Order in *Tranquebar* and its Longevity. In: Halle and the Beginning of Protestant Christianity in India. Bd. 1 [s. Nr. 14], 265–274.
309. Neumann, Josef N.: Tamil Medical Science as Perceived by the Missionaries of the Danish-Halle Mission at *Tranquebar*. In: Halle and the Beginning of Protestant Christianity in India. Bd. 3 [s. Nr. 14], 1135–1154.
310. Ruhland, Thomas: The Moravian Brethren and the Danish-Halle Mission in *Tranquebar* – the ‚Garden of the Brothers‘ at the Centre of a European Conflict. In: Halle and the Beginning of Protestant Christianity in India. Bd. 2 [s. Nr. 14], 743–766.
311. Schmidt, Yvonne: *Tranquebar* unter dem Danebrog. Die Rolle der Dänen im multikulturellen Handelsnetz an der Koromandel-Küste. In: Europäische Aufklärung und protestantische Mission [s. Nr. 11], 81–100.
312. Young, Richard Fox: Singer of the ‚Sovereign Lord‘. Hindu Pietism and Christian Bhakti in the Conversions of Kanapati *Vattiyar*, a Tamil ‚Poet‘. In: Halle and the Beginning of Protestant Christianity in India. Bd. 2 [s. Nr. 14], 951–972.
313. Gutmann, Hans-Martin: Der Schatten der Liebe. Johann Hinrich *Wichern* (1808–1881). In: 500 Jahre Theologie in Hamburg. Hamburg als Zentrum christlicher Theologie und Kultur zwischen Tradition und Zukunft. Hg. v. Johann Anselm Steiger. Berlin [u. a.]: de Gruyter 2005, 155–188.
314. Dharampal-Frick, Gita: „. . . ausgesandt, das Heidenthum in Indien auszurotten, nicht aber den heidnischen Unsinn in Europa zu verbreiten“. Bartholomäus *Ziegenbalg* und die Hallesche Tranquebar-Mission zwischen pietistischem Sendungsbewusstsein und ethnologischer Aufklärung. In: Europäische Aufklärung und protestantische Mission [s. Nr. 11], 143–164.
315. Grafe, Hugald: *Ziegenbalg* and Madras. In: Halle and the Beginning of Protestant Christianity in India. Bd. 1 [s. Nr. 14], 345–362.
316. Gross, Andreas: Maria Dorothea *Ziegenbalg* and Utilia Elisabeth Gründler. The First Two Wives of Missionaries in Tranquebar. In: Halle and the Beginning of Protestant Christianity in India. Bd. 2 [s. Nr. 14], 705–718.
317. Kamath Rajan, Rekha: Cultural Delimitations. The Letters and Reports of Bartholomäus *Ziegenbalg*. In: Halle and the Beginning of Protestant Christianity in India. Bd. 3 [s. Nr. 14], 1221–1240.
318. Selvanayagam, Israel: Encountering the Hindus. The Legacy of *Ziegenbalg*.

In: Halle and the Beginning of Protestant Christianity in India. Bd. 2 [s. Nr. 14], 903–922.
319. Sweetman, Will: Bartholomäus *Ziegenbalg*, the Tranquebar Mission and ‚The Roman Horror'. In: Halle and the Beginning of Protestant Christianity in India. Bd. 2 [s. Nr. 14], 797–812.
320. Grafe, Hugald: Errors, Legends and Uncertainties in *Ziegenbalg's* Biography. In: Halle and the Beginning of Protestant Christianity in India. Bd. 2 [s. Nr. 14], 533–546.
321. Sweetman, Will: The Prehistory of Orientalism. Colonialism and the Textual Basis for Bartholomäus *Ziegenbalg's* Account of Hinduism. In: Halle and the Beginning of Protestant Christianity in India. Bd. 2 [s. Nr. 14], 923–950.
322. Ders.: Heathenism, Idolatry and Rational Monotheism among the Hindus: *Ziegenbalg's* Akkiyanam (1713) and other Works addressed to Tamil Hindus. In: Halle and the Beginning of Protestant Christianity in India. Bd. 3 [s. Nr. 14], 1249–1276.
[s. a. Nr. 12, 88, 104, 149, 190, 192, 203]

V.04 Philosophie, Literatur und Kunst

323. Damrau, Peter: The reception of English Puritan literature in Germany. London: Maney Publ. 2006. – 214 S.
324. Schäuffele, Gottwald: „Das Lied vom Morgentau" und andere Betrachtungen. In: Gott ist mein Lobgesang [s. Nr. 13], 176–186.
325. Grutschnig-Kieser, Konstanze: „Weil ich Jesu Schäflein bin". In: Das Motiv des guten Hirten in Theologie, Literatur und Musik. Hg. v. Michael Fischer. Tübingen [u. a.]: Francke 2002, 181–196.
326. Dies.: Braucht ein Schaf seine Herde? Eine Kontroverse in pietistischen Liedern. In: Das Motiv des guten Hirten [s. Nr. 325], 197–203.
327. Gülke, Peter: Zwischen Pietismus und Biedermeier. „O, wie schön ist deine Welt". In: Schubert und das Biedermeier. Beiträge zur Musik des frühen 19. Jahrhunderts. FS für Walther Dütt zum 70. Geburtstag. Hg. v. Michael Kube. Kassel [u. a.]: Bärenreiter 2002, 53–57.
328. Ingen, Ferdinand van: Bußstimmung, Krisenbewusstsein und Melancholie – Deutungsmuster der Frühen Neuzeit? In: PuN 32 [s. Nr. 16], 57–78.
329. Manko-Matysiak, Anna: Schlesische Gesangbücher 1525–1741. Eine hymnologische Quellenstudie. Wroclaw: Wydawn. Uniwersytetu Wroclawskiego 2005. – 407 S.
330. Scheitler, Irmgard: Deutschsprachige Oratorienlibretti. Von den Anfängen bis 1730. Paderborn [u. a.]: Schönigh 2005. – 429 S.
331. Steinmayr, Markus: Menschenwissen. Zur Poetik des religiösen Menschen im 17. und 18. Jahrhundert. Tübingen: Niemeyer 2006. – 320 S.
332. Vogt, Peter: In search of the invisible church. The role of autobiographical discourse in eighteenth century German pietism. In: Confessionalism and pietism [s. Nr. 7], 293–311.
333. Johann Anastasius *Freylinghausen*. Geistreiches Gesangbuch. Bd. I:

Geist=reiches Gesang=Buch (Halle, vierte Ausgabe 1708). Tl. 2: Text [Lied 396–758; Melodien-Beigabe]. Hg. v. Dianne Marie McMullen u. Wolfgang Miersemann. Tübingen: Verlag der Franckeschen Stiftungen im Max Niemeyer Verlag 2007. – 638 S.
334. Bunners, Christian: Paul *Gerhardt*. Weg – Werk – Wirkung. Göttingen: Vandenhoeck & Ruprecht ²2007. – 320 S.
335. Das Jahrhundert der Freundschaft. Johann Wilhelm Ludwig *Gleim* und seine Zeitgenossen. Hg. i. A. des Gleimhauses v. Ute Pott. Göttingen: Wallstein 2004. – 143 S.
336. Noth, Isabelle: *Goethe* und die Inspirierten. In: PuN 32 [s. Nr. 16], 233–246.
337. Sartorius, Sabine: Pietistische Impulse für die literarische Problematisierung des Verhältnisses von Individualismus und Welt im deutschen Bildungsroman. Zur Konfrontation des Titelhelden in *Goethes* Wilhelm Meisters Lehrjahre mit der pietistischen Frömmigkeit des Pietismus. Mag. Univ. Gießen 2004. – 109 Bl.
338. Bentz, Helmut: Ein Ort erinnert sich. Philipp Friedrich *Hiller* und Steinheim am Albuch. In: Gott ist mein Lobgesang [s. Nr. 13], 199–203.
339. Breymayer, Reinhard: Von *Hiller* zu Hölderlin – das Netzwerk altwürttembergischer Ehrbarkeit als Vermittler pietistischer Traditionen. In: Gott ist mein Lobgesang [s. Nr. 13], 138–165.
340. Dinkel, Thilo: Die Familien *Hiller* und Schickard. In: Gott ist mein Lobgesang [s. Nr. 13], 44–62.
341. Schöllkopf, Wolfgang: *Hiller*, Halle und Herrnhut – der Pietismus und das neue Lied. In: Gott ist mein Lobgesang [s. Nr. 13], 63–77.
342. Stäbler, Walter: Philipp Friedrich *Hiller* – Leben und Wirken als Theologe, Prediger, Dichter und Sänger des Glaubens Gott ist mein Lobgesang [s. Nr. 13], 11–43.
343. Wischmeyer, Wolfgang: Philipp Friedrich *Hiller* – ein Dichtertheologe und ein Kirchenreformer. In: Gott ist mein Lobgesang [s. Nr. 13], 78–86.
344. Brecht, Martin: Philipp Friedrich *Hillers* Geistliches Liederkästlein. Einführung – Bestandsaufnahme – Empfehlung. In: Gott ist mein Lobgesang [s. Nr. 13], 87–137.
345. Timmermann, Kerstin: Der evangelische Landprediger. Studien zu seiner Darstellung bei *Thümmel*, Lenz, Goldsmith und Nicolai. Marburg: Tectum 2005. – 212 S.
346. Schumann, Arndt D.: *Menantes* und Zinzendorf. Der Barockpoet und der Gründer der Brüdergemeine. In: Menantes. Ein Dichterleben zwischen Barock und Aufklärung. Hg. v. Cornelia Hobohm. Bucha bei Jena: Quartus-Verlag 2006, 174–180.
347. *Moritz*, Karl Philipp: Anton Reiser. Tübingen: Niemeyer 2006 (Karl Philipp Moritz – Sämtliche Werke, 1). – 1300 S.
348. Bunners, Christian: Der Orgelstreit in *Otterndorf* um 1660 und seine Folgen für die lutherische Orgelkultur. In: Jahrbuch der Männer vom Morgenstern 84, 2005, 25–48.
349. *Schaffner*, Jakob: Johannes. Roman einer Jugend. München [u. a.]: Nagel & Kimche 2005. – 555 S.
350. Kormann, Eva: Ich und Welt in der Autobiographik des 17. Jahrhunderts.

Heterologe Selbstkonzepte bei Maria Elisabeth *Stampfer* und Elias Holl. In: Vom Individuum zur Person. Neue Konzepte im Spannungsfeld von Autobiographietheorie und Selbstzeugnisforschung. Hg. v. Gabriele Jancke u. Claudia Ulbrich. Göttingen: Wallstein 2005 (Querelles, 10), 97–107.

[s. a. Nr. 40, 61, 100, 164, 197, 207]

V.05 Medizin, Naturwissenschaften und Psychologie

351. Dym, Warren Alexander: Divining science: Treasure hunting and the Saxon mining industry 1500–1800. Diss. Univ. California, Davis 2005. – 293 S.
352. Helm, Jürgen: Krankheit, Bekehrung und Reform. Medizin und Krankenfürsorge im Halleschen Pietismus. Tübingen: Niemeyer 2006 (Hallesche Forschungen, 21). – 350 S.
353. Sträter, Udo: Zum Verhältnis des frühen Pietismus zu den Naturwissenschaften. In: PuN 32 [s. Nr. 16], 79–100.
354. Hoffmann, Susanne: Gesundheit und Krankheit bei Ulrich *Bräker* (1735–1798). Dietikon: Juris-Dr. und Verlag 2005. – 183 S.

[s. a. Nr. 201, 202, 277]

V.06 Ökonomie, Industrialisierung

355. Kriedte, Peter: Taufgesinnte und großes Kapital. Die niederrheinisch-bergischen Mennoniten und der Aufstieg des Krefelder Seidengewerbes (Mitte des 17. Jahrhunderts – 1815). Göttingen: Vandenhoeck & Ruprecht 2007. – 803 S.
356. Abraham *Dürninger* – ein Herrnhuter Kaufmann. Hg. v. Rüdiger Kröger. Herrnhut: Comenius-Buchhandlung 2006 (Schriften aus dem Unitätsarchiv, 2). – 127 S.

Register

Personenregister

Die gerade gesetzten Seitenzahlen verweisen auf den Haupttext, die *kursiv* gesetzten auf die Anmerkungen, die Nr.-Angaben auf die Bibliographie.

Ortsregister

Die gerade gesetzten Seitenzahlen verweisen auf den Haupttext, die *kursiv* gesetzten auf die Anmerkungen, die Nr.-Angaben auf die Bibliographie.